Dieter Rüggeberg

Geheimpolitik - 2

∴ Logen — Politik

1997

Rüggeberg - Verlag * Wuppertal

Druck: Verlagsdruckerei Otto W. Zluhan,
Bietigheim-Bissingen

ISBN 3-921338-16-6

„Denn es ist nichts verborgen,
was nicht offenbar werden wird,
noch geheim,
was nicht kundwerden und ans Licht kommen soll."
(Lukas 8/17)

Inhaltsverzeichnis

Abkürzungen:
IFL = Lennhoff * Posner: *Internationales Freimaurer-Lexikon.*
Pike = Albert Pike: *Morals and Dogma.*

Vorwort

Dieses Buch erscheint leider später als geplant und von vielen erwartet, wofür ich mich entschuldigen möchte. Im Zuge meiner politischen Studien mußte ich feststellen, daß die Menge der Materialien nahezu unübersehbar ist. Die getroffene Auswahl konnte wie bei meinem ersten politischen Buch wieder nur begrenzt sein. Hinzu kommt die Tatsache, daß der Beruf des Autors nur ein Nebenberuf von mir ist, also nur wenig Zeit zum Schreiben und für Archivarbeiten zur Verfügung steht. Egal wie, hier ist der zweite Band meiner *Geheimpolitik*.

Natürlich lag die Versuchung nahe, das aktuelle Zeitgeschehen in die Betrachtungen mit einzubeziehen. Dies würde jedoch zu einer enormen, nicht beabsichtigten Ausweitung des Umfanges führen. Es scheint mir jedoch viel wichtiger, noch einiges zu den meist unsichtbaren Hintergrundmächten und den von diesen benutzten Mitteln und Methoden darzustellen, deren Anwendung dann in den geschichtlichen Ereignissen zum Ausdruck kommen. Wer diese Methoden gründlich studiert, dem werden die gegenwärtigen politischen Ereignisse auf der Erde zum großen Teil durchsichtig werden, da eben diese Mittel und Methoden seit Jahrhunderten immer gleich oder ähnlich geblieben sind. Was sich allerdings insbesondere in den letzten hundert Jahren gründlich geändert hat, das sind die technischen Mittel der Machtentfaltung durch den Fortschritt der Naturwissenschaft.

Bereits im ersten Band der *Geheimpolitik* habe ich darauf hingewiesen, daß es unbedingt notwendig ist, sich mit der Tatsache vertraut zu machen, daß Machtpolitik nicht nur unter rein wirtschaftlich-finanziellen Gesichtspunkten betrachtet werden darf, sondern insbesondere auf die großen religiösen, kulturellen und weltanschaulichen Strömungen geachtet werden muß. Ohne ein Verständnis für diese geistigen Impulse, und die darin teilweise wirkenden irrationalen und utopischen

Ideen, ist ein umfassendes Urteilsvermögen über die Ursachen vieler großer historischer Ereignisse nicht zu erlangen. **Die Krise dieser Welt ist in erster Linie eine ethisch-moralische,** deshalb hat die Erkenntnis der in der Welt wirkenden sozialen und antisozialen Impulse unbedingten Vorrang für diejenigen, welche mitbauen wollen an einer harmonischen Zukunft.

Bis heute haben es die Massenmedien Deutschlands nicht gewagt, von meiner *Geheimpolitik-1* auch nur eine einzige Rezension zu veröffentlichen. *Totschweigen* lautet offensichtlich das Motto. Dieses Verhalten ist für mich schon Beweis genug, daß meine Darstellung den wahren Tatsachen entspricht, weil viele Leser meine Ausführungen mit Begeisterung begrüßt haben. Trotzdem habe ich die politische Presse einer weiteren Prüfung unterzogen, indem ich achthundert politischen Journalisten unsere Versandliste zukommen ließ. Die Adressen, es war das gesamte Angebot, hatte ich bei einer Adressenhandelsfirma gekauft. Das Ergebnis war so, wie ich es erwartet hatte — es gab nicht eine einzige positive Antwort! Diese Tatsache läßt darauf schließen, daß die gesamten Massenmedien in den Händen der Feinde Deutschlands ist. Es bliebe noch zu untersuchen, wer finanziell die Macht über die großen Medienkonzerne ausübt, um ein vollständiges Bild zu bekommen.

Es ist möglich, daß die Presse eines Tages aus ihrem Boykottverhalten heraustritt, um mich, je nach Einstellung und Bedarf, als Antisemiten, Nazi oder Kommunisten zu verleumden. Da mir bekannt ist, daß die Welt-Lügenpresse beispielsweise jeden mit dem Stichwort >Nazi< beschimpft, der es wagt, über jüdische und/oder kommunistische Politik wahrheitsgemäß zu berichten, möchte ich kurz meine Motivation darlegen. Es geht mir ausschließlich um die historische Wahrheit, weil ich der Meinung bin, daß historische Lügen weiteres Unglück über die Völker bringen. Es gibt für mich bis jetzt keine Gründe, um die politischen Verbrecher anderer Nationen kritischer zu betrachten, als die deutschen. Es gibt allerdings auch keinen Grund, die politischen Verbrechen von Persönlichkeiten anderer Nationen, Religionen oder Volksgruppen weniger kritisch zu betrachten, als diejenigen des deutschen Volkes.

Irgendwelche Schuldgefühle gegenüber der jüdischen oder irgendeiner anderen ausländischen Volksgemeinschaft sind mir fremd, und ich halte diejenigen Deutschen für psychisch krank, die solche Schuldgefühle entwickelt haben, aber an irgendwelchen Verbrechen gegen Juden nicht beteiligt waren. Es ist offensichtlich und leicht zu beweisen, daß in Deutschland und ganz Mitteleuropa eine Kulturvernichtung großen Ausmaßes stattfindet. Da ich jedoch die deutsch-mitteleuropäische Kultur schätze, weil sie meinem Leben Sinn und Inhalt gegeben hat, werde ich für den Erhalt dieser Kultur arbeiten und kämpfen. Außerdem ist offensichtlich, daß eine Vernichtung der menschlichen Lebensräume in großem Ausmaß stattfindet. Das Aussterben von Tier- und Pflanzenarten, Erosion, Verwüstung und Versteppung, sowie die atomare Verseuchung riesiger Gebiete nimmt nahezu ungehindert seinen Lauf. Diese Tatsache sollte insbesondere die Aufmerksamkeit der jungen Menschen dieser Erde auf diejenigen richten, die dafür die Hauptverantwortung tragen. Ohne wirksame Opposition gegen solche Taten wird dieser Planet düsteren Zeiten entgegengehen.

Es ist notwendig, ein Buch in Kapitel einzuteilen. Dies bringt bei Betrachtung internationaler Politik Schwierigkeiten mit sich, weil sich die Fäden bei den gegenseitigen Beziehungen der Völker vielfach durchdringen. Auch wenn durch die Überschriften einzelner Kapitel Schwerpunkte gesetzt sind, so wird sich nur dann ein gewisser Gesamtüberblick ergeben, wenn der Leser fähig ist, die Probleme der Weltpolitik von verschiedenen Gesichtspunkten aus zu betrachten und wie ein Mosaik zusammenzusetzen.

Wuppertal, 7.6.1993   Dieter Rüggeberg

Ergänzungen
zu den „Protokollen der Weisen von Zion"

Unter dieser Überschrift möchte ich den Lesern noch einige Sätze als Ergänzung liefern. Es ist schon ein Trauerspiel, wenn man sieht, wie leichtfertig viele Autoren den Inhalt der *Protokolle* behandeln. Ihnen scheint die Angst im Nacken zu sitzen, daß die Verschwörungstheorie von der Verschwörungspraxis eingeholt wird, was tatsächlich jeder Interessierte heute am Gang der Weltgeschichte leicht beobachten kann.

Wie man politische Ignoranten auf den Leim führt: „Die Echtheit der *Protokolle (der Weisen von Zion)* wurde durch einen Times-Korrespondent, Philip Graves, 1920 widerlegt; desgleichen anläßlich eines Gerichtsverfahrens zwischen jüdischen Vereinigungen in der Schweiz und örtlichen Antisemiten, die in den 30er Jahren versuchten, die *Protokolle* in der Schweiz zu verteilen. Die *Protokolle* waren eine Fälschung; ursprünglich waren sie eine Satire auf den Ehrgeiz Napoleons III; sie wurden 1867 ohne Verfasserangabe veröffentlicht [1]."

Mit solchen simplen Behauptungen versuchen viele Autoren ihre Leser abzuspeisen und zu verdummen. Kein wirklich politisch Gebildeter wird darauf noch hereinfallen, wenn er ernsthaft die Ereignisse dieses Jahrhunderts mit dem Inhalt der *Protokolle* verglichen hat.

Wie ich bereits im ersten Band gezeigt habe, sollte den politischen Betrachter von heute weniger die Frage bewegen, ob die *Protokolle* echt oder gefälscht sind, sondern diejenige, ob mit den darin offengelegten Plänen Weltmachtpolitik betrieben wird. Daß dies tatsächlich der Fall ist, glaube ich ausreichend bewiesen zu haben. Im Jahre 1920 konnte man die Ergebnisse der mit Hilfe der *Protokolle* durchgeführten Machtpolitik überhaupt noch nicht voll durchschauen, während dies heute, im Jahre 1993, mit Leichtigkeit möglich ist. Wie die vorgenannte

Widerlegung zustande kam, davon ist im folgenden Abschnitt die Rede.

Das Buch >The Controversy of Zion< von Douglas Reed enthält ein ganzes Kapitel über die *Protokolle der Weisen von Zion*, neben verschiedenen Einzelhinweisen. Ein paar bemerkenswerte Sätze möchte ich meinen Lesern nicht vorenthalten:

„Nach Disraeli und Bakunin kam die Weltrevolution etwa um die Mitte des 19. Jahrhunderts unter jüdische Führerschaft, und seine Ziele veränderten sich dann. Bakunins Anhänger, die den Staat als solchen auflösen wollten, weil sie vorhersahen, daß der revolutionäre Staat despotischer werden würde als alle früheren Gewaltherrschaften, wurden verdrängt und vergessen. Darum nahm die Weltrevolution die Gestalt des Kommunistischen Manifestes von Karl Marx an, welches auf einen Superstaat zielte, gegründet auf Sklavenarbeit und die ‚Entziehung der menschlichen Freiheit'. ...

Es gibt keinen Beweis, daß das Dokument (die *Protokolle*) das ist, was es zu sein vorgibt, ein Teil eines Geheimtreffens von jüdischen >Ältesten<. In dieser Beziehung ist es darum wertlos. In jeder anderen Beziehung ist es dagegen von unschätzbarer Wichtigkeit, weil im Schlußtext gezeigt wird (dem der nachfolgenden Ereignisse), daß es ein autentisches Dokument der Weltverschwörung ist, wie es zuerst in den Papieren von Weishaupt veröffentlicht wurde. ... Es beschreibt akurat alles, was in den fünfzig Jahren seit seiner Veröffentlichung geschehen ist, und was in den nächsten fünfzig Jahren folgen wird, wenn diejenige Kraft, die die Verschwörung geschaffen hat, in dieser Zeit nicht eine Gegenmacht produziert. ...

Das endgültige Ziel ist die Vernichtung jeder Religion und Nationalität und die Errichtung eines Superstaates, der die Welt durch erbarmungslosen Terror regiert. ... Die Antwort (auf die Veröffentlichung der *Protokolle*) des offiziellen Judentums im Jahre 1920 und nachher war verschieden (von der Reaktion der Jesuiten in einem ähnlichen Fall, D.R.). Sie zielte mit Wut auf die gesamte Substanz der *Protokolle*; sie stoppte nicht bei der Verneinung einer jüdischen Verschwörung, sondern verneinte das Vorhandensein jeder Art von Verschwörung, was nachweislich unwahr war. Die Existenz einer Verschwörung war bereits von einer langen Kette hoher Autoritäten erkannt und bestätigt worden, von Edmund Burke, George Washington und Alexander Hamilton bis zu Disraeli, Bakunin und vielen anderen, die ich in den früheren Kapiteln erwähnt habe. Weiterhin, als die *Protokolle* in englisch erschienen, war ein überzeugender Beweis durch das Ereignis in Rußland gegeben worden. Somit konnte die Art der jüdischen Attacke nur die öffentlichen Zweifel stärken, der Protest war viel zu stark. ... Wahrscheinlich ist niemals zuvor in der Geschichte so viel Geld und Energie für die Unterdrückung eines einzigen Dokumentes aufgewendet worden. ...

Innerhalb von zwei Jahren wurde der Besitzer der *Times* (Lord Northcliffe) als geisteskrank bezeichnet und die Kontrolle seiner eigenen Publikationen wurde ihm mit Gewalt entzogen, und die *Times* veröffentlichte einen Artikel, welcher die *Protokolle* als Plagiat von Maurice Jolys Buch verabschiedete. ...

Sie können gleich gut das Produkt von nichtjüdischen oder antijüdischen Revolutionären sein, was von untergeordneter Wichtigkeit ist. Was sie bewiesen, ist, daß die **Organisation**, die zuerst in den Weishaupt-Dokumenten zum Vorschein kam, 120 Jahre später existierte und noch immer die Methoden benutzte und das dargestellte Ziel verfolgte, und als sie in englisch veröffentlicht wurden, hatte die bolschewistische Revolution den Beweis erbracht.

Wiederum, das Dokument sagt ‚es ist unerläßlich für unsere Ziele, daß bei Kriegen so weit wie möglich territoriale Gewinne vermieden werden' (§ 6 der *Protokolle*). Dieselbe Phrase, von 1905 oder früher, wurde zum Hauptschlagwort, oder offensichtlichen moralischen Prinzip, welches von den politischen Führern von Amerika und Großbritannien in **beiden** Weltkriegen behauptet wurde. Und in diesem Fall wurde der Unterschied zwischen dem Wort und der Tat der Diplomaten durch das Ergebnis offenbar. Das Hauptresultat des Ersten Weltkrieges war die Errichtung des revolutionären Zionismus und des revolutionären Kommunismus als neue Mächte in den internationalen Angelegenheiten, ersteren mit dem versprochenen >Heimatland< und dem zweiten mit einem ansässigen Staat. Das Hauptergebnis des Zweiten Weltkrieges war, daß weitere territoriale Gewinne fielen an den Zionismus und den Kommunismus, und nur an sie. Der Zionismus erhielt einen ansässigen Staat und der Kommunismus erhielt halb Europa. Die >tödliche Genauigkeit< (Lord Sydenham's Worte) der Vorhersagen der *Protokolle* scheint offensichtlich in diesem Fall. Eine Scheinphrase aus den *Protokollen* von 1905 wurde die tägliche Sprache von amerikanischen Präsidenten und britischen Premierministern in den Jahren 1914-1918 und 1939-1945. ...

Die *Protokolle* von 1905 sagten, daß jeder Widerstand den darin enthaltenen Plan mit einem >universalen Krieg< (§ 5 der *Protokolle*) beantwortet würde; im Jahre 1903 sagte Max Nordau, daß der zionistische Ehrgeiz in Palästina durch den >kommenden Weltkrieg< verwirklicht würde. ...

Lord Northcliffe (jüdischer Hochgradfreimaurer) machte sich selbst auf zwei Wegen zum Gegner der Verschwörung von Rußland. Im Mai 1920 veranlaßte er den Druck des Artikels über die *Protokolle* in der **Times**, der vorher erwähnt wurde. Er war überschrieben ‚Die jüdische Gefahr, ein störendes Pamphlet, ein Ruf nach Untersuchung'. Er schloß, ‚eine objektive **Untersuchung** dieser sogenannten Dokumente und ihrer Geschichte ist höchst wünschenswert ... sollen wir die ganze Sache **ohne Untersuchung** verabschieden und den Einfluß eines solchen Buches ungeprüft lassen?'

Dann, im Jahre 1922 besuchte Lord Northcliffe Palästina, ... und schrieb: ‚Nach meiner Meinung haben wir nicht genug darüber nachgedacht, daß wir Palästina als Heim für die Juden garantieren ohne Rücksicht auf die Tatsache, daß dort 700 000 arabische Moslems leben und es besitzen ... Die Juden scheinen unter dem Eindruck zu stehen, daß ganz England sich der einen Sache des Zionismus widmet, noch dazu mit Enthusiasmus; ich sagte ihnen, daß dies nicht so wäre, und daß sie vorsichtig sein sollten, damit sie unsere Leute nicht ermüden durch den *geheimen Import von Waffen, um die 700 000 Araber zu bekämpfen ... Es wird Ärger geben in Palästina ... die Leute dürfen den Juden hier nicht die Wahrheit sagen. Sie haben jetzt einige von mir bekommen.'* Durch die Feststellung **dieser** Wahrheit beging Lord Northcliffe zwei Straftaten, hatte er doch den verbotenen Raum bereits dadurch betreten, daß er eine >Untersuchung< nach den Urhebern der *Protokolle* verlangte. Am 18. Juni 1922 wurde Lord Northcliffe zwangsweise die Kontrolle über seine Zeitungen entzogen (ein unbekannter Arzt in einem fremden Land hatte ihn für wahnsinnig erklärt!), am 24. Juli 1922 traf sich das Konzil des Völkerbundes in London, sicher vor der Möglichkeit eines lauten Protestes von Lord Northcliffe. ..."

Am 14. August 1922 starb der jüdische Hochgradfreimaurer Lord Northcliffe. Nach Aussagen von Douglas Reed, der dort gerade seine Lehre durchmachte, ist er bei bester Gesundheit gewesen. Ich denke, daß die vorstehenden Sätze für sich sprechen, und die Leserinnen und Leser so weit geführt zu haben, daß ich die vorstehenden Sätze nicht mehr zu kommentieren brauche.

„Der Zweite Weltkrieg, noch viel klarer als der Erste, folgte dem Kurs der *Protokolle* von 1905. Die verwirrten Massen ließen Zerstörung und Rache aneinander aus, nicht für ihre eigene Befreiung, sondern für die Weiterführung eines Planes allgemeiner Sklaverei unter einer despotischen >Weltregierung< [2]."

Das Schicksal war mir wieder einmal gut gesonnen, als ich auf die nachfolgenden Sätze von **Lady Queensborough** stieß:

„Einige Jahre zurück wurde ein Dokument ans Licht gebracht, auf das der Leser hingewiesen werden muß: *Die Protokolle der Weisen von Zion*. Aus einer jüdischen Loge von Mizraim im Jahre 1884 in Paris herausgebracht von Joseph Schorst, später in Ägypten ermordet, verkörperte es das Programm des esoterischen Judaismus. ...

Die Methode der Einschüchterung, welche benutzt wurde, um die Diskussion der *Protokolle* zu unterdrücken, war immer dieselbe. Sie besteht in der Vermutung, daß die Person, die sich des Interesses an diesem Objekt schuldig macht, verrückt sei oder es werden würde. Da der durchschnittliche Sterbliche es vorzieht, von seinen Mitmenschen als geistig gesund betrachtet zu werden, funktioniert der Trick im allgemeinen. ...

Erst im Jahre 1860 schloß er (Maurice Joly 1831-1878) seine Rechtsstudien ab, — er schrieb verschiedene Artikel, zeigte ein gewisses Maß an Talent und endete mit der Gründung einer Zeitung, genannt *Le Palais*, für Juristen und Rechtsgelehrte. Die wichtigsten Anteilseigner waren Jules Fabre, Desmaret, Lebond, Adolphe Crémieux, Arago und Berryer. Joly war Sozialist. ... Als Freund von Adolphe Crémieux teilte er dessen Haß gegen Napoleon III. ...

Lange, bevor Maurice Jolys Buch *Dialogues aux Enfers entre Machiavelli et Montesquieu* in Erscheinung trat, wurde ein anderes Buch in Berlin im Jahre 1850 veröffentlicht, das ziemlich denselben Titel trug. Es wurde genannt *Machiavelli, Montesquieu, Rousseau*, von Jacob Venedy, und wurde von Franz Dunnicker in Berlin veröffentlicht. Der Autor Jacob Venedy war Jude, im Mai 1805 in Köln geboren, starb er im Februar 1871. ... Venedy war ein enger Freund und Mitarbeiter von Karl Marx. ...

Es ist zu bedauern, daß die Times, welche die Untersuchungen begonnen hatte, die Autorschaft der *Protokolle der Weisen von Zion* zurückzuverfolgen, und sie von den Schultern des Judentums zu entfernen, auf denen sie ruhten, es verpaßt hatte, in die literarischen und revolutionären Aktivitäten von Jacob Venedy hineinzuschauen.

Den offensichtlichen Gegensätzen zwischen Jacob Venedy und Maurice Joly folgend, einer zeigt die Politik von Machiavelli und Rousseau als triumphierenden Kommunismus, während der andere daraus die Politik der Reaktion und des Imperialimus macht, man ist geneigt das Verbindungsglied zwischen beiden zu übersehen. Der Student der historischen Periode von 1830-1848 wird hier mit einer bemerkenswerten Tatsache konfrontiert. ...

Adolphe Crémieux entfaltete viele und mächtige maurerische Aktivitäten. Seine Verbindung mit Louis Bonaparte und seinem Bruder, die beide mit den Carbonari verbunden waren, lassen vermuten, daß er auch mit dieser Geheimgesellschaft verbunden war. Aber es ist eine Tatsache, daß Crémieux zur Loge von Misraim, dem Schottischen Ritus und dem Grand Orient gehörte. ...

Beide, Disraeli und Crémieux hatten denselben finanziellen Rückhalt, nämlich den Reichtum der Rothschilds und Montefiores, die in London Freunde von Disraeli und in Paris Freunde von Crémieux waren. ...

Seine (Crémieux's) unermüdlichen Anstrengungen waren grundsätzlich gegen das Kaiserreich und insbesondere gegen Napoleon III. gerichtet, und er verkehrte mit allen Feinden des Kaisers, unter denen sich Maurice Joly, der Autor der *Dialoge zwischen Machiavelli und Montesquieu* befand. ...

Es kann mit Sicherheit festgestellt werden, daß von 1871 bis zu seinem Tode Crémieux, als Präsident der *Alliance Israélite Universelle* und Großmeister des Schottischen Ritus, einen ungeheuren Einfluß auf die antireligiöse Kampagne ausübte, die dem französisch-preußischen Krieg folgte. ... [3]."

Neue Tatsachen, neue Namen im Zusammenhang mit den *Protokollen*. Die Tatsache, daß der Autor Joly engen Kontakt zu einem der aktivsten jüdischen Hochgradfreimaurer des vergangenen Jahrhunderts, Adolphe Crémieux, hatte, wirft ein eigenartiges Licht auf die Bemühungen jüdischer Kreise, die *Protokolle* als Fälschung der Schrift von Joly nachzuweisen.

Der Amerikaner Scott schreibt in seinem Werk >Hidden Government< u.a.: „Sogar unter dem vergleichsweise gemäßigten Kerenski-Regime wurde jeder in Rußland erschossen, der mit einer Kopie des >Planes< (der *Protokolle der Weisen von Zion*) erwischt wurde. Warum? Was unter den viel brutaleren Bolschewisten passierte, vor denen Kerenski floh, kann sich jeder gut vorstellen.

Wenn der >Plan< ein Schwindel ist, dann haben die jüdischen Regierungen, die seit der Entdeckung und Veröffentlichung dieses höchst geheimen und unheilverkündenden Dokumentes an der Macht waren, eine höchst bemerkenswerte Entschlossenheit gezeigt, seine Echtheit zurückzuweisen.

Sogar wenn man seinen höchst explosiven Inhalt zugibt, warum sollte irgend eine Regierung eine solche andauernde

14

und boshafte Feindschaft gegen ein gefälschtes Dokument zeigen? Warum wird eine große Portion an Zeit und Mitteln der Verfolgung eines Phantoms gewidmet [4]?"

Allgemeine Jüdische Wochenzeitung, 30. Juli 1992: Unter der Überschrift „Auch die Toleranz ist bereits geteilt - CSFR vor der Auflösung: Juden der Slowakei ohne Zukunft?" heißt es u.a.: „Sowohl in der Slowakei als auch in den böhmischen Ländern erscheinen antisemitische Schriften. Von den *Protokollen der Weisen von Zion* (deren Verkauf jetzt in der Slowakei von der Staatsanwaltschaft untersagt wurde) bis zu >wissenschaftlichen< Veröffentlichungen, die nachweisen sollen, ... daß - getreu nationalsozialistischer wie kommunistischer Propaganda - Juden und Freimaurer hinter eigentlich allem stehen: hinter dem Kommunismus, dem Kapitalismus, dem einstmaligen kommunistischen Putsch, der antikommunistischen Wende von 1949 und so weiter ... Es reicht dem Land gewiß nicht zur Ehre, daß solche Schriften erscheinen können, zu einem Großteil bleiben sie jedoch unbeachtet."

Nein, kritische Fragen gereichen nach Meinung gewisser Zeitungen und Zeitschriften dem Menschen nicht zur Ehre - nur der geistige Stumpfsinn und die Interessenlosigkeit! Man mache sich das wiederum ganz klar: Der Druck eines Protokolles, welches angeblich schon 1920 als Fälschung entlarvt wurde, wird noch im Jahre 1992 von einer Staatsanwaltschaft verboten - fast hundert Jahre nach dem ersten Erscheinen! Da weht der Wind aus der Volksverdummungsecke und läßt für die Zukunft der Slowakei nichts Gutes ahnen. Wer hat denn bei der slowakischen Staatsanwaltschaft dieses Bücherverbot durchgedrückt? Der Artikel schweigt darüber, aber es sind doch mit höchster Wahrscheinlichkeit Juden oder Freimaurer gewesen. Dies ist wiederum erstaunlich, weil es weiter heißt: „Zu bedenken ist, daß es vor allem in der Slowakei, ähnlich wie Polen, ein Antijudaismus ohne Juden ist. Von den etwa 100.000 Juden, die vor dem Krieg in Slowakei lebten, kehrten unterschiedlichen Schätzungen zufolge 3.000 bis höchstens 7.000 zurück." Wie ich nachgewiesen habe, offenbaren die *Protokolle der Weisen von Zion* die Pläne einer weltweiten Verschwörung, obwohl sie mit

15

dem Zionismus im engeren Sinne überhaupt nichts zu tun haben. Ein Verbot der *Protokolle* deutete darauf hin, daß die Anreger dieses Verbotes mit den Verschwörern gemeinsame Sache machen, wer immer sie sein mögen.

Bei Walter Freund fand ich folgendes: „Durch Zufall kamen mir die Geheimberichte des Canadian Jewish Congress zu Gesicht, die in ihrer unerhört realistischen Darstellung die *Protokolle Zions* weit in den Schatten stellen. Sind diese bis zum heutigen Tage immer wieder vom Judentum angegriffen worden, so fördern jene **Kongreßberichte** endlich einmal **absolut authentisches Material** zu Tage, das unangreifbar ist! ... Am 21.- 23. Januar 1939 fand in der kanadischen Stadt Toronto die >Vierte Nationalversammlung< des >Kanadischen Jüdischen Kongresses< statt, deren Versammlungsberichte mit dem Vermerk: >**Nicht für Veröffentlichungen**< vor mir liegen! ... Daß dieser Kongreß in einer Synagoge stattfand, und zwar in der Holy-Blossom-Temple-Synagoge in Toronto, wo er am Sonnabend (Schabbes), abends, am 21. Januar 1939 feierlichst mit der Vorlesung dieser Dokumente eingeweiht wurde, erhöht noch den Reiz und den Wert dieses seltsamen Dokuments.

Wir werden bei Behandlung der Einzelstaaten immer wieder auf Rabbiner — also sogenannte jüdische Seelsorger oder Geistliche — stoßen, die als Freimaurer des 32. bzw. 33. Grades einerseits den >christlichen< Logen, als Leiter jüdisch-christlicher Tafelgesellschaften usw., angehören, dann aber wieder nur als Juden, als jüdische Politiker und Weltenlenker auftreten. ...

§ 3 befaßt sich mit >**Erziehung und Literatur**<. ... Der Paragraph befaßt sich auch mit der Versorgung der öffentlichen Büchereien mit für das Judentum günstigen Büchern und schildert die Fortsetzung der Zusammenarbeit mit den wichtigen Weltorganisationen im Austausch für Literatur und Information. § 4. >**Polemische Literatur**<. a) ‚Fortsetzung der Ableugnung aller Anschuldigungen(!), die gegen uns in Büchern, Pamphleten und in der Presse auftauchen.' § 5.. >**Verbindung mit Regierungsstellen**< — 5a) ‚Alles **antijüdische Material** muß der Regierung zur Kenntnis gebracht werden, ob in Kanada gedruckt oder nicht!' § 6. ,Goodwill-Activities' (Versöhnungsbestrebungen). 6a) ,Formation **jüdisch-christlicher Komitees** in allen Gemeinden müssen angeregt werden.' 6b) ,Fortsetzung der **Kameradschaft mit protestantischen und katholischen Führern.'**

§ 7. >**Verteidigungsbücherei und Archive.**< — 7a) ,Die Verteidigungsbücherei muß ausgebaut werden, um **Gerichtsakten aller antisemitischen Fälle** (!!) aus der ganzen Welt zu erhalten. Diese werden zur Hand sein, wenn sie in irgendeiner Schlacht (!) vor Gericht verlangt werden, die dann uns Juden betrifft.'"

Zu den **Protokollen der Weisen von Zion** heißt es u.s.: „Daß die *Protokolle* die machtvollste Waffe gegen Juda darstellen, geht schon aus der Meldung hervor, daß der American Jewish Congress, B'nai B'rith (Anti-Defamation League) und American Jewish Committee ,beträchtliche Geldsummen ausgeworfen haben, um den Charakter dieser hartgesottenen Fälschung zu entlarven' (American Hebrew, New York, 4. April 1941). ... Ist es nicht seltsam, das das Oberste Gericht der ehemaligen Tschechoslowakei die Unterdrückung der **Protokolle Zions** und deren Vernichtung anordnete [5]?"

* * *

Zum Abschluß dieses Kapitels möchte ich Ihnen noch zwei Bücher im Zusammenhang mit den *Protokollen der Weisen von Zion* vorstellen, die sehr wahrscheinlich auch den politisch Interessierten vollständig unbekannt sind. Aus den entgegengesetzten Standpunkten der beiden Autoren ergibt sich ein scharfer Kontrast. Es handelt sich um den kleinen, nur 140 Seiten starken, aber gut dokumentierten Band >Die Protokolle der Weisen von Zion und die jüdische Weltpolitik< des sogenannten Chefideologen der Nazis Alfred Rosenberg aus dem Jahre 1923 (4. Auflage 1933) und *Die Protokolle der Weisen von Zion* des jüdischen Autors Norman Cohn aus dem Jahre 1969.

Bei Rosenberg findet man u.a. folgende interessanten Sätze: ■ ,Es ist bemerkenswert, den Unterschied festzustellen zwischen den *Zielen*, denen die Menschen zu dienen glaubten, als sie sich diese Tragödie der Tragödien auferlegten, — und was das Ende dieser Geschichte bedeutet, was ihr *reales Werk* anbetrifft.' Die Londoner >Jewish World< (10.5.1923) anläßlich der Rede Robert Cecils, daß die einzigen schönen Ergebnisse des Weltkrieges (1914-1918) der Judenstaat in Palästina und der Völkerbund seien. ...

So wie die Dinge heute liegen, läßt sich also weder ein *juristisch*-schlüssiger Beweis für die absolute Echtheit wie für eine Fälschung (der *Protokolle*) erbringen. ...

Das Zentrum der jüdischen Weltpolitik befand sich vor dem Kriege in London. Herzl war es, der England, ‚das mit seinem Blick die Welt umspannt', als >Ausgangspunkt< der zionistischen Idee bezeichnet. Hier hatte das allmächtige Haus Rothschild seinen Hauptsitz, hier hatte Disraeli-Beaconsfield zielbewußt vorgearbeitet. ...

(Zitate aus dem Buch >The Jews among the Entente Leaders<): ‚Der Graf Reading, in seiner Sendung in den Vereinigten Staaten, um den Geist der Brüderlichkeit zwischen den beiden großen Rassen englischer Zunge zu beiden Seiten des Atlantischen Ozeans zu festigen; Mr. Baruch und Mr. Samuel Gompers, damit beauftragt, die Wirtschaftsquellen der Vereinigten Staaten zu leiten und zu kontrollieren, um diesen Weltkampf zu stärken, ...

Hoffen wir, daß die gemeinsamen Bemühungen der jüdischen Vertreter der Ententemächte das Symbol einer größeren Einheit sind, die nach dem Kriege geboren werden wird, nicht mit einem Ziel der Vernichtung und der Zerstörung, wie es augenblicklich unvermeidbar ist, sondern um eine bessere und glücklichere Welt zu erschaffen, in welcher die hebräischen Ideale des Rechts und der Gerechtigkeit vorherrschen werden.'

Als zweiter führender Jude wird Edwin-Samuel *Montague* erwähnt, der zweite Sohn des jüdischen Lords Swaythling, eine >Kolonne des englischen Judentums< und Mitglied des Parlaments. Er wurde 1906 >Privatsekretär von Mr. Asquith< (vgl. den Juden Philipp Sassoon als >Privatsekretär< von Lloyd George; den Juden Hugo Oberndoerffer von Loubet; den Juden Mandel als >Privatsekretär< von Clémenceau; ... den jüdischen >Privatsekretär< und Pressechef Tschitscherins, Rosenberg; den jüdischen >Privatsekretär< Cahen bei der deutschen Friedensabordnung in Versailles, später bei Brockdorff-Rantzau in Moskau. ...

An ihrer Spitze wird ein Oberhaupt des amerikanischen Zionismus genannt, der Oberrichter Luis Dembitz *Brandeis* hoher Bruder im alljüdischen Bnei-Briss-Orden). Von ihm heißt es wörtlich: ‚Seit seiner Wahl in den höchsten Gerichtshof und seiner Übersiedlung nach Washington war er einer der nächsten und begünstigsten Berater des Präsidenten (Wilson). ... Ein Komitee, bestehend aus dem Obersten House und Herrn Brandeis, wurde ernannt, um die Weltfragen zu studieren und die großen Linien der amerikanischen Politik auf der Friedenskonferenz (von Versailles) festzulegen.' Auf dieser >Friedenskonferenz< wurde dann auch den jüdisch-völkischen Zionisten Brandeis, Mak und Marshall die Leitung der amerikanischen Orientpolitik übergeben. Wie die >Revue antimaçonique< damals berichtete, wurde Wilson von 156 Beratern begleitet. Davon sollen allein 117 Juden gewesen sein ...

Nach den Strauß' folgt der schon genannte *Bernard Baruch*, der unbeschränkte Wirtschaftsdiktator Amerikas. Von dem Büro der Industrien, zu dessen Vorsitzenden der bis dahin so gut wie unbekannte Baruch ernannt wurde, heißt es in der jüdischen Schrift:

‚Dies Büro ist nicht nur eine Agentur für die Produktion, sondern es ist auch Vermittler der (also aller) Käufe der Alliierten und es kontrolliert wirkungsvoll die Versorgung der Welt mit den wichtigsten Materialien. *Herr Baruch hat tatsächlich vollkommenes Bestimmungsrecht über alle Industrien der Vereinigten Staaten erhalten.*'...

... und zum Großmeister des französischen Großorients stieg der Jude Bernhard Wellhof empor, wobei die >*Archives Israélites*< vom 29. Sept. 1921 mit Befriedigung hinzufügen, daß der schottische Ritus schon zwei weitere jüdische Großmeister gekannt habe, nämlich Adolf Crémieux und Allégri. ...

Wie der Jude Baruch aus dem Dunkel heraus Diktator über den amerikanischen Weltstaat wurde, wie Montague als Munitionsminister praktisch über das britische Heer bestimmte, so trat der Jude Rathenau wenige Tage nach Kriegsausbruch vor den Deutschen Kaiser mit einem fertigen Plan der Kriegswirtschaft. Wohlverstanden derselbe Mann, der nach dem Sturz dieses selben Kaisers ein Buch schrieb (>Der Kaiser<), in welchem er eiskalt erzählt, er habe schon damals einem guten Freunde erklärt, wenn Wilhelm II. mit seinen Paladinen als Sieger durch das Brandenburger Tor reiten würde, so hätte ‚die Weltgeschichte ihren Sinn verloren'. Worin der ‚Sinn der Weltgeschichte' bestand, hatte derselbe Mann schon am 25. Dezember 1909 in der Wiener >Neuen Freien Presse< erklärt. Die Hochfinanz sei dazu berufen, die Zügel der Regierungen an Stelle der Kaiser und Könige zu ergreifen. ...

Die objektive Folge des Rathenau-Systems war dieselbe wie die Herrschaft Bernard Baruchs: die Kriegsgesellschaften gerieten fast ausschließlich in jüdische Hände (nähere erschütternde Nachweise bei Armin: >Die Juden in den Kriegsgesellschaften<)...

Der Prager >Cech< vom 22. Februar 1923 veröffentlichte einen Aufsatz mit dem Titel >Zur Geschichte der Begründung unserer staatlichen Selbständigkeit< und sagte, es sei jetzt an der Zeit, hinter die Kulissen des Aufbaues des tschechischen Staates zu leuchten. Er habe deshalb Aufklärung verlangt, als der Jude Dr. Kauters auf dem Karlsbader Zionistenkongreß 1922 (wohin er als Vertreter der Tschechoslowakei reiste) von den >Verpflichtungen< sprach, welche Präsident Masaryk und der Minister des Äußeren Dr. Benesch den Juden gegenüber übernommen hätten. ... Der Senator Freund-Deschamps, der Jude Wedeles und Srbek waren die Bankiers, welche die tschechische Bewegung in die Wege geleitet haben. ...

Bald war aber ein Millionenbudget notwendig, und da wurden in Frankreich und England Kredite aufgetrieben, über deren Höhe auch bis heute noch nicht genaue Informationen vorliegen. Vielleicht könnten Herr Wedeles in Paris und Lord Rothschild in London darüber mitteilen. ...

Grell erleuchtet wird diese Tatsache noch durch eine andere zynische Offenheit dieses selben Radek-Sobelsohn. Er war

20

während des Krieges in der Schweiz und hatte nach dem gelungenen Umsturz Anfang 1917 in Rußland die begreifliche Sehnsucht, sich zu erproben. Und nun kommt das Bezeichnende; der Mann, welcher Radek Eingang zum deutschen Gesandten in der Schweiz verschaffte, war der Jude Paul Levi und der Korrespondent der alljüdisch-börsianischen *Frankfurter Zeitung*, des Blattes also, das die hervorragendste Vertreterin des Hochkapitalismus darstellt! In Deutschland sorgte der Jude, Milliardär und Arbeiterführer Parvus dafür, daß die Sowjetjuden und ihre Freunde die Durchreiseerlaubnis erhielten, und so fuhr der bekannte plombierte Zug mit den Weltzerstörern durch Deutschlands Gaue (>Prawda< Nr. 251, 1921). ...

Die >Tribune Juive< vom 6. Juli 1922, eine national-jüdische Pariser Zeitschrift, schrieb: ,Die deutsche Revolution ist das Werk der Juden. ...' Die >Jüdische Presse< vom 15. Oktober 1920 stellte, wie schon gesagt, triumphierend fest, daß der Bankier Jakob Schiff in Neuyork die Revolution von 1917 finanziert hatte. ...

Während z. B. das deutsche Maurertum weltbürgerlich ist und in dieser humanitären Einstellung genau so gefördert wurde wie die Sozialdemokratie, wurde in den Staaten der Entente der Nationalismus hochgepeitscht und die Journalisten, Politiker und Schriftsteller, welche die Schicksale der Welt bestimmten, waren überall zugleich durch die freimaurerische Bruderkette aneinander gebunden. ... Da diese eigentliche Leitung des Freimaurertums sich in verschiedenen Staaten befindet, so ist es vollständig berechtigt, wenn die Juden behaupten, fast unangreifbar zu sein. Denn in einem Staate angegriffen, stehen ihnen immer noch die Machtmittel im andern zur Verfügung. Es ist angesichts dieser Worte der vierten Sitzung angebracht, an eine Rede zu erinnern, welche der Gründer der *Alliance israélite universelle* und Großmeister des französischen Großorients, Adolf Crémieux einmal in Paris gehalten hat, und zwar schon im Jahre 1861. Laut dem Bericht seines Organs, der >Archives Israélites< vom Jahre 1861, Heft 25, sprach er: ,Ein Messianismus der neuen Zeit muß anbrechen und sich entwickeln, ein Jerusalem einer neuen Ordnung, heilig gegründet zwischen dem Morgen- und Abendland, muß sich an die Stelle der Doppelreiche der Kaiser und Päpste setzen. Ich verberge es mir nicht, im Laufe einer langen Reihe von Jahren habe ich keinem andern Gedanken, als diesem Werke, nachgehangen ... Die >*Alliance israélite*< hat ihre Wirksamkeit kaum begonnen und schon läßt sich ihr Einfluß in der Ferne spüren. Sie beschränkt sich nicht nur auf unseren Kultus, sie wendet sich an alle, sie will in alle Religionen eindringen, wie sie in alle Länder gedrungen ist. Die Nationalitäten sollen verschwinden! Die Religionen sollen vergehen! Israel aber wird nicht aufhören, denn dieses kleine Völkchen ist das auserwählte Gottes.'

Im ferneren Verlaufe seiner Rede erklärte Crémieux: ‚Wir müssen in allen Ländern die verlassenen Juden mit den Autoritäten in Verbindung setzen, bei der ersten Nachricht eines Angriffs uns wie ein Mann erheben ... und die Unterstützung aller verlangen. Wir müssen unsere Stimmen bis in die Kabinette der Minister, bis zu den Ohren der Fürsten dringen lassen; gehe es, wie es wolle, auch wenn wir uns dabei der in Kraft stehenden Gesetze bedienen müßten, die durch die Aufklärung unserer Tage überwunden sind; wir müssen uns allen denen, die protestieren, anschließen.

Man bittet uns für das Vergangene um Vergebung; der Zeitpunkt ist gegeben, um auf einer unerschütterlichen Grundlage eine unsterbliche Vereinigung zu schaffen. ...'

Gleich nach dem Ausbruch des Krieges 1914 schrieb der damals in Zürich lebende bolschewistische Führer Trotzki ein Buch: >Krieg und Internationale<, in welchem er genau denselben Gedanken niederlegt wie der jüdische Bankier (der italienische Hochgradfreimaurer Adriano Lemmi, D.R.). Er schreibt: ‚Der Krieg von 1914 bedeutet vor allem die Zertrümmerung des Nationalstaates als eines selbständigen Wirtschaftsgebietes'. Dann sagt er, es handle sich ‚um die Schaffung eines weit mächtigeren und widerstandsfähigeren Vaterlandes — **der republikanischen Vereinigten Staaten Europas als Fundament der Vereinigten Staaten der Welt**'. Dieser selbe Trotzki-Braunstein war schon damals Mitglied der Pariser Loge

>Art et Travail<, welche seit Jahrzehnten einen Brennpunkt revolutionärer Propaganda darstellte. >La libre Parole< in Paris berichtete am 6. Februar 1918 über eine Tempelarbeit dieser Loge, welche am 24. Dezember 1917 abgehalten wurde. Es sprach der Bruder Rozières von der Loge Jean Jaurès in lobender Weise über die Brüder Lenin und Trotzki.

Nach Adriano Lemmi ergriff in Italien das Steuer des Freimaurertums der Jude Ernesto Nathan, dessen Reden in Millionen von Exemplaren in ganz Italien verbreitet wurden, es zum Kriege gegen Deutschland anstachelten, und in denen es u.a. wörtlich hieß: ‚Die Freimaurerei hat den Krieg an der Seite der freien Völker gewollt.' ...

Siegen allerdings durfte keiner der beiden Staaten (Rußland und Deutschland). Dafür sorgten Bernard Baruch in Neuyork und Samuel Montague in London. Keine Munition kam über die finnische Grenze oder über Archangel nach Rußland ohne britische Kontrolle, und aus Amerika langte gerade genug Unterstützung an, um das Ausbluten Rußlands möglichst weit zu treiben. ...

Schlimm muß dem Reichskanzler Cuno zumute gewesen sein, als er am 2. Mai 1923 der Entente in seiner Unterwerfungsnote unterbreitete:

‚Die deutsche Regierung ist bereit, für die von ihr angebotenen Leistungen spezielle Garantien zu bestellen. Der gesamte Besitz und alle Einnahmequellen des Deutschen Reiches und der deutschen Länder sind bereits nach dem Vertrage von Versailles beschlagnahmt.'...

Am 29. August 1924 nahm die Deutsche Republik die internationale Kontrolle auf sich und verzichtete auf alle Rechte einer staatlichen Souveränität. ...

Noch deutlicher für geschärfte Ohren spricht der österreichische Jude Stricker, Mitglied im Großen Arbeitskomitee des Zionismus. Er schrieb laut >Wahrheit<, Organ der >Union deutschösterreichischer Juden< (vom 24. November 1922), zur Frage des Weltkongresses:

‚Ein alljüdischer Weltkongreß, eine Zusammenfassung aller wirtschaftlichen und sozialen Kräfte der ganzen jüdischen

Gesellschaft muß absolutes Bestimmungsrecht haben, muß höchste und letzte Instanz sein, muß das Recht haben, alle Fragen bindend für alle zu lösen.'

Das ist die Forderung nach dem Recht auf Hochverrat für alle jüdischen Staatsbürger aller Länder! ...

In England schuf Disraeli-Beaconsfield den neuenglischen Weltimperialismus; die indischen Seide- und Opiumjuden Sassoon setzten sich für Britanniens Herrschaft in Asien ein und die Brillantjuden Beith und Genossen stützten Cecil Rhodes' Pläne in Afrika. ...

In alle freimaurerischen Vereinigungen von politischer Bedeutung steht dem Juden der Eintritt offen. ...

Der wichtigste von allen ist jedoch der heute vielgenannte Orden Bnei-Briß mit seinem Sitz in Chicago, der in Deutschland allein über 80 Logen zählte, in welchem sich die führenden jüdischen Journalisten, Bankiers, Politiker vereinigten. ...

,Das vornehmste feindliche Kriegsziel, die Demokratisierung Deutschlands, wird sich verwirklichen', schrieb Lichnowsky in seiner vor Lob für die jüdisch-angelsächsische Diplomatie übertriefenden Schrift >Meine Londoner Mission<. Lichnowsky spricht nicht über die Juden in seinem giftigen Büchlein und doch stehen fast ganz am Schluß Worte, die bisher von *allen* Kritikern >übersehen< worden sind. Sie lauten, nachdem erklärt wurde, daß England siegen werde: ,Denn wir werden die Söhne Jahwes nicht verdrängen, das Programm des großen **Rhodes** wird sich erfüllen, der in der Ausbreitung des Britentums, im britischen Imperialismus das Heil der Welt erblickte' [6].**

Auf ein solches Zitat habe ich wirklich gewartet, daß ein Jude prophezeit, daß sich das Programm des Cecil Rhodes erfüllen wird. Dies ist eine wertvolle Stützung meiner These im ersten Band meiner *Geheimpolitik*, daß die >Protokolle der Weisen von Zion< ein Teil des Programms des C. Rhodes sind, welches, wie bereits bemerkt, an einen Rothschild vererbt wurde.

„Das Ziel ist klar: Gestützt besonders auf die >angelsächsischen< Plutokratien und den sowjetjudäischen >Arbeiter<-staat soll der ganze Westen beherrscht werden (die französischen Kulis spielen in der >Rechnung< keine große Rolle) und China als Aufmarschgebiet gegen die >Militaristen des Ostens< dienen, d. h. gegen die Japaner. Das ist der ,Sinn der Weltgeschichte', der gelobt, verhimmelt, als der ,Geist des Fortschritts' gepriesen und gelobt und — geglaubt wird ...

Vergleiche zu allem Überfluß hier noch die Ansicht des >objektiven< Historikers des Bolschewismus, des Juden Elias Hurwicz. Er sagt von dem Plane der Revolutionierung des gesamten Ostens, es sei ein Plan, ,dessen hartnäckige, systematische Verwirklichung der Kundige schrittweise verfolgen kann und bewundern muß'. (>Die Weltbühne< Nr. 32 v. 11. August 1921.) Der Freund Walther Rathenaus, Emil Ludwig-Cohn, nennt Sowjetrußland ein >großartiges Experiment< und erklärt dann: ,Der Krieg war ausgebrochen, weil ein halbes Dutzend gebildeter Staaten sich über natürliche Differenzen nicht vernünftig wie Kaufleute zu einigen vermochten; er wurde durchgeführt, um im Zentrum Europas so moderne Staatsformen zu erzwingen, wie sie ringsum überall herrschen.' ...

An der Spitze aber der >Gnade Gottes< stehe die — Balfour-Deklaration, die >Rutherford< im Wortlaut abdruckt. Als Programm des Zionistenkongresses zu Basel zitiert >Rutherford< die Grundsätze, wobei namentlich der 4. würdig ist, nie vergessen zu werden: ,Die Beschaffung der Regierungsgesetze, wie sie zur Erlangung der Ziele des Zionismus notwendig sind'. Also die Gesetze aller Staaten sollen sich nach jüdischnationalen Wünschen richten! Das ist dasselbe, was in den *Protokollen* gefordert wird [7]."

„Diese internationale Zusammenarbeit macht es verständlich, daß die Idee der >Völkerbank< oder der >Weltbank< als erstrebenswertes Ideal aufgestellt wurde. Der verstorbene Judenbankier Cassel war es, der dies meines Wissens zum ersten Male öffentlich propagierte. ...

Die Annahme des sog. >Dawes-Gutachtens< bildete den Abschluß einer Versklavungsepoche. ...

Wie weit diese Funktionen die internationale Bank in Basel, die BJZ, zu deren erstem Vorsitzenden ein Franzose gewählt wurde, durchzuführen hat, kann nur die Zukunft lehren. — Daß ihr seitens des Judentums Aufgaben gestellt sind, darf man gar nicht bezweifeln, wenn man bedenkt, daß als erster Punkt der sogenannten seinerzeitigen Verhandlungen für den Young-Plan diese Bank erstand, die die Verteilung der deutschen Tribute zu regeln hatten. — Und ausgerechnet in Basel erstand sie [8]!"

Zu welch einem internationalen Versklavungsinstrument die >Weltbank< inzwischen herangereift ist, darüber könnte ich dicke Bücher schreiben.

„Der *Generalsekretär der englischen Judenheit*, Lucien Wolff, veröffentlicht (laut jüd. Pressezentrale Zürich Nr. 147 und 148 vom 15. und 21. Juni 1923) einen längeren Aufsatz unterm Titel *Der Jude in der Diplomatie.* ... sagt er: ‚Während des Krieges waren es zwei Juden, die dem Beispiel ihrer Glaubensgenossen im 16. und 17. Jahrhundert folgend, ihre Mithilfe liehen, um die neuen Angriffe auf die Freiheit Europas und auf die Hegemonie der Kräfte abzuwehren. Es waren dies Lord Reading ... und Baron Sonnino, der im Jahre 1915 den Londoner Vertrag zustande brachte, welcher den Dreibund auflöste und Italiens Eintritt in den Krieg bewirkte. ...

Es ist ein beachtenswerter Umstand, der nicht allgemein bekannt ist, daß alle Kriegführenden die Bedeutung, sich die Unterstützung der Juden zu sichern, nicht richtig einschätzten. Deshalb organisierten die Außenministerien von London, Paris und Berlin spezielle jüdische Departements, in welchen das Studium jüdischer Fragen konzentriert wurde. Die Geschichte der Konkurrenz zwischen diesen Departements in der Palästinafrage, welche die zionistischen Führer geschickt benutzten, muß noch geschrieben werden.'

Nachdem Paul Mantoux, der Direktor der politischen Abteilung des Völkerbundes, gelobt worden ist, heißt es weiter: ‚In den Kulissen der Konferenz (von Versailles, wo Oskar Straus den Taft vertrat) bewegten sich viele andere Juden, die ephemere Vertreter der mehr oder weniger Eintagsstaaten waren, die die Anerkennung der Großmächte zu erlangen hofften. So wurde Litauen repräsentiert durch den Kownoer

Advokaten Rosenbaum, mit dem Rang eines Assistenten des Außenministers, während die Ukraine zwei Juden delegierte, den Kiewer Advokaten und Itoisten Arnold Margolina, und Samuel Zarchi, einen Arzt, der in London in Whitechapel Road praktiziert hatte. Beim Schlußakt der Friedenskonferenz finden wir eine kleine Gruppe weiterer hervorragender Juden als Signatäre der Friedensverträge. Der Vertrag von Versailles seitens Italiens wurde unterzeichnet durch Baron Sonnino, seitens Indiens durch Edwin Montague, derjenige von St. Germain durch Louis Klotz seitens Frankreichs und jener von Trianon von Auguste Isaac, ebenfalls seitens Frankreichs. Einige dieser Bevollmächtigten figurieren ebenfalls unter den Signatären der Minoritätsverträge mit Polen, Rumänien und der Tschechoslowakei. Der Vertrag mit Polen war von nicht weniger als drei Juden unterzeichnet, durch Sonnino, Klotz und Montague, während die beiden anderen Hauptverträge von Klotz unterzeichnet wurden.

Über die diplomatische Betätigung der Juden nach Abschluß des Friedens kann kurz gesprochen werden. Europa! (nicht etwa Deutschland, A.R.) besaß einen jüdischen Minister des Äußeren in der Person des verstorbenen Walther Rathenau, der in Deutschland dem Kabinett des Dr. Wirth angehört hat. ... In enger Zusammenarbeit mit ihm befand sich auch ein jüdischer Botschafter, ebenfalls mit großen Fähigkeiten, Dr. Lujo Hartmann, der gelehrte Historiker, der noch die österreichische Republik in Berlin repräsentiert. ... In Genf repräsentiert ein anderer hervorragender Historiker, Professor Szymon Askenasi, Polen als Chef der beim Völkerbund akkreditierten Delegation. Sowohl die Sowjetregierung wie die eintägigen Armeeregierungen, die die Usurpation der Bolschewiken bekämpften, haben eine Anzahl jüdischer Diplomaten gezeitigt. Unter diesen werden die Bolschewisten am prominentesten repäsentiert durch Litwinoff, den ehemaligen Botschafter in Großbritannien und jetzigen Assistenten des Außenministers Kameneff, ferner durch seinen Nachfolger in London, Radek, der der erste Botschafter der Sowjets in Berlin war,'..."

Also — was muß geschrieben werden? Die Geschichte des Konkurrenzkampfes zwischen den Departements für Palästinafragen in London, Paris und Berlin! Also — ehrliche Historiker an die Front!

„Der Staat Adolf Hitlers hat einen Kampf aufgenommen, der sich nicht nur die Befreiung des deutschen Menschen von zersetzenden jüdischen Einflüssen zum Ziel gesetzt hat, sondern der darüber hinaus ein Vorbild schaffen will, wie die unselige Verquickung der Völker mit dem Judentum einer reinen Scheidung entgegengeführt werden kann. Ist es dem Judentum Ernst mit seinem Palästina-Ideal, dann sollte die Entwicklung in Deutschland nicht nur der Zionismus, sondern das gesamte Judentum begrüßen [9]."

Es gibt für mich keinen Grund, den Wahrheitsgehalt der Zitate von Rosenberg anzuzweifeln, da in dem Buch von Norman Cohn *Die Protokolle der Weisen von Zion* nicht ein einziges dieser Zitate als unrichtig nachgewiesen wurde. Es wurden lediglich ein paar subjektive antijüdische Äußerungen zitiert und dann geschlossen: „Rosenberg war ein schlichtes Gemüt und glaubte an den Unsinn, den er schrieb (N.Cohn: P.d.W.v.Z., S. 251)." Es mag einiger Unsinn darinstehen, aber der größte Teil hat zweifellos Hand und Fuß, für den heutigen Betrachter noch mehr als für den damaligen, wie die von mir angeführten Zitate eindeutig beweisen.

Bezüglich des vorgenannten Buches gibt es eine Merkwürdigkeit, die in mir mindestens eine große Frage wachruft. Diese Merkwürdigkeit besteht darin, daß das Buch in den Jahren 1923 und 1924 drei Auflagen erlebte, also ziemlich erfolgreich verkauft wurde, aber dann plötzlich für fast zehn Jahre verschwand, bis zur Neuauflage im Oktober 1933. Hier muß ich die Frage stellen: Warum wurde dieses erfolgreiche Buch nach 1924 nicht mehr aufgelegt und ergänzt? Es wäre doch für Rosenberg ein Leichtes gewesen, im Laufe von zehn Jahren das belastende Material gegen jüdische Kreise zu verdoppeln und verdreifachen. Aber nichts dergleichen geschah!

Statt dessen erscheint ein Jahr später ein Buch, welches im Gegensatz zu dem vorgenannten einen ganz primitiven Antisemitismus oder besser gesagt Antijudaismus predigt und ganz miserabel recherchiert und dokumentiert ist — >Mein Kampf< von Adolf Hitler. Man vergegenwärtige sich die Lage von Hitler, als er dieses Buch mit fremder Hilfe zusammenstümperte: er sitzt im Gefängnis, ist mehr abhängig von Feinden als von Freunden, seine politische Macht ist gleich Null. Aus dieser Lage der Ohnmacht heraus sagt er praktisch dem gesamten Judentum der Welt den Kampf an, nicht etwa nur den ca. dreihunderttausend deutschen Juden!

Aus dieser Tatsache allein müßte man schließen, daß er wahnsinnig war — es sei denn, mit diesem Buch wurden Ziele verfolgt, welche gar nicht die der Nationalsozialisten waren, sondern die der jüdischen Zionisten. Und genau das scheint mir der Fall zu sein. Wenn man den >Judenstaat< von Theodor Herzl, die Balfour-Deklaration und die Tagebücher von Herzl studiert hat, dann weiß man, daß es damals nur eine einzige Gruppe gab, welche an einem weltweiten Antisemitismus Interesse hatte, und das waren diejenigen, die mit aller Macht die Gründung eines israelischen Staates anstrebten — eben die Priester des Zionismus (Man vergleiche dazu auch: H. Kardel: *Adolf Hitler — Begründer Israels).* Das Gewicht dieser Bewegung müßte schon deshalb für jeden historischen Betrachter klar sein, weil damit spätestens seit der Balfour-Deklaration die Namen der großen Bankhäuser Rothschild und Warburg verbunden waren. Die zionistischen Führer wußten nämlich ganz genau, daß kein in geordneten Verhältnissen lebender Jude, von den Assimilationswilligen ganz zu schweigen, jemals in der Wüste Palästinas freiwillig Pionierarbeit leisten würde. Da konnte nur eines helfen — ein militanter Antisemitismus, egal durch wen. Die Dynamik des Zionismus seit dem Anfang des Jahrhunderts bis zur Gründung des Staates Israel wird von vielen Historikern bewußt oder unbewußt kaum beachtet. Der in dieser Bewegung steckende Nationalismus und >Rassismus< gehört zweifellos zu den gefährlichsten politischen Erscheinungen dieses Jahrhunderts, und stand dem deutschen in keiner Weise nach. Im Jahre 1975 gab es dazu eine UN-Resolution:

„Am 10. November 1975 nahm die *Vollversammlung der Vereinten Nationen* eine Resolution an, in der erklärt wird, daß Zionismus eine Form von Rassismus sei. Die entscheidenden Sätze dieser Entschließung lauten:

‚Die Vollversammlung, — in Erinnerung an ihre Entschließung 1904 (XVIII) vom 20. November 1963, welche die Erklärung der Vereinten Nationen über die Beseitigung aller Formen rassistischer Diskriminierung verkündete, und im besonderen an ihre Bestätigung, daß jede Lehre rassischer Unterscheidung oder Überlegenheit wissenschaftlich falsch, moralisch verwerflich (und) sozial ungerecht und gefährlich ist ... — in Erinnerung ferner daran, daß die Vollversammlung in Ihrer Entschließung 3151 g (XXVIII) vom 14. Dezember 1973 unter anderem die unheilige Allianz zwischen dem südafrikanischen Rassismus und dem Zionismus verurteilt hat ... stellt fest, daß Zionismus eine Form von Rassismus und rassistischer Diskriminierung ist.' Für die Resolution stimmten 72 Staaten, und zwar die arabischen, die sozialistischen Ostblockländer sowie ein Großteil der afrikanischen und asiatischen UN-Mitglieder der Dritten Welt. Von 35 Staaten, darunter den meisten europäischen, nord- und mittelamerikanischen, wurde sie abgelehnt. 32 Länder enthielten sich der Stimme. (Evangelische Zentralstelle für Weltanschauungsfragen, Stuttgart, Information Nr. 66 - X/76)."

Bei Cohn finden sich ein paar interessante Sätze zur Person von Rosenberg: „Führender Propagandist des Mythos und der *Protokolle* war anfangs Alfred Rosenberg, der offizielle >Ideologe< der Partei. Er stammte aus Reval und war Balte von nicht so ganz rein deutscher Herkunft, wie er gern behauptete, einer seiner Großväter war Lette. Von Haus aus war er russischer Staatsbürger; noch nach der Revolution legte er in Moskau das Architekten-Examen ab. Die Revolution weckte in ihm das Interesse an Politik und machte ihn zu einem fanatischen Antibolschewisten. ...

Rosenberg wurde zwar von Hitler nie sehr ernst genommen, und sein Einfluß ging schon vor der Machtergreifung zurück; dennoch drückte er der Nazi-Ideologie für immer seinen Stempel auf. ..." Wenn Cohn dann noch schreibt: „Er (Rosenberg) trat als Kenner des Bolschewismus auf, kannte aber keine Zeile von Marx und Engels, hatte nie die Geschichte und Theorie des Sozialismus studiert und wußte überhaupt nichts von der russischen revolutionären Bewegung. ..."[10], dann ist das bezüglich der revolutionären Praxis einfach unrichtig, wie sich aus den vorgenannten Zitaten des Buches von Rosenberg ergibt.

* * *

Das Buch von **Norman Cohn** >Die Protokolle der Weisen von Zion< (Verlag Kiepenheuer & Witsch, Köln - Berlin 1969), das ich jetzt kurz kommentieren will, ist nach meinem Wissen das einzige, welches nach dem 2. Weltkrieg in Deutschland erschienen ist. Es hat nur deshalb im ersten Band meiner *Geheimpolitik* keine Aufnahme gefunden, weil es mir zu jener Zeit nicht zur Verfügung stand. Der jüdische Autor versucht darin nachzuweisen, daß die *Protokolle* erstens eine Fälschung, und zweitens die Hauptursache für den Antisemitismus dieses Jahrhunderts gewesen sind, und daß natürlich der deutsche Antisemitismus der schlimmste von allen war. Im Jahre 1969, als die deutsche Ausgabe erschien, konnte bereits mit Leichtigkeit nachgewiesen werden, daß die in den *Protokollen* niedergelegten Richtlinien zur Erringung der Weltherrschaft in vollem Maße in Anwendung waren. Daß die Anwender dieser Richtlinien selbstverständlich nicht nur in jüdischen Kreisen zu suchen sind, sondern sich in großem Maße aus dem Abschaum der Politiker der westlichen Demokratien zusammensetzt, habe ich bereits verdeutlicht. Das Buch von Cohn kommt meinen eigenen Forschungen sehr entgegen, denn es widerlegt nicht etwa die Ausführungen in meiner *Geheimpolitik*, sondern bestätigt sie noch in einigen wichtigen Punkten. Er führte u.a. aus:

„Als ich zum Ausgangspunkt meiner Studien zurückkehrte, war die Lage ganz anders als 1945. Die Nazibewegung und das Naziregime waren gründlich untersucht worden, die Ergebnisse füllten ganze Bibliotheken, es gab sogar besondere Institute zur Erforschung der nazistischen Verfolgungen und Massaker. Auch die Geschichte des Antisemitismus, vor dem Krieg das Arbeitsfeld weniger wagemutiger Pioniere, fand jetzt reges wissenschaftliches Interesse, und viele Spezialarbeiten zu diesem oder jenem Aspekt des Themas wurden geschrieben. Es blieb jedoch eine ins Auge fallende Lücke: niemand untersuchte eingehend den Mythos von der jüdischen Weltverschwörung und seine Rolle in der Geschichte der neuer Zeit.

Zwar fehlt es nicht an Arbeiten über den Text, in dem dieser Mythos seinen prägnantesten Ausdruck und seine weiteste Verbreitung fand: die berüchtigte Fälschung, die unter dem Namen *Protokolle der Weisen von Zion* bekannt ist. ...

Heute (zwischen 1949 und 1969) ist all das fast vergessen; zumindest in Europa trifft man selten einen Menschen unter vierzig Jahren, der von diesen seltsamen Ideen je etwas gehört hat. ,Um so besser', ist man versucht zu sagen; aber ich denke, dieser Versuchung muß man widerstehen. Ein schwerer Wahn hat große Teile Europas und ein gutes Stück der übrigen Welt heimgesucht; seit dem Hexenwahn des 16. und 17. Jahrhunderts, dem wohl eine Million Frauen zum Opfer fielen, war nichts dergleichen gesehen worden. Es scheint mir wichtig, diesen Wahn zu studieren, seine Kernvorstellungen zu analysieren und so genau wie möglich zu ergründen, worin seine Anziehungskraft bestand. Deshalb habe ich mich nach einigem Zögern entschlossen, die Arbeit, die ich vor zwanzig Jahren begann, und dann liegen ließ, zu Ende zu führen. ...

Vor allem aber behauptete man, die Juden beteten den Teufel an, der sie dafür zu Meistern der Schwarzen Magie mache; so besitze das Judentum insgesamt eine grenzenlose Macht zum Bösen, wie schwach auch der einzelne Jude erscheinen möge. Und schon damals war die Rede von einer geheimen jüdischen Regierung: einem Rat von Rabbinern, der seinen Sitz im mohammedanischen Spanien habe von dort aus einen unterirdischen Krieg gegen die Christenheit führe, wobei er sich als Hauptwaffe der Zauberei bediene.

Die jahrhundertelange Propagierung solcher Ideen durch die Geistlichkeit hatte bestimmenden Einfluß auf die Haltung der Laien. Drängte die jüdische Religion mit ihrem Auserwähltheitsglauben und ihrem komplizierten Tabusystem die Juden ohnehin zur Absondern, so sorgte die christliche Lehre und Predigt dafür, daß sie nicht einfach als Fremde, sondern als äußerst gefährliche Feinde behandelt wurden. ...

Was die obskuren deutschen Illuminaten betrifft, so waren sie keine Freimaurer, sondern deren Konkurrenten, und zudem war ihr Orden bereits 1786 aufgelöst worden. ...

... ; König Ludwig XVI. und seine Brüder waren selbst Freimaurer, und während der Schreckensherrschaft wurden Hunderte von Freimaurern guillotiniert und ihre Organisation, der *Grand Orient*, verboten. ...

Als Barruel seine fünf Bände schrieb, legte er seiner Phantasie noch gewisse Zügel an. Zwar eiferte er gegen die Freimaurer und gab ihnen die ganze Schuld an der Revolution, doch erwähnte er kaum die Juden — verständlich genug, da in der Revolution selbst in der ihr vorangehenden philosophischen Umwälzung kein Jude eine bedeutende Rolle gespielt hatte. ..."

Ist schon merkwürdig, daß Herr Cohn sich im Zusammenhang mit der französischen Revolution mit der Verteidigung der Freimaurerei befaßt, obwohl Juden gar nicht betroffen waren! Natürlich wurden auch Freimaurer guillotiniert — aber weshalb denn? Weil sie unter dem freimaurerischen Anführer Robespierre eine Schreckensherrschaft errichtet hatten, das war der Grund!

„Im 18. Jahrhundert waren die Freimaurer im großen und ganzen judenfeindlich (übrigens auch die bayrischen Illuminaten). Zur Zeit des Simonini-Briefs lehnten es noch viele Logen ab, Juden als Mitglieder aufzunehmen. Zu keiner Zeit haben Juden oder Personen jüdischer Abkunft in der Freimaurerei eine unverhältnismäßige Rolle gespielt. ..."

Das ist eine glatte Verharmlosung! Wenn mindestens drei Juden Großmeister des französischen >Grand Orient< gewesen sind, wobei ich insbesondere an den Namen Crémieux denke, so ist das eben doch eine ,unverhältnismäßige Rolle' im Verhältnis zum Anteil der Juden an der französischen Bevölkerung.

„Kabbala ist ein Sammelbegriff für die Lehren der jüdischen Mystik und Theosophie, die hauptsächlich im späten

Mittelalter entstanden. Sie sind in Werken wie dem Buch *Sohar* dargelegt und keineswegs geheim. ...

Das Erstaunlichste ist, daß diese verschrobenen Phantastereien geglaubt wurden. Tatsächlich haben sich viele gläubige Leser der *Protokolle* mitten im 20. Jahrhundert die jüdische Geheimregierung als eine Ratsversammlung orientalischer Zauberer vorgestellt. Man braucht nur die 1963 in Madrid erschienene kommentierte Ausgabe der *Protokolle* aufzuschlagen; dort wird man zahlreiche Seiten über die >Kabbala< finden. ..."

Das ist die platteste Leserverdummung, mit der man nur solche Menschen hereinlegen kann, die durch die bundesdeutschen Volksverdummungsschulen erzogen wurden. Jeder mit Hermetik vertraute Mensch weiß, daß die Kabbalah eine hohe Form von Magie ist. Wie ich in meinem Buch >Christentum und Atheismus im Vergleich zu Okkultismus und Magie< durch Zitate des jüdischen Gelehrten Gershom Scholem nachgewiesen habe, unterliegt die praktische Kabbalah seit vielen Jahrhunderten strengster Geheimhaltung. Noch nicht einmal ein Bruchteil davon wurde aus der hebräischen Sprache übersetzt. Glücklicherweise ist die Welt seit den fünfziger Jahren nicht mehr auf die jüdische Gnade angewiesen, seitdem >Der Schlüssel zur wahren Quabbalah< von Franz Bardon das Licht der Welt erblickt hat. Die Bibel der Hochgradfreimaurerei >Morals and Dogma< von Albert Pike ist voll von Hinweisen darauf, daß die Kabbalah (Quabbalah) von den Weisen aller Zeiten als höchstes Wissen betrachtet wurde, worauf ich noch zurückkomme.

„Über diese geheimnisvollen >Hinterlogen< hat der Erzbischof noch mehr zu berichten: sie bestehen aus Freimaurern und Juden >des 33. Grades< — wie denn auch nachher die *Protokolle* mit den Worten enden: ‚Unterzeichnet von Zionistischen Repräsentanten des 33. Grades.' Es ist klar, woher diese Idee stammt. Es gibt tatsächlich ein Freimaurersystem mit dreiunddreißig Graden: den >Alten und Angenommenen Schottischen Ritus<, der zu Beginn des 19. Jahrhunderts in den Vereinigten Staaten gestiftet wurde und sich über viele Länder verbreitete. Dieser Zweig der Freimaurerei ist nicht an

Politik oder Wirtschaft interessiert, sondern befaßt sich vornehmlich mit philosophischer Symbolik und philanthropischen Unternehmungen; er denkt nicht daran, etwa das gesamte Freimaurertum zu kontrollieren. ..."

Woher weiß denn dieser jüdische >Forscher< so genau über Hochgradfreimaurerei Bescheid? Das kann doch wohl nur einer als Tatsache behaupten, wenn er selber diesem Hochgradsystem angehört und vollen Einblick besitzt! Abgesehen davon, sind auch diese Behauptungen wiederum nur Leserverdummung, wie meine weiteren Darlegungen zeigen werden.

„Ganz anders sieht eine Fassung der *Protokolle* aus, die als Teil eines Buches des mystischen Schriftstellers Sergej Nilus veröffentlicht wurde. Das Buch heißt *Das Große im Kleinen und Der Antichrist als nahe politische Möglichkeit*. Die beiden ersten Auflagen, die 1901 und 1903 erschienen, enthielten die *Protokolle* noch nicht. Diese wurden erst in die dritte Auflage aufgenommen, die im Dezember 1905 erschien, hergestellt in der Druckerei des Komitees des Roten Kreuzes von Zarskoje Selo, der Sommerresidenz des Zaren. Wie wir sehen werden, wurde diese Ausgabe zu dem Zwecke veranstaltet, Zar Nikolaus II. zu beeinflussen, und sie trägt alle Zeichen dieser Bestimmung. ...

Das Originalmanuskript der *Protokolle* war in französischer Sprache abgefaßt — aber dem ersten Zionistenkongreß hatte kein einziger französischer Delegierter beigewohnt, die offizielle Kongreßsprache war Deutsch gewesen, und Herzl, der Begründer des modernen Zionismus, war Österreicher. ...

Es gibt also gute Gründe für die Annahme, daß Juliana Glinka und Filip Stepanow tatsächlich etwas mit der ersten Veröffentlichung der *Protokolle* zu tun hatten. Wie erwähnt, erklärte Stepanow, er habe die *Protokolle* 1895 erhalten und 1897 drucken lassen. ...

Bei dem Versuch, die Frühgeschichte der *Protokolle* zu rekonstruieren, stößt man immer wieder auf Zweideutigkeiten, Unklarheiten und Rätsel. ... Globatschew berichtet, wie die *Protokolle* nach mehreren vergeblichen Versuchen im Revolutionsjahr 1905 endlich dem Zaren zur Kenntnis gebracht wurden. ‚Die Lektüre der *Protokolle*', schreibt er, ‚beeindruckte

Nikolaus II. sehr tief, und er machte sie zu seinem Handbuch der Politik. Bezeichnend sind in dieser Hinsicht die Randbemerkungen, mit denen Nikolaus II. das ihm überreichte Exemplar der *Protokolle* versah: ‚Welche Gedankentiefe! — Welche Voraussicht! — Welche Präzision in der Verwirklichung des Programms!' ...

Diese Ermittlungen ergaben eindeutig, daß die *Protokolle* unecht waren. Stolypin unterbreitete die Untersuchungsergebnisse Nikolaus II., der völlig konsterniert war. Und so entschied Nikolaus II. über die Verwendung der *Protokolle* für antisemitische Propaganda: ‚Laßt die *Protokolle* fallen. Eine reine Sache darf man nicht mit schmutzigen Methoden verteidigen.'

Die Lage änderte sich 1917/18, als erst der Zar und dann die provisorische Regierung gestürzt wurden, die Bolschewiki die Macht ergriffen und der Bürgerkrieg begann. Bestimmend für die Weltkarriere der *Protokolle* war vor allem die Ermordung der Zarenfamilie in Jekaterinburg (heute Swerdlowsk) am 17. Juli 1918. ...

Er verzeichnete drei Bücher, die der Zarin gehörten: den ersten Band von *Krieg und Frieden*, die russische Bibel und *Das Große im Kleinen von Nilus*.

Eine seltsame Entdeckung wurde gemacht: die Zarin hatte in einer Fensternische des Zimmers, das sie und der Zar bewohnt hatten, ein Hakenkreuz an die Wand gezeichnet. ..."

Nachdem der Zar erfahren hatte, daß die *Protokolle* eine Fälschung sind, sind sie plötzlich nicht mehr >gedankentief<, >voraussehend und präzise<? Das ist eine völlig blödsinnige Schlußfolgerung! Als ob sich an der Qualität eines Planes dadurch etwas veränderte, daß er angeblich gefälscht ist. **Wichtig ist ausschließlich, ob er in der Praxis angewendet wird!** Wenn die politischen Tatsachen vorher dem Inhalt der *Protokolle* entsprachen, dann hätte bei der Untersuchung vielleicht herauskommen können, daß die Verschwörung keine spezifisch jüdische war, nicht aber, daß es überhaupt keine *Verschwörung* entsprechend dem Inhalt der *Protokolle* gab.

Woran war denn zu erkennen, daß ausgerechnet die Zarin ein Hakenkreuz an die Wand gemalt hatte? Vielleicht durch das Urteil eines Schriftsachverständigen? Das hätten doch ebensogut auch die Mörder getan haben können, die ja noch ganz andere interessante Zeichen hinterlassen haben, wie uns Douglas Reed berichtet hat. Von diesen anderen Zeichen schweigt nämlich Herr Cohn bezeichnenderweise.

„Bolschewiki jüdischer Herkunft fühlten sich mit religiösen Juden nicht im mindesten solidarisch — ganz im Gegenteil. Als eine Deputation von Juden bei Trotzki vorsprach und ihn bat, nichts zu unternehmen, was die >weiße< Soldateska zu Pogromen reizen könnte, antwortet er: ‚Geht nach Hause zu euren Juden und sagt ihnen, daß ich kein Jude bin und mich nicht um die Juden und ihr Schicksal kümmere'. ...

Unter dem Sowjetregime hatten sie mehr zu leiden als die anderen Russen: in den zwanziger Jahren waren mehr als einem Drittel der jüdischen, aber nur 5-6 Prozent der nichtjüdischen Bevölkerung die bürgerlichen Rechte entzogen.

Soviel ist allerdings richtig: in den Führungsgremien (nicht in der Gesamtmitgliedschaft) der beiden marxistischen Parteien, der Bolschewiki und der Menschewiki, war der Anteil von Juden, d.h. Personen jüdischer Abkunft, unverhältnismäßig hoch. ...

In Rußland gab es viel mehr Juden in menschewistischen als in bolschewistischen Führungskreisen; und diese menschewistischen Führer wurden von den Bolschewiki sämtlich aus dem Lande getrieben, eingesperrt oder hingerichtet. Was die Juden in der bolschewistischen Führung betrifft, so wurden sie fast alle in den dreißiger Jahren erschossen. Das sind die Tatsachen. ..."

Das sind eben **nicht** die Tatsachen, denn wie Douglas Reed in *The Controversy of Zion* schreibt, wurde noch Mitte der dreißiger Jahre die gesamte Geheimpolizei der Sowjetunion von Juden beherrscht. Wer jedoch in der Sowjetunion die Geheimpolizei beherrschte, der beherrschte praktisch das ganze Land, das ist doch wohl selbstverständlich! Außerdem arbeiteten die späteren jüdischen Herrscher der Deutschen Demokratischen Republik (DDR) in den fünfziger und sechziger Jahren alle Hand in Hand mit der angeblich so judenfeindlichen Spitze in Moskau. **Das sind die Tatsachen!**

„Auch für Deutschlands großen Kriegshelden General Ludendorff waren die *Protokolle* eine Offenbarung, und davon ließ er sich auch nicht abbringen, nachdem die *Times* die Fälschung entlarvt hatte. ‚Mit Frankreich und England Hand in Hand', schrieb er 1922, ‚arbeitete die Oberleitung des jüdischen Volkes. Vielleicht führte sie beide'. ...“

Leider arbeitete die jüdische Leitung nicht nur mit England und Frankreich, sondern insbesondere mit Deutschland, denn der Jude Walther Rathenau organisierte die deutsche Kriegswirtschaft, und der ehemalige jüdische Revolutionär Parvus-Helphant organisierte mit Hilfe der deutschen Reichsführung den Transport von Lenin und seine jüdischen Terroristen aus der Schweiz nach Rußland. Die deutsche Reichsregierung stattete sie zusätzlich mit zwanzig Millionen Mark aus, damit die Pläne der Alliierten reibungslos in Erfüllung gehen konnten. Das sind die schwachsinnigen politischen Tatsachen!

„Rathenau war ein Mann von außergewöhnlichen Fähigkeiten. ... Deutschland verdankte ihm viel. ...

Rathenau war ein glühender Patriot, aber sein Patriotismus war der eines zivilisierten, liberalen Europäers und hatte nichts mit Chauvinismus zu tun. Und er war Jude. ...

Ende 1919 öffnete die *Times* ihre Leserbriefspalten einer leidenschaftlichen Debatte über die Frage, ob man die schrecklichen Vorgänge in Rußland als jüdische Racheakte deuten könne. Der Sonderkorrespondent des Blattes in Rußland, Robert Wilton, hatte in diesem Punkt nicht die geringsten Zweifel. Wilton, ein in Rußland aufgewachsener Engländer, bezog uneingeschränkt die Position der russischen äußersten Rechten. In seinem Buch *The Last Days of the Romanovs* (1920) erklärte er, die Bolschewiki seien einfach jüdische Agenten der Deutschen, und die Revolution sei nichts anderes als eine jüdisch-deutsche Invasion Rußlands. War nicht die Zarenfamilie von >Ungarndeutschen< ermordet worden, die auf Befehl von Juden handelten, die ihrerseits ihre Anweisungen vom >roten Kaiser< Deutschlands erhielten? ... So war die Quelle beschaffen, aus der die angesehenste britische Zeitung vornehmlich ihre Einsichten in den Charakter der russischen Revolution bezog. ..."

Hat Herr Cohn den Ausführungen von Robert Wilton, auf die ich im Band drei der *Geheimpolitik* noch zurückkomme, irgendetwas entgegengesetzt, was dessen Ausführungen entkräftet? **Nein, nichts, absolut nichts!**

„Die gleichen Kreise waren hocherfreut über die Reaktion der *Times*, die am 8. Mai (1920) dem Buch einen langen Artikel widmete. In der Echtheitsfrage legte sich die Zeitung nicht fest, aber sie erklärte, bisher habe noch niemand die Unechtheit der *Protokolle* nachgewiesen. Hier sei ein 1905 erschienenes Werk, das unheimlich genau die Weltlage und besonders die Situation in Rußland im Jahre 1920 vorhersage. Eine unparteiische Untersuchung sei notwendig, sonst würde ja der schlimmste Verdacht erweckt. Daß die *Times* selbst diesen Verdacht bereits hegte, zeigt der folgende melodramatische Abschnitt:

,Was sind diese *Protokolle*? Sind sie echt? Wenn ja, welche bösartige Versammlung hat diese Pläne ausgeheckt und mit hämischer Freude niedergelegt? Sind sie eine Fälschung? Wenn ja, woher kommt dann das unheimlich Prophetische der Voraussagen, die zum Teil erfüllt, zum Teil der Erfüllung sehr nahe sind? Haben wir diese tragischen Jahre hindurch für die Vernichtung der geheimen Organisation der deutschen Weltherrschaft gekämpft, nur um hinter ihr eine andere, noch gefährlichere, weil geheimere Organisation zu finden? Sind wir durch Anspannung jeder Fiber unseres Volkskörpers einer >Pax Germanica< entgangen, nur um einer >Pax Judæica< anheimzufallen? Die >Weisen von Zion<, wie sie in ihren *Protokollen* erscheinen, sind durchaus keine sanfteren Zuchtmeister, als Wilhelm II. und seine Gefolgsleute gewesen wären.' *Die Times war nicht die einzige seriöse Zeitung, die ernste Besorgnis äußerte. ...*"

Über das Werk *Der ewige Jude* von Henry Ford heißt es: „Eine halbe Million Exemplare des Buches wurden in den Vereinigten Staaten abgesetzt. Es wurde ins Deutsche, Russische und Spanische übertragen; eine gekürzte deutsche Fassung gehörte später zu den Standardwerken der Nazipropaganda. Insgesamt trug *The International Jew* wahrscheinlich mehr als irgendein anderes Buch dazu bei, die *Protokolle* weltberühmt zu machen.

Die *Protokolle* sind wahrhaftig alles für alle. In Fords Buch, das für ein amerikanisches Publikum bestimmt ist, erscheint die Weltverschwörung als Werk der Juden-Bolschewiki, nicht aber der Freimaurer; ...

The International Jew ist wirklich ein seltsames Buch, und besonders seltsam daran ist, daß es die deutsche Interpretation der *Protokolle* übernimmt, obwohl doch die Vereinigten Staaten noch kurz zuvor mit Deutschland Krieg geführt hatten. ..."

Kein Wunder, daß Ford die Freimaurerei in die Weltverschwörung nicht einbezog, war er doch selbst gerade dabei, die Leiter der freimaurerischen Hochgrade zu beschreiten. Die Behauptung im letzten Satz ist weniger seltsam durch den Inhalt, als durch die Behauptung des jüdischen Autors an sich, denn es fehlt jede Beweisführung.

„Dr. Rumely brachte dank seiner Verbindung mit Ford einen Deutschen namens Dr. August Müller in der Redaktion des *Dearborn Independent* unter, und dieser Dr. Müller war es anscheinend, der den größten Teil des Buches *The International Jew* schrieb. Beteiligt an dem Unternehmen war der russische Flüchtling Boris Brasol. ... Aus all dem geht hervor, daß *The International Jew* weit mehr ein russisch-deutsches als ein amerikanisches Produkt war. ..."

Und unter ein **anscheinend** russisch-deutsches Produkt des Antisemitismus setzt einer der reichsten Männer der Welt ein Jahr nach Ende des 1. Weltkrieges seine Unterschrift? Nur ausgewachsene politische Narren können so etwas glauben!

„Im Juni 1927 schrieb er dem Präsidenten des American Jewish Committee, Louis Marshall, einen Brief, in dem er jede Verantwortung für die Artikel im *Dearborn Independen* und für das daraus zusammengestellte Buch ablehnte. Ford erklärte, er sei zwar der Eigentümer beider Publikationen, habe aber keine

Ahnung von ihrem Inhalt; Männer, auf die er sich unbedingt verlassen habe, hätten ihn in dieser Angelegenheit getäuscht. Entsetzt über das, was in seinem Namen getan worden sei, nehme er die in *The International Jew* erhobenen Vorwürfe feierlich zurück und verspreche, das Buch aus dem Handel zu ziehen. ...

Der Schaden, den *The International Jew* anrichtete, bleibt nicht auf Deutschland beschränkt, denn das Buch wurde in nicht weniger als sechzehn Sprachen übersetzt. ...

Denn es gibt keinen Zweifel, daß Ford ganz genau wußte, was er finanzierte. ..." Wahrscheinlich wurde es erst dann in sechzehn Sprachen übersetzt, nachdem Ford seine lächerliche Erklärung abgegeben hatte, der man die Heuchelei und Unwahrheit auf zehn Meilen ansehen kann.

„Denn Rathenau wurde nicht einfach als einer der Weisen von Zion ermordet, er wurde dem Sonnengott der altgermanischen Religion als Menschenopfer dargebracht. ..."

Dieser Satz beinhaltet den Vorwurf des Ritualmordes! Soviel mir bekannt ist, war das Menschenopfer in der altgermanischen Religion nicht vorgesehen. Ganz sicher bin ich aber, daß die Thora (das Alte Testament), das religiöse Grundgesetz des Judentums, eines der blutigsten Bücher der Weltgeschichte ist.

„Was Eckart 1923 oder früher aufzeichnete, bekräftigte Hitler später in eigenen Schriften — weniger in *Mein Kampf* als vielmehr in jenem anderen Buch, das er 1928 schrieb und das erst 1961 unter dem Titel *Hitlers Zweites Buch* veröffentlicht wurde. ..."

Da mir das zuletzt genannte Buch völlig unbekannt ist, wäre ich für einen Hinweis oder eine Kopie dankbar.

„Zwei jüngere Urteile in dieser Richtung verdienen bedacht zu werden. ‚Die Nazis', schreibt Hannah Arendt, ‚begannen mit der ideologischen Fiktion einer Weltverschwörung und organisierten sich mehr oder weniger bewußt nach dem Modell der fiktiven Geheimgesellschaft der Weisen von Zion.' Und Lèon Poliakov meint, die Naziführer hätten sich zuerst an reißerischer Schundliteratur vom Typ der *Protokolle* berauscht und diese krankhaften Phantasien dann in eine unvorstellbar schreckliche Wirklichkeit umgesetzt. ..."

Diese zwei Zitate beweisen einmal mehr, wie richtig die von mir im 1. Band der *Geheimpolitik* aufgezeigte Beurteilung der *Protokolle* ist: **sie sind ohne jeden Zweifel ein Programm der Verschwörung mit dem Ziel der Weltherrschaft**, ohne Rücksicht darauf, ob diese von Juden, Engländern, Amerikanern, Eskimos, Pygmäen oder wem immer angestrebt wird.

„Rosenberg war ein schlichtes Gemüt und glaubte an den Unsinn, den er schrieb. ..." Das war sozusagen das Endurteil über Alfred Rosenberg, den Verfasser des Buches >Die Protokolle der Weisen von Zion und die jüdische Weltpolitik<. Wer jedoch glaubt, Norman Cohn hätte sich wenigstens ein halbes Dutzend Punkte aus diesem angeblichen Buch des >Unsinns< herausgesucht, um sie durch historische Tatsachen als Fälschung zu entlarven, der sucht vergebens — nicht ein einziger Punkt wird widerlegt! Merkwürdig, sehr merkwürdig!

„Keine zwei Jahre nach Hitlers Machtantritt waren die geistigen und moralischen Maßstäbe in Deutschland so tief gesunken, daß ein Erziehungsminister die Verwendung der *Protokolle* als Unterrichtsmaterial in den Schulen anordnen konnte. ..." Name und Herkunft dieses Unterrichtsministers würden mich interessieren, D.R.

„Mehrere fleißige Forscher produzierten unterdessen Bücher mit Titeln wie etwa *Juden hinter Stalin*, in denen gezeigt wurde, daß jeder, der in der Sowjetunion eine halbwegs wichtige Rolle spielte, Jude war. Da in Wirklichkeit gerade damals fast alle prominenten Juden in der Kommunistischen Partei der Sowjetunion von Stalin liquidiert wurden, war dies keine leichte Aufgabe. Man löste sie mit einer einfachen Methode; jedem, der einen lettischen, armenischen oder tatarischen Namen trug, wurde jüdische Abkunft bescheinigt, und einer Menge ganz normaler Russen obendrein. ..."

In dem vorgenannten Buch werden relativ wenige, ganz konkrete Namen genannt. Wenn Herr Cohn wenigsten zwei der genannten Namen als falsch nachgewiesen hätte, dann wären dadurch vielleicht im Leser Zweifel geweckt worden. Da er aber nicht einen einzigen Namen als falsch nachweist, kann ich nur sagen: **eine Widerlegung hat nicht stattgefunden!**

„Dem Hauptadministrator der Judenvernichtung, Adolf Eichmann, blieb es vorbehalten, eine Erklärung für diesen einzigartigen Fehlschlag anzubieten. In seinem Prozeß in Jerusalem im Jahre 1961 behauptete er, Hitler selbst sei nur eine Schachfigur und Marionette in den Händen der ‚satanischen internationalen Hochfinanz der westlichen Welt' gewesen — womit er natürlich die geheimnisvollen, unsichtbaren, allmächtigen Weisen von Zion meinte . ...“

Man sagt ja wohl, daß Menschen im Angesicht des Todes immer die Wahrheit sprechen. Eichmann war sicher einer der am besten informierten jüdischen Menschen im Dritten Reich. Warum hat man ihn denn bei dem Prozeß nicht nach konkreten Einzelheiten befragt? Seine Memoiren, an denen er zur Zeit seiner Gefangennahme durch den israelischen Geheimdienst schrieb, sind jedenfalls bis heute in der Öffentlichkeit nicht aufgetaucht.

*

„Der Berner Prozeß endet am 14. Mai 1935. Richter Meyer kam zu der Feststellung, daß die *Protokolle* zum großen Teil aus Jolys Buch abgeschrieben, und daß sie Schundliteratur seien; er verurteilte die zwei Hauptangeklagten zu einer Geldstrafe. ...

Damit war die Sache jedoch noch nicht abgeschlossen. Die Beklagten legten Berufung ein, und im Herbst 1937 wurde der Fall nochmals vor dem Obergericht in Bern verhandelt. Am 1. November entschied das Gericht, die *Protokolle* seien nicht unzüchtig, und das Gesetz über Schundliteratur könne nicht auf sie angewandt werden; das Urteil der ersten Instanz wurde aufgehoben. ...

Mit dem Berner Prozeß wurde das erreicht, was vernünftigerweise zu erwarten war: Die *Protokolle* wurden als eine Fälschung erwiesen, deren Zweck es war, zu Verfolgungen und Massakern anzustiften; ...“

Schon wieder so ein merkwürdiger Fall: die Anklage lautete anscheinend dahingehend, daß die *Protokolle* Schundliteratur und somit zu verbieten seien. Ob Juden oder vielleicht Menschen anderer Völker an irgendeiner Art Verschwörung gemäß dem Inhalt der *Protokolle* beteiligt waren, wurde nicht geprüft. Für eine objektive und wahrheitsgemäße Geschichtsbetrachtung ist es aber völlig unwichtig, ob der Inhalt der *Protokolle* gefälscht ist, wichtig ist nur, ob *gegenwärtig* irgendwo nach ihren Rezepten gearbeitet wird, und daß dies der Fall ist, glaube ich ausreichend bewiesen zu haben.

„Soviel ist richtig, daß die jüdische Religion traditionell eine gewisse Absonderung begünstigt hat, vor allem deshalb, weil sie Mischehen verbietet und es einem strenggläubigen Juden schwer macht, mit Nichtjuden an einem Tisch zu essen."

Darauf beruht ja auch die Tatsache, daß die ersten Gettos von jüdischen Priestern eingerichtet wurden, und nicht etwa von fremden Antisemiten.

„Ferner erzeugten die Jahrhunderte im Getto bei vielen Juden unvermeidlich Minderwertigkeitsgefühle und — als Kompensation — Überlegenheitshaltungen, die nicht automatisch verschwanden, als die Gettomauern fielen; auch das nährte den Antisemitismus [11]." Soviel zu den Ausführungen von Herrn Norman Cohn.

* * *

Der jüdische Autor Norbert Weldler schreibt in seinem Buch >Sieg des zionistischen Gedankens<: „Der Antisemitismus wirkt auch verdummend. Es ist beinahe unfaßlich, was für Unsinn, welche albernen Märchen (wie z.B. die als Fälschung nachgewiesenen *Protokolle der Weisen von Zion*) und massiven Verleumdungen und Lügen in seinem Namen verbreitet — und geglaubt wurden [12]."

Für mich ist immer wieder erstaunlich und im höchsten Maße verdächtig, daß die meisten jüdischen Autoren bei politischen Betrachtungen in die gleiche Kerbe hauen. Jedes kritische Hinterfragen jüdischer Politik ist bei ihnen Dummheit,

Lüge, Verleumdung oder Antisemitismus. Inzwischen ist völlig klar, daß keine politische Bewegung den Antisemitismus so dringend gebraucht hat wie die zionistische, also auch oder besonders den durch die *Protokolle der Weisen von Zion* hervorgerufenen.

Historisches zur Freimaurerei

Wie ich bereits in *Geheimpolitik-1* andeutete, sind gewisse Erscheinungen moderner Machtpolitik und Kulturentwicklung nicht zu durchschauen, wenn man nicht wenigstens ein paar Grundkenntnisse über dasjenige besitzt, was mit den Begriffen **Geheimwissenschaft** und **Geheimgesellschaften** bezeichnet wird. Aus diesem Grunde halte ich es für unumgänglich, den Lesern einiges Wissen zum Hintergrund von **Rosenkreuzertum** und **Freimaurerei** vor Augen zu führen. Es gibt viele andere Orden und Logen, auch in Asien, die ähnlich arbeiten, aber der Freimaurer-Orden gehört ohne Zweifel gegenwärtig zu den größten und mächtigsten. Dazu muß man wissen, daß die Orden der Rosenkeuzer und Freimaurer in ihren Anfängen das Erbe der antiken Mysterienschulen verwalteten, also jenes Geheimwissens, welches insbesondere aus den Geheimtempeln der Babylonier und Ägypter auf verschiedenen Wegen bis in die Gegenwart geflossen ist. Diese Tatsache wird von Autoritäten wie Albert Pike auch keineswegs verheimlicht, wie die angeführten Zitate zeigen werden.

Dieses Erbe bestand in den Schriften über die geistigen Methoden zur Menschenentwicklung und Forschung in den geistigen Welten und war mit einer ganz bestimmten Weltanschauung verbunden. Diese geisteswissenschaftlich-okkulten Methoden wurden bis Mitte der fünfziger Jahre, bis zur Veröffentlichung der hermetischen Werke von **Franz Bardon**, nur unter Eid an die Schüler weitergegeben.

Als Hauptgrundlage meiner Logen-Betrachtung möchte ich das Werk >Morals and Dogma< von Albert Pike nennen. Es wurde erstmals im Jahre 1871 veröffentlicht und enthält auf 861 Seiten eine Beschreibung der 33 Grade des >Alten und Angenommenen Schottischen Ritus<, angefertigt für den Obersten Rat des Dreiunddreißigsten Grades des südlichen Zuständigkeitsbereiches der USA.. Die von mir benutzte Aus-

46

gabe von 1960 beruht auf einer überarbeiteten Ausgabe von 1950. Albert Pike ist bis heute als eine der größten Autoritäten bezüglich der Riten der Hochgradfreimaurerei anzusehen. Es besteht für mich kein Grund, an den von Pike genannten Idealen der Freimaurerei grundsätzlich zu zweifeln, weil mir ähnliche Ideale aus den Schriften der Hermetik seit langer Zeit geläufig sind. Wie weit die Ideale der Freimaurerei noch mit den Taten gewisser Freimaurer übereinstimmen, davon soll unter anderem in dieser Untersuchung gesprochen werden.

Außerdem möchte ich hier das >Internationale Freimaurerlexikon< der Herren Eugen Lennhoff (jüdisch: Loewy) und Oskar Posner aus dem Jahre 1932 hervorheben. Da diese beiden Freimaurer den 33. Grad des Hochgradsystems des >Alten und Angenommenen Schottischen Ritus (AASR)< besaßen, wird man ihnen wohl eine gewisse Kompetenz nicht absprechen können. Trotz des großen Umfanges kann dieses Lexikon jedoch nicht als eine objektive Arbeit über die Inhalte der Freimaurerei gelten, weil zu viele individuelle Ansichten und Halbwahrheiten hineingeflossen sind. Ein Standardwerk bleibt es trotzdem. Wegen der Wichtigkeit dieser beiden Werke, habe ich bei Zitaten daraus keine Verweiszahlen benutzt, sondern es wird durch die Voranstellung von >Pike< bzw. >IFL< auf diese Grundlagenwerke hingewiesen.

Es gibt andere bekannte Autoren, die über Freimaurerei geschrieben haben, z. B. der französische Autor Alec Mellor:

„Es gibt eine Obödienz (englisch >obedience = Gehorsam< und ‚heißt die durch Unterstellung einer Loge unter eine Großloge übernommene gesetzmäßige Verpflichtung zur Befolgung von deren Satzungen' - (IFL.,Sp.1138) deren Regularität von keiner anderen angefochten wird: die Vereinigte Großloge von England (VGL), die aus der 1717 (im Gasthaus >Gans und Grill< gegründeten Großloge von London hervorgegangen ist. Sie ist die große Mutterloge aller übrigen, das freimaurerische Mekka.

Um diesen Kern gruppieren sich die von ihr anerkannten Obödienzen, die also nach der Auffassung der Großloge von England regulär sind. ... Diesen mächtigen und - nach der englischen Konzeption der Regularität - homogenen Block wollen wir die **reguläre Freimaurerei** nennen.

Außerhalb dieses Blocks oder - genauer - außerhalb dieser Ansammlung von Obödienzen stoßen wir auf freimaurerische Kräftegruppen, die wir - entsprechend der Einteilung der Großloge von England und um der Klarheit willen - als **irreguläre Freimaurereien** bezeichnen wollen. Die Mehrzahlform ist durch ihre tiefgreifenden Unterschiede gerechtfertigt.

Schließlich gibt es noch eine Freimaurerei, deren eigentümlicher Ursprung und Partikularismus eine besondere Betrachtung rechtfertigen: der **Schottische Ritus** oder das Schottentum. Dabei handelt es sich nicht so sehr um eine Obödienz im administrativen Sinn als vielmehr um eine Gruppe von Obödienzen, welche die Königliche Kunst (die Freimaurerei) in einer besonderen Weise pflegen. Fast könnte man sagen, es handle sich um einen Orden innerhalb eines Ordens. ...

Ist es richtig, den Schottischen Ritus der regulären Freimaurerei zuzurechnen? Die Frage ist zu bejahen, wenn man von den historischen Ursprüngen ausgeht. Sie ist zu verneinen, wenn man die Kriterien der Großloge von England anwendet — zumindest teilweise; denn es gibt *Schottische* Obödienzen, welche die VGL anerkennt, und andere, die sie als irregulär betrachtet, darunter die Grande Loge de France (GLDF). Um die Dinge weiter zu verkomplizieren, erkennen sich auch die *Schottischen Obödienzen* keineswegs alle wechselseitig an [13].*

„Auch jene, welche die Geschichte der Freimaurerei mit dem Jahre 1717 beginnen lassen, geben unumwunden zu, daß die Großloge von England Vorstufen und Vorläufer in älteren Organisationen besessen hat [14].* Was von Albert Pike ehrlicherweise bestätigt wird:

„Obwohl die Maurerei mit den antiken Mysterien identisch ist, ist sie es nur in diesem bestimmten Sinne: daß sie nur ein unvollkommenes Bild ihres Glanzes, die Ruinen ihrer Größe ist, und ein System darstellt, welches fortschreitende Änderungen durchmachte, die Früchte sozialer Ereignisse, politische Umstände und die ehrgeizigen Schwachsinnigkeiten ihrer Verbesserer. ...

Leider, da Wahrheiten immer in Unwahrheiten pervertiert werden, und Unwahrheiten werden, wenn sie mißbraucht werden, wird *diese* Wahrheit zum Evangelium der Anarchie, kurz nachdem sie zum erstenmal gepredigt wurde.

Die Maurerei verstand diese Wahrheit frühzeitig, und erkannte ihre eigenen erweiterten Pflichten. Ihre Symbole bekamen dann eine erweiterte Bedeutung, sie nahmen auch die Maske der Stein-Maurerei an und liehen ihre Arbeits-Werkzeuge, und wurden somit mit neuen und geeigneten Symbolen versorgt. Sie half die französische Revolution hervorzurufen, verschwand mit den Girondisten, wurde durch die Restauration des Ordens wiedergeboren, und unterstützte Napoleon, weil, obwohl er Kaiser war, das Recht der Menschen anerkannte, seinen Herrscher zu wählen, und stand an der Spitze einer Nation die es ablehnte, ihre alten Könige zurückzubekommen (Pike, S.23,24)."

„Die Gründung der Großloge von London im Jahre 1717, der Geburtsstätte der gesamten Weltfreimaurerei, folgte 1723 die Herausgabe des freimaurerischen Konstitutionsbuches, das den Charakter eines freimaurerischen Manifestes erhielt und auch für die deutschen Logen richtunggebend wurde [15]."

Zu **James Anderson**, dem Geburtshelfer der modernen Freimaurerei in England bemerkt das IFL.: „Dr. phil. und theol., Reverend, Prediger an der Kirche der schottischen Presbyterianer in London, wurde um 1680 in Aberdeen geboren. ... Bei der Gründung der Großloge 1717 war er nicht anwesend. 1723 und 1725 erscheint er in den Listen der Loge in >Horne Tavern<, Westminster, und in jenen der >Lodge at Salomon's Temple, Hemmings Row<. In der Zweiten Auflage der Konstitutionen gibt er an, der Herzog von Montagu habe in der Versammlung der Großloge sein Mißfallen mit den vorliegenden alten >gotischen< Konstitutionen geäußert und den anwesenden Br. James Anderson M.A. (Magister Artium) mit der Bearbeitung betraut. Anderson scheint sich mit der Arbeit sehr beeilt zu haben, denn schon am 27. Dezember desselben Jahres legte er einem Ausschuß von vierzehn gelehrten Brüdern seine Arbeit vor, die Gegenstand einer lebhaften Aussprache war.

Am 17. Jänner 1723, unter der Großmeisterschaft des Herzogs von Wharton, lag das Buch dann in der endgültigen Fassung vor und wurde von der Großloge genehmigt. ... Anderson hat der Freimaurerei die Grundform der sogenannten >**Alten Pflichten**< gegeben. Er hat dabei ältere Vorbilder benutzt und sich sicherlich in manchem an schottische Muster angelehnt. Die historische Einleitung zu seinen >Constitutions< ist eine traurige Geschichtsklitterung ohne jeden Wert. Auch dort, wo er von Ereignissen spricht, die in die Zeit seiner eigenen Wirksamkeit in der Großloge fallen, ist er äußerst unzuverlässig. Als Historiker kommt Anderson für die Freimaurerei somit nicht in Betracht (IFL., Sp. 66)." Wenn solche Typen bereits den Anfang der modernen Freimaurerei prägten, dann braucht man sich über den dekadenten Fortgang nicht zu wundern.

„Im Jahre 1717 schlossen sich vier Londoner Freimaurerlogen zum Englischen Großlogensystem zusammen und gewannen bald im Herzog von Montagu einen Führer, der andere Edelleute nach sich zog. Wichtiger für den Geist des neuen Systems wurden zwei andere Männer, die an der Wiege des erneuerten Freimaurerbundes standen, nämlich der reformierte Geistliche und Naturphilosoph Theophile Desaguliers und der Dissenter-Prediger Dr. James Anderson. ... Wichtigste Aufgabe für die neue Großloge war zunächst die Schaffung eines Grundgesetzes, welches das neue Unternehmen nach außen hin klar abgrenzte und zur Geltung brachte; denn mit der Neuorganisierung war erreicht, was bisher gefehlt hatte, nämlich die öffentlich-rechtliche Existenz unter dem Schutze der regierenden Dynastie. ..."

Mit dem letzten Satz ist klargestellt, was sich geändert hatte. Aus unabhängigen geheimen Logen war ein Unternehmen geworden, welches sich unter den machtpolitischen Schutz der >regierenden Dynastie<, und somit in Abhängigkeit, begeben hatte. Damit hatte die politische Freimaurerei mit allen ihren verheerenden Folgen ihren Anfang genommen.

„Der Herzog von Montagu betraute Anderson mit der Abfassung eines Konstitutionsbuches auf der Grundlage der bisherigen Handschriften und Traditionen der Society of Freemasons. Allerdings scheinen die meisten Akten und Manuskripte bis dahin verbrannt worden zu sein. ..."

Man mache sich klar, was hier geschehen war. Zwei frühere Priester gehen einer Lieblingsbeschäftigung mancher Priester nach - der Bücherverbrennung -, und vernichten die Akten und Manuskripte einer Geheimgesellschaft, die vielleicht stolz darauf gewesen war ihre Tradition bis zu Adam zurückzuführen!

„Auch die neuen Konstitutionen sind voll von rosenkreuzerischen Einflüssen, mag man auch damals versucht haben, einen gewaltsamen Bruch mit der rosenkreuzerischen Vergangenheit zu dokumentieren, indem man die alten rosenkreuzerischen Urkunden, Satzungen und Rituale, kurz die alten Logenhandschriften vernichtete. Damit war zwar künstlich die rosenkreuzerische Vergangenheit in Dunkel gehüllt worden, aber keineswegs konnte sie geleugnet werden. ..."

Diese Sätze sind deutlich genug. **Was sollte vernichtet werden? Die rosenkreuzerische Vergangenheit!** Woher kam die rosenkreuzerische Vergangenheit? Aus Deutschland! Welches deutsche Element lebte in der rosenkreuzerischen Vergangenheit? Der deutsche Idealismus! Kurz gesagt, durch die im Jahre 1717 erfolgte Konstitutionalisierung der Freimaurerei und die begleitenden Umstände wurde der in den vorherigen Orden lebende deutsche Idealismus zugunsten des sich aus dem Deismus entwickelnden Materialismus hinausgeworfen, auch wenn sich dieser erst in den folgenden zwei Jahrhunderten zu voller Blüte entfaltete. Außerdem wurde aus allen unteren Graden, bis auf den höchsten, alles hinausgeworfen, was auf die wahren Lehren von Magie und Kabbalah (Quabbalah) hinwies, was ich noch beweisen werde.

„Sein (Salomos) Tempel war der einzige des Altertums, den die Herrlichkeit Gottes nach der Einweihung erfüllt hatte.

Dieser Tempel sollte nach dem Willen Salomons das Vorbild der Kirche Christi darstellen. Die Juden töteten jedoch den großen Meister, als er im Begriff war, diese Kirche zu gründen [16]."

„Groß ist die Zahl der irregulären Freimaurereien, die in der Vergangenheit bestanden haben, und einige von ihnen - wie etwa der Ritus Memphis-Misraim - sind selbst heute noch nicht erloschen. ... Die beiden bedeutendsten Formen der irregulären Freimaurerei sind der >Grand Orient de France< und der >Droit Humain<. Der erste geriet im Jahre 1877 in die Irregularität, als er das Bekenntnis zum *Allmächtigen Baumeister aller Welten* aus seinen Konstitutionen strich und sich dadurch ipso facto aus der universellen regulären Freimaurerei ausschloß. ..." Welche Menschen standen hinter dieser zuletzt genannten Tat? Wer die Frage beantworten kann, darf mir gerne schreiben.

Es gab diverse Spaltungserscheinungen innerhalb der Freimaurerei, eine soll hier beispielhaft erwähnt werden: „Der Geist der Revolte gärt in den blauen Logen, von denen sich zwölf am 12. Februar 1880 abspalten, um eine neue Obödience zu schaffen - die *Grande Loge symbolique écossaise*. Mit einer einzigen Ausnahme, jener der Loge *Travail et Vrais Amis fidèles*, welcher Oswald Wirth angehörte, ist sie dem Geist des Grand Orient verwandt. Achtzig schottische Logen stießen nacheinander zu dieser revolutionären Obödience - aus Protest gegen die >Tyrannei< des Obersten Rates und gegen die >Dreiunddreißiger<, die sich gegenseitig das >wahre Licht< erteilten. Von diesem Jahr datiert die Gründung der heutigen *Grande Loge de France*. ... Die junge Grande Loge de France war klug genug, sich an der Gottesaustreibung durch den Grand Orient vom Jahre 1877 nicht zu beteiligen und >die Formel< vom A.B.a.W. beizubehalten [17]."

„Einer der bedeutendsten britischen okkultistischen Freimaurer war der Rosenkreuzer Br ∴ Dr. med. Robert **Flood** (Robertus Fluctibus oder **Fludd**, eigentlich aber **Lloyd** geheißen) von Leyden, ein Sohn des Kriegsschatzmeisters der großen Königin Elisabeth, ein weitgereister Mann und Besucher Deutschlands, Frankreichs, Italiens und Spaniens. Nach Br ∴ Thomas de Quincey stand Fludd an der Spitze der Alchemisten und Kabbalisten, und ‚von diesen nahm die Freimaurerei ihren Ausgang'. ... Dieses letztere Rosenkreuzertum suchte der württembergische Theologe Johann Valentin **Andreae** (1586 - 1654) neu zu bestätigen und Br ∴ Dr. Robert **Fludd** war einer seiner Eingeweihten [18]."

Freimaurerei und Weltanschauung

Die nachfolgende Betrachtung wird zeigen, daß große macht-politische Bewegungen immer mit ganz bestimmten Weltanschauungen verbunden sind. Da diese Weltanschauungen dem Dogmatismus und der Machtpolitik der Kirchen in die Quere kamen, bestand hier ein ganz scharfer Gegensatz, der sich durch verschiedene Verfolgungen auswirkte. Diese kirchlichen Verfolgungen waren mit ein Grund dafür, daß die Anhänger des Mysterienwissens sich in Geheimgesellschaften zusammenschlossen. Auf die Inhalte der in diesen Logen gehüteten *Geheimnisse* werde ich an entsprechender Stelle noch hinweisen.

Außerdem möchte ich betonen, daß es mir nicht darum geht, hier eine Pauschalverteufelung der Freimaurerei zu betreiben. Als Hermetiker kann ich selbstverständlich kein Gegner einer positiven Mysterienlehre sein. Allerdings bin ich Gegner des Mißbrauchs und der Pervertierung positiver Mysterien, deshalb habe ich mich bemüht, Licht und Schatten scharf und deutlich herauszuarbeiten.

Von der Macht der Orden und Logen in dieser Welt kann sich der schlecht informierte Bürger kaum ein Bild machen. Zum Jesuitenorden schreibt Ebneter beispielsweise: „Die Gesellschaft Jesu zählte 1981 in ihren 83 Provinzen und Vizeprovinzen 26.622 Mitglieder in 112 Ländern (Ebneter: der Jesuitenorden. S.94)." Wenn man aber bedenkt, daß diesem Orden große Teile der Organisation der katholischen Kirche mit ihren 500 Millionen Mitgliedern als Werkzeuge zur Verfügung stehen, dann gewinnen die genannten Zahlen ein ganz anderes Gewicht.

Der Freimaurerorden umfaßt nach den Angaben von Jürgen Holtorf „rund 6 Millionen Männer in etwa 40 000 Logen in allen freien Ländern der Erde."

Selbstverständlich sind alle Organisationen und Vereine, in denen Freimaurer und/oder Jesuiten einen dominierenden

Einfluß ausüben, als Werkzeuge zu betrachten. Unter diesem machtpolitischen Gesichtspunkt sollten die Leser die nachfolgenden Betrachtungen aufnehmen. Dasselbe gilt natürlich auch für die Bruderschaften der anderen Religionsgemeinschaften, wie Islam, Hinduismus und Buddhismus, usw.

Wer nun glaubt, allein aus ein paar historischen Tatsachen heraus zu einem Urteilsvermögen über politische Tätigkeiten von Geheimgesellschaften zu gelangen, der befindet sich schlicht in einem Irrtum. Bereits im ersten Band meiner *Geheimpolitik* habe ich auf die Wichtigkeit weltanschaulicher und religiöser Ideen im Zusammenhang mit machtpolitischen Bestrebungen hingewiesen. Die moderne Sklaverei, insbesondere in den Demokratien, beruht ja hauptsächlich auf einer bewußten Irreführung durch entsprechend psychologisch gesteuerte Erziehungsmethoden. Zu den Hauptmethoden der Chaosinszenierung zählt dabei die Begriffsverwirrung, insbesondere bezüglich Moral und Ethik. Deshalb werde ich zu dem, was die Herren Freimaurer zu bestimmten weltanschaulichen, religiösen und geisteswissenschaftlichen Begriffen gesagt haben, meiner philosophischen und okkulten Ausbildung entsprechend, hier Stellung nehmen.

Die gegenwärtige Krise der Welt ist hauptsächlich eine ethisch-moralische, und ohne begriffliche Klarheit wird die Menschheit aus dem gegenwärtigen Sumpf von Verbrechen und Verantwortungslosigkeit nicht wieder herauskommen. Den Glauben, daß eine Rückkehr zu den moralischen Dogmen der Kirchen eine Rettung bringen könnte, halte ich für einen Aberglauben, weil nämlich die Machthierarchien der Kirchen selbst viel zu sehr in diverse politische Verbrechen verwickelt sind.

Einige der in diesem wichtigen Kapitel behandelten Begriffe werden bei den nachfolgenden historischen Betrachtungen immer wieder auftauchen, und der Leser sollte dann bereits wissen, welches gewaltige Gewicht diese Begriffe besitzen. Er wird dann erkennen, daß es sich bei der angewandten Methode um dasjenige handelt, was man heute psychologische Kriegsführung nennt. Um die von gewissen Kreisen betriebene Begriffsverwirrung ganz zu enthüllen, wäre eigentlich eine umfassende Studie notwendig, was aber den Rahmen dieses Buches überschreiten würde. Einige erweiterte grundlegende Ausführungen darüber finden sich in der >Philosophie der Freiheit< von Rudolf Steiner und in meinem Werk >Christentum und Atheismus im Vergleich zu Okkultismus und Magie<.

Zur Einführung eignen sich einige Sätze aus der Arbeit von Albert Pike, weil ich denke, daß die Ideale der Freimaurerei dort noch ziemlich unverfälscht dargeboten sind:

„Die Freimaurerei hat ihren Dekalog, welcher ein Gesetz für seine Eingeweihten ist. Dieses sind seine Zehn Gebote:

I. Gott ist der Ewige, Allmächtige; unveränderliche Weisheit, höchste Intelligenz und unerschöpfliche Liebe. Du sollst ihn anbeten, hoch achten und lieben! Du sollst ihn durch Übung der Tugenden verehren!

II. Deine Religion soll sein, das Gute zu tun, weil es ein Vergnügen für dich ist, und nicht nur weil es eine Aufgabe ist. Wenn Du der Freund eines weisen Mannes werden solltest, so solltest Du seinen Unterweisungen gehorchen! Deine Seele ist unsterblich! Du solltest nichts tun, sie zu degradieren!

III. Du sollst gegen Laster unaufhörlich Krieg führen! Du sollst anderen nicht das antun, von dem du dir nicht wünscht, daß andere es dir antun! Du sollst unterwürfig gegenüber deinem Schicksal sein, und das Licht der Weisheit am brennen halten!

IV. Du sollst Deine Eltern verehren! Du sollst die Bejahrten respektieren und ihnen huldigen! Du sollst die Jugend belehren! Du sollst Säuglinge und Unschuld schützen und verteidigen !

V. Du sollst deine Frau und deine Kinder hegen! Du solltest dein Land lieben, und seinen Gesetzen gehorchen!

VI. Dein Freund soll dir wie ein zweites ich sein! Mißgeschick soll ihn von dir nicht entfernen! Du sollst zu seiner Erinnerung tun, was immer du auch getan hättest, wenn er noch leben würde!

VII. Du sollst unaufrichtige Freundschaften vermeiden und davor flüchten! Du sollst dich vor allem Übermaß zurückhalten!

Du sollst fürchten einen Schandfleck in deiner Erinnerung zu verursachen!

VIII. Du sollst keinen Leidenschaften erlauben, dein Meister zu werden! Du sollst aus den Leidenschaften anderer eine lohnende Lehre für dich machen! Du sollst nachsichtig gegen Irrtum sein!

IX. Du sollst viel hören: Du sollst wenig sprechen: Du sollst dich gut benehmen! Du sollst Verletzungen vergessen! Du sollst Böses mit Gutem vergelten! Du sollst weder deine Kraft noch deine Überlegenheit mißbrauchen!

X. Du sollst Menschen studieren, damit du dich dadurch selbst kennen lernst! Du sollst immer nach Tugenden suchen! Du sollst gerecht sein! Du sollst Untätigkeit vermeiden!

Aber das große Gebot der Freimaurerei ist folgendes: ‚Ich gebe euch ein neues Gebot: Daß ihr einander liebet! Derjenige, der sagt, er stehe im Licht, aber seinen Bruder haßt, bleibt noch in der Dunkelheit'. ...

Wie es die alten Weisen machten, bezeichnet die Maurerei Mäßigkeit, Gleichmut, Verständigkeit (Lebensklugheit) und Gerechtigkeit als die vier Haupttugenden (Pike, S. 17,21)."

Alte Pflichten: Im allgemeinen Grundgesetz der Freimaurer über **Die Alten Pflichten** liest man u.a.: „I. >Von Gott und der Religion<. Der Maurer ist durch seinen Beruf verbunden, dem Sittengesetz zu gehorchen, und wenn er seine Kunst recht versteht, wird er weder ein dummer Gottesleugner noch ein Wüstling ohne Religion sein.

Aber obgleich in alten Zeiten die Maurer verpflichtet waren, in jedem Lande von der jedesmaligen Religion des Landes oder der Nation zu sein, so hält man doch jetzt für ratsam, sie bloß zu der Religion zu verpflichten, in welcher alle Menschen übereinstimmen und jedem seine besondere Meinung zu lassen, das heißt, sie sollen gute und wahrhafte Männer sein, Männer von Ehre und Rechtschaffenheit, durch was für Sekten und Glaubensgemeinschaften sie auch sonst sich unterscheiden mögen. ..."

Wie heißt denn die Religion, ‚in welcher alle Menschen übereinstimmen'? Durch welchen Inhalt wird sie definiert?

Jeder, der nur die elementarsten Kenntnisse auf religiösem Gebiet besitzt, weiß, daß eine solche Religion in der Öffentlichkeit überhaupt nicht existiert! Ganz im Gegenteil, es gibt vielleicht kein zweites Gebiet, auf dem die Menschen so wenig übereinstimmen, wie auf dem der Religion. Somit dient ein solcher Satz der Verdummung der Brüder. Es gibt nämlich nur eine Religion, in der alle Menschen übereinstimmen können, wenn sie es wollen, und das ist die auf Geisteswissenschaft gegründete Universalreligion, die auf der Erforschung der kosmischen Gesetze beruht.

„III. >Von den Logen<. Diejenigen, welche zur Mitgliedschaft einer Loge zugelassen werden, müssen gute, wahrhafte, freigeborene Männer von reifem und verständigen Alter, keine Leibeigenen, keine Frauenzimmer, keine unsittlichen oder anstößigen Menschen, sondern von gutem Rufe sein (IFL.,S.- 15,16)."

Atheismus: „Trotz aller gegenteiliger Beteuerungen gehört der größere Teil der Freimaurer zu den Atheisten, denn entscheidend ist nicht das formelle Bekenntnis zum Gottesglauben, als vielmehr eine auf die Existenz eines Gottes eingestellte Lebensführung. Die Freimaurerei ist teilweise unter dem Vorwand der Toleranz gegenüber dem Atheismus ziemlich gleichgültig [19]."

„Frm.-Br. Dr. Encause (Papus) von der martinistischen Bruderschaft, einer der hervorragendsten Okkultisten Frankreichs, gestorben 1918, konnte die >Freiheit, Gleichheit und Brüderlichkeit< der französischen Maurer im wahren Lichte zeigen. Er sagte: ‚Der Großorient von Frankreich ist, seltene Ausnahmen abgerechnet, eine Vereinigung von atheistischen Materialisten, für welche jeder, der an irgendeine geistige Kraft glaubt, ein Feind ist, der zertreten werden muß [20]." Dieses Wort von Encause-Papus hat Gewicht, denn dieser Freimaurerbruder ist immerhin als Autor eines kabbalistischen Werkes bekannt geworden, welches bis in die Gegenwart hinein aufgelegt wird.

Bibel: „In manchen Logen liegt daher statt der Bibel das sogenannte >weiße< Buch am Altar auf, ein Buch mit lauter leeren Seiten als Symbol der absoluten *Undogmatik* und Gewissensfreiheit der Freimaurerei. Die Bibel spricht also keineswegs für eine positive religiöse Einstellung des Bundes. ... Abgesehen davon, daß mächtige Großlogen, wie zum Beispiel der Großorient von Frankreich, dieses Gottessymbol (den >Allmächtigen Baumeister aller Welten<) überhaupt aus ihrer Konstitution gestrichen haben, kann der in keiner Weise festgelegte Inhalt des Begriffes eines >Baumeisters aller Welten< wiederum von jedem Freimaurer beliebig bestimmt werden: auch im Sinne eines *materialistischen* oder *atheistischen* Weltbildes [21]."

Dogma: Der Begriff **Dogma** spielt bei den folgenden Ausführungen eine wichtige Rolle, deshalb ist es notwendig die freimaurerischen Ansichten darüber kennenzulernen: „Dogma, Lehrsatz, der nach der Auffassung seiner Verfechter keines Beweises bedarf. Dogmen gibt es sowohl auf religiösem, wie auch auf politischem und wirtschaftlichem Gebiete. Institutionen auf dogmatischer Grundlage, als deren hervorstechendste die katholische Kirche gelten kann, üben Glaubenszwang aus. Die Freimaurerei kennt keine Dogmen, nimmt aber die Anhänger der verschiedenen religiösen, politischen und nationalen Dogmen auf, insoferne sie sich der Pflicht der Toleranz unterwerfen. Sie ist adogmatisch, nicht antidogmatisch, wie vielfach behauptet wird. Die adogmatische Einstellung der Freimaurerei ist die Hauptquelle der vom Katholizismus gegen sie gerichteten Anfeindungen (IFL., Sp. 374)."

Als Dogma gilt also ein unbewiesener Lehrsatz, der entweder keines Beweises bedarf, oder noch nicht bewiesen wurde. Ein Dogma kann sich somit sowohl auf die Vergangenheit als auch auf die Zukunft beziehen. Der zweite wichtige Begriff aus dem obigen Zitat ist **Toleranz**, welcher noch oft im Laufe dieser Studie erscheinen wird.

Ob demnach ein Dogma seine Berechtigung hat, also vielleicht der Wahrheit entspricht, oder ihr entgegensteht, kann erst dann beurteilt werden, **wenn Beweise irgendwelcher Art tatsächlich erbracht worden sind.** Solange dies nicht geschehen ist, beruht die Behauptung, daß ein Dogma falsch sei, auf einer unbewiesenen Behauptung, also auf einem Dogma. Die Behauptung, daß „die Freimaurerei, im Gegensatz zur katholischen Kirche, keine Dogmen kenne", wird sich noch in diesem Kapitel in Luft auflösen.

Ohne eine wirkliche geistige Forschung, also Geisteswissenschaft, wie sie die Hermetiker und Rosenkreuzer betreiben, befinden sich beide genannten Richtungen in der Sackgasse. Mit Dogmen, also unbewiesenen Lehrsätzen, ist in der heutigen Zeit das Heil der Menschen nicht mehr zu begründen, wohl aber mit Wahrheiten, deren Autorität aus den Forschungen der Geisteswissenschaft herausfließen.

Geheimnis: „Einer der Hauptangriffspunkte gegen die Freimaurerei ist ihr Geheimnis. ... Das freimaurerische Geheimnis ruht in den Gelöbnisworten, die der Lehrling bei der Aufnahme dem Meister vom Stuhl nachspricht. ... Als Bund hat also der Freimaurerbund keinerlei Geheimnis, das sich auf die Welt und deren Gestaltung beziehen könnte, insbesondere aber kein politisches Geheimnis. ... Das, was der Freimaurer als Geheimnis bezeichnet, hat nichts mit Geheimniskrämerei zu tun, bezieht sich nicht auf Religion, Politik, soziale Probleme, Moral usw., es liegt in seinem Wesen als Mysterien-Männerbund ... Dieses Geheimnis bezieht sich somit auf das Gebrauchtum (IFL,Sp.575,576)." Dies ist reine Volksverdummung, wie sich aus dem Werk von Albert Pike leicht nachweisen läßt:

„Die Maurerei, wie alle Religionen, all die Mysterien, Hermetik und Alchemie, *verbergen* ihre Geheimnisse vor allen, außer den Adepten und Weisen, oder den Auserwählten, und benutzt falsche Erklärungen und falsche Auslegungen ihrer Symbole, um jene irrezuführen, die es verdienen, irregeführt zu werden. Vor denen die Wahrheit zu verbergen, welche sie Licht nennt, und sie davon fortzuziehen. Die Wahrheit ist nicht für jene, welche unwürdig sind, oder unfähig sie zu empfangen, das würde sie pervertieren (Pike,S.104)."

Zu **Das wahre Geheimnis** werden die Sätze eines unbekannten Freimaurers als richtig zitiert: „Bis 1740 hatten die Freimaurer von keinem Geheimnisse gesprochen; ... Nur schwache und unerfahrene Menschen stehen in dem Wahne, daß es uralte, verborgene, höchst wichtige Überlieferungen gebe. Dies alles ist bloßes Vorgehen schlauer Betrüger, welche ihren eigenen Einfällen und Geburten durch diesen uralten Kunstgriff die Aufnahme und Verbreitung erleichtern wollen. Die Flucht vor der Wirklichkeit des Lebens treibt einzelne Freimaurer, und nicht nur diese, in ein Wunschland weltabgewandter Spekulationen. Das *wahre* Geheimnis aber ist das Produkt eines geistigen Hochmuts, dem in bezug auf die Freimaurerei der innere Wert und jede Berechtigung abzusprechen ist (IFL., Sp.577,578)." Da ich mich selbst zu jenen vorher genannten „wahnhaften, schwachen und unerfahrenen" Menschen zähle, die sich aufgrund der Tatsache, daß der Geist des Menschen sein wichtigster Bestandteil ist, eben mit Geisteswissenschaft im okkult-magischen Sinne befasse, darf ich hier auch Stellung nehmen. Wie jeder seit etwa vierzig Jahren wissen kann, bestand das Geheimnis des Rosenkreuzertums und der Freimaurerei im Wissen um bestimmte Methoden zur geistigen Entwicklung des Menschen, die man als Magie oder erweitert Hermetik bezeichnet, wozu es bei Bardon heißt:

„Schon in den ältesten Zeiten galten die Magos als die höchsten Eingeweihten, von denen eigentlich auch das Wort Magie stammt. Die sogenannten Zauberer sind keine Eingeweihten, sondern nur Nachäffer der Mysterien, die zumeist teils die Unkenntnis, teils die Leichtgläubigkeit eines einzelnen wie eines ganzen Volkes ausnützen, um durch Lug und Trug ihre egoistischen Ziele zu erreichen. Der wahre Magier aber verachtet ein solches Vorgehen. In Wirklichkeit ist Magie eine heilige Wissenschaft. Sie ist im wahrsten Sinne des Wortes das Wissen alles Wissens, denn sie lehrt die Universalgesetze kennen und gebrauchen [22]."

Es ist natürlich heute möglich, daß tausende von Freimaurern Stein und Bein schwören, daß es in ihren Logen keine Magie gibt. Dies ist jedoch völlig ohne Gewicht, weil eben die

wahren geistigen Methoden vor allen unteren Graden geheim-
gehalten werden, was jedem bekannt ist, der sich in diese Dinge eingearbeitet hat. Außerdem pflegen magisch geschulte
Menschen über ihre Fähigkeiten zu schweigen, und bemühen
sich sogar, diese bewußt vor ihrer Umwelt zu verbergen, um
sich nicht irgendwelchen Attacken unreifer Menschen auszuset-
zen.

„Die englischen Geschichtsforscher hingegen haben die
Frage nach einem esoterischen Geheimnis ehrlich und rundweg
verneint. ... So entstand und so verbreitete sich der Glaube, daß
die Freimaurerei keineswegs nur ein Geheimbund, sondern ein
Bund mit einem Geheimnis sei. Das Geheimnis besteht aber in
Wirklichkeit darin, daß es kein Geheimnis gibt." Mit solchen
primitiven Lügen versuchen manche Autoren ihren Lesern eine
Narrenkappe über die Augen zu ziehen! „Das ist das Rätsel,
welches das freimaurerische Geheimnis umgibt: Es stellt sich
nur für die, die an seine Existenz glauben [23]," und für diejenigen, die es kennen, aber seinen Inhalt nicht begreifen, oder ihn
bewußt geheimhalten wollen.

Gott: Unter dem Stichwort **Gott** findet man nur >siehe
Baumeister. **Der Allmächtige Baumeister aller Welten**<. Dort
finden sich dann u.a. folgende Sätze: „Die Freimaurerbezeich-
nung Allmächtiger oder Großer Baumeister aller Welten, abgekürzt: A.B.a.W. geht auf biblische Ursprünge zurück. ... Der
Baumeister wird als Vergleich verwendet im Talmud. ... Bei
Plato heißt Gott Demiurg, Weltbildner. ... Die Gnostiker nannten Demiurg den vom höchsten Gott unterschiedenen Schöpfer
der materiellen Welt und identifizierten ihn mit dem Gotte der
Juden (IFL.,Sp.134,135)." Eine klare Definition wird also nicht
gegeben, es wird in keiner Weise auf die Eigenschaften und
Kräfte Gottes eingegangen. Bei Pike findet man in dieser Hinsicht etwas mehr:

„Schritt für Schritt muß der Mensch zur Vollkommenheit
voranschreiten, und jeder maurerische Grad gilt als einer dieser
Schritte. Jeder ist eine Entwicklung einer bestimmten Aufgabe,
und gegenwärtig wirst du belehrt über Nächstenliebe und

Wohltätigkeit, damit du für deine Brüder ein Beispiel der Tugend bist; um deine eigenen Fehler zu korrigieren, und dich bemühst, die Fehler deiner Brüder zu korrigieren.

Hier, wie in all den Graden, triffst du die Sinnbilder und Namen der Gottheit, und das wahre Wissen über ihren Charakter und ihre Eigenschaften zu verewigen ist immer eine Hauptaufgabe der Maurerei gewesen. Seine unendliche Größe und Gutheit zu schätzen, auf seine Vorsehung absolut zu vertrauen, ihn zu verehren und hochzuachten als höchsten Architekt, Schöpfer und Gesetzgeber des Universums, ist die erste maurerische Aufgabe. ...

Der Maurer betrachtet Gott als einen moralischen Statthalter, auch als Ur-Schöpfer; als einen Gott der Nähe, und nicht bloß einen, der weit weg ist, in der Entfernung des unendlichen Raumes und in der Abgeschiedenheit der vergangenen oder zukünftigen Ewigkeit. ...

Für den Maurer ist Gott unser Vater im Himmel, und seine Kinder zu sein, ist die ausreichende Belohnung der Friedensmacher, und sein Gesicht zu sehen, ist die höchste Hoffnung derer, die im Herzen rein sind; Gott ist immer nahe seine wahren Anbeter zu stärken; und ihm schulden wir unsere innigste Liebe; unsere demütigste und geduldigste Unterordnung, und seine höchste Anbetung ist ein reines und mitleidiges Herz und ein mildtätiges Leben. Wir leben und handeln in seiner ständigen Gegenwart, und zu dessen gnädiger Verfügung stehen wir durch jenen Tod, der, wie wir hoffen und glauben, nur der Eintritt zu einem besseren Leben ist, und dessen weise Erlasse es dem Menschen verbieten, seine Seele in ein Paradies von lässigem Inhalt einzuhüllen. ...

Der wahre Maurer glaubt aufrichtig, daß ein höchster Gott diese Welt schuf und regiert, glaubt auch, daß er sie durch Gesetze regiert, welche, obwohl weise, gerecht und wohltätig, fest sind, unerschütterlich, unerbittlich (Pike,S. 136,137,224,-227,228)." Das klingt doch schon ganz anders als im Internationalen Freimaurerlexikon, nicht wahr?

Gottesbeweis: „Die Freimaurerei tritt in die Frage eines Gottesbeweises nicht ein, da sie nach ihrer Grundlehre die Welt als planmäßiges Bauwerk eines Allmächtigen Baumeisters auffaßt. Die Deutung dieses symbolischen Begriffes wird freigegeben (IFL, Sp. 626)."

Wenn die Freimaurerei die Welt als planmäßiges Bauwerk eines Allmächtigen Baumeisters auffaßt, warum will sie dann keine Beweise für die reale Existenz dieses Baumeisters herbeischaffen? Was ist denn ein solcher Satz ohne Beweise? **Er ist ein Dogma!** Auch dann, wenn die symbolische Bedeutung freigegeben ist! Die Freimaurerei wurde angeblich gegen den Dogmatismus der Kirchen gegründet. Wenn sie jedoch in eine Beweisführung bei dem wichtigsten aller Dogmen nicht eintritt, dann bleibt sie genau auf demselben Standpunkt stehen, wie die Kirchen, **nämlich auf dem des Dogmas.**

Sobald der Begriff >allmächtig< mit einem Wesen verbunden ist, folgt daraus, daß dieses Wesen auch allwissend und allgegenwärtig sein muß, weil sonst eine Allmacht nicht erreicht wird. Für die Rosenkreuzer und Hermetiker ist die Frage des Gottesbeweises die Hauptsache in ihrer magischen Wissenschaft, und die Herbeischaffung von Beweisen gehört zu den höchsten Aufgaben ihrer Wissenschaft.

Magie, (Kabbalah, Quabbalah, Cabala) Magische Maurerei: Da Albert Pike bis heute als große Autorität in Freimaurerkreisen gilt, möchte ich einige Sätze von ihm an den Anfang dieses Abschnittes setzen, aus denen vielleicht die Maurer der unteren Grade auch noch etwas lernen können:

„ ... Moses selbst war ein Eingeweihter der ägyptischen Mysterien, wofür er als Sohn der Tochter des Pharao ausersehen war, von Thouoris, der Tochter von Sesostris-Ramses; ...

Moses und sein Bruder Aharun, die ganze Serie der Hohen Priester, das Konzil der 70 Alten, Salomo und die ganze Folgereihe der Propheten waren im Besitz einer höheren Wissenschaft; und die Maurerei ist von dieser Wissenschaft der lineare Nachkomme. Sie wurde familiär bekannt als >WISSENSCHAFT

DES WORTES< (Die *Wissenschaft des Wortes* ist die Kabbalah (Quabbalah), D.R.). ...

Die okkulte Wissenschaft der antiken Magier war verborgen unter den Schatten der antiken Mysterien: sie war unvollkommen enthüllt oder ziemlich entstellt durch die Gnostiker: sie wird vermutet unter den Unverständlichkeiten, welche die angeblichen Verbrechen der Templer bedecken; und sie wird eingewickelt gefunden in den Rätseln, welche undurchdringlich erscheinen in den Riten der höchsten Maurerei.

Magie war die Wissenschaft von Abraham und Orpheus, von Konfuzius und Zoroaster. Es waren die Leitsätze dieser Wissenschaft, die eingraviert waren in den Steintafeln von Henoch und Trismegistos. Moses reinigte und verhüllte sie wieder ... Er verhüllte sie mit einem neuen Schleier, als er die heilige Kabbalah zur exklusiven Erbschaft der Menschen von Israel machte, und dem unverletzlichen Geheimnis ihrer Priester. ...

Die hermetische Wissenschaft der frühen christlichen Zeitalter, kultiviert durch Geber, Alfarabius und andere Araber, studiert durch die Führer der Templer und eingefügt in gewisse Symbole der höheren Grade der Freimaurerei, können exakt definiert werden als Kabbalah in aktiver Verwirklichung oder Magie der Werke. Sie hat drei analoge Grade: religiöse, philosophische und physische Verwirklichung. ...

Die primäre Tradition der einzigen Offenbarung wurde durch die Priesterschaft Israels unter dem Namen >Kabbalah< erhalten. Die kabbalistische Lehre, welche auch die Lehrsätze der Magier und von Hermes waren, ist im Sepher Jetsirah, dem Sohar und dem Talmud enthalten. ...

Magie ist was es ist, sie ist alleine, wie die Mathematik; denn sie ist die exakte und absolute Wissenschaft der Natur und ihrer Gesetze. ...

Magie vereint in einer und derselben Wissenschaft, was auch immer die Philosophie als sichere Erkenntnis besitzt, und was in der Religion unfehlbar und ewig ist. Sie versöhnt vollkommen und unwiderlegbar diese zwei Begriffe, welche auf den ersten Blick so gegensätzlich zueinander zu sein scheinen:

Glaube und Vernunft, Wissenschaft und Glaubensbekenntnis, Autorität und Freiheit. ...

Das Geheimnis der okkulten Wissenschaften ist die Natur selbst, das Geheimnis der Generation der Engel und Welten, das der Allmacht Gottes (Pike,S.253,839,840,841,842,844)." Diese Worte von Pike sind natürlich Wasser auf meiner Mühle, und ich brauche nichts daran zu berichtigen. Bei den Ausführungen im IFL dagegen merkt man dann sofort, daß Albert Pike dabei nicht mitgearbeitet hat:

„Magie, Zauberkunst, vermeintliche Gewalt über okkulte geistige Kräfte, die die Menschen und die Umwelt zu ändern vermögen. ... In ihrer primitiven Form ist Magie die Vorstufe der Religionen und glaubt, daß die Beziehungen zwischen Mensch und Umwelt auf Zauberkräften beruhen.

Magie spielte bei den Magiern, Chaldäern, Juden, Römern in den Geheimkulten und Mysterien des Altertums eine große Rolle und fand in verschiedenen Gestalten auch in das Christentum Eingang. ...

Im Mittelalter unterschied man zwischen der guten, **weißen** und der bösen, **schwarzen** Magie. ... Sie bildete einen Lehrgegenstand der mittelalterlichen Universitäten.

Magie überschneidet sich vielfach mit der Kabbala, Alchimie, Mystik ... Die Freimaurerei war im 18. Jahrhundert mancherorts, namentlich in Frankreich und Deutschland, Einflüssen der Magie, ebenso wie solchen der Alchimie, der Kabbala und der Mystik ausgesetzt. ... Die >Erleuchtung< der Loge bedeutete ursprünglich wohl die Erweiterung der Bewußtseinsgrenzen in magisch-mystischem Sinne. ...

Eine der sonderbarsten Erscheinungen der Freimaurergeschichte ist die magische Richtung gegen Ende des 18. Jahrhunderts. Schon bei Untersuchung der Quellen, aus denen sich die spekulative Maurerei entwickelt hat, stoßen wir auf Gedankengänge, die eine gewisse Verwandtschaft mit den alten Rosenkreuzern aufweisen. ... Die Rosenkreuzer gaben sich als Freimaurer, und die Freimaurer glaubten Rosenkreuzer sein zu müssen. ... (IFL.,Sp.978,979)."

Wenn es dann im gleichen Abschnitt heißt: „Die ganze Rosenkreuzerei und von ihr ausgehende freimaurerische Magie hat nämlich sehr wenig mit geistigem, esoterischem, seelischem Bedarf zu tun. ... Die meisten interessierten Personen sind regierende Herren, Adelige u.a.m.", dann weiß ich nicht, ob die Herausgeber dieses Lexikons wirklich so große materialistische Dummköpfe waren, wie es nach solchen Worten aussieht, oder ob sie nur ihre Leser zu Dummköpfen erziehen wollten. Jeder Hermetiker und Schüler der wahren Magie weiß, daß die geistigen und seelischen Bedürfnisse der Rosenkreuzer und freimaurerischen Magier den höchsten Zielen des Menschseins entsprechen, und alles weit überragen, was Deismus, Rationalismus, Materialismus und Christentum jemals zusammengedacht haben, was in *Morals and Dogma* von Albert Pike einwandfrei bestätigt wird. Magie ist Wissenschaft, und nicht Zauberei oder Phantasterei, wie viele materialistische Kirchenpriester, Naturwissenschaftler und betrügerische Logenbrüder ihrem Publikum weismachen wollen.

Jedenfalls scheinen die regierenden Herren nicht der Meinung gewesen zu sein, daß Magie nur eine *vermeintliche* Macht verleiht, sondern eine sehr konkrete. Bis vor wenigen Jahrzehnten konnte magisches Wissen nur in entsprechenden Logen und Orden erworben werden. Da das Wissen also weitestgehend >geheim< war, konnte sich im Volk auch ein echter Bedarf nach geistig-seelischer Entwicklung nur wenig entwikkeln. Es ist eine glatte Unterstellung, daß sich mehr machtpolitisch Interessierte zum Rosenkreuzertum wandten, als solche, die nach Wahrheit und geistiger Entwicklung suchten und strebten. Das genaue Gegenteil ist der Fall. Doch darf man das wahre Rosenkreuzerwissen nicht in den Vereinigungen suchen, die sich heute unberechtigterweise mit diesem Namen schmücken, um unter diesem Namen Machtpolitik zu betreiben. Ich kenne nicht einen einzigen Rosenkreuzerorden, der diesen Namen verdient hätte.

„In diesem Zusammenhang wird manchmal behauptet, Archimedes habe im freimaurerischen Sinn gesprochen, als er sagte: ‚Man gebe mir einen festen Punkt im All, und ich hebe

die Welt aus den Angeln.' Oswald Wirth fügte die folgenden vieldeutigen Zeilen hinzu: ... ‚Auf welche Weise wird er eine souveräne Tätigkeit ausüben, die ebenso weitgespannt wie tief und unseligerweise unwiderstehlich ist? Diese Fragen zielen auf das furchtbarste Geheimnis der Freimaurerei. Ohne es zu verraten, dürfen wir sagen, daß ein **unerschütterliches, kluges und selbstloses Wollen** über alle Dinge triumphiert'. Diese Zeilen geben zu denken, denn ein Kopf wie Oswald Wirth ist das genaue Gegenteil eines okkultistischen Schwindlers. ..."
Die Enthüllung dieses **furchtbarsten Geheimnisses** der Freimaurerei kann jeder in den Werken von Franz Bardon nachlesen, deshalb brauche ich mich damit hier nicht weiter zu befassen.

Im Werke von **Mellor** findet man unter dem Stichwort **Magie** u.a.: „Wir glauben uns nicht zu täuschen, wenn wir behaupten, daß die große Mehrheit der >regulären< Freimaurer sich darum kaum sorgt, und daß wohl die Gesamtheit der rationalistisch und freidenkerisch gesinnten Maurer hier nur gleichgültig die Achseln zuckt. ...
Wahr ist vielmehr, daß im 18. Jahrhundert okkultistisch und hermetisch gesinnte Maurer das Ritual in einem Sinne auffaßten, den sich die Gründer der (spekulativen) Freimaurerei von 1717 nicht einmal hatten träumen lassen. Bis in unsere Gegenwart hinein fährt die okkultistische Illusion fort, wie ein seltsamer Wahn die dafür disponierten Geister anzuziehen. ...
Für den Soziologen und auch für den Psychologen ist die subjektive Wirklichkeit der Magie gewiß, wenn er auch ihre objektive Realität bezweifeln muß; sie bietet eine der interessantesten Formen des irrationalen Denkens in einer Zeit, die sich so rationalistisch gebärdet [24]." Was soll ich diesen *Rationalisten* sagen, die noch nicht einmal die Funktion ihres eigenen Denkens begreifen? Vielleicht hilft dies:

Geheimnisvoll am lichten Tag
Läßt sich Natur des Schleiers nicht berauben,
Und was sie deinem Geist nicht offenbaren mag,
Das zwingst du ihr nicht ab mit Hebeln und mit Schrauben.
Goethe: Faust

„Noch heutigentags läßt ja der Aberglaube die Freimaurer einen Teufelspakt unterzeichnen, schreibt ihm außergewöhnliche Fähigkeiten, wie die der Verwandlungsfähigkeit, unermeßlicher Reichtümer, die Fähigkeiten des Ferntötens u.a. zu. Man kann dieser merkwürdigen geistigen Verirrung, die der Freimaurerei des 18. Jahrhunderts viel Schaden zugefügt hat, allerdings auch eine tiefe psychologische Wurzel zuschreiben. ... Es ist jedenfalls eine eigenartige Erscheinung, daß, während in Frankreich die Menschenrechte proklamiert wurden, Menschen der gleichen Bildungs- und Gesellschaftsschichten zu Magie und Höllenzwang ihre Zuflucht nahmen (IFL.,Sp.981)."

Es ist kein Wunder, daß die Bürger keine Ahnung von Pakten haben, nach all den Boykotten und Büchervernichtungen der Vergangenheit und Gegenwart. Immerhin wäre es möglich, daß einige Menschen Anstoß an den Mitteln nahmen, mit denen von Freimaurern damals die >Menschenrechte< durchgesetzt wurden — eines der Hauptmittel war die Guillotine, zu deutsch Fallbeil genannt. Heute haben die schwarzen Logen- und Ordensbrüder natürlich bessere Mittel zur Durchsetzung der >Menschenrechte<, B 52 - Bomber, Atombomben, Feuerbomben, Gasbomben, Raketen, usw.

Das Kapitel der Pakte gehört jedenfalls zur sogenannten Beschwörungsmagie, die eine der höchsten magischen Wissenschaften ist, worüber es bei Bardon u.a. heißt:

„Im Zusammenhang damit mache ich darauf aufmerksam, daß der Magier völlige Klarheit auch darüber haben muß, was ein Pakt ist, wie dieser zustande kommt, worin seine Nachteile bestehen usw. ... Ein Zauberer ist nach Zustandekommen des Paktes genötigt, nach dem Abstreifen seines physischen Körpers die Erdzone zu verlassen. Er wird tatsächlich, wie es legendär heißt, vom Teufel geholt, und muß sich in die Sphäre jenes Wesens begeben, mit dem er das Bündnis geschlossen hatte, um ihm dort als Untergebener zu dienen. ... Im Pakt wird genau vermerkt, was für Dienste das Wesen zu leisten hat, welche Wünsche es erfüllen wird, welche Möglichkeiten der Pakt dem Zauberer bietet, und alle übrigen Bedingungen, die das Wesen dem Zauberer gegenüber einzuhalten hat, werden mit aufgenommen. Auf einer anderen Seite des Paktes sind wiederum jene Verpflichtungen angegeben, die einesteils der Zauberer dem Wesen gegenüber übernimmt, und zweitens solche Verpflichtungen, die sich das Wesen selbst stellt. Ferner, auf welche Art und Weise der Vorsteher zu rufen ist und ob er sichtbar oder unsichtbar zu erscheinen habe, wie mit Dienern, die dem Zauberer etwa zur Verfügung gestellt werden, umzugehen sei usw. Der wichtigste Punkt ist die Dauer des Paktes, und daß sich der Zauberer verpflichtet, in die Sphäre des Dämons einzugehen. ... Ein Pakt kann weder vom Zauberer noch von dem Wesen gebrochen werden und ist unbedingt einzuhalten [25]."

Wichtig erscheinen mir noch ein paar Sätze aus dem Kapitel über **Kabbalah**, weil auch dies ein Teilgebiet der Magie ist, welches den Lesern der Gegenwart im Gegensatz zu denen des *finsteren* Mittelalters ziemlich unbekannt sein dürfte. Das >Internationale Freimaurerlexikon< meint dazu:

„**Kabbala** (richtiger nach der hebräischen Sprache **Qabbalah** oder **Quabbalah** geschrieben, D.R.), im Jüdischen: Überlieferung, bezeichnete die neben dem geschriebenen Gesetz - ursprünglich mündlich - überlieferte theosophische und theurgische Geheimlehre im Judentum, die in der talmudischen Zeit als mystische Reaktion gegen den übertriebenen Formalismus entstand, das religiöse Leben mit neuem Inhalt erfüllen wollte und im jüdischen Mittelalter zu einer Religionsphilosophie wurde, die ihre Aufgabe in der Lösung der tiefsten Fragen über Gott und Welt suchte. . ... Die kabbalistische Philosophie versucht, den religiösen Gehalt des eigentümlich ausgedeuteten Alten Testaments mit der Emanationenlehre, dem Glauben an die Seelenwanderung und der pythagoräischen Zahlenmystik in Einklang zu bringen." Also gerade jene tiefen Menschenfragen sind Inhalt der Kabbalah, die nach 1717 im Laufe der Zeit mit allen Mitteln aus der Freimaurerei entfernt wurden!

„Von den kabbalistischen Gottesnamen hatten bei den Gold- und Rosenkreuzern insbesondere der größte, zweiundsiebzigteilige >Schemhamphorach< Bedeutung. Nur erlesene Brr. erhielten ihn, bei seinem Empfang wurde der feierlichste

Eid geschworen, er barg magische Kräfte und er bildete zusammen mit dem Urim und Thumim (Licht und Recht im Brustschild des jüdischen Hohepriesters) das Signum des höchsten Grades, der Magier (IFL., Sp.805,808)."

Der sogenannte zweiundsiebzigteilige Gottesname >Schemhamphorach< hängt mit den 72 Genien der Merkursphäre zusammen, worüber Bardon in seinen Werken >Die Praxis der magischen Evokation< und >Der Schlüssel zur wahren Quabbalah< vollständige Aufklärung bietet.

*

Für Albert Pike war die Kabbalah **der** Schlüssel zu den Mysterien: „In der Kabbalah, oder der traditionellen hebräischen Philosophie, wurde die unendliche Gottheit, jenseits der Reichweite des menschlichen Intellektes, und ohne Name, Form oder Grenze, dargestellt als sich selbst entwickelnd, durch Selbstbegrenzung eine Ordnung von zehn Emanationen oder Ausflüssen schaffend, welche Sephirot oder Strahlen genannt wurden. ...

Die Kabbalah ist der Schlüssel zu den okkulten Wissenschaften und die Gnostiker wurden aus den Kabbalisten geboren. ...

Die *Natur* der Einen Gottheit, die Art und Weise, wie das Universum begann, sind die Fragen, die immer die Folterbänke gewesen sind, auf denen der menschliche Intellekt gequält wurde, und diese waren es hauptsächlich, mit denen die Kabbalisten sich befaßt haben. ...

Die Maurerei ist eine Suche nach Licht. Dieses Licht führt uns dirckt zurück, wie sie sehen, zur Kabbalah. ...

Alle wahren dogmatischen Religionen sind von der Kabbalah ausgegangen, und bringen zu ihr alles zurück, was wissenschaftlich und groß ist in den religiösen Träumen aller Illuminaten, Jakob Böhmes, Swedenborgs, Saint-Martins und anderer, die von der Kabbalah geborgt hatten; alle maurerischen Gesellschaften verdanken ihr ihre Geheimnisse und ihre Symbole.

Allein die Kabbalah heiligt das Bündnis der universalen Vernunft und des göttlichen Wortes, sie errichtet, durch die Gegengewichte von zwei anscheinend sich widersprechenden

Kräften, das ewige Gleichgewicht des Seins, sie allein versöhnt Vernunft und Glaube, Macht mit Freiheit, Wissenschaft und Mystik, sie hat die Schlüssel der Gegenwart, der Vergangenheit und der Zukunft. ...

Die beiden Säulen, Boaz und Jachin, erklären in der Kabbalah alle die Mysterien der natürlichen, politischen und religiösen Gegensätze. ...

Wie alle Mysterien der Magie, haben die Geheimnisse des >Großen Werkes< eine dreifache Bedeutung: sie sind religiös, philosophisch und naturhaft. ...

Die hermetische Kunst ist darum gleichzeitig eine Religion, eine Philosophie und eine Naturwissenschaft. Als Religion ist sie diejenige der antiken Magier und der Eingeweihten aller Zeitalter; als Philosophie können wir ihre Prinzipien in der Schule von Alexandria und den Theorien des Pythagoras; als Wissenschaft müssen wir nach ihren Prozessen bei Paracelsus, Nikolaus Flamel und Raimundus Lullus suchen.

Die Wissenschaft ist nur für jene wirklich, die der Philosophie und Religion zustimmen und sie verstehen, und ihr Verfahren wird nur bei den Adepten Erfolg haben, die die Beherrschung des Willens erlangt haben, und so ein König der elementaren Welt werden. Die große wirkende Kraft bezüglich der Funktion der Sonne ist jene Kraft, die im Symbol des Hermes beschrieben ist, der Smaragdenen Tafel (Hermetischer Leitsatz bezüglich der Analogie von Mikrokosmos und Makrokosmos: Das, was oben ist, ist auch das, was unten ist, D.R.); es ist die universale magische Kraft, die geistige, feurige treibende Kraft, sie ist das Od der Juden und das Astrallicht nach anderen Lehren. ...

Der Eingeweihte durchwandert Himmel und Erde. Der Himmel ist offenbar die Welt des Verstandes, unterteilt in Paradies und Hölle; die Erde ist offenbar die Welt der Sinne, ebenfalls unterteilt in Sternenhimmel und die Elemente.

Es gibt Wissenschaften, die speziell mit diesen verbunden sind. *Die eine ist alltäglich und allgemein, die andere ist mystisch und geheim.* Die durch den Intellekt erkennbare Welt hat die hermetische Theologie und die Kabbalah, der Sternenhimmel hat die Astrologie, die der Elemente hat die Chemie, die durch das Feuer Auflösung und Zerteilung bewirkt und dadurch die am meisten versteckten Geheimnisse der Natur enthüllt, die aus drei Arten gemischter Substanzen bestehen. Diese zuletzt genannte Wissenschaft wird >Hermetik< oder >Die Operation des Großen Werkes< genannt.

Das Ritual des Grades des kabbalistischen und hermetischen Rosenkreuzes hat diese Abschnitte:

Die wahre Philosophie, wie sie von Salomo erkannt und praktiziert wurde, ist die Grundlage, auf der die Maurerei begründet ist.

Unsere antiken Maurer haben den wichtigsten Punkt der heiligen Kunst in hieroglyphischen Zeichen vor uns verborgen, welche nur Rätsel und Gleichnisse für die Unvernünftigen, die Bösen und Ehrgeizigen sind (Pike, S. 552,626,738,741,744,772,-773,774,785).*

Natürlich stimme ich mit Albert Pike vollkommen überein, daß Hermetik und Kabbalah die höchsten Wissenschaften dieser Erde sind. Jeder mit esoterischen Geheimgesellschaften Vertraute weiß, daß der Grad des Magiers immer der höchste in allen wahren Orden und Logen war, und bis heute ist. Kurz gesagt, das wahre Geheimnis der Freimaurerei ist die Anleitung zur magischen Entwicklung, und die Praxis der Kabbalah ist eine besonders hohe Stufe magischer Entwicklung. Wer sich mit diesen hohen Geheimnissen bekannt machen will, der kann dies durch die Werke von Franz Bardon tun, die nach der Bestätigung vieler Interessenten weltweit zu den besten zählen. Über die **Praxis der Kabbalah** gibt es nach meinem Wissen weltweit nur ein Buch, und das ist >Der Schlüssel zur wahren Quabbalah< von Franz Bardon, wo es u.a. heißt:

„Quabbalah ist die Wissenschaft der Buchstaben, die Wissenschaft des Wortes und der Sprache. Jedoch — wohlgemerkt — keinesfalls der intellektuellen, sondern der Universalsprache. ... Durch Quabbalah — also durch die Universalsprache — hat Gott alles erschaffen. Auf Quabbalah weist auch der Evangelist Johannes in der Bibel hin, indem er sagt: ,Im Anfang war das Wort und das Wort war bei Gott' [26].*

Seit über 30 Jahren kann jeder dieses Geheimwissen, für deren Erreichung sich viele Logen- und Ordensbrüder jahrzehntelang an der Nase herumführen lassen, durch jede Buchhandlung beziehen! Es wird somit versucht, das Geheimnis dadurch zu bewahren, daß man das magische Wissen so verteufelt, daß es von den durch den materialistischen Atheismus vernebelten Köpfen für Wahn, Aberglaube und Irrationalismus gehalten wird. Und wo das noch nicht hilft, werden im gesamten Buchhandel Boykottmaßnahmen durchgeführt, wovon ich ein langes Lied singen könnte.

Das Werk >Morals and Dogma< von Albert Pike enthält neben den vielen Aussagen über Magie auch viele gute Abschnitte über die universale Polarität von Licht und Finsternis. Merkwürdig finde ich allerdings, daß in diesem umfangreichen Werk nicht ein einziger Abschnitt zur Unterscheidung von schwarzer und weißer Magie zu finden ist, was ich für einen großen Mangel halte.

„**Okkultistische Freimaurerei**. Während viele Freimaurerlogen im 18. Jahrhundert Horte der Aufklärung waren, wurde von anderer Seite eine Zeitlang mit Erfolg versucht, die gegen die Außenwelt abgeschlossenen Bauhütten zum Deckmantel der starken okkultistischen Strömungen der Zeit zu machen. Ein typisches Beispiel dafür ist die Art und Weise, wie die **Gold- und Rosenkreuzer** ihre Ideenwelt mit dem freimaurerischen Ritual verbanden. Sie und andere beriefen sich dabei auf die Zunftlegende in **Andersons** Konstitutionen, die andeutete, die Freimaurerei sei Trägerin geheimer Kenntnisse, des Wissens um letzte Dinge, die ihr von Weisen des Altertums, so **Pythagoras** und **Zoroaster**, überkommen seien; sie wiesen aber auch auf die 1738 erschienenen, der zweiten Auflage des Andersonschen Konstitutionsbuches angehängte >Defence of Masonry< hin, die die Geburtsstätte der Maurerei geheimnisvoll nach dem Osten verlegte und sie in Verbindung mit den Pythagoräern, Essener, Kabbalisten und ihren geheimen Bräuchen brachte. Jedenfalls begannen die Okkultisten sehr bald, den freimaurerischen Symbolen eigene Deutung zu geben, wobei sie erklärten, daß ein und dasselbe Sinnbild auch von der offiziellen Freimaurerei selbst in den verschiedenen Graden verschieden ausgelegt wird. ... Dieser Wahn, der im 18. Jahrhundert einen Großteil der Gebildeten auch außerhalb der Freimaurerei beherrschte, macht es erklärlich, daß Schwindler und Abenteurer, wie Cagliostro, St. Germain, Schrepfer, Gugomos u. a., so große Erfolge erzielen konnten. Mit der Jahrhundertwende war aber dann im allgemeinen der Spuk zu Ende. ..." — Und es fing der Spuk der herrlichen materialistisch-revolutionären Zeiten an, mit den *aufgeklärten* Brüdern an der Spitze! Im Kapitel **Okkultistische Symbolik** kann man u. a. lesen: „Der Zirkel ist das Symbol der Vernunft, steckt die Grenzen des Positiven, des Erkennbaren ab, bewahrt vor >metaphysischen Spekulationen<, ermahnt den Maurer, sich nur mit den Mysterien der Erde zu befassen, an die Geheimnisse des Himmels und des Jenseits aber nicht zu rühren."

Nun ist es heraus! Die freimaurerische Vernunft soll sich nur mit materiellen Dingen befassen, den Geist — Himmel und Jenseits — aber ausklammern. Dies ist aber das typische Merkmal einer materialistisch-atheistischen Weltanschauung, und niemand braucht sich darüber zu wundern, welche Impulse gegenwärtig aus den Logen hervorgehen. Mit den erkenntnistheoretischen Differenzen in dieser Richtung habe ich mich in meinem Buch >Christentum und Atheismus im Vergleich zu Okkultismus und Magie< bereits ausreichend auseinandergesetzt. Abschließend heißt es: „Die geschlossene Mehrheit der Freimaurerei steht diesen (okkulten, D.R.) Gedankengängen fern (IFL.,Sp.1147-1151)."

Warum sich vor allem alle unteren Grade nicht mit Okkultismus auseinandersetzen sollen, dazu soll Rudolf Steiner noch zu Wort kommen: „Namentlich wurde es immer mehr und mehr üblich bei gewissen okkulten Verbrüderungen, zu verknüpfen dasjenige, was man aus der okkulten Weisheit heraus haben kann, mit allerlei politischen Gesichtspunkten, mit politischen Impulsen. ... Gerade in einem Zeitalter, in dem, wie im fünften nachatlantischen Zeitraum bisher ... das okkulte Wissen zurückging und die Menschen gewissermaßen für das äußere

Leben von den okkulten Zusammenhängen abgeschnitten wurden, mußten diejenigen Okkultisten, welche das alte überlieferte okkulte Wissen mißbrauchten, in einem gewissen Sinne um so stärker, aber im schädlichen Sinne wirken. Daher aber kommt es, daß man, wo ehrliches okkultes Wissen auftritt, so viele Mittel und Wege sucht, dieses unmöglich zu machen. Ehrliches okkultes Wissen, das einfach die Wahrheit vertritt, das ist höchst unbequem für diejenigen, die mit okkultem Wissen im Verborgenen fischen wollen [27]."

Zum **Okkultismus** sagte Rudolf Steiner einmal: „Wirklicher Okkultismus aber, der nicht Machtgelüste entfaltet, sondern nach der Wahrheit sucht, steht ganz im organischen, im lebensvollen Zusammenhange mit der deutschen Entwicklung und ist ganz innerhalb der deutschen Entwicklung verankert [28]."

„**Relativismus** ist die erkenntnistheoretische Lehre, derzufolge alle Erkenntnis nur relativ, nur in bestimmter Beziehung, nur für einen bestimmten Standpunkt gültig ist, nicht aber im absoluten Sinne, daß alles Erkennen im Subjekt verankert liegt. ... Aus dem Relativismus läßt sich der Standpunkt der Freimaurerei zu den Problemen der Welt und der Menschheit ableiten. In ihrer Symbolik und in ihren Ritualen tritt die relativistische Einstellung klar zutage. Die Freimaurerei ist von der Bedingtheit aller Wahrheiten durchdrungen. Der Relativismus unterbaut die Toleranz mit Vernunftargumenten. Die Freimaurerei ist eine der Bewegungen, die vom Ausgang des Mittelalters an als Reaktion gegen die Unbedingtheit der Kirchenlehre und des politischen Absolutismus, als Reaktion gegen den Fanatismus jeder Art entstanden sind und auf Grund der Dogmenmüdigkeit den Typus des afanatischen Menschen hervorbrachten. Auf religiösem Gebiet führten diese Strömungen zum Protestantismus, auf politischem Gebiet zur Demokratie (IFL.,Sp. 1300)."

Warum sollte ein menschliches Subjekt nicht fähig sein, neben den relativen auch absolute Gesetze zu erkennen? Diese Frage wird vorsichtshalber gar nicht erst untersucht. Wenn jede Wahrheit relativ ist, dann sind auch alle menschlichen Ansichten über die Wahrheit relativ, was zwangsläufig in eine allgemeine Rechthaberei ohne jede Orientierungsmöglichkeit ausartet. Was das für die freimaurerischen Ansichten über die Demokratie bedeutet, ist klar, jeder Kommunist, Terrorist, Nationalist, Faschist oder Internationalist kann für seine Ideologie den gleichen Anspruch auf >relative Wahrheit< erheben. **Die beste Grundlage für den Kampf aller gegen alle!**

Was bedeutet es, „von der Bedingtheit aller Wahrheiten" überzeugt zu sein? Es bedeutet erstens, daß der >Allmächtige Baumeister< der Freimaurerei nicht allmächtig ist, und zweitens bedeutet es, daß die dieser Lehre anhängenden Freimaurer an Erkenntnisgrenzen glauben, genau wie die Materialisten und Dogmenchristen. Ein wichtiges Problem, über das ich in meinem Buch >Christentum und Atheismus im Vergleich zu Okkultismus und Magie< bereits geschrieben habe.

Die These von den Erkenntnisgrenzen wurde von Rudolf Steiner bereits im Jahre 1891 in seiner >Philosophie der Freiheit< widerlegt, ist aber offenbar in den vergangenen hundert Jahren nie bis zur Freimaurerei durchgedrungen. Die wahren Rosenkreuzer erkennen ebenfalls keine Erkenntnisgrenzen an. Nur soviel möchte ich hier noch sagen: das Dogma der Atheisten von der Nichtexistenz eines Gottes, ist erkenntnistheoretisch von gleichem Wert, wie das auf blindem Glauben beruhende Dogma der Theologen von der Existenz eines Gottes.

Die französiche Loge >Grand Orient de France< wollte sich wohl aus dieser erkenntnistheoretischen Zwickmühle befreien, als sie im Jahre 1877 die Konsequenzen ergriff und den *Allmächtigen Baumeister aller Welten* für ihre Mitglieder kurzerhand abschaffte. Eines steht jedenfalls fest: diejenigen, welche die Freimaurerei in die gerade erwähnte philosophische Falle hineingebracht haben, waren vom Status eines >Eingeweihten< im Sinne der Hermetik oder Kabbalah noch meilenweit entfernt, oder es waren bewußte Betrüger ihrer eigenen Mitglieder.

„**Religion:** ... Die Freimaurerei nimmt in der Frage der Religion keine allgemeingültige Stellung ein; auch ist ihr

Standpunkt nirgends eindeutig dargelegt, auch nicht in den >Alten Pflichten<, in denen **Anderson** sagt: ‚Der Maurer ist durch seinen Beruf verbunden, dem Sittengesetz zu gehorchen, und, wenn er die Kunst recht versteht, wird er weder ein dummer Gottesleugner, noch ein Wüstling ohne Religion sein.' ...

Aus der ganzen Entwicklung der Freimaurerei geht als allgemeingültig hervor: 1. Die Freimaurerei selbst ist keine Religion, 2. sie ist nicht religionsfeindlich, 3. sie ist nicht atheistisch eingestellt, 4. sie ist ein Boden für **alle Glaubensbekenntnisse.** ...

Der **Grand Orient de France** wiederum hat selbst das Symbol des A.B.a.W. (Allmächtigen Baumeisters aller Welten) aus seiner Konstitution entfernt, da er auf vollständige Gewissensfreiheit und Ausscheidung jeglichen Begriffs, der dogmatisch ausgelegt werden könnte, Gewicht legt. ...

Eine Formulierung des Gottesbegriffes im Sinne der Als-ob-Philosophie könnte folglich eine für alle Standpunkte annehmbare Plattform bilden, die zugleich auch der Forderung der weitestgehenden Gewissensfreiheit gerecht würde: ‚Der Freimaurer ist gehalten, dem Sittengesetz zu gehorchen, als ob es von einem göttlichen Gesetzgeber gesetzt wäre, und als ob er stets vor der Möglichkeit stünde, über sein Tun und Lassen vor einem göttlichen Richter Rede stehen zu müssen' (IFL.,Sp.-1301).* Es würde mich wirklich interessieren, was einige der noch zu besprechenden Freimaurer einem solchen göttlichen Richter erzählt haben bzw. erzählen werden, denn das Gericht ist unumgänglich.

„Jede maurerische Loge ist ein Tempel der Religion, und seine Lehren sind Anweisungen in Religion. Denn hier werden eingeschärft das Interesse, Zuneigung, Duldsamkeit, Treue, Patriotismus, Wahrheit, eine großzügige Sympathie mit denen, welche leiden und trauern, Mitleid mit den Gefallenen, Verzeihung für die Irrenden, Erleichterung für die Bedürftigen, Glaube, Hoffnung und Nächstenliebe. ...

Die Maurerei propagiert keinen Glauben, ausgenommen ihren höchst einfachen: die universale Religion, gelehrt durch die Natur und die Vernunft. Ihre Logen sind weder jüdische, moslemische, noch christliche Tempel. Sie wiederholt die Lehren der Moral von allen Religionen. ...

Der moralische Kodex der Maurerei ist noch mehr ausgedehnt als jener, der von der Philosophie entwickelt wurde. Zu den Anforderungen des Naturgesetzes und des Gottesgesetzes fügt sie die Verpflichtung eines Vertrages hinzu. Mit dem Eintritt in den Orden verbindet sich der Eingeweihte mit jedem Maurer in der Welt. ...

Die Maurerei hält ihn auch an, durch sein feierliches Versprechen, zu einem reineren Leben, zu einer edleren Großzügigkeit, zu einer vollkommeneren Nächstenliebe in der Meinung und Tat; tolerant zu sein, rechtgläubig in seiner Liebe für seine Rasse, begeistert in seinem Streben für die Interessen der Menschheit, den Fortschritt und die Förderung der Humanität (Pike, S. 213,718,726)."

Wie man sieht, sind sich die Freimaurer selbst noch nicht ganz einig darüber, in welchem Verhältnis die Freimaurerei denn nun zur Religion steht. Es wirken bei diesen Dingen auch bestimmte Gesetze der Polarität mit, wozu R. Steiner erklärte:

„Es handelt sich darum, daß der Gang der Ereignisse wie eine in voller Tätigkeit, in voller Bewegung begriffene Waage ist, wo bald der eine Waagebalken, bald der andere Waagebalken heruntersinkt. Und deshalb kann man die Zeit seit dem Beginn der vierziger Jahre etwa so charakterisieren: Es wäre eine Möglichkeit gewesen, wenn von dem Jahre 1840 ab bis 1914 - welche Zeit durch 1879 in zwei geteilt wird - versucht worden wäre, in einer sachgemäßen Weise vorzubereiten jene Spiritualisierung der Menschheit, welche durch den Erzengel Michael angestrebt wird; wenn versucht worden wäre in größerem Maße, spirituelle Begriffe, spirituelle Vorstellungen in die Menschheit hineinzubringen. Wenn so etwas - da die Menschheit in der neueren Zeit auf Freiheit gestellt werden muß - aus dem freien Menschenwillen heraus unterlassen wird, so sinkt die Waagschale auf der anderen Seite hinunter. Dann entlädt sich das, was auf spirituellem Wege hätte erreicht werden können, durch das Blut. Dann entlädt sich das auf eine, ich möchte sagen, überphysische Weise. Es ist nur das Gleichstellen der

Waage, was wir in unserer katastrophalen Zeit erleben. Die Menschheit, die zurückgewiesen hat die Spiritualisierung, muß in die Spiritualisierung hineingezwungen werden. Das kann durch eine physische Katastrophe geschehen [29]." Diese Sätze von Rudolf Steiner können lichtbringend wirken für alle diejenigen, welche in Katastrophen und Kriegen eine >Strafe< Gottes erblicken wollen, ohne jedoch darüber nachzudenken, daß es sich nur um eine Reaktion auf die übermäßige menschliche Interessenlosigkeit und Feigheit handelt.

„Diese Vernunftreligion wurde von dem Superintendenten De Marées im Jahre 1787 als >Weltbürgerreligion< bezeichnet, weil sie das >rein Menschliche< und das >Allgemeinmenschliche< zum obersten Grundgesetz erhob. ... So wurde die Freiheit des Individuums zur letzten rechtlichen Instanz [30]."
Das rein Menschliche ohne das Göttliche!

„**Wahrheit** ist einer der schwierigsten, umstrittensten Begriffe der Philosophie; jedes System hat gleichsam einen eigenen Wahrheitsbegriff und ein eigenes Wahrheitskriterium. ... Absolute Wahrheit würde den Weg des Fortschrittes verrammeln. ... Liebe zur Wahrheit, Streben nach Wahrheit kennzeichnet die Freimaurerei. Sie sucht Wahrheit, im Gegensatz zur Autorität (Wolfstieg, >Die Philosophie der Freimaurerei<). Dies geht eindeutig aus ihrem Gebrauchtum, ihren Symbolen, ihrer Literatur hervor, doch ist ihr Wahrheitsbegriff nirgends klar definiert und könnte auch schwer umrissen werden, da die Königliche Kunst jenseits aller philosophischen Systeme steht. ... Ihre Grundeinstellung ist relativistisch. ... Die starke Betonung der Liebe zur Wahrheit, der Pflicht zur Erforschung der Wahrheit (eine Erforschung der Gottheit findet nicht statt! D.R.), will besagen, daß die Freimaurerei gegen Aberglauben und starren Autoritätswahn Stellung nimmt, von der Überzeugung ausgehend, daß auf dem Gebiete des Wissens einzig und allein die empirische, und in diesem Sinne objektive Wahrheit das entscheidende Wort haben darf, daß aber Wahrheiten anderer Art, die sich Unbedingtheit anmaßen, die Forschung in ihrer Freiheit niemals behindern dürfen.

... Die Maurerei glaubt daher, bei höchster Wertung der Wissenschaft, an die im Grunde überempirische Wahrheit einer sittlichen Weltordnung, die den Weg zur Vervollkommnung offen läßt und dadurch dem Leben einen Sinn verleiht. Quelle jeglicher Wahrheit im objektiven Sinne ist aber die Wahrhaftigkeit, die die Freimaurerei von allen ihren Gliedern fordert ... (IFL.,Sp.1665,1666)."

Hier muß ich noch eine kleine erkenntnistheoretische Betrachtung einflechten, denn ich habe den Eindruck, daß sich die Freimaurer in ihrem eigenen erkenntnistheoretischen Laden nicht mehr zurechtfinden. „Absolute Wahrheit würde den Weg des Fortschritts verrammeln", was für ein philosophischer Schwachsinn, wenn ein solcher Satz von einem Menschen ausgesprochen wird, dessen gesamte Existenz auf ca. 70 Jahre beschränkt ist! Wieviele Wahrheiten kann denn ein Mensch innerhalb eines Lebens sammeln in einem Kosmos, der aus Milliarden von Sonnensystemen besteht? Nein, das Problem liegt ganz woanders. Die Anerkennung der Existenz einer absoluten Wahrheit müßte zwangsläufig eine Richtschnur für die Beurteilung von Wahrheit, Irrtum und Lüge abgeben — und das soll durch solche Irreführung verhindert werden.

Da die Irrtümer und Lügen so oft wiederholt werden, will ich auch die Wahrheiten hier so oft wie möglich wiederholen:

Der Gegensatz von Wahrheit ist nicht Autorität, sondern Lüge und/oder Irrtum! Eine Wahrheit existiert nur dadurch, daß sie gegenüber Irrtum und Lüge ein größeres Gewicht, also Autorität, besitzt. Die Wahrheit muß also zwangsläufig autoritär sein, wenn sie als solche gegenüber dem Irrtum und Lüge Bestand haben soll.

Die Wahrheit ist nur solange wandelbar, als es sich um eine relative Wahrheit handelt. Geht es aber um eine universale oder absolute Wahrheit, dann tritt die Wahrheit immer als Autorität auf, weil sie zwangsläufig Irrtum und Lüge ausschließt. Wenn die Freimaurerei absolute Wahrheiten ausschließt, dann muß sie auch ihren >Allmächtigen Baumeister< hinauswerfen, weil nämlich die Gesetze eines >Allmächtigen Baumeisters< absolute Gesetze und Wahrheiten umfassen müssen, sonst ist er eben nicht >allmächtig<, sondern nur >relativ-mächtig<. So einfach ist das. Dies ist das kleine ABC der Erkenntnistheorie, mit dem jeder Wahrheitssucher sich befassen muß, wenn er sich nicht im Labyrinth schlecht definierter Begriffe verlieren will. Nebenbei bemerkt, die Wahrheit braucht normalerweise keine gesetzliche Unterstützung. Wo versucht wird, Wahrheiten mit gesetzlichen Verboten Nachdruck zu verleihen, handelt es sich meistens um machtpolitische Lügen, wie u.a. die Geschichte der christlichen Kirchen ausreichend bewiesen hat.

Weiter: was heißt denn, „die Königliche Kunst (Freimaurerei) steht jenseits aller philosophischen Systeme"? Diese Behauptung ist ein philosophischer Blödsinn, denn es gibt nur **eine** Welt der Gedanken und Ideen, und aus dieser sind sowohl alle philosophischen Systeme als auch die Gestaltung der >Königlichen Kunst< hervorgegangen. Ein Mensch kann mit seinem Denken nur **innerhalb** dieser Gedankenwelt stehen, und nicht >jenseits<. Bereits die Tatsache des Denkens beweist, daß der Mensch innerhalb der Gedankenwelt steht.

Was heißt es, an die „überempirische Wahrheit einer sittlichen Weltordnung glauben"? Überempirisch heißt jenseits der Erfahrung, somit auch jenseits von Beweisen. Diese Aussage trägt also die typischen Merkmale eines Dogmas. Eine sittliche Weltordnung, die als jenseits der Erfahrung liegend angenommen wird, ist eine Utopie, die niemals Inhalt von menschlichen Idealen werden kann, also für das menschliche Dasein ohne jede Bedeutung ist.

Wie urteilte doch ein Mitstreiter gegen die negative Arbeit geheimer Gesellschaften, Herr Dr. Steinhauser, über die dargestellte Art der Begriffsverwirrung?: „Die Freimaurerei sah sich daher genötigt, eine Methode zu finden, die alle herkömmlichen Beeinflussungstechniken an Wirksamkeit bei weitem übertrifft. Und sie hat diese Wundermethode gefunden. Es ist die totale Umerziehung des Menschen durch Umkehrung aller Werte [31]." Das ist es, was zu beweisen war.

„**Weltanschauung**, die durch die Sehnsucht nach Harmonie, Einheit hervorgebrachte Synthese der Erkenntnisse, Gedanken, Vorstellungen eines Menschen über das Ganze der Welt und seine Stellung zu ihr (Sinn des Lebens, die sogenannten *letzten Fragen*). Weltanschauung ist immer bedingt, subjektiv. Eine objektive Weltanschauung ist unmöglich (IFL.,Sp.1683)."

Wie autoritär und dogmatisch diese Aussagen sind, fällt den Autoren offensichtlich überhaupt nicht auf. Als ob diese Typen, die die einfachsten Begriffe nicht richtig definieren können, ein gültiges Urteil darüber abgeben könnten, was in dieser Welt weltanschaulich möglich oder unmöglich ist.

„Der Freimaurerorden ist eine weltanschauliche Großmacht, die sich mit Hilfe einer überstaatlichen Organisation zum Vormund über Menschen aller Völker und Rassen aufgeschwungen hat. Wenn es dem Orden schon im 18. Jahrhundert gelang, Millionen in seinen Reihen zu vereinen, so verdankte er das der propagandistischen These, wonach er geheime Mittel besitze, um die verlorengegangene menschliche Würde wiederherzustellen. Der Orden erhob den Anspruch, die von der Vorsehung bestimmte Erziehungsmacht des Menschengeschlechtes zu sein [32]."

„Das praktische Ziel der Maurerei ist die physische und moralische Verbesserung, und die intellektuelle und geistige Veredelung der Individuen und der Gesellschaft. ...

Vieles vom maurerischen Geheimnis manifestiert sich für denjenigen von selbst, ohne daß die Sprache es enthüllt, der wenigstens teilweise alle jene Grade versteht, wie er sie in Teilen erhält; besonders jener, welcher in den höchsten Graden des Alten und Angenommenen Schottischen Ritus fortschreitet. Dieser Ritus enthüllt eine Ecke des Schleiers, sogar im Grad des Lehrlings, denn er erklärt, daß Maurerei eine Verehrung ist.

Die Maurerei arbeitet daran, die soziale Ordnung zu verbessern durch Aufklärung des Verstandes der Menschen, durch Erwärmung ihrer Herzen mit der Liebe für das Gute, sie zu inspirieren mit den großen Prinzipien der menschlichen Brüderlichkeit und der Forderung, daß ihre Sprache und Tätigkeiten mit diesen Prinzipien übereinstimmen sollen, daß sie sich gegenseitig erleuchten sollen, ihre Leidenschaften kontrollieren, das Laster verachten, und den lasterhaften Menschen bedauern als einen, der mit einer beklagenswerten Krankheit angesteckt ist (Pike, S. 218, 219)."

Wie die Freimaurerei mit den oben besprochenen Begriffen „die intellektuelle und geistige Veredelung der Individuen und der Gesellschaft" betreiben will, ist mir schleierhaft. Was nämlich in dieser Welt gegenwärtig stattfindet, ist nicht eine >Veredelung<, sondern eine >Verelendung< der Kultur, der Individuen und Gesellschaften, und zwar deshalb: „Gleich dem Christentum ist die Freimaurerei ein Leichnam, aus dem der Geist schon längst entwichen ist [33]."

Nach der vorangegangenen Vorbereitung möchte ich noch ein paar Sätze aus dem Werk von **Dr. Hans Schick >Das ältere Rosenkreuzertum<** zitieren, um dem Leser noch einen weiteren Gesichtspunkt vor Augen zu führen. Es heißt dort u.a. im Kapitel >Das ältere Rosenkreuzertum und die Anfänge der Freimaurerei in England<: „In zwei getrennten Strömen gelangte das ältere Rosenkreuzertum zur britischen Insel und konstituierte sich hier in der organisatorischen Form der Freimaurerei: durch das über Sperber, Maier und Fludd in England heimisch werdende alchimistisch-kabbalistische Rosenkreuzer-Ideal eines Collegium Magiae, das hier zuerst in den Societies of Freemasons verwirklicht wurde, sodann durch den von Comenius aufgegriffenen tieferen Rosenkreuzer-Gedanken, den er, begünstigt von der Zeitströmung des Deismus (‚Gottesauffassung der >Aufklärung<, 17. u. 18. Jahrhundert; Gott wird zwar nicht geleugnet, aber ohne Beziehung zur Welt und zum Menschen angenommen' — Duden-Lexikon 1969, S. 439 —) und der Humanität, in Verbindung mit einem reineren Wissenschaftsstreben so zur Geltung brachte, daß das alchemistisch-rosenkreuzerische Treiben mehr und mehr vor der Ausübung der >Königlichen Kunst< zurückweichen mußte. ...

Diese Pansophie (‚der Versuch von Comenius, alle Wissenschaften in einer Enzyklopädie zu vereinigen' - Miers: Lexikon des Geheimwissens, S. 308), die so sehr rosenkreuzerisches

Gedankengut war, daß man sie mit dem Rosenkreuzertum schlechthin identifizierte, wurde durch den Geist des Comenius zu jener Humanitätslehre fortentwickelt, welche die ideologische Grundlage des englischen Großlogensystems vom Jahre 1717 darstellt [34]."

Wenn Schick hier davon spricht, daß Comenius ein gegenüber dem alchimistisch-kabbalistischen Wissen ,tieferes Gedankenleben' eingeführt hat, so zeigt dies, daß er vom wahren Rosenkreuzertum keine Ahnung hatte, worüber ich schon berichtet habe. Damit sich die Logenbrüder innerhalb der Logen nicht aufgrund ihrer verschiedenen Weltanschauungen auf die Füße traten, ging man folgendermaßen vor:

„Das Kernstück des Konstitutionsbuches bildeten die >Alten Pflichten<, die den Logenbruder im Gegensatz zu den Konfessionen nur dazu verpflichteten, ,dem Sittengesetz zu gehorchen'. Dieses Sittengesetz wurde als eine natürliche Religion bezeichnet, in welcher die verschiedensten Menschen ungeachtet ihrer religiösen und politischen Herkunft übereinstimmen könnten. Dieser natürlichen Religion wurde in der zweiten Ausgabe des Konstitutionsbuches vom Jahre 1738 der Name einer >noahidischen< Religion zugelegt. Während die Gesetze Noahs in der rabbinischen Überlieferung den Sinn hatten, den Verkehr zwischen Juden und Nichtjuden zu ermöglichen, wurde ihnen nunmehr in der freimaurerischen Begriffsbildung die Bedeutung einer >Urreligion< zugelegt, welche angeblich vor der geschichtlichen Herausbildung der verschiedenen Konfessionen bestanden haben sollte. ... Die Freimaurerei versuchte also eine Menschheitsreligion herauszuarbeiten und zum weltanschaulichen Prinzip zu erheben."

Das hier auftauchende Hauptproblem habe ich ausreichend in meinem Buch >Christentum und Atheismus im Vergleich zu Okkultismus und Magie< behandelt. Es geht hier nämlich um die Entscheidung des Menschen, ob er sich in seinem moralischen Verhalten nach den universalen ethischen Gesetzen eines oder mehrerer Götter, oder nach den relativen ethischen Gesetzen von Priestern oder irgendwelchen Machthabern richten will. Hier steht der Mensch wieder von der uralten Frage:

Existiert Gott, und hat er dem Menschen irgendwelche ethischen Gesetze als Richtschnur zur Gestaltung seines Lebens übermittelt, oder gibt es weder einen Gott noch von ihm übermittelte ethische Richtlinien? Wenn es somit ethische Richtlinien eines Gottes gibt, dann darf auch auf ein göttliches Gericht entsprechend diesen Richtlinien gehofft werden. Diese Lehre führte aber noch zu anderen Ergebnissen, wie bei Herrn Rossberg zu lesen ist: „Durch die Verkündigung der moralischen Selbstbestimmung des Individuums löste sich die Freimaurerei aber nicht nur von den dogmatischen Hemmungen der Konfessionen, sondern ebenso von den politischen Bindungen des Landes und Volkes. ... Diese Politisierung der Freimaurerei ist zunächst in den nordamerikanischen Staaten und bald danach in Frankreich erfolgt [35]." Also, Abkehr von der Religion und der Wissenschaft der Rosenkreuzer auf der einen und Politisierung und Vermaterialisierung auf der anderen Seite.

Schick fährt dann fort: „Somit bleibt auch für Castells schließlich das von Andreae inszenierte und in den deutschen Rosenkreuzer-Schriften niedergelegte Rosenkreuzertum der Vorläufer, ja der Anfang der englischen Maurerei. ... Insbesondere adoptierten er und seine Gesinnungsgenossen den rosenkreuzerischen Wahn von der Existenz einer alten, geheimen Weisheit, der >wahren Magie<, wie sie Sperber in einem Collegium Magiae, einem Geheimbund, zu hüten vorschlug und wie sie auch Maier, dem gläubigen Sucher nach dem Lapis philosophicus und der Universaltinktur, vorschwebte. ..."

Der einzige, der sich bei diesen Sätzen im >Wahn< befand, war der Autor Schick, weil er nämlich offensichtlich von Magie keinerlei Wissen besaß, und der Suggestion des Materialismus verfallen war.

„Hieraus ergibt sich, daß im 17. Jahrhundert die Namen >Freimaurer< und >Rosenkreuzer< im Grunde dasselbe bezeichnen. Das Geheimnis der alten Freimaurer war dasjenige der Rosenkreuzer, nämlich die alte Weisheit von Adam her über Moses, Salomon, Christus, Johannes, durch welche das innerste Wesen der Natur erschlossen und das wahre göttliche Licht erblickt wurde, das Licht aus dem Orient. ...

Später, in der zweiten Hälfte des 17. Jahrhunderts, traten diese kabbalistisch-theosophischen Bestrebungen mehr und mehr zurück hinter den Idealen des neuen Zeitgeistes. Die geheime biblische Weisheit ging mehr und mehr in eine vernunftgemäße Religionsphilosophie über und bereitete unter dem Deismus die praktische Toleranz vor [36]." Ich weiß nicht, wie der Verfasser auf die Idee gekommen ist, daß die Kabbala und Theosophie nicht vernunftgemäß seien. Wie ich in meinem Buch >Christentum und Atheismus im Vergleich zu Okkultismus und Magie< gezeigt habe, sind sie weit vernunftgemäßer als alles das, was Aufklärung und atheistischer Materialismus jemals hervorgebracht haben. Hinzu kommt, daß die Zustände dieses Jahrhunderts genau den von ihm genannten >Idealen des Zeitgeistes< entsprechen, denn aus dem Deismus entwickelten sich Atheismus und Materialismus und wanderten über die geistige Orientierungslosigkeit und Verantwortungslosigkeit zum Nihilismus, Anarchismus bis zum Terrorismus und militärischen Massenmord. Und wo in dieser Welt heute ein größeres Maß an praktischer Toleranz herrscht als in früheren Zeiten, das soll mir mal jemand zeigen.

Noch ein paar Sätze von Rossberg: „Hatte das englische Konstitutionsbuch die Freimaurerei als ein Einigungsmittel der englischen Völkerschaften bewertet, so wußte Ramsay (Großredner der Großloge) die französischen Logen als Propagandazellen der geistigen Vorherrschaft Frankreichs über die Welt zu rühmen. ... Ramsays Plan, das gesamte aufklärerische Wissen in einem Universallehrbuch für das Menschengeschlecht bereitzustellen, wurde einige Jahrzehnte später in der französischen Enzyklopädie verwirklicht. Dieses von Didérot und d'Alembert herausgegebene Werk wurde zu einer scharfen Waffe gegen die Intoleranz der katholischen Kirche und den staatlichen Despotismus der Bourbonen. Das radikalste Werk der Enzyklopädisten war das von dem Baron Holbach verfaßte >Système de la nature<, das eine völlige Ausschaltung des Geistes und eine Aufhebung der natürlichen Religion verlangte. Hatte der englische Deismus die außerweltliche Persönlichkeit Gottes bejaht, so wurde sie nunmehr verneint. ..."

Die Bewegung der politischen Freimaurerei war also u.a. eine Reaktion auf den Machtmißbrauch herrschender kirchlicher und politischer Kreise. Außerdem liegt in diesem kleinen Abschnitt das Geheimnis verborgen, wer seit damals neben einer materialistischen Kirche in die >Erziehung des Menschengeschlechtes< hineinarbeitete - die freimaurerischen Feinde des Geistes.

Hand in Hand mit diesem heraufziehenden Materialismus ging die Politisierung der Freimaurerei: „Helvetius erlangte dadurch eine überragende Bedeutung für die französische Freimaurerei, daß er Ramsays Pläne von der Erziehung des Menschengeschlechtes durch die Freimaurerei aufgriff und das Ziel verfolgte, Freimaurer und Enzyklopädisten miteinander zu verschmelzen. Dieses für die Neuausrichtung und Politisierung der französischen Maurerei grundlegende Projekt wurde in der Loge >Les Neuf Sœrs< verwirklicht, die sich zum geistigen Zentrum der französischen Freimaurerei am Ende des 18. Jahrhunderts erhob.

Einer der ersten hammerführenden Meister dieser Loge wurde der Gesandte der 13 vereinigten Staaten von Nordamerika, Benjamin Franklin, der schon in Amerika ein hoher maurerischer Würdenträger gewesen war und nun auch an der Reform der französischen Großloge entscheidend mitwirkte. ... Die deutsche Freimaurerei des ausgehenden 18. Jahrhunderts glaubte in dem revolutionären Frankreich die führende Macht des Menschengeschlechtes zu erblicken, die berufen sei, die Menschheit auf eine höhere Stufe des Daseins zu erheben. In keinem Lande der Erde hatte die Freimaurerei eine so aufrichtige Hingabe gefunden wie im Heiligen Römischen Reich Deutscher Nation. Während die englischen und französischen Logen in national geeinten Logen letzten Endes nationaler Machtsteigerung dienten, hat die deutsche Freimaurerei die Auflösung des ohnehin schwachen und zersplitterten Reiches begünstigt. ... In einer übersteigerten Kritik an Kirche und Staat, an Fürst und Fürstengewalt, an Kunst und Wissenschaft wurde die nationale Substanz angegriffen und der Keim zu neuen Katastrophen gelegt. In der eindeutigen Parteinahme für die zerstörenden Kräfte wurde die angeblich tolerante Freimaurerei zur intoleranten Macht. . . . An allen Orten, wo mit Gewalt, Verrat oder Propaganda an einer politischen Umwälzung gearbeitet wurde, standen Freimaurer und Illuminaten in vorderster Linie [37]."

Wie aus gewissen Mysterienschulen die Impulse zu politischen Taten in die Welt hinaustreten, darüber berichtete Rudolf Steiner in seinem Buch >Innere Entwicklungsimpulse der Menschheit<: „Einer dieser Priester war so weit gekommen in seiner Initiation drüben in Asien, daß er wirklich das ganze Wesen der atlantischen Impulse durchschauen konnte; und er war es, der bis zur Zwiesprache mit dem Nachfolger, mit dem unrechtmäßigen Nachfolger des Großen Tao-Geistes gekommen ist. Er war es, der nun in Asien drüben das, was er durch den Großen Geist als Inspiration empfangen hatte, übertrug an eine äußere weltliche Macht, an jenen Jüngling, der dann bekanntgeworden ist in der Geschichte als Dschingis-Khan. Dschingis-Khan war also Schüler eines solchen Priesters, der in die asiatischen Mysterien eingeweiht war. Und diesem Dschingis-Khan brachte dieser Priester das bei, was ich etwa in die folgenden Worte fassen kann. Er brachte ihm bei: Es ist nun schon die Zeit gekommen, daß das göttliche Gericht über die Erde hinfegt. Dir ist dieses göttliche Gericht übertragen, und du mußt nun an die Spitze aller derjenigen Menschen treten, die von Asien aus das Gottesgericht über die ganze Erde vollziehen können. Ähnliche Bestrebungen waren ja schon früher zugrunde gelegt in den Hunnenzügen und so weiter; jetzt aber wurde im wesentlichen durch diesen Impuls der asiatischen Priesterschaft der Mongolensturm eingeleitet, der dann das tragen sollte über die europäische Kultur, was dahin führen sollte, daß die Seelen wirklich an das Gottesgericht geglaubt hätten, dem Gottesgericht verfallen wären und allmählich von der Erde Abschied genommen hätten, keine Neigung gehabt hätten, auf der Erde wieder zu erscheinen, so daß die Kultur der Erde vernichtet worden wäre [38]."

Die Menschheit wird wahrscheinlich schon bald wieder Gelegenheit bekommen, sich an Dschingis-Khan und seine Taten zu erinnern. Als Okkultist hatte Rudolf Steiner natürlich gute Möglichkeiten, auch politische Dinge sachgerecht zu beurteilen. So heißt es in seinem Buch >Mitteleuropa zwischen Ost und West<: „In englischen theosophischen Zeitungen finden Sie jetzt (1915,D.R.) Zuschriften von Mrs. Besant, die in jeder Weise die Welt der Theosophie aufruft, um gegen Deutschland zu wirken. Da finden Sie eine nachträgliche Erklärung dafür, warum damals die deutsche theosophische Bewegung sich von der englischen lostrennen mußte. ...

Denn ein jeder, der so, wie ich es eben charakterisiert habe, in dem angelsächsischen Okkultismus darinsteht, betrachtet ihn als dasjenige, was ablösen muß die tiefsten okkulten treibenden Kräfte des griechisch-lateinischen Wesens. ... Abgelöst aber muß werden in der fünften nachatlantischen Kultur dieses Griechisch-Lateinische durch das Angelsachsentum. Das ist geradezu etwas, was gefordert wird, was also bewirkt werden muß, was sich realisieren muß. Und jeder, der so darinsteht in diesem Dogma, das ja zugleich ein Willensdogma ist: Die fünfte nachatlantische Kultur muß angelsächsische Physiognomie, angelsächsisches Gepräge tragen —, der hat zugleich ein gewisses Bild von der zukünftigen Gestaltung Europas. Er hat das Bild von der zukünftigen Gestaltung Europas, daß dasjenige, was in Mitteleuropa an Geistesleben existiert, vor allen Dingen unterdrückt werden müsse als etwas, was nicht in die Zukunft der Menschheit hinüberfließen darf. Darüber müsse man so hinweggehen als über eine unbedeutende Tatsache.

Ein mehr oder weniger unbewußtes Dogma ist das in allen angelsächsischen, und von da ausgehend auch in allen Orden, die zum Beispiel irgendwie einen Zusammenhang haben mit dem >Grand Orient de France<, und in allen westeuropäischen Geheimgesellschaften. ... In solchen okkulten Orden sprach man seit vielen, vielen Jahren immer von jenem Kriege, in dem wir jetzt leben (1. Weltkrieg, D.R.) [39].•

Um klarer zu machen, daß Kriege nicht nur aus materiell-finanziellen Gründen entstehen, sondern daß sich darin auch kulturgeschichtliche Impulse ausleben, möchte ich noch ein paar wichtige Sätze zitieren, die ich bei Karl Heise gefunden habe: „Wem geht da nicht ein Licht auf über den inneren Sinn der **Kaiser Wilhelm-Rede** am 15. Juni 1918 . Der Kaiser sagte u. a.: ,Das deutsche Volk ist beim Ausbruch des Krieges sich **nicht darüber klar gewesen,** was dieser Krieg bedeuten wird. **Ich wußte es** ...; deswegen hat mich auch der erste Ausbruch der Begeisterung nicht getäuscht ... Ich wußte ... um was es sich handelte, denn der Beitritt Englands bedeute einen Weltkampf ... **Es handelte sich um den Kampf von zwei Weltanschauungen.** Entweder soll die preußisch-deutsch-germanische Weltanschauung, Recht, Freiheit, Ehre und Sitte, in Ehren bleiben, oder die angelsächsische, das bedeutet, dem Götzendienste des Geldes verfallen. Die Völker der Welt arbeiten als Sklaven für die angelsächsische Herrenrasse, die sie unterjocht. Die beiden Anschauungen ringen miteinander, und da muß die eine unbedingt überwunden werden' [40].

„Wenn Samuel Untermeyer, wohl der bekannteste Jude der Welt, bereits 1935 ,einen religiösen Krieg gegen Deutschland' prophezeite und wörtlich sagte, daß ,es so aussähe, als ob wir am Vorabend eines der größten Religionskriege in der Geschichte stünden und dieser Kampf auf **Deutschland** beschränkt sein wird, das **den Rest der gesamten Welt gegen sich haben wird'**, dann kann man vielleicht ahnen, wie weit bereits 1935 die Unterminierungsarbeit des B'nai B'rith gediehen war [41].

Aus all diesen Zitaten ist wohl ersichtlich, daß es einige Menschen gab, und wahrscheinlich auch heute noch gibt, die sich mit kulturgeschichtlichen Impulsen der Menschheitsentwicklung befaßt haben. Ich denke, daß es richtig ist, jeden großen Krieg in erster Linie als Religionskrieg zu bezeichnen, und die wirtschaftlichen und finanziellen Ursachen als zweitrangig anzusehen.

„Ohne Zwang, kaum merklich vollzieht sich im Jünger der >Königlichen Kunst< durch das allwöchentliche Anhören der immer auf die gleichen Grundsätze abgestimmten Vorträge ein *Wandel seiner Standpunkte,* er wird, falls er nicht schon vor seiner Aufnahme ein Freimaurer ohne Schurz gewesen ist, unterstützt von seiner inneren Bereitschaft und Geneigtheit mit der Zeit von den Ideen der Loge *vollkommen durchsetzt*, die Loge nimmt von ihm geistig Besitz. Er selbst aber glaubt, von der Loge seinerseits ebenso geistig Besitz genommen zu haben: Eine arge Täuschung, die er lange nicht ahnt, denn er ist bei weitem noch kein >Wissender<, wenn er es auch von sich glaubt. Noch immer ist er Lehrling, ist er im ersten Grad, und das volle Wissen über die Maurerei wird erst den höchsten Graden, dem Ritter Kadosch, dem Prinzen des >Königlichen Geheimnisses< und den >Souveränen Generalgroßinspektoren< unverhüllt eröffnet [42]!▪

Begriffe von A-Z

Aachener Konferenz: Wenn zwischen dem Vatikan bzw. seinen jesuitischen Vertretern und Vertretern der Freimaurerei irgendwelche Verhandlungen stattfinden, dann ist die Öffentlichkeit gewöhnlich davon ausgeschlossen, auch deshalb, weil sie sich vom Gewicht des Inhalts des Dialogs keinerlei klare Vorstellung machen kann. Aus den Darlegungen von Manfred Adler habe ich ein paar Sätze für Sie ausgesucht: „Die Avangardisten, die nach dem Ersten Weltkrieg den Dialog zwischen Kirche und >Gegenkirche< auf den Weg brachten, waren die Freimaurer Prof. Dr. Erich Bischof, Dr. Kurt Reichl, Eugen Lennhoff und Ossian Lang. Ihr katholischer Dialogpartner war der Jesuit P. Hermann Gruber, der nach dem >Internationalen Freimaurerlexikon< damals als ‚autoritativster Gegner der Freimaurerei im militanten katholischen Lager' galt und durch seine rund ‚siebzig teilweise sehr umfänglichen antimaurerischen Schriften' zur ‚maßgebenden Quelle für die gesamte zeitgenössische Kampfliteratur gegen den Freimaurerbund' geworden war. ...

Das Jahrhundertereignis von Aachen wurde natürlich von der Presse gebührend vorbereitet. Schon vor der am 22. Juni 1928 erstmalig stattfindenden Vorbesprechungen der Freimaurer in Aachen hatten die Zeitungen von einer zunehmenden >Verständigung< zwischen Kirche und Loge berichtet. ...

In **Punkt 4** heißt es: Die Gesellschaft Jesu ist sich durch ihre anerkannte Autorität in Freimaurersachen, Pater Hermann Gruber, darüber im klaren, daß sich die Kurie in den verschiedenen Staaten praktisch-politisch verschiedentlich gearteten Freimaurereien gegenüber befindet, ...

Punkt 5 lautet: Das Anathema gegen die >Königliche Kunst< wird vorderhand nicht aufgehoben, doch erklärt sich die Gesellschaft Jesu durch maßgebende Persönlichkeiten ihres Ordens, vor allem durch Pater Hermann Gruber als historische

Autorität, durch Pater Friedrich Muckermann als publizistischen Aktivisten bereit, dafür Sorge zu tragen, daß die Freimaurerei in immer weiteren katholischen Kreisen als sittliche Ordnungsmacht, nur von einem anderen Ethos als das Christentum getragen, anerkannt wird. Die Verständigung zwischen dem Orden der Jesuiten und dem der Freimaurerei vollzieht sich auf Grund der Erkenntnis, daß ein Zusammenschluß aller sich auf ein höheres Prinzip beziehenden moralischen Mächte gegen die bolschewistische Weltgefahr eine Notwendigkeit ist, um Europa vor der asiatischen Invasion möglichst zu beschützen. Dementsprechend erklären beide Parteien, in allen weltanschaulichen und kulturellen, publizistischen und politischen Maßnahmen auf dieses Ziel hin einigzugehen. ...

In Punkt 8 verpflichten sich die Vertreter der Loge, bei den verschiedenen maurerischen Großmächten und vor allem bei deren überstaatlichen Organisationen dahin zu wirken, daß die Freimaurerei aufhöre, überall dort durch ihre Exponenten oder Mittelsmänner zu stehen, wo es gilt, mit Propaganda oder Publizistik, Vereinigungen oder Kongressen, Erziehungsfragen, Mutterschaftszwang, Ehegesetzgebung, Freimaurerbestattung, Freidenkertum, Monismus usw. im absolut antikatholischen bzw. antichristlichen Sinne zu arbeiten. Als Gegenleistung erklärt sich die Gesellschaft Jesu durch Pater Hermann Gruber, daß sowohl im jesuitischen wie im vatikanischen Lager dafür Sorge getragen wird, nach Maßgabe der noch immer bestehenden Verhältnisse in der Freimaurerei nicht mehr die erste und einzige Gefahr für die Kirche zu erblicken, sondern vielmehr in den die Loge selbst bekämpfenden, wenn auch von ihr ausgegangenen nihilistischen und bolschewistischen sowie allen gleich gerichteten kommunistischen und marxistischen Verbänden den ungleich gefährlicheren Gegner zu bekämpfen. ... Der am 27. November 1983 in Kraft getretene nachkonziliare Codex Juris Canonici enthält die ausdrückliche Exkommunikation für Freimaurer nicht mehr. ..."[43]."

Alliance Israélite Universelle: „Sie wurde 1860 von Aristide Astruc, Isidor Cahen, Jules Carvalho, Narcisse Leven, Eugene

Manuel und Charles Netter gegründet. Ihr erster Präsident war Konigswarter. Adolphe Crémieux war Präsident von 1863-1867 und wieder von 1868-1880 [44]."

„**Antisemitismus und Freimaurerei** sind nach dem Sinn des Bundes miteinander unverträgliche Begriffe. ... Die sehr häufige Verquickung von Judentum und Freimaurerei in den Angriffen der nationalsozialistischen Kreise, Fälschungen wie die >Protokolle der Weisen von Zion<, und die darauf aufgebaute Hetze, die Stellungnahme von **Wichtl, Ludendorff, Rosenberg, Müller-Hausen, Schwarz-Bostunitsch** und ihrer Nachbeter in allen möglichen völkischen Verbänden führt dazu, daß man in einigen Großlogen glaubte, dem Antisemitismus auch aus Opportunitätsgründen namhafte Konzessionen machen zu müssen (IFL.,Sp.81)."

Anthroposophen und Nationalsozialismus (Flensburger Hefte): „Und Rudolf Steiner fährt dann mit dem folgenden Satz fort: ,Ehe denn der ätherische Christus von den Menschen in der richtigen Weise erfaßt werden kann, muß die Menschheit erst fertig werden mit der Begegnung des Tieres, das 1933 aufsteigt'.

>Das Tier< ist das Tier aus dem Abgrund aus der Apokalypse des Johannes (Kap. 13/18), dessen Zahl 666 ist. Nach Rudolf Steiner wird das >Große Tier 666< zum Jahrhundertende (Rudolf Steiner nennt eigenartigerweise die Jahreszahl 1996, obgleich 3 x 666 = 1998 ist) den dritten Kulminationspunkt seines Wirkens haben [45]."

Interview mit Christoph Lindenberg von Arfst Wagner: „A.W.: Hitler sah sich umgeben von einer Welt von Feinden. Er beschwor eine Verschwörungstheorie, die jüdisch-freimaurerisch - christlich - bolschewistisch - liberalistisch - sozialistische Weltverschwörung. Ich weiß nicht, ob ich noch etwas vergessen habe. Diese Theorie geistert ja heute noch durch die Rechtspresse. Ein solches Weltbild trägt doch Zeichen von Pathologie. C. Lindenberg: Ganz gewiß. ..."

„C. Lindenberg: ... Damit sind eigentlich keine Geheimgesellschaften im Sinne Rudolf Steiners gemeint. Die Frage nach den Geheimgesellschaften zielt in eine andere Richtung. Das Wort >Geheimgesellschaften< impliziert wirklich geheime, also unbekannte Gesellschaften. Es handelt sich hier nicht um freimaurerische Gruppierungen, um Logen oder um - wie es heute oft vermutet wird - die >Bilderberger< oder die >Trilateralen<. Das sind nämlich ganz öffentliche Gruppierungen, ihre Treffen sind allgemein bekannt. 1919 hat Rudolf Steiner seinen Sprachgebrauch geändert und nicht mehr von >Geheimgesellschaften< gesprochen, sondern von Persönlichkeiten in der angelsächsischen Bevölkerung, ‚die durchschauten, was in den Volkskräften Mittel- und Osteuropas sich regte'. ... Die Schwierigkeit für den Historiker ist jetzt, diese einzelnen Persönlichkeiten zu orten und ihre Tätigkeit - auch in möglichen Gruppierungen - nachzuweisen. Auf diesem Gebiet sind aber bisher nur ganz wenige Nachweise versucht, und kaum einer ist gelungen [46]."

Hier haben wir ein typisches Beispiel, wie durch Wortklauberei vom Kern der Sache abgelenkt werden soll. Wie ich in meiner *Geheimpolitik* gezeigt habe, ist das Pathologische gerade bei denen zu finden, welche die *Verschwörungstheorie* mit Händen und Füßen ablehnen, weil sie insbesondere durch Angst und Feigheit unfähig sind, die *Verschwörungspraxis* zu begreifen und zu ertragen. Die Ablehner der *Verschwörungstheorie* sollen sich doch wirklich einmal die Frage stellen und zu beantworten versuchen, warum diese bei den sogenannten >Nürnberger Kriegsverbrecherprozessen< eine so große Rolle gespielt hat. Außerdem wird die *Verschwörungstheorie* natürlich von denen stark abgelehnt, die aktiv daran beteiligt sind.

Im übrigen sollten gerade Anthroposophen mit dem Begriff *pathologisch* sehr vorsichtig umgehen, weil ich nämlich einige Gruppen kenne, und zwar nicht nur christliche, welche die Anthroposophie im allgemeinen und Rudolf Steiner im besonderen als pathologisch im psychiatrischen Sinne betrachten.

Von einigen englischen und amerikanischen Autoren ist seit ca. 20 Jahren offengelegt worden, daß es tatsächlich solche

Geheimgesellschaften im von Steiner genannten Sinne gegeben hat und noch gibt, was jedoch bis zu den genannten anthroposophischen Kreisen offensichtlich noch nicht durchgedrungen ist. Die Tatsache, daß z. B. die Bilderbergertreffen Jahrzehnte vor der Öffentlichkeit geheim gehalten wurden, und Rudolf Steiner das Vorwort zum Werk von Karl Heise >Entente-Freimaurerei und Weltkrieg< geschrieben hat, wird vorsichtshalber mit Schweigen übergangen.

Anzahl der Freimaurer: „Von den etwa sieben Millionen Freimaurern, die es heute gibt, leben mehr als drei Viertel in England und Amerika ... [47]." Zwar sagt die Masse noch nichts über die Qualität aus, aber die Tatsache an sich dürfte im Zusammenhang mit den imperialistischen Aktivitäten der anglo-amerikanischen Regierungen von erheblicher Bedeutung sein.

Demokratie. „Indem sich die Freimaurerei adogmatisch als ein Bund von Männern bekennt, die einig sind ‚im Streben nach geistiger und sittlicher Veredelung, und zwar ohne Rücksicht auf Rasse, Nationalität, Glauben, gesellschaftliche Stellung oder Parteizugehörigkeit', von Männern, die verpflichtet sind, ‚gegen jedermann', in und außerhalb der Loge, Gewissens-, Glaubens- und Geistesfreiheit zu üben, entsagt sie als Korporation jedem politischen Bekenntnis, also auch zur demokratischen Gesinnung als einer Parteigesinnung oder auch nur zur demokratischen Staatsform. Lehnt sie so jedes Einrücken in eine politische Kampffront auch für die Demokratie ab, so macht sie doch gleichzeitig den innersten Kern jeder demokratischen Kulturauffassung der Demokratie zu ihrem eigenen Inhalt, nämlich vor allem das Festhalten an dem nur relativen Wahrheitsgehalt jeder nationalen, klassenmäßig oder sonstwie immer orientierten Parteiüberzeugung. Das Erkennen der Relativität jeder Wahrheit heißt aber zugleich die Möglichkeit, ja geradezu die Regelmäßigkeit des Irrens, bei allen menschlichen Weg- und Zielstreben zugeben. Diese Erkenntnis ist die notwendige Voraussetzung aller Toleranz, aller Glaubens-, Gewissens- und Geistesfreiheit, dieser wesentlichen Kriterien der Demokratie als Kulturform. Demokratie und Freimaurerei gehen also beide von dieser gleichen Grundeinsicht aus und gelangen von ihr zu den gleichen Postulaten, die Freimaurerei im Rahmen ihres Bundes, die Demokratie jetzt im Rahmen der Staaten (IFL.,Sp.331)." Die Demokratie ist vielleicht deshalb für viele Freimaurer so wertvoll, weil man darin so herrlich im Irrtum herumwandern kann, ohne dabei von irgendwelchen Wahrheiten gestört zu werden.

Deutschland:

Was die deutsche Freimaurerei angeht, so scheint mir wichtig, darauf hinzuweisen, daß sie praktisch keine Selbständigkeit besitzt, sondern nur eine Art Filiale der anglo-amerikanischen Freimaurerei ist.

„Wenden wir uns nun den >Vereinigten Großlogen von Deutschland< zu. Was stellen wir fest? Der Konvent dieser Großloge, der im Jahr 1949 in der St.-Pauls-Kirche in Frankfurt am Main zusammengetreten ist, hat die Grundsätze, die von der Vereinigten Großloge von England für die Anerkennung anderer Großlogen im Jahre 1929 aufgestellt wurden, feierlich angenommen und im November 1962 bestätigt. ... Mit einer Genauigkeit und einer Klarheit, die jedes Mißverständnis ausschließt, wird der Grundsatz betont, daß alle Diskussionen über Religion und Politik innerhalb der Logen streng verboten sind, vor allem Streitgespräche, die als einen Angriff ‚gegen eine Kirche oder gegen die legitimen staatlichen Mächte' angesehen werden könnten [48]."

Hier ein Beispiel dafür, wie die Verbindungen im Hintergrund über Personen laufen: „Über die >russische< Loge in Berlin schrieb ich bereits (1934) in Band 1 dieser Buchreihe folgendes:

‚1. Laut >Bauhütte< vom 22.8.22 errichtete Herr **Pfarrer Habicht**, damaliger Nationalgroßmeister der GrNML. >Zu den drei Weltkugeln<, am 28.4.1922 eine neue Loge.

2. Diese Loge wurde *Zum großen Licht im Norden* genannt.

3. Meister vom Stuhl wurde ein gewisser Br. Gehrmann.

4. Br. Gehrmann war vor dem Kriege zehn Jahre Kanzler in der Deutschen Botschaft in Petersburg gewesen.

5. Dort hatte er eine Freimaurervereinigung >Zur aufgehenden Sonne am Nevastrand< gegründet, trotzdem die Freimaurerei in Rußland verboten war.

6. Nach Berlin zurückgekommen, sammelte Br. Gehrmann russische Emigranten und es entstand daraus die Loge >Zu den drei Lilien< in Berlin-Wilmersdorf, die dann zur Loge *Zum großen Licht im Norden* wurde.

7. In den Originalmitgliedsverzeichnissen, die sämtliche Tochterlogen der >Drei Weltkugeln< in Berlin umfassen, erscheint auch: Johannisloge *Zum großen Licht im Norden* und dann — ist es aus!, denn dann heißt es: >das Mitgliederverzeichnis erscheint besonders!< Also die blauen Brüder brauchten nicht zu wissen, wer da alles Freimaurer war!

8. Ich frage nun: a) Seit wann ist **Alexander Elukhen**, Berlin, Stresemannstraße 74, Meister in dieser Loge? b) Seit wann arbeitet *Zum Großen Licht im Norden* **unter Kontrolle des — Grand Orient de France?** c) Seit wann besteht also die Tatsache, daß einerseits eine Tochterloge einer >nationalen< Großloge unter Obedienz des Grand Orient steht und anderseits die >Drei Weltkugeln< auf diesem Wege mit dem Groß-Orient Verbindung hat? d) Das ist nicht wahr? Nun, dann will ich noch deutlicher werden: Seit wann **kontrolliert** der **Br. Chripusow** die *Zum großen Licht im Norden*? **Ist Chripusow nicht Mitglied hohen Grades des Grand Orient?** e) Seit wann ist **Br. Gutschkow** Verbindungsmann der **russischen Brr. Emigranten** bei den Logen in England?'

Soweit in >Entlarvte Freimaurerei<, Band I. Man bleibt mir auf diese Fragen natürlich die **Antwort schuldig.** Heute sei der Schleier des Geheimnisses gelüftet.

Die Loge *Zum großen Licht im Norden* wurde, wie ich aus der >Bauhütte< von 1922 feststellte, zwar in diesem Jahre erst in Berlin offiziell eingerichtet, sie hatte aber schon **vorher** als freimaurerische Vereinigung längere Zeit recht intensiv gearbeitet. Ihr Ursprung war **Petersburg.**

Unter der Herrschaft der Zaren war die Freimaurerei mit kurzen Unterbrechungen fast durchweg verboten. Seit etwa 100 Jahren gab es in Rußland **scheinbar keine Freimaurerlogen**. Aber nur **scheinbar! In Wirklichkeit** arbeiteten die Logen in zahlreichen Städten unter allen möglichen **Deckmänteln** als Vereine und Klubs. Diese bildeten die **Brutstätten für die Revolution, die im März 1917 die Zarenherrschaft stürzte.**

Die Revolutionsregierung, oder wie sie sich nannte, die >**Provisorische Regierung**<, deren Leiter der **Fürst Lwow** war, bestand **fast durchweg aus Freimaurern.** Der berüchtigste von diesen war der Minister **Miljukoff.** Wie ich in >Entlarvte Freimaurerei<, Band II, aktenmäßig belegt nachweise, hatte die >Provisorische Regierung< die Mission, die Bande der Ordnung im russischen Reich zu zerstören. Sie war somit nichts als die **Wegbereiterin des Bolschewismus,** dessen Repräsentanten **Lenin** das >Mecklenburgische Logenblatt<, XLVIII. Jahrgang, Rostock, 1920, Seite 162, bezeichnenderweise ,**den konsequentesten Vertreter der politischen Ideale in der internationalen Maurerei im neuen Rußland'** nannte.

Dies ist der Rahmen, in dem uns auch das >Große Licht im Norden< erscheint. ...

Wie ich im Band I schon ausführte, erschien das Mitgliederverzeichnis der Loge *Zum Großen Licht im Norden* nicht im üblichen Rahmen, sondern als **Sonderdruck.** Dieses Mitgliedsverzeichnis, das uns heute im Original vorliegt, ist außerordentlich interessant.

Unter den 51 Mitgliedern (1932/33) finden wir sehr interessante Persönlichkeiten, z. B.: ... **Huttmann, Fritz,** Opernsänger, Köln-Klettenberg, Mitgl. der Loge >Albert Pike< Nr. 303 d. Cons. Wicheta, Kan., USA. ... **Kandauroff, Leonty,** Russ. Konsul a.D., Paris XVI, 29, rue de l'Ivette, Mitglied der Loge >Astrea<, Paris († 1936, F.H.)

Also Kandauroff, Mitglied der Loge *Zum großen Licht im Norden* und damit der >nationalen< Großen National Mutterloge gen. >Zu den drei Weltkugeln<, war, laut amtlichem Mitliederverzeichnis, auch gleichzeitig Mitglied einer Loge in Paris! Was ist das für eine Loge? Sie gehört zu den Freimau-

rerlogen der russischen Emigration in Paris. Diese heißen: ...
(es folgen 12 Logenbezeichnungen, D.R.)

Von diesen arbeiten Nr. 1, 2, 3, 4, 5, 9 und 11 in der — —
Rue de l'Ivette Nr. 29! *Also die Anschrift des Brs.
Kandauroff in der Mitgliederliste der Loge >Zum großen Licht im Norden< ist* **nicht** *seine* **Privatadresse,** *sondern die der angegebenen* >*russischen*< *Logen in Paris!* Und angesichts dieser Tatsache haben die >nationalen< Logen in Deutschland mit eiserner Stirn in der Öffentlichkeit behauptet, sie hätten mit den Logen des Auslandes, und besonders mit den >romanischen<, niemals irgend welche Beziehungen gehabt!! ...

Daraus geht hervor, daß Kandauroff Br. des 33. Grades des A. und A. Schott. Ritus war, und daß seine Post grundsätzlich an die Logenzentrale des Konsistoriums ging! Und da erdreisten sich die Großlogen in Deutschland, uns der Verleumdung und Lügenhaftigkeit zu zeihen, wenn wir sie mit der Weltfreimaurerei in Verbindung brachten!!

Die Tatsache, daß die Logen der russischen Emigration **probolschewistische Propagandazentralen** sind, werde ich aus Logenthemen eindeutig beweisen [49]!"

„Diese >Symbolische Großloge von Deutschland<, die ,aus Juden zusammengesetzt ist, die ihr früheres Heim fluchtartig verlassen hatten'(I.F.L., Sp.342), hatte 1931 zwei Logen in Jerusalem gegründet, und zwar Zur Quelle Siloah, die in deutscher Sprache mauert, und die Loge Ari, die in hebräischer Sprache mauert (Masonic Journal of South Africa, Januar 1939 und August 1938)! — also schon vor 1933! Nach 1933 nannte sich die Judenloge anmaßend >Symbolische Großloge von Deutschland im Exil<! und entfaltete unter Leo **Müffelmann** eine schamlose Agitation gegen Deutschland. ..."[50]."

„Die >Symbolische Großloge von Deutschland<, die für sich allein die *erste* Machtgruppe der deutschen Logenwelt darstellte, war z. B. ganz links eingestellt. Sie war sachlich und persönlich dem Marxismus eng verknüpft, war restlos überstaatlich und überkonfessionell und besaß zahlreiche Juden in ihren Reihen. Dem Nationalsozialismus am schärfsten gegenüberstehend, zog sie es einer überflüssigen Kräfteprobe vor, sich selbst aufzulösen. Sie zog sich auf die ihr schon früher unterstehenden deutschen Logen in Jerusalem, Haifa und Tel-Aviv zurück, emigrierte mit ihrer jüdischen Brüderschaft nach Palästina und besteht dort seit ungefähr zwei Jahren als >Symbolische Großloge von Deutschland im Exil<. Mit ihr wanderte auch der deutsche >Oberste Rat< der Hochgradfreimaurerei ins gelobte Land [51]."

Noch ein paar Worte von Herrn Runge: „... mehr aber noch im Hauptquartier der Freimaurer, in der evangelischen Paulskirche Frankfurt a. Main. Katholische Pfarreien brachen unduldsam ein großes, seltsames Schweigen:

„... Am 19. Juni 1949 fand in der Frankfurter Paulskirche die Gründung der Vereinigten Großlogen der Freimaurer in Deutschland statt. Großmeister Dr. Vogel verkündete, daß die 194 Freimaurerlogen Westdeutschlands sich zu Bruderschaften zusammengeschlossen haben ... Im Osten also Weltjudentum und Kommunismus — im Westen Weltjudentum und Freimaurerei. Über was wundert Ihr Euch noch? --- (Frankfurter Rundschau 1949)'. ...[52]"

*

„Écossais (frz.), Schotte, schottisch, in Frankreich entstandene Bezeichnung für freimaurerische Hochgrade, die mit der Freimaurerei Schottlands selbst nichts zu tun haben. Die Zahl der sogenannten Schottengrade ist unübersehbar; **Oliver** verzeichnet 80 E.-Grade, **Ragon 83**. ... Eine genaue Übersicht über die verschiedenen Schottengrade ist, ganz abgesehen von der riesigen Zahl, unmöglich, weil in den einzelnen Systemen oft der gleiche Grad mit verschiedenen Namen belegt wird (IFL.,-Sp.398)." Kein Wunder, daß selbst den Freimaurern der Überblick verlorengegangen ist, und ihre widersprüchlichen Aussagen so wenig überzeugend sind.

„Eid. In den alten englischen Baubrüderschaften wurden dem Neuaufzunehmenden die Satzung verlesen, worauf er - vorher oder nachher - das Gelöbnis der Pflichterfüllung und der Verschwiegenheit abzulegen hatte. Diese Verpflichtung wurde zumeist auf die Bibel abgelegt, die dem Neophyten in die Hand gegeben wurde. Der Neuaufgenommene antwortet darauf mit der Formel: ‚So help me god and holydome and by this book.' Später wurde die Formel in die Worte gekleidet: ‚So helfe mir Gott und der Inhalt dieses Buches.' Gegen Ende des 17. Jahrhunderts ist in den englischen Logen dann der sogenannte Eid auf Hals, Herz und Eingeweide eingeführt worden in Beziehung auf gewisse Strafandrohungen bei Nichterfüllung der Verpflichtungen. ... Dieser alte Freimaurereid ist heute vollkommen verlassen und wird nur gelegentlich als historische Erinnerung verlesen. Da über den Eid, besonders von gegnerischer Seite, die wildesten Gerüchte verbreitet werden, sei hier ein modernes Freimaurergelöbnis (Großloge Lessing >Zu den drei Ringen< in der Tschechoslowakischen Republik) in vollem Wortlaute wiedergegeben:

‚Ich gelobe als Mann von Ehre und mit dem guten Gewissen eines freien Mannes, den mir bekannten Zwecken der Freimaurerei meine besten Kräfte zu widmen, mich zu bestreben, den sittlichen Forderungen des Bundes jederzeit gerecht zu werden, die Gebote des Meisters vom Stuhl und der Loge zu achten und zu befolgen, meinen Brr. brüderlich und allen Menschen menschlich zu begegnen. Insbesondere aber gelobe ich feierlich, über das Gebrauchtum, die Erkennungszeichen und die inneren Angelegenheiten der Loge unverbrüchliche Verschwiegenheit zu bewahren, die Zusage auf Maurerwort ebenso heilig zu halten wie den bindenden Eid und aus dem Bunde nicht ohne zwingenden Grund auszutreten.'

Dieser Eid wird abgelegt, nachdem der Suchende nochmals eindringlich darüber belehrt worden ist, daß der Bund von ihm nichts verlangen darf, was ‚gegen die staatliche Ordnung, die Gesetze der Obrigkeiten oder die Grundlehren bürgerlicher Sittenlehre' verstoßen könnte. Der heutige Freimaurereid, besser Gelöbnis genannt, beinhaltet also nichts anderes als die Verpflichtung, die Erkennungszeichen geheimzuhalten und, ebenso wie in allen anderen geschlossenen Gesellschaften, über die inneren Angelegenheiten der Loge Außenstehenden gegenüber zu schweigen. Andere Verpflichtungen werden weder verlangt noch eingegangen (IFL.,Sp. 404)." Wofür braucht ein

Verein, der sich angeblich nur mit humanitären Aufgaben befaßt, und in dessen Räumen angeblich Gespräche über Religion und Politik verboten sind, eine solche Verpflichtung? Um es kurz machen: die Eide, selbstverständlich gibt es mehrere verschiedene entsprechend den aufsteigenden Graden, dienten in allen Mysterienorden der Machterhaltung und dem Schutz des Mysterienwissens. Das höchste Mysterienwissen war immer die Magie, welches selbst in den positiven Orden unter Todeseid gehütet wurde. Durch die Herausgabe der magischen Lehrwerke von Franz Bardon Mitte der fünfziger Jahre wurden die wahren Mysterien allen Menschen zugänglich gemacht, so daß also niemand mehr in Logen oder Orden einen Eid schwören muß, um an die wahren Einweihungsmethoden zu kommen.

„Um aber nichts auszulassen, verweise ich darauf, daß die freimaurerische Zeitschrift >Latomia< im Jahre 1869 , S. 46 (édit franc.) denselben Eid ebenfalls veröffentlicht (natürlich ‚nur für Brr. Frmr.') die Mordandrohungen lauten dort:

‚Bei der geringsten (!) Eidesverletzung soll mein Haupt fallen, sollen mein Herz, meine Zähne und meine Eingeweide herausgerissen und ins Meer versenkt werden, mein Leib soll verbrannt und meine Asche in alle Winde verstreut werden, mein ganzes Sein und alle meine Gedanken sollen restlos aus der Gesellschaft der Menschheit und meiner Maurerbrüder ausgetilgt werden' [53]."

Bei Deiters findet sich: „Aus dem symbolischen Eid der Meister: ‚Alles dies schwöre ich mit dem festen, unerschütterlichen Vorsatze, es zu halten, ohne Unschlüssigkeit, geheimen Vorbehalt und innere Ausflucht, unter keiner geringeren Strafe, als daß mein Körper in zwei Teile geteilt, der eine nach Süden, der andere nach Norden gebracht werde, meine Knochen zu Asche verbrannt und die Asche durch alle vier Winde zerstreut werde' [54]."

Was heißt hier *symbolischer Eid?* Ein symbolischer Eid ohne den tatsächlichen Vollzug der angedrohten Strafen ist nichts als Heuchelei oder Schauspielerei. Wenn jedoch bereits in gewöhnlichen Verbrecherbanden der Verrat mit dem Tode bestraft wird, dann erst recht in negativen okkulten Logen und Orden.

„**Einheitlichkeit der Freimaurerei.** Die von Gegnern verbreitete Vorstellung eines einheitlichen, von einer zentralen, meist als unbekannt hingestellten Oberbehörde geleiteten Weltbundes entbehrt der realen Grundlagen. ... Im folgenden ist zusammengestellt, was heute als gemeinsamer Besitz der verschiedenen Freimaurereien bezeichnet werden kann. Hierher gehört:

1. die **Ableitung** der Freimaurerei von den alten Steinmetzbruderschaften und deren Gebrauchtum. 2. die **Symbolik** der Freimaurerei, die sich in der Arbeit am Salomonischen Tempelbau, dem Tempel der Humanität, ausdrückt; geteilt in drei Grade. 3. die **drei Großen Lichter der Freimaurerei**: Bibel, Winkelmaß und Zirkel auf dem Altar der Logen, Ausnahme: Großoriente von Frankreich und Belgien, welche die Bibel nicht auflegen. 4. die **Erkennungszeichen** (allerdings mit Unterschieden: Amerika). 5. die Bekleidung mit dem **Schurz**, als Arbeitssymbol. 6. die **Lehrbilder** des A.B.a.W. (außer Frankreich und Belgien), des flammenden Sterns und der Hiramlegende. 7. die Idee eines **weltumspannenden Bundes**, in einzelnen Ländern, wie z. B. Deutschland derzeit bei den altpreußischen Großlogen vollkommen abgelehnt. 8. der **Brudername** und die daraus abgeleitete Verpflichtung zu einer Hilfsbereitschaft .... 9. die in allen Großlogenverfassungen festgelegte Grundregel, daß **religiöse und politische** Fragen und deren Behandlung in der Loge ausgeschlossen sein sollen, und daß keinerlei verpflichtende Beschlüsse in solchen Fragen gefaßt werden dürfen. 10. die Beschränkung der Mitgliedschaft auf Männer (IFL.,Sp.406,407)."

Obwohl unter Nr. 7 ausdrücklich die Idee eines >weltumspannenden Bundes< zugegeben wird, entbehrt die Annahme einer weltweiten Verschwörung gewisser freimaurerischer Kreise angeblich jeder Realität, obwohl das Bestehen von Verschwörungen seit Jahrzehnten von mehreren Autoren, wie Heise, Lerich, Hasselbacher, Steinhauser u.a. ausreichend nachgewiesen wurde. Es kann natürlich keine Rede davon sein, daß sämtliche Freimaurer der Welt in solche Pläne eingeweiht sind.

Warum Frauen bei den >humanitären< Aktivitäten der Freimaurer ausgeschlossen bleiben, wird nirgends plausibel erklärt. Diese Tatsache läßt sich nur aus okkulten Hintergründen erklären, über die Rudolf Steiner schon vor achtzig Jahren gesprochen hat.

„Einweihungen des Altertums waren die im Mittelpunkt der Geheimkulte der Mysterien stehenden Zeremonien, die den Kandidaten in übersinnliche Welten einführten. Sie wurden in einem Trancezustand erlebt. Der Geist wurde von Priestern, die magische Kräfte in sich entwickelt hatten, vom Leibe gelöst und aus der grobstofflichen Welt sozusagen durch höhere Regionen in die geistige Welt geleitet. Der Eingeweihte gewann die Überzeugung von dem Fortleben nach dem Tode, dieser wurde für ihn von dann an Übergang zu einer anderen Daseinsstufe, war nicht mehr Ende, sondern Anfang (IFL.,Sp.-412)." Im Gegensatz zu ihrem Vorbild Albert Pike versagen sich die Herren Autoren des IFL jeden Hinweis darauf, daß der Freimaurerorden zu einem gewissen Grade der Erbe dieses alten Mysterienwissens gewesen ist, wenn sich auch die Methoden der Einweihung heute geändert haben.

England (Großbritannien):

„Ehe wir uns damit auseinandersetzen, wollen wir unzweideutig feststellen, daß die angelsächsische Freimaurerei eine Freimaurerei religiöser und moralischer Haltung ist, und wir scheuen uns nicht zu sagen, daß sie jeder Achtung würdig ist [55]."

Wenn man solche Worte mit den hier aufgezeigten Realitäten der Geschichte vergleicht, dann weiß man wirklich nicht, ob man weinen oder lachen soll. Aus dem *Internationalen Freimaurerlexikon* möchte ich Ihnen ein paar interessante Bemerkungen über England und die Freimaurerei servieren:

„England ist das Mutterland der heutigen Freimaurerei (IFL.,Sp. 420)." Leider falsch geraten. Bevor in England die politisch-materialistische Freimaurerei geboren wurde, lebte sie im Rosenkreuzertum in Deutschland als idealistische Freimaurerei.

„**England, Königshaus** ist seit 1737 stets durch zahlreiche Mitglieder führend im Freimaurerbund vertreten gewesen. Die Zugehörigkeit ist dabei in den allermeisten Fällen nicht als Formalität betrachtet worden, die königlichen Prinzen nahmen auf die Entwicklung der englischen Freimaurerei entscheidenden Einfluß (IFL.,Sp.435)." Es folgen dann einige Seiten mit Namen, die ich mir ersparen möchte, da sie der Leser dort nachlesen kann. Vielmehr will ich auf einige machtpolitische Zusammenhänge hinweisen, über die ich noch nie eine Abhandlung gefunden habe. Seit Heinrich VIII., der die englische Kirche von der katholischen abspaltete, hat das englische Königshaus einen ganz bestimmten Zusammenhang mit der in England herrschenden anglikanischen Kirche:

Der König bzw. die Königin ist automatisch das Oberhaupt der anglikanischen Kirche! Und die anglikanische Kirche ist eine Staatskirche!

Die Mitgliedschaft in der Freimaurerei in Verbindung mit der Macht über die gesamte anglikanische Kirche gibt dem englischen Königshaus eine machtpolitische Grundposition, die in ihrer Art in der Welt einmalig sein dürfte. Ob allerdings die Persönlichkeiten im englischen Königshaus diese Machtposition im positiven oder negativen Sinne ausgenutzt haben oder noch ausnutzen, das ist die große Frage, die sich dem Geschichtsbetrachter dabei stellen muß.

„Freimaurer zu werden - das ist in England ein Ehre, die durch die langen Wartezeiten noch besonders unterstrichen wird, während welcher über die moralische und gesellschaftliche Position des Suchenden genaueste Nachforschungen angestellt werden. Das geringfügigste Verdachtsmoment genügt, um den Kandidaten unbarmherzig zu verwerfen [56]." So streng sind da die Bräuche! Nach welchen moralischen Kriterien heute die Brüder ausgesucht werden, darüber wird beim Leser am Ende dieses Buches wohl Zweifel herrschen.

„Hören wir nun, was das >**Mecklenburgische Logenblatt**< unter >England< im Kapitel 1, Seite 188/190, seiner hier zitierten Artikelreihe zu sagen hat:

... Mit den belgischen und italienischen Logen wurden vor Jahrzehnten bereits die amtlichen Beziehungen abgebrochen, weil diese Großoriente das Verbot der >alten Pflichten< bezüglich der politischen Betätigung aufhoben. Ebenso sind die offiziellen Beziehungen der angelsächsischen Großlogen zum Großorient von Frankreich seit 1877 abgebrochen, weil dieser einen andern Punkt der >alten Pflichten<, das **Bekenntnis zum Weltenbaumeistersymbol**, preisgegeben hat. Der konservative Sinn der englischen Großlogen legt auf die Beibehaltung der formellen Äußerlichkeiten großen Wert. ...

Erst der Weltkrieg hat dazu geführt, das Urteil über die Harmlosigkeit der angelsächsischen Freimaurerei gründlich nachzuprüfen. Denn sie entpuppte sich als die Anführerin des grimmigsten Ansturmes der Weltlogen gegen die Mittelmächte.

Politik hat die englische Frmrei als solche **formell** freilich nicht getrieben. Sie hatte auch gar keine Veranlassung dazu. Denn die englische Politik seit der Zeit der Gründung der Frmrei ist Freimaurer-Politik, die praktische Durchführung und Inswerksetzung der Ideale des frmrischen Grundgesetzes von 1723, d. h. der Grundsätze über die geistige, sittliche und politische Autonomie des Menschen, — nur mit der einen Einschränkung, daß unter dem Einfluß der in England gleich von Anfang an einsetzenden Opposition gegen die radikalen Tendenzen dieser frmrischen Grundgesetze von 1723, die britischen Logen die nach 1738 erfolgenden Ausgaben von 1723 und 1737 wesentlich abschwächten.

Das radikale Grundgesetz von 1723 gaben die englischen Freimaurer an die nichtbritischen Logen weiter, für ihr Land und das britische Weltreich aber behielten sie die von den radikalen Tendenzen gereinigte Revision desselben als Grundlage bei.

So kam es, daß die französische Frmrei am konsequentesten die Folgerungen aus den in den alten Pflichten von 1723 ausgesprochenen Fundamentalgrundsätzen zog. Dadurch wurde der

Großorient von Frankreich zum Bannerträger nicht nur der romanischen, sondern auch der Frmrei der ganzen Welt in ihrer naturgemäßen und logischen Entwicklung nach Maßgabe ihres ursprünglichen Grundgesetzes.

In der Anerkennung des nach 1738 abgeschwächten Grundgesetzes wurde die Frmrei die Verkörperung der englischen Politik derart, daß man meinen könnte, die Frmrei sei eigens zu dem Zwecke gegründet worden, um England die erstrebte Vorherrschaft als See-, Handel- und Kolonialmacht zu verschaffen und zu sichern.

Welch eine Sensation! Die Freimaurerei in England hat die Grundkonstitution des Reverend Anderson also in zwei Ausgaben hergestellt! Die eine ist für den Hausgebrauch der >englischen< Freimaurerei bestimmte und darum zahm und ungefährlich; die andere aber, die revolutionäre Ausgabe, hat man anderen Völkern beschert [57]."

„Da die englische Politik seit 200 Jahren mit unentwegter bewunderungswerter Konsequenz die Richtlinien der freimaurerischen Ideale eingehalten hat, so fand die britische Loge nie Anlaß, gegen die Regierung ihres Landes Stellung zu nehmen oder sich politisch eigens zu betätigen.

Es ist darum für die Beurteilung des politischen Machtfaktors der britischen Frmrei ganz unwesentlich, ob die leitenden Männer der englischen Politik wirklich der Loge angehören oder nicht. ... Diese Zusammenhänge werden von der amtlichen Freimaurer-Presse Englands auch ganz klar erkannt und zugegeben:

,Die Größe Englands ist das Werk der Freimaurerei' (The Free Masons' Chronicle 1902 I 319). ,Unser König Eduard VII. ist unser größter Freimaurer der modernen Zeiten.' (The Free Masons' 1915 16 S.39) [58]."

„Der Imperialismus Englands wird übrigens illustriert dadurch, daß dieses Weltreich bereits vor dem Weltkriege 25 Prozent der gesamten Oberfläche der Erde (5,5 Millionen qkm) inne hatte und - die Weltmeere inbegriffen - über vier Fünftel der Gesamt-Erde herrschte. Dazu genommen alle britischen Einflußsphären, ist England der Weltherr über 80 Prozent der

Erde! Acht Zehntel der Menschheit sind ihm untertan. Dem-
gegenüber beschuldigt die britische Weltloge - und die Menschheit glaubt ihr! - die Deutschen, die nur wenig mehr als ein
halbes Prozent der Erde besaßen, daß diese die Weltherrschaft
anstreben ......! Von 1700 - 1914 führte England 49 Kriege,
Frankreich 35 Kriege und Preußen 13 Feldzüge. [59]."

Zum Abschluß noch ein paar Sätze von Herrn Freund: „Ich
kann mir beim besten Willen nicht vorstellen, warum zum
Beispiel die jetzige englische Königin durchaus einen Juden,
John Streatfield, zum Privatsekretär auserkoren hat, obwohl
doch sicherlich viele Engländer diesen Posten nationaler und
gerechter ausüben könnten. ...

Ein anderer Teilnehmer an diesem Festessen war **Churchill**,
welchem die antijüdische >Liberation< folgendes Urteil
schrieb: ‚Winston Churchill und Lloyd Geoge sind beide Arier,
die überall als Agenten für englisch-jüdische Interessen anerkannt werden und die ohne jüdischen Schutz niemals etwas
erreicht haben würden. Es war Lloyd George, der anordnete,
daß Trotzki aus dem Gefängnis in Halifax freigelassen wurde,
damit Trotzki seine Reise zu Lenin fortsetzen konnte, um den
blutigen Kommunismus in Rußland aufzurichten. Wenn Trotzki im Amhurst-Gefängnis geblieben wäre, wäre die Weltgeschichte eine andere geworden und das Leben von 30 Millionen Russen hätte gespart werden können.'[60]"

*

„**Englische Stufen** nannten die Gold- und Rosenkreuzer die
drei Johannisgrade, die sie als eine von ihnen eingerichtete
>Pflanzschule< für ihren Orden erklärten (IFL.,Sp.440)." Ein
wichtiger Hinweis zur Verbindung von Rosenkreuzertum und
Freimaurerei.

„**Evolutionismus**. Entwicklungslehre, erstreckt sich auf alle
Gebiete des Wissens und sieht das Wesen der Welt in einer
stetigen Änderung, meist im Sinne des Fortschritts. ... Die
Auffassung der Freimaurerei ist evolutionistisch. Sie steht auf
dem Standpunkt der Bedingtheit aller Wahrheiten und hegt
daher die Ansicht, daß man zur Durchführung einer Idee nie-

mals Gewalt anwenden dürfe (IFL.,Sp.455)." Wie >gewalt-frei< manche Freimaurer in diesem Jahrhundert gehaust haben, davon wird noch die Rede sein.

EWG (EG,EU): „Der Vertrag, der am 25. März 1957 in Rom feierlich unterzeichnet wird, soll die Volkswirtschaften der Mitgliedsländer Belgien, Bundesrepublik Deutschland, Frankreich, Italien, Luxemburg und der Niederlande Schritt für Schritt zusammenführen. Gleichzeitig wird die Europäische Atomgemeinschaft, kurz EURATOM, ins Leben gerufen. Sie begründet die Zusammenarbeit auf dem Gebiet der friedlichen Nutzung der Atomenergie. Die Beschlüsse von Rom treten am 1. Januar 1958 in Kraft.

England war nicht eingeladen gewesen! Der Weg zur europäischen Integration ist dornig und langwierig. Das ist schon jetzt zu erkennen. Denn schon bilden Dänemark, Großbritannien, Norwegen, Österreich, Portugal und Schweden und die Schweiz eine Zollunion, die Europäische Freihandelsgemeinschaft, kurz EFTA. Für einige Zeit droht zwischen den sechs Ländern der EWG und den sieben Ländern der EFTA ein regelrechter Handelskrieg zu entbrennen.

Nicht zum besten steht es mit Europa. Der französische Staatspräsident de Gaulle legt sich quer. Anfang 1963 verhindert er den Beitritt Englands zur EWG durch sein Veto (Theo Hector: Magere Jahre, fette Jahre. S. 86,87, 128)." Der spätere Beitritt Englands zur EWG war sicher der größte aller Nachkriegsfehler, da England nachweislich einer der Hauptkriegstreiber zum Zweiten Weltkrieg, und damit gegen Mitteleuropa, gewesen ist.

Frankreich:

Die Geschichte der Freimaurerei in Frankreich ist ein langes Kapitel, mit dessen Einzelheiten ich die Leser hier nicht belasten möchte. Zweifellos ist die französische Freimaurerei eine mächtige Organisation, was sicher auch mit der langen Tradition zusammenhängt: „Das erste Land, wo die Freimaurerei nach 1717 auf breiterer Basis festen Fuß faßte, war Frankreich (IFL.,Sp.495-514).[*]

Heute gibt es zwei große Freimaurerblöcke, und zwar die **Grande Loge de France** und den **Grand Orient de France.** Bei Mellor heißt es u.a.: „In Frankreich verstrickt sich der Grand Orient tief in den Kampf des Jahres 1848, und 1849 entsteht sogar eine neue Obödienz unter der Bezeichnung >Grande Loge Nationale<. ...

Nicht nur die politischen Parteien, sondern die gesamte Jahrhundertwende erlebte zahlreiche ideologische >Revolutionen<. Selbst unter den **Anarchisten** zählte die Freimaurerei Anhänger, allerdings auch Gegner. ... Luise Michel (1833 bis 1905) war eine der ersten Adepten des Droit Humain und gleichzeitig eine bekannte Anarchistin. ...

Die französische Freimaurerei im englischen Sinn wird durch die Grande Loge National Française verkörpert, ... Vom internationalen Standpunkt aus besehen, ist sie ein Bestandteil des gewaltigen Blocks der regulären Freimaurerei und daher von entsprechender Bedeutung in der Welt [61].[*]

„Daß das Kabinett Blum bereit war, der kategorischen Aufforderung des Ordensrates ein solches Pressegesetz zu schaffen, Folge zu leisten, wurde schon sehr bald sichtbar. Die **Segodnja** (Heute), Riga, berichtete bereits in ihrer Nummer 282 vom 13. Oktober 1936 folgendes:

Léon Blum bereitet neue Pressegesetze vor! Den Zeitungen wird die Angabe ihrer Einnahmequellen zur Pflicht gemacht. Paris, 11. Oktober. ... >Frankreich< hatte sich ein neues Pressegesetz gegeben. *Das Ganze nennt man — ich wiederhole es — in >besserer< d. h. in demokratisch-veredelter Gesellschaft: „Das Volk regiert sich selbst!'*

Am Donnerstag (24.10.36) schreitet man zur Wahl des Ordensrates. Unser **Sonderbericht** sagt darüber: Der Ordensrat wird gewählt. Er ist das leitende und ausführende Organ der Großloge. Von ihm gehen so viele geheimnisvolle Ideenverflechtungen aus: Volksfront : **Ordensrat!** Bekundung der aktiven Sympathie für die Roten in Spanien: **Ordensrat!** Der französisch-sowjetische Pakt: **Ordensrat!** Zur Zeit gehen alle Gesetzesmaßnahmen der Regierung Blum, die die Regierung der Freimaurerei ist, vom **Ordensrat** aus. (A l'heure actuelle toutes les directives du gouvernement Blum, qui est le vouvenement de la franc-maçonnerie, émant du conseil de l'Ordre) [62]."

„Es dürfte hier der Ort sein, das politische Wirken der französischen Maurerei mit ein paar Namen zu belegen von Masonnisten, die in neuerer und neuester Zeit hohe politische Führerstellen bekleideten. Sagte doch Frm.-Br. von Reitzenstein lange vor dem Kriege:

‚Fast sämtliche Männer des öffentlichen Lebens in Frankreich waren und sind Mitglieder des Freimaurerbundes. Aber die meisten von ihnen haben sich mehr aus politischen Gründen als aus Herzensdrang zum Eintritt in denselben bewegen lassen.' Es sind dies: der jetzige Präsident der Republik Frm.-Br. Poincaré, dann seine Vorgänger Frm.-Br. Sadi Carnot - Präsident Frm.-Br. Francois Felix Faure ...

‚Friedensberater in **Versailles** Franklin **Boullon**, der Präsident der >Liga der Menschenrechte< Ferdinand **Buisson**, ...

Finanzagent Ernst **Mallet** (der 1915 nach Amerika ging, um Frankreichs Kriegsfinanzpolitik dem englisch-amerikanischen Trust Morgan, Grenfell & Co. in London und Neuyork zu überantworten), **Mandel** (nach der >Züricher Post< berüchtigter Kabinettschef Clémenceaus), ... Freiherr von **Rothschild**, ... Ministerpräsident Br. **Clémenceau** (den die russischen Bolschewisten den >französischen Kornilow< nennen) [63]."

* * *

Freiheit: „Die Freimaurerei verlangt von ihren Angehörigen, daß sie **freie** Männer von gutem Rufe seien, vertritt also **sittliche** Freiheit, die sich von Leidenschaften und verzerrten Urteilen freizuhalten weiß, die den Mann in Selbsterkenntnis zur Selbstbestimmung führt und die es ihm ermöglicht, nach sittlichen Grundsätzen sein Handeln frei selbst zu regeln (IFL.,Sp.525)." Wie weit die >sittliche Freiheit< mancher Freimaurer reicht, darüber wird im Kapitel >Biographisches< noch gesprochen.

„**Freiheit, Gleichheit, Brüderlichkeit,** ... seit der großen Revolution die Devise des französischen Volkes, wurde zuerst in französischen Freimaurerlogen des 18. Jahrhunderts ausgesprochen und hat auch heute im Ritual und Dokument der französischen Freimaurerei ihren Platz (IFL.,Sp.526)."

Rudolf Steiner hat den obigen Schlagworten im Zusammenhang mit seiner Idee von der >Dreigliederung des sozialen Organismus< eine etwas präzisere Deutung gegeben:
>Freiheit für das Geistesleben * Gleichheit vor dem Gesetz * Brüderlichkeit im Wirtschaftsleben<.

Drei Forderungen, auf deren Erfüllung durch die Erben Steiners (die Anthroposophische Gesellschaft) Europa bis heute vergeblich wartet.

Politische Freiheitsbewegungen. „An großen Freiheitskämpfen hat die Freimaurerei als Bund niemals und nirgends Anteil haben können, schon weil sie ihrer ganzen Zusammensetzung nach Angehörige der verschiedensten politischen Parteiungen in sich vereinigt. Wo aber immer in den letzten zwei Jahrhunderten politische Freiheitsbewegungen im Gange waren, standen auch Freimaurer als **Personen** führend in ihren Reihen (IFL.,Sp.526)." Die Verfasser empfinden die vorgenannten Sätze keineswegs als Widerspruch, sondern wollen ihren Lesern nur eine einfache Lösung eintrichtern: Der Freimaurerbund nimmt zu irgendwelchen Revolutionen offiziell nicht Stellung. Das braucht er aber auch nicht, denn es genügt ihm vollständig, wenn Freimaurer an der Spitze von Revolutionen marschieren. Eine herrliche Logik ist das, klar wie das kleine Einmaleins!

„**Gebrauchtum, Ritual,** heißt die besondere Form der freimaurerischen Arbeit, die sich in ihren Entstehungsformen an alte Gebräuche der Steinmetzbruderschaften anlehnt. ... Da die Gebrauchtümer mündlich weitergegeben worden sind, fehlen Einzelheiten. ... Das Ritual des A. u. A. Schottischen Ritus haben Albert **Pike und (für Belgien) Goblet d'Alviella** u. a. bearbeitet. ... Die einzelnen Großlogen verhalten sich bezüglich

114

eines Einheitsrituals verschieden. Am strengsten sind die angelsächsischen, die eine starre Form weiterpflanzen, deren Niederschrift offiziell verboten ist. Die Überlieferung erfolgt mündlich. In England sorgen eigene Unterrichtslogen für die mustergültige Vorführung des Rituals. Auch in den meisten anderen Großlogen herrscht Ritualzwang, d. h. alle Logen sind an das von der Großloge gewählte Ritual gebunden (IFL.,Sp. 559 - 563).*

Wie man mit Ritualen magisch arbeitet und welche Ziele damit verwirklicht werden können, kann der interessierte Leser in dem Werk >Der Weg zum wahren Adepten< von Franz Bardon nachlesen. Warum die Rituale von >humanitär< arbeitenden Logen dermaßen streng geheim gehalten werden, daß sie nur mündlich weitergegeben werden, darüber möge der interessierte Leser einmal gründlich meditieren. Rituale sind hochwirksame magische Machtmittel und eignen sich hervorragend zum Mißbrauch, besonders dann, wenn die Ausübenden den Zweck eines Rituals nicht kennen.

Geheimbund: Dr. Konrad Lerich (Dr. Reichel): „Die Tatsachen, daß der Freimaurer *jedes* Grades seine *geheimen* Erkennungszeichen, Worte und Griffe hat, daß die Mitgliederlisten weder der Polizeibehörde, geschweige denn der Öffentlichkeit bekanntgegeben werden, die rituellen und sonstigen Vorgänge in den Logen nur dem eingeweihten Freimaurer zugänglich sind, stempeln die Freimaurerei über alle juristischen Spitzfindigkeiten hinweg zu einem Geheimbund. ...

Die Freimaurerei nimmt gegenüber dem Vereinsgesetz in allen Staaten stillschweigend eine Ausnahmestellung ein. Die gesetzlichen Bestimmungen über die Vereinstätigkeit geben der Behörde das Recht, in jede Versammlung eines Vereins entweder stichprobenweise oder regelmäßig Polizeifunktionäre zu entsenden, die festzustellen oder zu überwachen haben, ob das Vereinsleben mit den Gesetzen im Einklang steht und wirklich dem gemeldeten Vereinszwecke dient. Gegenüber der Freimaurerei wird dieses Recht normalerweise niemals geübt [64].* Die zuletzt genannte Tatsache besteht noch bis heute, die >humanitären< Hochgradfreimaurer sind also für den Bürger völlig anonym.

„Geistliche: I. Katholische ...Reinhold Taute hat in einer Schrift >Die katholische Geistlichkeit und die Freimaurerei< (3. Auflage 1908) mehr als 500 Namen teilweise sehr prominenter katholischer Geistlicher zusammengestellt, die dem Bunde angehörten, ein Verzeichnis, das seither in den verschiedensten Ländern sehr wesentlich ergänzt worden ist. Interessanterweise zeigen sich diese geistliche Freimaurer, darunter höchste Würdenträger (s. Bischöfe, Erzbischöfe), die trotz der päpstlichen Bullen vielfach führende Stellungen in Logen bekleideten, in besonderer Stärke nach Aufhebung des Jesuitenordens (1775) in den Bauhütten. Es sind sowohl Ordens- als Weltpriester, Pfarrer, Kapläne, Äbte, Domherren, Pröbste. Einige Klöster und Abteien hatten eigene Logen (z.B. die Zisterzienserabtei in Clairvau.

2. Evangelische ...Namentlich in den angelsächsischen Ländern, wo die Ämter des Großkaplans und des Logenkaplans (Grand Chaplain, Chaplain) nach Möglichkeit mit Brr. geistlichen Standes besetzt werden und ein großer Teil der Erzbischöfe und Bischöfe der anglikanischen Kirche hohe freimaurerische Würden bekleidet.

3. Jüdische G. ...Aus den freieren Richtungen des Judentums gehören dagegen, besonders auch in Amerika, Rabbiner dem Bunde an (IFL.,Sp. 582 - 584)."

Welche Machtpolitischen Möglichkeiten in solchen Verbindungen stecken, davon habe ich in Band I meiner *Geheimpolitik* bereits berichtet. Zu Punkt 2 sollte der Leser nicht vergessen, wer denn das Oberhaupt der anglikanischen Erzbischöfe und Bischöfe ist: **die englische Königin!**

Golfkrieg zwischen Iran und Irak: Bei Gerd Kaltenbrunner fand ich in seinem Buch >Geheimgesellschaften< eine vielsagende Bemerkung: Schlapp, Manfred (Zwischen Aufklärung und Geheimniskrämerei): „Zur Zeit, da die Glaubenskongregation das neue Verdikt beriet, wurde in Teheran die Großloge

Persiens von Khomeini-treuen Fanatikern gestürmt; kein persischer Freimaurer, dem nicht die Flucht gelungen ist, hat das Wüten der Mullahs überlebt [65]."

An dieser Stelle sollte sich der Leser einmal die Frage stellen, warum die USA nach diesem Ereignis mit aller Macht zum Krieg gegen den Iran aufriefen und diesen dann acht Jahre lang mit Hilfe des Irak durchkämpften. Die Wut der anglo-amerikanischen Freimaurer über die Vernichtung ihrer *Brüder* durch die Mullahs und die damit verbundene Ausschaltung ihrer persischen Agenten ist sicherlich verständlich, denn dadurch wurde ein wichtiges Glied aus ihrer Kette gebrochen. Haben Sie jemals in der öffentlichen Lügenpresse einen Hinweis auf diese Hintergründe gelesen?

Greenpeace: Es machte mich stutzig, als Greenpeace im Oktober 1992 einen großen Protest dagegen startete, daß Japan aus Frankreich eine Uransendung mit einem Schiff abholte. Wohlgemerkt, **eine** Ladung und **ein** Schiff! Die Angelegenheit wurde mit dem entsprechenden Presserummel begleitet. Es ist mir und allen politisch gut unterrichteten Bürgern jedoch bekannt, daß auf den Weltmeeren **hunderte** von amerikanischen und russischen Schiffen herumfahren, die bis zum Rand mit Atomwaffen gefüllt sind. Diese Schiffe müssen noch nicht einmal ihre tödliche Ladung angeben, wenn sie irgendwo in einer Demokratie einen Hafen anlaufen. Da mir kein Protest von Greenpeace gegen diese alliierten Atomträger bekannt ist, ist der Protest gegen das erwähnte japanische Schiff also mehr als verdächtig und führt zu den Fragen: **Wer steht hinter Greenpeace? Wer bezahlt und steuert diese Organisation?**

„**Großloge** (Engl. *Grand Lodge,* frz. *Grande Loge,* auch *Grand Orient*), die höchste Organisationsstufe der Freimaurerlogen, die sie zu einer höheren Einheit zusammenfaßt. Eine Großloge kommt zustande, indem eine Vereinigung regelrechter Logen von einer bereits bestehenden Großloge ein Patent erhält (auch Oberste Räte haben solche wiederholt erteilt), oder indem mehrere reguläre Logen für sich selbst eine Großloge einsetzen. Beide Wege sind nach den Anschauungen der Großloge von England rechtsgültig. Die Großloge hat die Aufgabe, in Zusammenfassung der ihr unterstehenden Logen für die Einheitlichkeit der Form und des Inhaltes der freimaurerischen Arbeit zu sorgen. ... (IFL.,Sp.639)."

„Grundgesetze. Ein einheitliches Grundgesetz fehlt der Freimaurerei bis auf den heutigen Tag. Jede Großloge setzt ihr eigenes fest (IFL.,Sp. 645)."

„Hebräische Sprache. In den Ritualen aller Freimaurergrade, besonders der Hochgradsysteme, befinden sich zahlreiche, zum Teil in ihrer heute gebräuchlichen Form abgeschliffene hebräische Worte und Wortverbindungen. ... Mit dem Auftauchen der **Hochgrade** wurde der Verbrauch an hebräischen Bezeichnungen ins Ungemessene gesteigert, da jeder Hochgrad seine eigenen Erkennungszeichen, Symbole und Paßworte schuf, wobei in Anlehnung an die Erkennungsworte der ursprünglichen Grade wiederum aus dem Hebräischen geschöpft wurde. Der Kompilator der Hochgradrituale Amerikas, Albert **Pike**, war aus Liebhaberei Hebräist (IFL.,Sp. 679)." Wieder so eine schwierige Meditationsfrage für die Leser: Warum gerade hebräisch, und nicht italienisch, lateinisch, englisch, französisch, deutsch? Wie bekannt ist, sprachen in den vergangen Jahrhunderten noch nicht einmal die Juden hebräisch, sondern hauptsächlich jiddisch. Leiten die Freimaurer die Antwort auf diese Frage etwa auch aus ihren Ursprungsmärchen von den Bauhütten- und Steinmetzbruderschaften mit der Bemerkung ab, diese hätten alle hebräisch gesprochen?

„Hochgrade, (frz. **Haute Degrés**, engl. **High Degrees** oder auch **Additional Degrees**), eine der meistumstrittenen Einrichtungen der Freimaurerei. Daß der Lehrinhalt der Freimaurerei in den drei symbolischen Graden vollkommen enthalten ist, wird überall zugestanden. Die Hochgrade werden damit begründet, daß eine Weiterleitung besonders Beflissener und eine philosophische Vertiefung in einzelnen Speziallehren der Freimaurerei notwendig sei (IFL.,Sp.701)." Dazu wäre viel zu erzählen, wovon ich jedoch in diesem Zusammenhang Abstand nehmen möchte. Wie sich die philosophische Vertiefung einiger Hochgradfreimaurer auf die Weltgeschichte ausgewirkt hat, davon wird noch gesprochen.

„Humanität (engl. Humanity, frz. Humanité), vom lateinischen humanitas, die Menschlichkeit, bedeutet schon bei den Alten, besonders bei Cicero, vorzugsweise die harmonische Ausbildung der Anlagen des Gemütes und des Verstandes. ... Im freimaurerischen Sinne bedeutet Humanität die Lehre vom Menschen und seiner Würde. ... In der Praxis des Freimaurerbundes heißt das also: der Bund lehrt die Achtung vor dem Menschen und verpflichtet zu Menschenliebe (IFL.,Sp.717)."

„Inquisition. Sie bekämpfte seit 1737 die Freimaurerei. Der ersten Bulle gegen die Freimaurer >In eminenti<, die am 28. April 1738 vom Papst Clemens XII. erlassen wurde, ging ... am 25. Juni 1737 eine Konferenz voraus, an der der Papst mit den Leitern der drei päpstlichen Kanzleien, ... , und dem Inquisitor des heiligen Offiziums über die Freimaurerei beriet (IFL.,Sp. 742)." Dieser Kampf zwischen der frühen Freimaurerei und dem Papsttum spielt in den politischen Ereignissen der letzten zwei Jahrhunderte eine wichtige Rolle, auch in geistesgeschichtlicher Hinsicht.

„Internationale Organisation der Freimaurerei existiert nur in Ansätzen. Es gibt weder eine Gesamtoberleitung, noch überhaupt einen starken internationalen Zusammenschluß. ... International verbunden sind schließlich die Obersten Räte (Supreme Conceils) des A.u.A. Schottischen Ritus (IFL.,Sp.746 - 747)." Es darf angenommen werden, daß die Obersten Räte des A.u.A. Schottischen Ritus mit zu Hauptbeteiligten bei der von mir im ersten Band der *Geheimpolitik* genannten >unsichtbaren Weltregierung< gehören. Ob die Mitglieder der Johannismaurerei international organisiert sind, ist politisch ohne jede Bedeutung. Diese Zitate stammen aus dem Jahre 1932, inzwischen hat sich allerhand verändert, vor allem auch durch die Militärlogen, wie jeder in dem Buch >Who is Who ohne Maske< von Karl Steinhauser nachlesen kann.

Italien: „In Italien bestehen zwei Frmr-Richtungen, die wegen der Frage der Regularität sich gegenseitig immer aufs schärfste bekämpften und beketzerten. Es sind: die Frmei des **Schottischen Ritus** mit dem Hauptsitz in der Via del Jesu in Rom, unter dem jetzigen Großmeister Ricardi, und neben ihr, der unbekannteren, die volkstümlichere und zugleich marktschreierische des italienischen *Großorients* mit dem Hauptsitz im Palazzo Giustiniani in Rom, seit dem 7. Juli 1917 unter dem Großmeister Bacci und dem zugeordneten Großmeister Prof. Gustaveo Canti. Bis zu diesem Tage wurden diese Ämter von den zwei während des Krieges sehr bekannt gewordenen Männern Ferrari und Ernesto Nathan (!) geführt. Neben den Streitigkeiten über Regularität stand als brennendes Moment zwischen diesen beiden Richtungen vor allem die Frage des Eingreifens der Loge als solcher in die Politik des Landes [66]." Unter dem Namen Mussolini finden sich weitere italienische Informationen. Welche Verbindungen die italienische Freimaurerei mit der Organisation der Mafia besaß oder noch besitzt, davon ist ja einiges im Zusammenhang mit dem Zusammenbruch der Loge P2 bekannt geworden.

„Japan. Die Freimaurerei beschränkt sich in der Hauptsache auf die angelsächsischen Kolonien der Städte Yokohama, Tokio und Kobe. Zwischen der Regierung und den Logen ist ein Abkommen getroffen, daß in der Stille gearbeitet wird und Japaner im allgemeinen nicht aufgenommen werden (IFL.,Sp.-773)."
Diskretion ist immer angebracht, wenn man im Stillen Gutes tun will, was der Hochgradfreimaurer F. D. Roosevelt ganz besonders gut verstand: „Alfred Schickel zitierte aus diesem Geheimtelegramm ebenso wie aus bislang unbearbeiteten Akten, welche die Entsendung einer >freiwilligen< amerikanischen Luftwaffen-Einheit nach China, um die Chinesen in

ihrem Kampf gegen die Japaner zu unterstützen, belegen. Diese >Flying Tigers< hatten mit ihren insgesamt 296 abgeschossenen japanischen Maschinen schon Monate vor dem japanischen Angriff von Pearl Habor den >heißen Krieg< gegen das ostasiatische Inselreich eröffnet (ZFI-Informationen Nr. 14/15 - November 1991 / April 1992)."

„Jesuiten. Während man in den Jesuiten die militantesten Gegner der Freimaurerei im katholischen Lager zu erblicken hat, wurde während geraumer Zeit von Freimaurern die These vertreten, daß die Societas Jesu zu Ende des 17. Jahrhunderts die Freimaurerei ins Leben gerufen oder sie doch bald nach Gründung der ersten Großloge in eine ganz bestimmte Richtung zu lenken getrachtet habe. ... Bemerkenswert ist übrigens, daß gerade in jenem Kreis, in dem die ausgesprochenste Jesuitengegnerschaft betätigt wurde, bei den **Illuminaten,** zwar nicht jesuitischer Einfluß, aber jesuitische Grundlagen sich zeigten. Der jesuitische Einschlag in der Ordensgestaltung ist unverkennbar. **Weishaupt** und **Knigge** waren sich sowohl über die Notwendigkeit des Kampfes gegen die Jesuiten als in der Anschauung einig, daß nur die Anwendung jesuitischer **Methoden** der Verwirklichung ihrer Ideen nützlich sein könnte. ... Die leidenschaftlichsten, schärfsten katholischen Bücher gegen die Freimaurerei stammen aus jesuitischer Feder; besonders traten in neuerer Zeit die Patres Pachtler, Gruber, Bresciani und Schneemann schriftstellerisch hervor (IFL.,Sp.775-779)."

Es ist wahrscheinlich, daß die vorgenannte Gegnerschaft bis zu einem gewissen Grade existiert hat, da die katholische Kirche ihre seit Jahrhunderten bestehende Machtposition in Gefahr sah. Da mir aber bis heute außer den päpstlichen Bullen und allgemeinen Anklagen wirkliche fundierte Schriften über den Machtmißbrauch der Freimaurerei aus dem katholischen Lager kaum zu Gesicht gekommen sind, handelte es sich wohl mehr um eine Spiegelfechterei, um zu verbergen, daß man sich mit den Machtzielen der politischen Freimaurerei grundsätzlich einverstanden erklärt hatte. Wollte man an dieser Macht beteiligt sein, dann mußte man sich mit dieser Bewegung verbinden, was man dann auch besonders in der Gegenwart intensiv getan hat (Vgl. Papst Pius XII.). Die antifreimaurerischen Schriften beruhten wohl fast ausschließlich auf der Eigeninitiative einiger weniger Schriftsteller, sonst hätte viel mehr Material das Licht der Öffentlichkeit erblicken müssen. Zum Beispiel die Namen der an den russischen Revolutionen von 1905 und 1917 beteiligten Freimaurer, der Unterzeichner der Versailler Verträge oder derjenigen Freimaurer, die bei der Machtübernahme Hitlers mithalfen und sogar in seiner Reichsregierung saßen. Für die katholische Kirche wäre es eine Leichtigkeit gewesen, diese Namen zu erfahren und zu veröffentlichen, wenn sie nur gewollt hätte — aber sie wollte eben nicht!

„Zum Beispiel bekämpft die Freimaurerei in Deutschland den Jesuitismus nicht etwa deshalb, weil dieser ultramontan und vaterlandsfeindlich ist, und die Freimaurerei das Vaterland verteidigen will, sondern weil diese aus ihrer **weltrepublikanischen Idee** heraus zwangsläufig in dem **Weltkirchenstaatsgedanken** der >Societas Jesu< — des Jesuitenordens — eine Gefahr für ihre Interessen und ihre Weltgestaltungspläne erblickt. **Beide marschieren so lange zusammen, wie es gegen das Volk geht,** d. h. gegen die ideellen und materiellen Werte, die die nationale Selbständigkeit ausmachen. Ist das Volk aber niedergerungen, dann geraten sich beide in die Haare, weil jeder von ihnen die Früchte des Sieges **allein** zu pflücken gedenkt [67]."

Johannislogen: „Oswald Wirth: ... Alle freimaurerische Esoterik ist sicherlich in den drei Johannisgraden enthalten, und sie müßten genügen, wenn wir alles aus ihnen herauszuholen wüßten, was in ihnen verborgen liegt. Unglücklicherweise ist die Botschaft dieser drei Grade zu tief, als daß sie von einer durchschnittlichen Intelligenz erfaßt werden könnte. ... Die Mehrzahl der Adepten der Königlichen Kunst begnügt sich, die symbolischen Grade zu **empfangen**. Da sie aber nur in seltenen Fällen vermögen, die Botschaft dieser Grade innerlich zu assimilieren, **besitzen** sie sie niemals. ... Nun, die Hochgrade haben keine andere Aufgabe, als fortschreitend die esoterische Botschaft erfassen zu lassen, die schon in den drei grundlegenden

Graden der Freimaurerei enthalten ist. ... Dieser notwendigerweise letzte Grad (der Meistergrad) entspricht einem Ideal, das
uns vorgestellt ist, das wir anstreben müssen, dessen Verwirklichung aber nicht in unseren Kräften liegt. ...[68]."
Wenn O. Wirth von ‚unseren Kräften' spricht, dann
schließt er vielleicht seine Freimaurerbrüder ein, welche uns,
die Hermetiker, als schwache und wahnhafte Menschen hin-
stellen. Als Hermetiker kenne ich allerdings keine Ideale, die
völlig außerhalb meiner Kräfte liegen, obwohl ich mir bewußt
bin, daß manche Ziele außerhalb einer einzigen Verkörperung
liegen.

„Juden ... Dagegen hat die weit über 1000 Mitglieder zählende Loge in Detroit >Palestine Lodge<, nicht einen einzigen
Juden als Mitglied. ... Auch zur >Alliance Israélite< steht die
Freimaurerei in keinerlei Beziehung, trotzdem der Jude Crémieux Freimaurer und Präsident dieser dem Schutz des Judentums dienenden Gesellschaft war (IFL.,Sp.790 - 797)." Es ist
Volksverdummung, wenn behauptet wird, daß keinerlei Beziehung besteht, wenn ein und derselbe Mann in der Freimaurerei
und in der >Alliance Israélite< eine führende Position bekleidet!

Kommunismus (Bolschewismus). „Bolschewismus ist der
von *Lenin* interpretierte und zum Teil verwirklichte Marxismus.
Seine Entstehung geht auf den Londoner Parteikongreß der
Sozialisten 1903 zurück. 1917 gelangte er in Rußland zur Herrschaft. Sein Ziel ist klassenlose, staatenlose, gewaltlose, kommunistische Gesellschaftsordnung in der ganzen Welt, sein
Mittel die Diktatur des Proletariats, das Symbol ist der fünfzak-
kige Sowjetstern mit Hammer und Sichel. Die angebliche Her-
aufbeschwörung des Bolschewismus durch die Freimaurerei, die
von ihm geplante Weltrevolution, die Ermordung der Zarenfamilie werden von Gegnern der Freimaurerei besonders gerne
als schlagendes Beispiel des verhängnisvollen freimaurerischen
Einflusses auf das Weltgeschehen herangezogen. Tatsächlich

bestehen zwischen Bolschewismus und Freimaurerei weder persönliche noch geistige Zusammenhänge (IFL.,Sp.204)."

Von besonderem Gewicht ist in diesem Zusammenhang jener Satz aus der **Aachener Konferenz** der Gesellschaft Jesu bezüglich des Bolschewismus: „... nach Maßgabe der noch immer bestehenden Verhältnisse in der Freimaurerei nicht mehr die erste und einzige Gefahr für die Kirche zu erblicken, sondern vielmehr in den die Loge selbst bekämpfenden, **wenn auch von ihr ausgegangenen nihilistischen und bolschewistischen sowie allen gleich gerichteten kommunistischen und marxistischen Verbänden** den ungleich gefährlicheren Gegner zu bekämpfen [69]." Die Jesuiten behaupten also ganz klar, daß der nihilistische Bolschewismus aus den Freimaurerlogen hervorgegangen ist. Wer könnte das besser wissen als die Jesuiten, denn ihre Ideen sind von ähnlicher Struktur, mit dem Unterschied, daß sie nicht eine angebliche Welt-Diktatur des Proletariats, sondern eine Welt-Diktatur des Vatikans errichten wollen. „Die verschiedenen Regierungen nach dem Sturz des Zarentums im Jahre 1917 waren von Freimaurern durchsetzt, vor allem die Regierung des Bruders Kerensky [70]."

Lausanner Konföderation: „Anders steht es, wie gesagt, um **den überstaatlichen Zusammenhang der Hochgradfreimaurerei.** Im Jahre 1875 begründeten sämtliche damals bestehenden *Obersten Räte*, die maurerischen *Großmächte* der Hochgrade, eine Gesamtvereinigung, wieder in der Schweiz, die sogenannte *Lausanner Konföderation.* In der Verfassung dieses Weltverbandes sind alle jene Grundsätze niedergelegt, die eine straffe administrative Organisation, einen einheitlichen geistigen Zusammenhalt, ein konkretes Zusammengehen in allen wichtigen Belangen und Aktionen gewährleisten: **Mit der Lausanner Konföderation wurde wirklich jene Weltfreimaurerei ins Leben gerufen, die von den Gegnern der Loge immer wieder behauptet, von den Brüdern selbst jedoch stets, entweder wissentlich oder unwissentlich, abgeleugnet wird.** Eine der wichtigsten Bestimmungen der Konföderation ist die, daß in jedem Staate, im Unterschiede zu den Großbehörden der Johannis-Freimaurerei, nur eine *einzige* Großkörperschaft der Schottischen Hochgrade, nur ein einziger *Suprême Conseil* bestehen darf. Eine Ausnahme wurde einzig und allein für die USA., wegen der territorialen und numerischen maurerischen Verhältnisse, vorgesehen. In den Vereinigten Staaten dürfen zwei *Supreme Councils* walten, der der >nördlichen Jurisdiktion< in Boston, der der >südlichen Jurisdiktion< in Washington. Letzterer ist der älteste *Oberste Rat* der Welt; 1801 gegründet, gilt er als der *Mutter-Suprême-Conseil* der gesamten Hochgradfreimaurerei. ...

Der Angelpunkt der Schottischen Weltkette ist bei **Lausanner Konföderation, in der auch ein einheitlicher Ritus, eine einheitliche Symbolik und Esoterik, vor allem aber eine einheitliche weltanschauliche Prinzipienerklärung für die gesamte rote Maurerei geschaffen wurde.** Die kulturaktivistischen, besser gesagt, die kulturkämpferischen romanischen Hochgradfreimaurer, die der liberalrevolutionären und marxistisch-freidenkerischen *Obersten Räte* von Frankreich, Belgien, Spanien, Mexiko, seinerzeit auch Italien und Ungarn, spielen in der Konföderation die gewichtigste Rolle [71]." Dr. Lerich mußte es wissen, denn er war selbst Hochgradfreimaurer.

„**Die Lehre** des Freimaurerbundes basiert vor allem auf der Kenntnis seiner Entstehung, seiner Einordnung in ähnliche Erscheinungen des gesellschaftlichen Lebens. Daher ist Grundlage das **historische Wissen**. Ohne diese Kenntnis der Entwicklungsgeschichte der Freimaurerei bleibt sie selbst unverständlich. (Wie hieß es doch unter Sp. 559? ‚Da die Gebrauchtümer mündlich weitergegeben worden sind, fehlen Einzelheiten.')."

Ergebnis: Weil das historische Wissen der Freimaurerei sehr unsicher ist, und darüber mindestens ein Dutzend verschiedene Meinungen existieren, hat man hier eine besonders sichere Grundlage. Alles klar?

Weiter heißt es: ... „Den zweiten wichtigen Teil der Lehre bildet die Erforschung ihrer ethischen und philosophischen Grundlagen, ihr Verhältnis zur Religion und zu organisierten Glaubensgemeinschaften (IFL.,Sp. 909)." Hier ist der Beweis, was für mächtige Zauberer manche Freimaurer sind: Obwohl jede Diskussion über Religion in den Logen ausdrücklich verboten ist, betreiben sie nach der genannten Aussage die „Erforschung ethischer und philosophischer Grundlagen im Verhältnis zur Religion." Wer sich in ein Labyrinth begibt, sollte möglichst vorher wissen, wie er wieder hinausfindet. Wer kann nach diesen Worten noch zweifeln, daß diese Autoren ihre Leser verdummen und in die vollkommene Begriffsverwirrung hineintreiben wollen?

Literatur: Es haben sich bisweilen auch Freimaurer kritisch über ihre eigenen Brüder geäußert. Hier ein Beispiel aus der Feder des 33. Grad Freimaurers Albert Lantoine: „Der Freimaurer ist von der gleichen furchtsamen Intoleranz besessen wie der Primitiv-Religiöse. ... Beide würden die Bücher, die ihrem Geist nicht entsprechen, mit dem gleichen blindwütigen Eifer verbrennen. ... Deshalb auch mißtraut er dem Buch - denn ein Freimaurer liest nicht. Er verachtet das Wissen nicht, aber er fürchtet es. ... Der Freimaurer liebt es über alles, zu reden. Damit befreit er sich von der Aufgabe zu denken. ... Die französische Freimaurerei ist die Schule der leeren Rederei [72]." Bei dieser Gelegenheit darf ich daran erinnern, daß unter der Oberaufsicht des >ehrenwerten< Hochgrad-Freimaurerbruders und amerikanischen Präsidenten Harry S. Truman nach dem Kriege in Deutschland die größte Büchervernichtung aller Zeiten durchgeführt wurde, mit anschließender bis heute (1993) andauernder Pressezensur. Wenn man schon das deutsche Leben nur teilweise ausrotten konnte, so sollte es doch wenigstens der deutsche Geist sein.

Logendisziplin: „Ob nun in ritualgerechter Arbeit oder in der weißen Sitzung - die Logendisziplin ist immer am Werk, und beim leisesten Hammerschlag des Meisters vom Stuhl hört jede Konversation auf, und sei es mitten im Satz [73]." Eine solche Disziplin steht in eigenartigem Gegensatz zu der nach außen gepredigten Freiheit und Toleranz und dürfte vielen in den heutigen Linksschulen erzogenen Menschen erhebliche

Schwierigkeiten bereiten. Da sehe ich schwarz für den Nachwuchs der Freimaurerei.

„**Meisterverpflichtung.** Bei der Einsetzung eines englischen Logenmeisters wird vom Schriftführer eine Verpflichtung vorgelesen, die in der englischen Verfassung als ‚Summary of the Ancient Charges and Regulations' (Gesamtübersicht der Alten Pflichten und Ordnungen) bezeichnet wird. Sie hat folgenden Wortlaut:
  1. Sie behaupten von sich, ein guter und treuer Mensch zu sein und den Sittengesetzen zu gehorchen. ... 3. Sie versprechen, sich nicht in Verschwörungen gegen die Regierung einlassen zu wollen, sondern sich den Entscheidungen der Obersten Gesetzlichen Behörde zu unterwerfen. ...(IFL.,Sp. 1019).“
  Natürlich ist hier nur von einer Verschwörung gegen die **englische** Regierung die Rede, **nicht aber** von Verschwörungen gegen die Regierungen anderer Länder!

„**Morals and Dogma,** Handbuch der Südlichen Jurisdiktion des A.u.A. Schottischen Ritus von Nordamerika, verfaßt von Albert Pike, das dessen Auffassung von der Lehre des I.-XXXII. Grades in Form von *lectures* zum Inhalt hat. In esoterischer Hinsicht lehnt sich das 1868 beendete Werk in mancher Hinsicht an den Franzosen Eliphas Lévi (Alphonse Louis Constant) an (IFL.,Sp. 1058).“ Darüber, daß die Ausführungen von Albert Pike ihren eigenen in vieler Hinsicht widersprechen, schweigen sich die Autoren des *Internationalen Freimaurerlexikons* vorsichtshalber aus.

„**Nationalsozialisten** (N.S.A.P.D, Nationalsozialistische Arbeiterpartei Deutschlands) bekennt sich zur schärfsten Gegnerschaft gegen die Freimaurerei. Diese Auffassung findet in zahlreichen Schriften, Artikeln und Reden ihrer Führer Ausdruck, am gründlichsten in den Darlegungen des Chefredakteurs des von **Adolf Hitler** herausgegebenen >Völkischen Beobachters<, des Balten Alfred Rosenberg. ... Auch Rosenberg vertritt die These vom *künstlichen Juden*, von der *volklosen*

Weltanschauung der Freimaurerei, vom *Sarajevoer Mord* und von der *freimaurerischen Völkerbundsdiktatur über Europa*. Er stellt folgende, jeder Grundlage entbehrende Behauptungen auf:

1. Die romanisch-angelsächsischen Logen haben eine gegen das Deutsche gerichtete Politik neben der allgemeinen Staatspolitik geführt; oft fiel beides zusammen;

2. an der Spitze aller deutschfeindlichen Kräfte ging und geht der Großorient von Frankreich, gefolgt namentlich von den serbischen Freimaurern;

3. die liberal-plutokratische Logenpolitik befindet sich in stärkster Abhängigkeit von der jüdischen Finanz;

4. die deutsche Gesamtmaurerei hat die fremden Freimaurer verteidigt und sich mitschuldig gemacht an der Einschläferung des deutschen Volkes; der linke Flügel befindet sich in unmittelbarer Abhängigkeit von der französisch-jüdischen Maurerei; daß stellenweise glatter Landesverrat vorliegt, erscheint als erwiesen;

5. der *nationale* und *christliche* Flügel hat weder Ritual noch Weltanschauung aufgegeben; sein *Nationalismus* ist bloß erzwungene zeitliche Sicherheitsfärbung;

6. weil niemand den einzelnen Maurer zu werten vermag, so hat jeder deutsche Freimaurer die Folgen dieser Beurteilung des Ganzen auf sich zu nehmen.

Daraus zieht Rosenberg folgende Schlußfolgerungen, die als Anschauung seiner Gesamtpartei dienen dürfen: ,Deshalb darf kein Maurer der N.S.A.P.D. angehören und umgekehrt.'(IFL., Sp.1095)." Ob die Behauptungen Rosenbergs tatsächlich jeder Grundlage entbehrte, das möge der Leser am Ende dieses Buches selbst beurteilen.

„New Age Magazine, offizielles Organ der Südlichen Jurisdiktion des A.u.A. Schottischen Ritus von Nordamerika in Washington, dessen Auflage - 360.000 - die stärkste aller maurerischen Zeitschriften darstellt (IFL.,Sp. 1108)." Vielleicht hat sich mancher Leser die Frage gestellt, woher eigentlich der Begriff >New Age< kommt, der heute überall durch die esoterische Szene geistert - jetzt weiß er es.

„**Pflanzschule** oder Vorbereitungsgrad, Novizengrad des Illuminatenordens. Der Orden der Gold- und Rosenkreuzer erklärt die drei Johannisgrade der Freimaurerei oder *englischen Stufen* als von den rosenkreuzerischen Oberen angenommene *Pflanzschule* für ihren Orden (IFL.,Sp. 1198)." Während also die modernen *aufgeklärten* Freimaurer die okkulten Lehren der Gold- und Rosenkreuzer als Wahn bezeichnen, betrachteten die Gold- und Rosenkreuzer die gesamte Johannismaurerei als eine Art untergeordnete Vorbereitungsanstalt für ihre Lehren. So ändern sich die Ansichten im Laufe der Zeiten!

„**Pflichten und Rechte der Mitglieder einer Loge.**

1. Als die wesentlichsten **Pflichten** eines ordentlichen Mitgliedes einer Loge können nach **Merzdorf** angesehen werden: die Verpflichtung, die Gesetze des Staates zu beachten, die Wahrung des Ritualgeheimnisses, die Hilfsbereitschaft anderen Brr. gegenüber, die strenge Einhaltung einer auf Maurerwort gegebenen Zusage, die Einhaltung der Logengesetze, die Pflicht, sich nicht ohne zwingende Gründe vom Freimaurerbunde zu trennen, in keine geheime Verbindung einzutreten. ...

2. Die **Rechte** des Mitgliedes einer Freimaurerloge sind: der Anspruch auf den Freimaurernamen und hierdurch das Gastrecht in allen Logen, die mit einer Großloge in Beziehung stehen. Das Recht, die Logenversammlungen seines Grades zu besuchen, an der Arbeit teilzunehmen und mitzustimmen, das passive Wahlrecht vom Meistergrade an, das aktive Wahlrecht bereits im Lehrlingsgrad, der Anspruch auf Schutz und Vertretung in allen das Freimaurerverhältnis berührenden Fragen, das Appellationsrecht an die Großloge und ein durch die Hausgesetze der Loge geregelter Anteil am Logenvermögen.

In den Vereinigten Staaten von Nordamerika können nur Meister ordentliche Mitglieder von Logen sein. Gesellen und Lehrlinge sind wohl Freimaurer, aber nicht Logenmitglieder im eigentlichen Sinne des Wortes (IFL.,Sp.1199)." Es muß schließlich für die Toleranz in den nächsten Jahrhunderten immer noch etwas Spielraum bleiben, also bleiben zunächst draußen: alle Frauen, alle Neger, alle Lehrlinge, alle Gesellen!

"Qualifikation des Suchenden. Die angelsächsische Freimaurerei unterscheidet **internal** und **external** qualification.

Als **innere** Qualifikation wird bezeichnet: der freie, unbeeinflußte Wille zur Meldung, das Zugestehen, daß der Kandidat keinerlei wirtschaftliche Vorteile im Bunde sucht; die Versicherung, daß er bei seinem Eintritte eine günstige Meinung vom Bunde hat, endlich der Wille, sich den vorgeschriebenen Gebräuchen der Aufnahme zu unterwerfen.

Als **äußerliche** Qualifikation gilt: der gute moralische Ruf des Suchenden, der Gottesglaube, männliches Geschlecht, und in Amerika auch körperliche Volltüchtigkeit ohne Gebrechen, Volljährigkeit und eine zum Erfassen des Gebrauchtums genügende Intelligenz. Politische Bedingungen werden nicht gestellt, ... (IFL.,Sp.1265)." Mit dem letzten Satz könnte die Freimaurerei in Schwierigkeiten geraten, denn dann könnte ja jeder Kommunist, Anarchist, Faschist, Revolutionär ...

"Rachegrade werden von Gegnern der Freimaurerei gewisse Hochgrade (so der XXX. des A. u. A. Schottischen Ritus, der Kadoschrittergrad) genannt, ... Mit dieser Bezeichnung wollen die Kämpfer gegen den Bund sagen, daß die freimaurerischen Rituale grausame Rache, die Vernichtung von Thron und Altären predigen. Diese Behauptung ist falsch. Rache, Haß ist der freimaurerischen Ideologie nicht nur fremd, sondern entgegengesetzt. ... Von rein geistigem Kampf ist in der Gradlehre die Rede, vom Eintreten für die Menschenrechte. ‚Nicht an uns ist es, zu sühnen; Dein ist die Vergeltung, o Herr!', heißt es in einem Gebet der Ritter Kadosch der Nördlichen Jurisdiktion der Vereinigten Staaten (IFL.,Sp.1273)." Die Worte hör' ich wohl, allein nach Versailles, Nürnberg, dem Deutschlandvertrag und dem Zwei-plus-Vier-Vertrag fehlt mir diesbezüglich jeder Glaube!

"Regulär. 1. Eine Loge ist regulär, wenn sie unter der gesetzmäßigen Autorität eines von einer Großloge erteilten Konstitutionspatentes arbeitet. Der Ausdruck findet sich bereits in der 8. Verordnung der Andersonschen Konstitution von 1723.

3. Ein **Freimaurer** ist regulär, wenn er in einer regulären Loge in rechtmäßiger Weise zum Freimaurer geweiht oder, falls seine Aufnahme in einer irregulären Loge, bzw. in irregulärer Form erfolgt, regularisiert worden ist (IFL.,Sp.1294)."

Ritualmord: An dieser Stelle scheinen mir ein paar Hinweise aus okkulter Sicht notwendig zu sein, um falschen Urteilen vorzubeugen. Ritualmord ist nicht gebunden an ein bestimmtes Volk oder eine bestimmte Gruppe, sondern kann überall dort zur Anwendung kommen, wo mit Religion und Magie Mißbrauch getrieben wird, also grundsätzlich bei allen Völkern und Religionen der Welt. Ein richtiger Ritualmord dient bestimmten geistigen Zwecken, hat also zum Beispiel mit Lustmord nichts zu tun. Da diese Dinge zu den tiefsten schwarzmagischen Geheimnissen gehören, gibt es auch praktisch kaum Veröffentlichungen dazu. Einen tieferen Einblick kann der Leser dadurch gewinnen, daß er sich zu Gemüte führt, was Rudolf Steiner einmal darüber aufgeführt hat. In Verbindung mit gewissen altmexikanischen Mysterienkulten machte Steiner klar, daß Ritualmorde u.a. mit bestimmten Einweihungsstufen der negativen Mysterien verbunden sind und auch der Erreichung von bestimmten Zielen bezüglich der Opfer dienen können. Er führte u.a. aus:

„Es handelte sich also darum, daß jemand in der richtigen Weise initiiert werden mußte; dann wurde ihm erst als Lehre mitgeteilt, was die Geheimnisse des Kosmos sind. Nun handelte es sich darum, diese Geheimnisse durch Initiation in einer ganz bestimmten Seelenverfassung zu erhalten, in einer solchen Seelenverfassung, daß man in sich die Neigung, die Sympathie dazu verspürte, diese Geheimnisse so zu verwenden auf der Erde, daß sie dieses mechanische, starre Todesreich auf der Erde aufrichteten. So sollte man sie bekommen. Und man bekam sie, man empfing sie in einer besonderen Weise: Keinem wurde die Weisheit mitgeteilt, der nicht vorher in einer gewissen Art einen Mord begangen hatte. Und zwar wurden ihm beim ersten Mord nur gewisse Geheimnisse mitgeteilt. Erst bei folgenden Morden wurden ihm weitere und höhere

Geheimnisse mitgeteilt. Die Morde mußten aber auch unter ganz bestimmten Bedingungen begangen werden. Derjenige, der gemordet werden sollte, der wurde auf einen Aufbau gelegt, der so eingerichtet war, daß man durch ein oder zwei Stufen von allen Seiten zu einer Art von katafalkartiger Vorrichtung kam, die oben abgerundet war, so daß, wenn man den betreffenden zu Ermordenden darauf legte, er im Rücken stark gekrümmt wurde, und durch das besondere Anschnüren an jene Vorrichtung wurde ihm der Magen herausgetrieben. So wurde ihm der Magen herausgetrieben, daß mit einem Schnitte, zu dem der betreffende Einzuweihende vorbereitet worden ist, der Magen ausgeschnitten werden konnte.

Diese Art des Mordes erzeugte ganz bestimmte Gefühle, und diese Gefühle, die erregten die Empfindungen, welche fähig machten, die Weisheit, die dem Betreffenden später mitgeteilt wurde, in der angedeuteten Weise zu verwenden. Wenn dann der Magen ausgeschnitten worden war, so wurde er dem Gotte Taotl geopfert, wiederum unter ganz besonderen Zeremonien. ... Der also Ermordete, der sollte dadurch vorbereitet werden in seiner Seele, in das luziferische Reich hinaufzustreben, und derjenige, der initiiert werden sollte, sollte die Weisheit bekommen, diese Erdenwelt so zu gestalten, daß die Seelen aus ihr vertrieben werden [74].«

Es existieren bis heute noch Bilder über die Opferriten der vorgenannten mexikanischen Mysterien. Jeder mündige Bürger, dessen Kinder anstatt Goethes >Faust< US-amerikanische Horror-Comics und Horror-Videos in der Schultasche herumtragen, sollte eigentlich wissen, was ein Ritualmord ist und welchen Zwecken er dienen kann.

„Sittliche Norm. Als Norm, die mit der des Freimaurers vollkommen übereinstimmt, stellt **Wundt** folgende Sätze auf:

1. Denke und handle so, daß Dir niemals die Achtung vor Dir selber verlorengeht. 2. Erfülle die Pflichten, die Du Dir und anderen gegenüber auf Dich genommen hast. 3. Achte Deinen Nächsten wie Dich selbst. 4. Diene der Gemeinschaft, der Du angehörst. 5. Fühle Dich als Werkzeug im Dienste des

sittlichen Ideals. 6. Du sollst Dich selbst dahingeben für den Zweck, den Du als Deine ideale Aufgabe erkannt hast (IFL.,- Sp.1129)."

Symbole: Zur Arbeit in gewissen okkulten Logen und Orden hat Steiner recht ausführlich gesprochen: „Und so ist es denn immer mehr und mehr üblich geworden in jenen okkulten Brüderschaften, dasjenige, was man als ein altes Wissen bewahrte, durch Zeichen und Symbole, durch ganz bestimmte Symbole mitzuteilen. Und über diese Symbole und ihre Bedeutung zu schweigen, wurde ja denjenigen, die bis zu einem gewissen Grade wirklich eingeweiht waren, streng auferlegt. So daß es eigentlich für solche okkulte Verbrüderungen immer ein ziemlich großes Heer derer gab, welche die Symbole kannten, aber nicht verstanden. Die fingen dann an, die Symbole zu deuten. Da kommt nichts Besonderes dabei heraus; denn nur, wenn man die Symbole wirklich lesen lernt, kommt etwas Besonderes dabei heraus [75]."

„**Systeme, Lehrarten, Riten.** Die besondere Art, wie der Inhalt der Freimaurerei in Form des Gebrauchtums durch Großlogen und Logen an die Mitglieder vermittelt und überliefert wird, bezeichnet man als freimaurerisches System, als Lehrart, als Ritus. Da viele Großlogen ihr eigenes System entwickeln, das im Gebrauchtum zum Ausdruck kommt, deckt sich das Wort oft mit dem Begriff einer besonderen Großloge. Die Loge X arbeitet nach dem System (der Lehrart) der Großloge Y usw. Dabei ist aber festzuhalten, daß, soweit der Aufbau der drei Grade der symbolischen Maurerei (Lehrling, Geselle, Meister) in Betracht kommt, das **Grundsätzliche, Fundament und Ziel der Bauarbeit, in allen Systemen dasselbe ist.** Die Abweichungen in der Form entsprechen dem besonderen Charakter der einzelnen Lehrarten. ... III. Nach der Teilung der Lehrart in **Gradstufen,** wobei sich ergeben:

a) Die **Johannismaurerei** (auch blaue oder symbolische Maurerei genannt), die das gesamte Lehrgebäude in drei Graden vergibt.

b) Die **Hochgradmaurerei** (rote Maurerei genannt), die eine (mehr oder weniger willkürlich gesetzte) Einteilung in zahlreiche Stufen (7, 9, 10, 11, 25, 33 bis 90 und mehr Grade) vornimmt.

IV. Nach dem **nationalen Charakter**, der dem Lehrgebäude eine besondere Tönung gibt, insbesondere in Hinblick auf die mit der Lehren beabsichtigten **Zwecke** freimaurerischer Erziehung. Hier sind es besonders die drei Gruppen der angelsächsischen, deutschen und romanischen Freimaurerei, die deutliche Unterschiede aufweisen (IFL.,Sp.1546-1549)." Das soll hier reichen. Auf die nationalen Unterschiede will ich hier nicht weiter eingehen, aber es darf vermutet werden, daß es auch in dieser Hinsicht innerhalb der Freimaurerei einen mehr oder weniger großen Konkurrenzkampf gibt — glücklicherweise.

„Unabhängige Logen. Nach den General Regulations der Großloge von London (1720/21) ist jede Loge der Aufsicht und den Gesetzen der Großloge unterworfen. Es heißt in Punkt VIII: ‚Wenn eine Gruppe oder Zahl von Brr. sich unterstehen sollte, eine Loge ohne ein Patent des Großmeisters zu errichten, so sollen die **regulären** Logen sie nicht unterstützen, noch sie als reguläre und regelrecht eingesetzte Brr. ansehen, sondern sie sollen sie als Rebellen behandeln, bis sie sich selbst wieder unterwerfen, wie es die Weisheit des Großmeisters anordnet und bis er sie bestätigt durch ein Patent, das den anderen Logen mitgeteilt werden muß, so wie es Brauch ist, wenn eine neue Loge in das Logenregister eingetragen wird.'

Diese Forderung der jungen Großloge von London begegnete im Anfang heftigem Widerstand, da sich nicht alle in London bestehenden Logen der Großloge anschließen wollten. Im Laufe der Jahrhunderte hat sie sich aber durchgesetzt und wird heute von allen Großlogen als eine der allgemein verbindlichen Grundsätze der Freimaurerei anerkannt. Ebenso wie jeder Maurer zu einer Loge, muß jede Loge, wenn sie regulär anerkannt sein will, zu einer Großloge gehören, die ihr ein Gründungspatent erteilt oder sie angenommen hat (IFL.,

Sp.1610)." Hier haben wir wieder ein wichtiges machtpoliti-
sches Kapitel. Der Leser meditiere bitte über die Fragen:

**Was hat die Unterwerfung unter das Patent einer Großloge
mit Toleranz, Freiheit, Brüderlichkeit und Humanität zu tun?**
Was hat die machtpolitische Anordnung eines Großmeisters
mit Weisheit zu tun? Wodurch unterscheidet sich diese Anordnung von der Forderung des Vatikans, daß sich alle katholischen Priester nach den dogmatischen Anweisungen des Papstes zu richten haben? **Wodurch unterscheiden sich Dogmatismus und Sklaverei der Freimaurerei von der Sklaverei des
Vatikans?**

Ungarn: „Diese >Volksregierung< war das >segensrei-
che< Massenmörderregime des bolschewistischen Juden Bela
Kuhn!! ... Wegen dieser >segensreichen< Tätigkeit wurden
Logen in Ungarn auf Initiative des Ministers Gömbos verboten, ihre Tempel durchsucht und geschlossen und das ganze
beschlagnahmte Schriftenmaterial veröffentlicht: **Band 1 >Das
Verbrechen des Freimaurertums<**, bearbeitet von Adorjan
Barcsay (Urkunden). **Band 2 >Geheimnisse einer Provinzlo-
ge<**, bearbeitet von Jos. Palatinus (Urkunden, besonders die
Oktoberrevolution 1918 und den Kommunismus 1919 betreffend). **Band 3 >Logenlisten<** (90 Prozent der Brr. sind Juden!) [76]." Überall dasselbe Bild, die nationalen Logen werden
verboten, damit die internationalen Logenbrüder für ihre Politik freie Bahn haben.

**UNO (United Nations Organization), auch UN (Vereinte
Nationen):** Am 26.6.1945 von 50 Nationen gegründet. Von
Geheimgesellschaften erfundene Schatten-Weltregierungszen-
trale. Dies läßt sich unschwer an den Lieblingsvokabeln der
UNO erkennen, denn diese lauten:

1. **Sanktion** (lat. = Heiligung, Billigung; geschärfte Verordnung, Strafgesetz). Das ist schon ein interessanter Fall, wenn
man bedenkt, daß ein Wort aus der Wurzel >Sankt = Heilig<
heute hauptsächlich für perverse Erpressungen benutzt wird.

2. Intervention (lat. = Vermittlung, militärische Einmischung eines Staates in die Verhältnisse eines anderen).

3. Verurteilung nach dem Völkerrecht, Bestrafung.

Jedes der fünf ständigen Mitglieder des sogenannten >Weltsicherheitsrates< hat ein Vetorecht, das heißt, es kann durch ein Veto jeden Beschluß der UNO blockieren. Den bereits durch den Atomwaffensperrvertrag entmündigten übrigen Mitgliedern steht ein solches natürlich nicht zu, weil sie ja für die Mitglieder des Weltsicherheitsrates nur das dumme Fußvolk bilden. Es kann als sicher gelten, daß die wichtigsten Ländervertreter der UNO Hochgradfreimaurer und Vertreter der christlichen Kirchen sind, denn sonst wäre eine solche Einmütigkeit bei verbrecherischen Beschlüssen kaum zu erreichen.

Manche Beschlüsse der UNO benötigen die Zustimmung der Vollversammlung. Die Vollversammlung der UNO besteht im Jahre 1993 aus rund 160 Staaten. Da im Jahre 1945 die Oberfläche der Erde bereits unter 60 Staaten aufgeteilt war, muß zunächst die Frage gestellt werden: Woher kommen auf einmal 160 Staaten, und wie sind sie entstanden? Haben sich die bestehenden sechzig Staaten in einem Akt christlicher Nächstenliebe entschlossen, ihren Besitz mit hundert weiteren Machthabern zu teilen, weil diese so gerne ein eigenes Land haben wollten?

Nun, über solche Fragen wird gewöhnlich überhaupt nicht nachgedacht. Da also die Erdoberfläche im Jahre 1945 schon verteilt war, kann die übermäßige Gründung von neuen Staaten nur dadurch erklärt werden, daß sie durch Verschwörung, Revolution, Umsturz, Erpressung, Raub, Terror und Mord zustandegekommen ist. Daraus folgt wiederum, daß mindestens ca. 100 Staaten durch Verschwörer, Räuber, Mörder und Terroristen regiert werden.

Ferner ist zu fragen: Was sind das für >Demokratien<, in denen neunzig Prozent aller Bürger Analphabeten sind, wie z. B. in Ägypten, und 50-80 Prozent arbeitslos sind? Manche Länder, wie z. B. Israel, haben überhaupt keine Verfassung. Bei Mehrheitsbeschlüssen der UNO entscheidet also eine Bande von Räubern und Terroristen über das Schicksal der Welt, und insbesondere über dasjenige der unzivilisierten europäischen Barbarenstaaten! Herrliche Zustände für die Drahtzieher hinter den Kulissen!

Wenn ich behaupte, daß von den 160 Nationen höchstens zehn Prozent, also 16 Nationen, als souverän gelten können, dann kann sich auch ein politischer Analphabet ausrechnen, wie die Abstimmungsergebnisse in der UNO erzeugt werden — sie werden ganz einfach durch Korruption und Erpressung erzeugt!

Es gibt gegenwärtig einige Autoren, die ihre Leser glauben machen wollen, daß eine Vernichtung von Nationalstaaten im Gange ist. Dies ist jedoch angesichts der vorgenannten Tatsache falsch. Die Wahrheit ist vielmehr, daß eine Vernichtung **souveräner** Nationalstaaten zugunsten neuer **nicht souveräner** Nationalstaaten im Gange ist, nach dem alten Prinzip: **teile und herrsche.** Dem einigermaßen geschulten politischen Leser brauche ich wohl hier nicht zu erzählen, wer diejenigen >Oppositionsparteien< und Terroristen unterstützt hat, die dann die neuen Staaten aus der Taufe gehoben haben.

Da die Schaffung neuer Nationalstaaten eine neue Variante zur Versklavung der Welt ist, möchte ich noch ein paar Sätze anfügen. Viele Interventionen der UNO werden mit der angeblichen Erhaltung der Souveränität, Unabhängigkeit oder Selbständigkeit von Staaten begründet: Was hat es nun mit der seit 1945 praktizierten Schaffung sogenannter unabhängiger Staaten auf sich? Dies ist nichts als einer der primitiven, leicht zu durchschauenden Tricks der >Unsichtbaren Weltregierung<, um mehr Abhängigkeit zu schaffen. Die Sklaverei des einzelnen Menschen wurde ersetzt durch die Sklaverei ganzer Staaten, was sich sehr leicht beweisen läßt. Staatliche Unabhängigkeit muß grundsätzlich und zwangsläufig darauf gegründet sein, daß ein Land genug Geld besitzt, um die in diesem Land wohnenden Menschen ausreichend mit Nahrungsmitteln, Wohnungen und Kleidung versorgen zu können, und zwar ohne Kredite. Wenn also die politische Unabhängigkeit und Selbständigkeit eines Staates durch führende Politiker eines anderen Staates anerkannt werden soll, dann müssen sich diese Politiker die grundsätzliche Frage stellen, ob der neue Staat genug Geld für die Ernährung, die Wohnungen und die Kleidung seiner Bürger besitzt. Wenn somit ein Staat seine Unabhängigkeit erklärt, um zur gleichen Zeit irgendwo um Kredite betteln zu müssen, dann ist eben kein unabhängiger Staat entstanden, sondern ein weiterer von den internationalen Kredithaien abhängiger, also ein Sklavenstaat. Wer also nach Unabhängigkeit strebende Staaten politisch anerkennt, ohne die für das Überleben der Bevölkerung notwendigen Daten geprüft zu haben, der macht sich mitschuldig an der internationalen Kredit- und Zinssklaverei, die hauptsächlich zu dem gegenwärtigen beklagenswerten Zustand der internationalen Finanzmärkte geführt haben.

Diese Entwicklung, die ja gemäß den *Protokollen der Weisen von Zion* mit der sogenannten Demokratisierung einherschreitet hat noch einen besonders tödlichen Aspekt — den Hunger! Der Leser stelle sich einmal die Frage, ob zu Zeiten der individuellen Sklaverei genau so viele Menschen verhungert sind wie heute, wo man die Sklaverei des Einzelmenschen durch die Staatssklaverei abgelöst hat.

Damit solche nach *Unabhängigkeit* strebenden Länder nun nicht etwa in die Hände der falschen, d.h. der gegnerischen Kreditgeber, geraten, hat die nach Weltherrschaft strebende Verschwörerbande gewisse Instrumente geschaffen, Weltkreditverwaltungsmonopole, zu denen u.a. die Weltbank und der Weltwährungsfond zählen.

USA (Vereinigte Staaten von Amerika)

„Credo der amerikanischen Freimaurer (nach einer offiziellen Verlautbarung der Großloge von New York, 1919): ,Unser maurerischer Glaube ist, daß es einen Gott gibt, der der Vater aller Menschen ist, daß die Heilige Schrift eine göttliche Offenbarung darstellt, die für Glauben und Leben Richtschnur und Führung bildet; daß die Menschenseele unsterblich ist, daß der Charakter des Menschen sein Geschick bestimmt; daß die Nächstenliebe, nach der Liebe zu Gott, die erste Pflicht des

138

Menschen ist; daß das Gebet als eine Beziehung des Menschen zu Gott wichtig ist. Auf diesem Felsen stehen wir vereint und unentwegt fest ... Unseren alten Gesetzen gemäß kann nicht nur kein Atheist zum Maurer gemacht werden, es darf auch kein Atheist unsere Logen betreten' (IFL., Sp.310)."

Nun, wenn diejenigen amerikanischen Freimaurer, die ich noch beleuchten werde, ihr Geschick nach ihrem Charakter erhalten haben, dann wird der Teufel bei ihrem Eintreffen in der Hölle ein Freudengeheul angestimmt haben.

„New York. Bundesstaat der Vereinigten Staaten von Nordamerika. Die Großloge, die wohl nicht an Logen, aber an Mitgliederzahl die größte der Welt ist - sie zählte 1931 in 1011 Logen 343.400 Mitglieder - geht auf das Jahr 1781 zurück (IFL.,Sp.1110)."

„213 Mitglieder des Abgeordnetenhauses und 48 Senatoren der Vereinigten Staaten zählten Ende 1916 zu den Frm.-Brüdern Nordamerikas, dabei bestand das Abgeordnetenhaus zu fast zwei Dritteln und der Senat zu mehr als der Hälfte aus Freimaurern, wie H. Gruber dem Freimaurerblatt >Latomia< vom 20. Januar 1917 entnimmt [77]."

„Nordamerika, Vereinigte Staaten. Die USA, haben, absolut und relativ betrachtet, die weitaus stärkste Freimaurerei der Welt; sie zählt über 3.300.000 Freimaurer (das war 1932; D.R.). ... Als am 18. September 1793 der Grundstein zum Kapitol in Washington gelegt wurde, erschien der Präsident in maurerischer Bekleidung und nahm den feierlichen Akt nach maurerischem Ritus vor." ... **Von den Präsidenten der USA. waren Freimaurer** (ich beschränke mich auf dieses Jahrhundert, D.R.):

McKinley, William, * 1844, † 1901, 25. Präsident von 1897-1901, aufgenommen 1865. **Roosevelt, Theodore,** * 1858, † 1918, 26. Präsident von 1901 - 1909, aufgenommen 1901. **Taft, William Howard,** * 1857, † 1930, 27. Präsident von 1909 - 1913, aufgenommen 1909. **Harding, Warren,** * 1865, † 1923, 29. Präsident von 1921-1923, aufgenommen 1920. **Roosevelt, Franklin Delano,** * 1882, † 1945, 32. Präsident von 1933-1945.

Truman, Harry S., * 1884, † 1972, 33. Präsident von 1945 - 1953. **Bush, George**, * 1924.

„Seit Dezennien gehört jeweils auch die überwiegende Mehrheit der Staatsgouverneure und der Mitglieder des Kongresses dem Bunde an. ... Eine sehr große Rolle spielen die den Bruderschaftsgedanken vertiefenden **Clubs** und verschiedenartigsten **Seitenzweige** der amerikanischen Freimaurerei (IFL.,- Sp.1125f)."

Was treiben die Präsidenten der USA. in einem Orden, in dem politische Diskussionen verboten sind? Wenn man sich die amerikanische Politik dieses Jahrhunderts ansieht, dann weiß man es: Verschwörung - Volksbetrug - Machtmißbrauch!

„Beinahe sämtliche Präsidenten der Vereinigten Staaten waren Freimaurer, und die Tradition verlangt, daß der neu erwählte Präsident den Amtseid im Kapitol auf die Bibel schwört, welche das Exemplar jener Loge ist, der George Washington angehört hatte. Franklin D. Roosevelt war Mitglied der Loge Holland Nr. 8 - und die Großloge von Frankreich ehrte diesen hervorragenden amerikanischen Freimaurer, indem sie einen ihrer Tempel nach ihm benannte. Wir erwähnen weiter Präsident Harry S. Truman, den General Lemnitzer sowie acht jener neun Richter, die den Obersten Gerichtshof der Vereinigten Staaten bilden, und zwar die Frm-Brr Waren, Black, Burton, Clarck, Douglas, Jackson, Minton und Reed [78]."

Und immer schön brüderlich bleiben: „Die Rassenfrage wird uns nicht allzu lange beschäftigen. ... Innerhalb der amerikanischen Freimaurerei hat man sie auf die intransigenteste (lat. unversöhnlich) Weise gelöst, auf die Weise der radikalen Trennung [79]."

Walter Freund hat einiges wertvolle Material für uns zusammengetragen: Die folgende **Liste der Freimaurervereinigungen und ihrer Querverbindungen** erhebt nicht Anspruch auf Vollständigkeit [80]:

Freie & Angenommene Maurer	2 484 062
B. & P. Order of Elks	500 000
Knights of Templars (Tempelritter)	434 000
Knights of Golden Eagle (Ritter vom Goldenen Adler)	30 000

Knights of Pythias (Pythiasritter)	292 745
Ancient Order of Hibernians (katholisch)	50 000
Ancient Arabic Order of the Mystic Shrine	576 193
International Order of Good Templars	12 000
Independent Order of Odd Fellows	1 461 531
Manchester Unity of Odd Fellows	1 078 705
Crusaders	1 000 000
Order of Druids (in 15 000 Lagern)	25 000
American Order of Rosicrucians (Amorc, Präsident Lewis)	35 000
Society of Rosicrucians	10 000
Fraternal Order of Eagles	585 000
Rotary International (5060 Clubs)	210 000
Loyal Order of Moose	341 842
Knights of the Order of St. Lazarus of Jerusalem	1 000
Sons of Italy - Grand Lodge (Präsident L. Campione)	18 000
Spiritualist Association	2 000
Theosophical Society	3 900
World Alliance for International Peace through the Churches	2 000
American Federation of Labor	4 006 354
American Association for the Advancement of Atheism	3 800
World League for Permanent Peace	194 000
Rechabiten	1 000 000
Rebekka Logen (Frauen der Odd Fellows)	1 000 000
Order de Moley (Jugendgruppen der Freimaurer)	1 500 000
Order of Job's Daughters	40 000
Woodmen of the World	45 702
Modern Woodmen of America	440 500
Improved Order of Red Men	17 000
United Order of Ancient Druids	15 000
Patriotic Order of Sons of America	253 000
Foresters of America	4 537
Fraternal Order of Orioles (etwa Schlaraffen)	145 000
Knights of Malta (Malteserritter)	67 000
Order of Owls (Schlaraffen)	365 000
Order Star of Bethlehem	33 000

Order of the Eastern Star	10 527
American Legion	1 071 337

Zusammen: 19 364 735

Wie es heute (1993) mit den Mitgliederzahlen dieser Orden aussieht, kann ich nicht sagen, da mir entsprechende Dokumente fehlen. Mit dieser >Streitmacht< arbeitet aber noch eine andere eng zusammen, und zwar der Vatikan und die Legion der christlichen Orden, von denen es mindestens Hunderte gibt. Die mächtigsten der christlichen Orden sind wahrscheinlich die Orden der Jesuiten und des Opus Dei, über deren gegenwärtige Aktivitäten mir leider keine näheren Angaben vorliegen.

.Großlogen der USA:
1800 Kentucky — 1806 Delaware — 1808 Ohio — 1811 Dist. Columbia — 1812 Louisiana — 1813 Tennessee — 1818 Indiana — 1818 Mississippi — 1820 Maine — 1821 Alabama — 1821 Missouri — 1823 Illinois — 1830 Florida — 1837 Texas — 1838 Arkansas — 1840 Wisconsin — 1844 Michigan — 1844 Iowa — 1850 California — 1851 Oregon — 1853 Minnesota — 1856 Kansas — 1857 Nebraska — 1858 Washington — 1861 Colorado — 1862 West Virginia — 1865 Nevada — 1866 Montana — 1867 Idaho — 1872 Utah — 1874 Wyoming — 1875 South Dakota — 1877 New Mexico — 1882 Arizona — 1889 North Dakota — 1892 Oklahoma.

Alle diese Großlogen erhielten aber erst ihren eigentlichen Unterbau und hebräischen Geist dadurch, daß der weitschauende Großorient in Paris am 27. August 1761 den Juden Stephan **Morin** beauftragt hatte, den sogenannten >Rite de Perfection< in Amerika einzuführen, wozu ihm die Vollmacht als >Grand Elu parfait et ancien Maitre sublime< ausgestellt worden war. Selbstredend, daß diese Tatsache von den heutigen Logen verschwiegen wird und den unteren Graden auch keineswegs bekannt sein dürfte. ... So kam es, daß das typisch Jüdische und Kabbalistische, ... von Morin den alten drei Graden aufgestülpt wurde. ...

Heute ist fast jeder in der Öffentlichkeit der USA auftretende Mann Mitglied einer Geheimverbindung und spricht in deren Auftrage! Da auch der Jesuitismus seine Fangarme auszubreiten versuchte und sich namentlich in Mexiko und Kanada festzusetzen begonnen hatte, stieg außerdem die Zahl der Logenbrüder noch um ein beträchtliches, zumal der anglikanische Einwanderer nichts mehr fürchtet, als seine sektiererisch-protestantische Eigenbrötelei durch den verhaßten Papismus einzubüßen! Die anglikanische Kirche stärkte somit die Freimaurerei — die ja ihre Belebung auch in protestantischen Ländern erlebt hatte — durch ihre papstfeindliche Haltung. ..."

„Fünf der einflußreichsten Professoren der Harvard-Universität wurden 1806-08 mit Vertretern der Unitarier besetzt [81]." Wie ich bereits im ersten Band der *Geheimpolitik* geschrieben habe, wurde die Kirche der Unitarier durch Mitglieder des Ordens Skull & Bones gegründet, sie stellt somit ein Werkzeug dieses Ordens dar.

„Juden-Organisationen in Amerika, die der Amerikaner nicht kennt. (Auszug aus ca. 20 Seiten): **American Friends of the Hebrew University, Jerusalem:** Wir finden hier **Felix M. Warburg** (†), ... Stephan S. **Wise**, ... **American Jewish Congress:** ... Ehrenpräsident Stephen S. **Wise**, ... **American Jewish Joint Agricultural Corporation:** ... Seit vielen Jahren ist Joseph A. **Rosen** Präsident und Felix M. **Warburg** und Gouverneur **Lehman** im Vorstandsrat. ... **American Jewish Joint Distribution Committee:** ... Mitglieder Felix M. **Warburg**, Herbert H. Lehman, der Gouverneur New Yorks. Präsident: Paul **Baerwald**, geb. Frankfurt/Main. Nachfolger Warburgs, Bankpartner von Lazard Frères, N.A., 120 Broadway, New York. ... **American Representatives of the Jewish Agency for Palestine:** ... Unter den Beamten: Felix M. **Warburg**, ... Stephan S. **Wise**, ... **American Society for Jewish Farm Settlement in Russia, Inc.:** Direktor: Joseph A. **Rosen**, Ehrenpräsident: Felix M. **Warburg**.

B'nai B'rith: (gegr. 13. Oktober 1843). 75 000 Mitglieder in 616 Logen. 401 in Nordamerika, 215 in Europa, Südamerika,

Asien und Afrika (1938: 60 000; 1942: 150 000). Präsident: **Monsky**, Freimaurer, Elch. **Bureau of Jewish Social Research, Inc.:** Unter den Beamten: Walter N. **Rothschild. Jewish Institute of Religion:** Präsident: Stephan S. **Wise**, ..., Frederick L. **Guggenheim. Ort Reconstruction Fund:** (gegr. 1880 in Petersburg), ... Unter den Präsidenten finden wir Paul Felix **Warburg**. **United Zionist Socialist Poale-Zion Zeire-Zion:** (gegr. 1905), Büro: 1225 Broadway, New York City; 5000 Mitglieder, die als Anhänger der III. Internationale Moskaus ,den Wiederaufbau Palästinas als jüdisches Heimatland auf sozialistischer Grundlage im Verein mit dem Jüdischen Weltkongreß erstreben' [82]."

„Es ist erstaunlich, mit welcher Offenheit das Judentum eigenstaatliche Gesetze im Rahmen staatlicher Gemeinwesen zur Durchführung bringt, ohne daß sich die Arier bzw. alle bodensässigen Nichtjuden irgendwie darüber empören. Der Jude verbietet nicht rassebewußten Juden den Zutritt zu seinen Judenlogen und fordert von jedem Mitglied striktestes Einhalten orthodoxer talmudischer Haltung; andererseits aber gerät das Weltjudentum in maßlose schäumende Wut, wenn sich die ursprünglichen Gastvölker ebensolcher Gesetze bedienen und die Rassenreinheit auf ihr Panier schreiben und den Versuch unternehmen, das Judentum aus ihren Reihen auszuschalten. ...

Der Begründer dieser Vereinigung (Union of American Hebrew Congregations) war kein Geringerer als der Vater des jetzigen Boykottrabbis Stephan S. Wise, der am 3. August 1855 in >The Israelite< die so unermeßlich wichtigen Worte über das geheimnisvolle Wesen der Freimaurerei geschrieben hatte: ,**Masonry is a Jewish institution whose history, degrees, charges, passwords, and explanations are Jewish from the beginning to end, with the exception of only one by-degree and a few words in the obligation'.** ... Es dürfte zwar schwer fallen, heute noch ein Original des >Israelite< aus dem Jahre 1855 zu erwerben, aber die >Publications of the Jewish Society< waren in ihrem Band XIX so liebenswürdig, diese Sätze nochmals aus dem Original abzudrucken, die ich hier in deutscher Sprache hinzufüge: ,**Die Freimaurerei ist eine jüdische Einrichtung,** deren Geschichte, Grade, Pflichten, Paßwörter und Erklärungen jüdisch von Anbeginn bis zum Ende sind, und zwar mit einer einzigen Ausnahme eines Nebengrades und einiger weniger Worte in der Verpflichtung'. ...

Dieser American Jewish Congress ist der eigentliche Bahnbrecher des Judentums für die gesamte Welt geworden und hat auch die Vorarbeiten zum Jüdischen Weltkongreß eingeleitet. Als die ersten Meldungen schüchtern durch die amerikanischen Presseorgane liefen, schien es aus Gründen der Sicherheit ratsam, einige Gegenmeldungen in die Presse zu lanzieren. So warnte Hermann **Bernstein** in einem sehr beachtlichen Artikel vor den Gefahren(!), die derartige Meldungen hervorrufen müßten: ‚Der **irreführende (!) Bericht über eine >Überregierung<** ist äußerst gefährlich und bedauerlich. **Antisemiten der ganzen Welt** werden sich auf diesen **berufen als eine Bestätigung einer jüdischen Überregierung**, die bereits in den gefahrvollen **Protokollen von Zion** ausgearbeitet wurde.' ...

Die ganze Sache war aber nicht mehr rückgängig zu machen, da die Paragraphen schon beschlossen waren, von denen der erste hieß: ‚**Es wurde heute eine Überregierung von Vertretern des Judentums aller Länder gebildet, die sich verpflichten, gegen die Unterdrückung der Rasse mit allen ihr zur Verfügung stehenden Mitteln zu kämpfen.**'...

Diese Querverbindungen, die von uns jederzeit und sozusagen mühelos um Tausende von Namen vermehrt werden könnten, wenn der Platz hierfür zur Verfügung stehen würde, zeigen, daß in den Hochgraden überhaupt keine Unterschiede weltanschaulicher oder gar politischer Natur bestehen. In den unteren Graden jedoch dürfte es einem Mitglied der Kolumbusritter geradezu frevelhaft erscheinen, Freimaurer zu sein oder umgekehrt, einem Maurer Kolumbusritter zu werden [83]!"

Dr. K. Lerich meinte dazu ergänzend: „Der reine Bestand des Freimaurerordens, der die Welt nach seinen *überkonfessionellen* und *überstaatlichen* Grundsätzen gestalten will, ist schon ein Politikum. Hinzu kommt, daß der Bund jederzeit bis in die höchsten Regierungsstellen seine führenden Männer stellt. Nur einige Beispiele aus der unmittelbaren Gegenwart: der Präsident der U.S.A., *Roosevelt*, ist Hochgradfreimaurer des 32. Grades; in England ist der *Herzog von Connaught* Großmeister der Großloge, der *Prinz von Wales* Provinzialgroßmeister, und, wie der Herzog, Aktivmitglied des Obersten Rates für England. . . . Von 50 Gouverneuren der *nordamerikanischen* Bundesstaaten sind 36 Brüder! Im Senat sitzen 339 Freimaurer! Diese wenigen Tatsachen, Namen und Ziffern beantworten in Kürze die Frage nach dem Verhältnis des Geheimbundes zur Politik [84]."

* * *

Vatikan (siehe auch >Papst Pius XII.und Seite 81 in *Geheimpolitik-1*): „Die höheren Freimaurerwürden saßen in England, Frankreich, USA, Italien und Rußland sowie auch in Deutschland in hohen politischen Stellungen. Namen treten auf: Churchill, Lloyd George, Clémenceau, Poincaré, Briand, Joffre, Wilson, Sonino, ferner Kreise der russischen Großfürsten Ismolsky, Sassanow, später die B'nai-B'rith-Brüder Lenin und Trotzki-Braunstein. Mit diesem Meuchelmord (in Sarajewo, D.R.) und dem berühmten Telegramm aus dem Vatikan:

,Der Papst billigt ein scharfes Vorgehen Österreichs gegen Serbien ...', das dem strenggläubigen Katholiken Kaiser Franz Joseph ein göttlicher Befehl war, wurde das große Völkermorden ausgelöst. ...

Eine Neutralitätsverletzung würde dem Papst wieder Wasser auf seine Mühle bedeuten. Denn er war es, der als erster nach dem letzten Weltkrieg die Deutschen für kollektivschuldig erklärte. ..." Ausgerechnet der Anführer jener Hierarchie, die den späteren Aufstieg Hitlers erst ermöglichte, erklärt das deutsche Volk für kollektivschuldig — perverser geht es kaum noch!

„... und die in ihrer Vatikanzeitung >Osservatore Romano< am 24.5.1919 dokumentieren:

,Die Wirksamkeit des Heiligen Stuhles während des Krieges betätigte sich beständig zugunsten der Ententemächte ...'

Die deutsche Gegenaktion läuft und die Parole des Landsers im kommenden Kreuzzug wird lauten:

Pfaffen und Bonzen vor die Front!! [85]."

„**Verbrennen der Dokumente.** In französischen Logen werden die eingeholten Informationsschreiben über die Suchenden nach der Aufnahme in offener Loge verbrannt, damit nicht späterhin etwa Mißhelligkeiten daraus entstehen können. Ebenso wurden früher die Dokumente und die maurerische Bekleidung **symbolisch** verbrannt, wenn ein Br. aus der Loge cum infamia ausgeschlossen wurde. ...

Anderson berichtet, daß im Jahre 1721 in einigen Logen zum unersetzlichen Verlust der Brüderschaft verschiedene wichtige Schriften, welche ihre Logen, Verordnungen, Gebräuche, Vorschriften und Geheimnisse betrafen, insbesondere eine von Nicolaus **Stone**, dem Aufseher von Inigo **Jones**, von einigen ängstlichen Brrn. zu hastig verbrannt wurden, damit diese nicht in fremde Hände fallen möchten. An dieses zu hastige Verbrennen wurden verschiedene Vermutungen bezüglich des Inhalts der alten Freimaurerei geknüpft. ... Die Zeitgeschichte Englands bietet keinen Anhaltspunkt dafür, daß gerade zu dieser Zeit die alten Steinmetzenschriften aus politischen Gründen vor Verrat nicht anders zu schützen gewesen wären (IFL.,Sp.1633).∎

Ich muß mich immer wieder fragen: Für wie dämlich halten diese Autoren eigentlich ihre Leser? Also — in einem sich angeblich nur humanitären Zielen widmenden Orden werden Schriften verbrannt, die sich später als unersetzlich herausstellen, und von deren Inhalt später nichts mehr auftaucht. Vielleicht sind es ja ausgerechnet jene Schriften gewesen, in denen über die vielen Wohltaten berichtet wurde, welche aus den Logen heraus die Welt heimsuchten. Immerhin ging bereits in jener Zeit von England ein Imperialismus aus, der den Machtbereich Englands auf ca. 80% der gesamten Erde ausdehnte. Natürlich betrachteten gewisse englische Logenkreise diesen Imperialismus als eine Wohltat für die Welt. Allerdings wohl kaum diejenigen, die von den britischen >Wohltaten< heimgesucht wurden. Viele Aussagen hängen eben sehr vom Standpunkt des Betrachters ab — nämlich z.B. davon, ob er arm oder reich ist, oder sich oben oder unten befindet! Außerdem, was heißt hier >politische Gründe<? Es wird doch von Freimau-

rerautoren ständig behauptet, daß durch die Logen keine Politik betrieben wird!

„Freimaurerische Verlagsanstalten. Die Zahl der rein freimaurerischen Verlagsanstalten ist gering. Da sich die freimaurerische Literatur besonders in früheren Jahren ausschließlich an Freimaurer wendete, war der Abnehmerkreis beschränkt. Freimaurer sind im allgemeinen auch schlechte Buchkäufer, die Zahl derjenigen Brr., die sich eine eigene Bücherei freimaurerischen Inhalts anlegen, ist immer eine sehr kleine gewesen. Um so eifriger kaufen dagegen Freimaurer gegnerische Literatur. Man darf wohl behaupten, daß der Bucherfolg zahlreicher gegnerischer, oft sehr minderwertiger Schriften in erster Linie den Freimaurern selbst zu danken ist (IFL.,Sp.1641)." Jede >Elite< hat eben ihre Besonderheiten. Mit einem solchen Grad von Interesse werden wohl die meisten Freimaurer niemals hinter das freimaurerische Geheimnis kommen!

„Verräterschriften. Für das Aufsehen, das die Freimaurerei bei ihrem ersten Auftreten in England erregte, spricht die große Menge von bald hernach erschienenen Privatdrucken, die sich sämtlich bemühten, der breiten Öffentlichkeit das Geheimnis der Freimaurerei zu enthüllen. Da die offiziellen Rituale nicht gedruckt werden durften, so sind in diesen Verräterschriften sehr viele wertvolle Hinweise auf die ursprünglichen Ritualformen, wenn auch angenommen werden muß, daß manche von ihnen stellenweise eigene Erfindungen des Verfassers enthalten. ... Für die historische Forschung der Freimaurerei sind besonders die alten englischen Verräterschriften von großem Wert. In der Anfangszeit der kontinentalen Freimaurerei war man für diese Verräterschriften sogar sehr dankbar, da man aus ihnen das Ritual der Logen für den eigenen Logengebrauch entnehmen konnte (IFL.,Sp.1642)." Die verschiedenen Rituale waren also den Logenbrüdern selbst so wenig bekannt, daß sie diese aus den Verräterschriften entnehmen mußten! Kommentar überflüssig.

Verschwörungstheorie: Reinalter, Helmut (Freimaurerei und Illuminatenorden): „Diese als >Verschwörungstheorie< in die Forschung eingegangenen Vorstellungen eines weltweiten Netzes radikaler Wühlarbeit der Geheimgesellschaften hat sich heute aufgrund neuerer Untersuchungen als konterrevolutionäre Erfindung herausgestellt [86]."

Wo sind neuere Untersuchungen? Bis jetzt habe ich praktisch ausschließlich Wahrheitsverdrehungen gefunden! Wie nicht nur in meiner *Geheimpolitik* nachzulesen ist, ist der Glaube, daß die >Verschwörungstheorie< eine Erfindung ist, ein Irrglaube oder auch eine bewußte Irreführung. Es soll zugegeben werden, daß das Netz der Verschwörungen nicht ganz leicht zu durchschauen ist, aber an dem Bestehen kann wirklich nur derjenige zweifeln, der die Wahrheit nicht sehen will oder unfähig ist, die Ideen der Verschwörungstheorie mit der inzwischen sich in den historischen Tatsachen offenbarenden Verschwörungspraxis in Einklang zu bringen. Das Urteil solcher unfähigen Köpfe ist jedenfalls vor dem Hintergrund der historischen Tatsachen ohne jedes Gewicht.

„**Völkerbund.** Die Idee einer Liga der Nationen, wie sie im Völkerbund ihren Ausdruck gefunden hat, wurde bereits mitten im Weltkrieg von Freimaurern propagiert. Der Kongreß von Vertretern von Entente- und neutralen Großlogen, der vom 28. bis 30. Juni 1917 in Paris stattfand, erörterte diesen Gedanken auf das gründlichste. Er wurde vom damaligen französischen Deputierten André Lebey, Mitglied des Ordensrates des Großorients von Frankreich, als Referent des Kongresses vertreten. ... Dieser Plan, dem ein in allen Details ausgearbeiteter Grundriß für einen Völkerbundpakt beigegeben war, wurde vom Kongreß einstimmig gutgeheißen. Es hieß u. a. darin: ... ‚Wurden 1789 die Gesetzestafeln der **Menschenrechte** aufgestellt, so werden vom Völkerbund vor allem die Gesetzestafeln der **Völkerrechte** zu schaffen sein.' ...

Mit den später von **Wilson** (damaliger amerikanische Präsident), der **nicht** Freimaurer war, entworfenen Gedanken eines Völkerbundes haben diese freimaurerischen Ideologien nichts zu tun gehabt. An der Gründung des Völkerbundes sind die Freimaurer als solche ebenso unbeteiligt gewesen wie an seiner weiteren Tätigkeit. Selbstverständlich werden besonders in Deutschland, aber auch von klerikaler Seite in Frankreich, alle Fehlschläge der Völkerbundspolitik immer wieder auf das Freimaurerkonto gebucht. Wobei bemerkt werden muß, daß außer **Stresemann** und **Benes** keiner der großen Führer im Rate der Völker Freimaurer wurde. Ebensowenig wie es eine freimaurerische >diplomatische Geheimbündelei< gibt, besteht eine Einflußnahme der Freimaurerei auf das Wirken des Völkerbundes (IFL.,Sp.1656)."

„Wir wissen auch, daß Lord Robert Cecil, Vorsitzender des Völkerbundes, in Vorträgen, die er in den Vereinigten Staaten zugunsten des Bundes machte, voraussagte, daß dieser eventuell seinen Sitz in Jerusalem haben würde. Solcherart sprechend, äußerte er nur die zionistischen Aussagen, welche von Leon Simon in *Studies in Jewish Nationalism* gemacht wurden.

Wenn wir den Völkerbund unter seinen verschiedenen Aspekten studieren, wir werden zu dem logischen Schluß geführt, daß er eine jüdisch-maurerische Errungenschaft ist. ...

Wie die embrionale zukünftige Weltregierung, kurz bestimmt, die zentrale Regierung der europäischen Bundesstaaten zu sein, ist der Völkerbund gegenwärtig mit zwei Plänen beschäftigt, mit denen er eventuell in den Stand versetzt wird, seine Diktate durchzusetzen: d.h. einerseits, eine internationale Armee und Luftwaffe, und andererseits, eine internationale Bank, welche bereits auf die Schaffung und die Zirkulation eines internationalen allgemeinen Geldes zielt. Inzwischen bemühen sich die Schöpfer und Sponsoren die Illusion der Demokratie und ihrer vielfältigen Segnungen aufrechtzuerhalten, während sie tatsächlich schon in Genf einen Tempel der Selbstherrschaft und Tyrannei des Internationalismus errichteten [87]."

„Der Völkerbund führt vor der ganzen Weltöffentlichkeit das Schauspiel jener freiheitlichen demokratischen Humanität auf, die am deutlichsten erweist (siehe Abrüstungskonferenz!), wie sie ihre inneren Garantien vermissen läßt, wie, von der

Freimaurerei geboren und großgezogen, eine >Menschlich-keit< besteht, die es ihrem Bekenner möglich macht, Friedens-reden zu halten und gleichzeitig Großaktionär der internatio-nalen Rüstungsindustrie zu sein [88]!"

„**Weisheit, Stärke und Schönheit** sind die drei Ideale, wel-che die Arbeit des Freimaurers leiten sollen. Nach ihnen wer-den die drei Pfeiler oder Säulen benannt, auf denen der sym-bolische Bau der Freimaurerei ruht (IFL.,Sp.1680)."

Weltbank: Über diese Bank, die gegenwärtig eines der wich-tigsten Versklavungs-Werkzeuge der unsichtbaren Weltregie-rung hinter der UNO darstellt, wäre viel zu sagen. Ein Hinweis darauf, wann dieses Instrument zuerst das Licht der Öffent-lichkeit erblickte, soll jedoch genügen:
„Die Internationalisierung der Finanzen erreichte ihre Vergötterung, als am 23. April 1930 die internationale Bank in Basel gegründet wurde, beauftragt, die Zentralbanken von neun Nationen als Mitglieder anzuwerben. ...
Der Direktor der Bank von England (Herr Montagu Nor-man) wird ein Direktor dieser Auslandsbank sein. ...
Zusätzlich zu ihrer außergewöhnlichen Macht kontrolliert sie die >Maschinerie der Reparationen<, welche die Werkzeu-ge enthält durch die erforderlichen Mittel die Reparationen zu tilgen ... Ökonomische Kontrolle schließt politische Kontrolle genauso ein, wie jede andere Kontrolle irgendwelcher Men-schen. ...
Die vermeintlichen 80 000 000 £ pro Jahr, die Deutschland an die Vereinigten Staaten durch fünfzig Jahre bezahlen sollte, ist eine Irreführung und eine Falle. Aber das Ziel der Abtei-lung der Wall-Street, von Präsident Hoover zurückgewiesen, welches ursprünglich die Idee des Planes (Young Plan) förder-te, ist dasjenige, durch Deutschland als Sektion der Wall-Street die Welt zu dominieren [89]."

„**Winkelmaurerei, Winkelloge** (engl. Clandestine Lodge, frz. Loge irrégulière). Der Ausdruck hat im Deutschen eine besondere Schärfe (Winkelschreiber, Winkeladvokat!) und wäre daher besser durch: **unregelmäßige Loge** zu ersetzen. ...

Logen, die keinerlei Großlogenpatent besitzen, gelten heute allgemein als unregelmäßig. Dasselbe gilt auch von Großlogen, die sich aus derlei Logen aufbauen. Es ist dabei gleichgültig, ob die gründenden Brr. regelmäßige Freimaurer sind oder nicht. Ohne Patent einer Großloge (bzw. Obersten Rates) gibt es keine Regularität, ebensowenig als es unabhängige Logen aus eigener Machtvollkommenheit einzelner Freimaurer geben kann (IFL.,Sp.1712)."

Hochgradlogen

„Aber zehn Jahre früher, am 29. August 1761, erhielt ein Jude, Stephen Morin, eine Gründungsurkunde vom Konzil der Herrscher des Ostens und Westens und ging nach Amerika als Großinspektor General. Dort gründete er das, was nun als Schottischer Ritus bekannt ist [90]."

Ein paar Sätze von Dr. K. Lerich, der selbst Hochgradfreimaurer im 33° gewesen war: „Der >Alte und Angenommene Schottische Ritus vom 33. und letzten Grade<, wie die vollständige Bezeichnung lautet, ist jenes einzige *mächtige* Hochgradsystem, das die ganze Welt umspannt, in 36 Staaten der Erde seine >Obersten Räte<, das sind die verwaltenden und leitenden Oberbehörden, besitzt. Wenn im allgemeinen von Hochgradfreimaurern gesprochen wird, dann sind immer nur Mitglieder dieses Schottischen Ritus gemeint. ...

Auf die Frage: Was wollen die Schottischen Hochgrade? — wird am besten mit einer Stelle geantwortet, welche die >Freimaurerzeitung< (Leipzig, 9. Mai 1874) aus einer Rede abdruckte, die bei einer Tagung des italienischen Großorients gehalten wurde: ,Die Johannisloge ist notwendig als Vorstufe der Hochgrade. Auch ist sie gut zur Ausübung von Werken der Barmherzigkeit. Der *Schwerpunkt* unserer Arbeit liegt in den Hochgraden. Dort machen wir den *Fortschritt,* die *Politik* und die *Weltgeschichte.* Darum ungeschmälerte Aufrechterhaltung des Schottentums. In ihm hatten unsere Väter (Mazzini und Garibaldi waren Freimaurer des 33. Grades) ihre glorreichen Taten vollbracht, die Tyrannen gestürzt, die Fremden verjagt. Darum brauchen wir das Schottentum. Was soll uns die Johannisfreimaurerei? Nicht anderes, als uns ihren *friedsamen Namen leihen*, damit wir unsere *Feinde überlisten*. Was soll uns das Symbol? Es soll uns Schirm und Schild sein am Tage des Kampfes. Nichts weiter. Was sollen uns alle Formen der Loge?

Sie sollen uns verstecken vor unseren Feinden, wenn wir Unglück haben oder der Erholung und Sammlung bedürfen' [91]."

Während man vielleicht in den Johannislogen wie in einem gewöhnlichen Verein Mitglied werden kann, ist das in den Hochgradlogen nicht so einfach: „In die Hochgrade kann nur jemand berufen werden, der bereits Mitglied in einer Johannisloge ist. Der Artikel 23 der >Konstitution des Deutschen Obersten Rates< bestimmt: ‚Nur reguläre Freimaurermeister, die Mitglieder regulärer (d.h. gerechter und vollkommener) Freimaurerlogen sind und sich seit wenigstens neun Monaten im Besitze des dritten Grades befinden, können in die Hochgrade des Alten und Angenommenen Schottischen Ritus berufen, aufgenommen und befördert werden. Dispens von dieser Frist kann nur vom Obersten Rat erteilt werden. Über Regularität oder Irregularität einer blauen Loge oder Großloge entscheidet für seine Zwecke der Oberste Rat. Um Aufnahme in die Hochgrade des Schottischen Ritus kann sich kein Bruder Freimaurer bewerben. Die für den Ritus geeignet erscheinenden Brüder werden in die Hochgrade berufen. Die Berufung beruht auf dem Prinzip der Auslese.' [92]." Was bei einer solchen >Auslese< alles herauskommen kann, davon wird noch berichtet.

„Die vollkommensten Hochgrade bilden heute der AASR, der Droit Humain und die Große Landesloge von Deutschland [93]." — „AASR (Abk.) = Alter und Angenommener Schottischer Ritus, auch kurz *der Ritus* genannt, das in der Welt am weitesten verbreitete und vollkommenste Hochgradsystem der Freimaurerei, welches wahrscheinlich in Frankreich entstanden ist, aber zuerst 1801 in Charleston/USA bekannt wurde. ... Der AASR zählt 33 Grade, die in bestimmte Klassen eingeteilt sind [94]."

„Droit Humain (Abk.: D. H.) Kurzbezeichnung für (franz.) Ordre Maçonique Mixte International *Le Droit Humain* = Internationaler Orden der gemischten Freimaurerei *Das Menschenrecht*; ein internationaler FM-Orden, der (im Ggs. zur übrigen FM) gleichberechtigt Männer und Frauen aufnimmt. ... Das Grad- und Ritualschema in allen Ländern ist jedoch einheitlich und stimmt mit den von Albert Pike formulierten Grundlagen überein, wenn auch der Inhalt der übrigen FM des betreffenden Landes angeglichen ist. Oberhalb der Grundlogen mit den 3 *blauen* Graden bestehen noch Perfektionslogen, Kapitel und Areopage für die Hochgrade 4 bis 33 [95]."

„Das erste (Ereignis innerhalb des *Droit Humain*) war ein Schisma (gr. Kirchenspaltung), von allerdings nur kurzer Dauer, im Jahre 1913. Das zweite und interessantere war der Versuch theosophischer Kreise um Annie Besant, die Logen des Droit Humain zu ihrer *Religion* zu bekehren [96]."

„**Große Landesloge**, zuweilen auch Freimaurer-Orden genannt; einer der deutschen Großlogenverbände der FM; gegründet am 27.12.1770 von Zinnendorf. Die Unterlagen für das Ritual und die Ordenslehre kaufte Zinnendorf 1766 von dem schwedischen Kanzleirat Eckleff, der sie, nach dem Stande der heutigen Forschung, selbst zusammengeschrieben hatte. Die Große Landesloge vertritt ein christlich-religiöses System, das mit der gesamten übrigen FM in Widerspruch steht [97]."...

Nach einer Tabelle von Miers[98] bearbeitet die Große Landesloge 10 Grade. Mehr möchte ich an dieser Stelle über diese Dinge nicht erzählen, weil das für die hier im Vordergrund stehenden politischen Ereignisse von geringer Bedeutung ist. Die Aufmerksamkeit des Lesers soll hier insbesondere auf den AASR gerichtet werden, der zweifellos die mächtigste der genannten Organisationen ist. Alec Mellor schreibt dazu u.a.:

„Der Schottische Ritus ist weltweit. ... Alle (Obersten Räte des Schottischen Ritus) haben jedoch im Jahre 1875 die sogenannte Deklaration von Lausanne feierlich anerkannt. Sie ist die Charta des Welt-Schottentums. Der Ritus umfaßt 33 Stufen oder Grade, und zwar die drei symbolischen oder blauen, auch St.-Johannis-Grade, und die dreißig höheren oder >Hochgrade<. ...

Das Ritual des Alten und Angenommenen Schottischen Ritus ist bei weitem das interessanteste, das symbolträchtigste und gleichzeitig auch jenes, welches die meisten Probleme aufwirft. Es ist - um es so auszudrücken - gestopft voll mit

Hermetismus. (Der Hermetismus ist, wie wir wissen, keine Religion, sondern eine Philosophie)."

Leider schon wieder falsch geraten, die **Hermetik** ist keine Philosophie, sondern eine Wissenschaft, die aus Theorie und Praxis besteht, wie jede ordentliche Wissenschaft.

„Oswald Wirth, der hervorragende Symbolist, gibt für die Entstehung der Hochgrade im 18. Jahrhundert folgende Erklärung: ‚Die gesamte sogenannte symbolische Freimaurerei ist - leider! - nur ein Symbol dessen, was sie eigentlich sein sollte. ... Man erkannte, daß die, die sich Meister nannten, keine Meister waren, und daß die, die es zu sein glaubten, den Wunsch fühlten, in besonderen Bauhütten zu echter Meisterschaft geführt zu werden. Darum sollte durch die Schottischen Meister eine bessere Auswahl verbürgt werden. Sie fanden sich um 1740 in der Absicht zusammen, einen vierten Grad echter Meisterschaft einzuführen, welchen die blauen Logen nicht kannten, so daß die Farbe Rot seitdem zum Zeichen der höheren Bauhütten wurde. Da aber der 4. Grad praktisch gesehen kaum vollkommener war als der 3., kam es alsbald zu einer vielfachen Vermehrung der Grade'."

Oswald Wirth gehörte nach meiner Auffassung zu den wenigen freimaurerischen Autoren, die etwas davon wußten, daß der Weg zum Meister nicht nur symbolisch-theoretisch war, sondern mit geistiger Praxis zu tun hatte. Real gesehen war also ein Grund für die Erfindung der Hochgrade die Idee, die Unwissenheit und Unvollkommenheit der freimaurerischen Meister so lange wie möglich vor den unteren Graden zu verbergen, was durch die folgenden Worte bestätigt wird:

„Darüber hinaus gibt es noch jenes niemals gestillte Verlangen nach dem Erkennen des maurerischen Geheimnisses, welches wir die >Suche< genannt haben. Man verfolgte dieses immer entfliehende Geheimnis von Grad zu Grad. Warum also jemals haltmachen? ..."

Der zweite Grund war der, innerhalb der Grade politische Ziele zu verwirklichen. Wenn demnach die Meister der Freimaurerei schon Unwissende waren, wie mußte es erst um ihre Lehrlinge und Gesellen stehen?

„In Frankreich aristokratisierte sich der Orden auch innerhalb der Hochgrade unter weniger geistigen Aspekten. Die berühmte maurerische Gleichheit wurde von den Brüdern von Stand offenbar schwer ertragen, und die Unterschiedlichkeit in der gesellschaftlichen Schichtung der Logen zeigt das deutlich. ... Was den Schottischen Ritus betrifft, haben seine befugten Vertreter zu wiederholten Malen hervorgehoben, daß der Unterschied zwischen den Grundsätzen der Freimaurerei und den Grundsätzen des Kommunismus unüberwindbar sei. ..."

Der berühmteste Förderer des Kommunismus F.D. Roosevelt war Freimaurer des Schottischen Ritus!

„Es ist somit nur allzu leicht verständlich, weshalb das Phänomen der Hochgrad-Maurerei von Generationen von Freimaurern totgeschwiegen wurde. ...

Ein Dekret des Obersten Rates vom 12. Mai 1822 stellt energisch fest: ... **Jede geheime Gesellschaft,** die sich mit politischer oder religiöser Spekulation befaßt, steht schon damit außerhalb der Freimaurerei und sogar im Gegensatz zu ihren Prinzipien. ..."

Sehr eigenartig und verdächtig, daß die Freimaurerei so oft betont, daß sie sich nicht mit Politik befaßt, obwohl die historischen Tatsachen einwandfrei das Gegenteil beweisen.

„**Deklaration der Prinzipien des Konvents (der >Schottenlogen<) von Lausanne, September 1875:** ... Sie (die Freimaurerei) untersagt ihren Ateliers jede politische oder religiöse Streitigkeit. ... Die Freimaurerei hat zum Ziel, gegen Unwissenheit in allen ihren Formen zu kämpfen. Sie ist eine Schule gegenseitiger Belehrung, deren Programm sich kurz, wie folgt, zusammensetzt: Gehorche den Gesetzen deines Landes, lebe ehrenhaft, übe Gerechtigkeit, liebe deinen Nächsten, arbeite ohne Unterlaß an dem Glück der Menschheit zu ihrer friedlich fortschreitenden Befreiung. ... Unsere Moral ist die reinste und heiligste, denn sie ruht auf der ersten aller Tugenden: auf der Menschlichkeit. ... Die Unmoralität muß er daher mit Verachtung und Widerwillen ablehnen. ..."

Die Frage bleibt nur, was manche modernen Freimaurer unter Moral verstehen, da sie, wie bewiesen, noch nicht einmal zwischen Moral und Unmoral richtig zu unterscheiden brauchen, da für sie alles relativ ist.

„Gegenwärtig werden nur einige dieser zahlreichen Grade (des Schottischen Ritus) wirklich praktiziert (in Deutschland der 4., 18., 30., 32., und 33.), während die Mehrzahl nur durch Mitteilung verliehen wird, daß heißt, daß diese Grade dem Berufenen gleichzeitig mit der Verleihung eines höheren Grades zuerkannt werden [99]."

Jeder mit praktischer Hermetik und praktischem Yoga Vertraute kann über solche Praktiken nur den Kopf schütteln. Das ist noch primitiver als auf jeder Hilfsschule. Wenn man Grade, die sich auf die geistige Reife eines Menschen beziehen, durch *Mitteilung* verleiht, dann ist das praktizierter Blödsinn — oder Politik.

Zur Hochgradfreimaurerei heißt es bei Rossberg u.a.: „In Deutschland lassen sich die Hochgrade, die die Brüder niederer Grade mit Hilfe von Alchimie, Astrologie und Magie zu leiten verstanden, um 1744 zuerst in Hamburg nachweisen. ... Das bedeutendste europäische Hochgradsystem im 18. Jahrhundert war die sogenannte Strikte Observanz, ...

Im Gegensatz zu der humanitären Maurerei, die 1717 in England entstand, zeigte die Strikte Observanz, welche ihren Siegeszug in Europa antrat, einen jesuitischen Charakter. ...

Die Forderung des unbedingten Gehorsams der niederen gegen die höheren Grade gab den Zeitgenossen, wie z.B. dem Freimaurer Johann Joachim Bode, zu der Vermutung Anlaß, daß die Jesuiten die geheimen Oberen der Hochgradmaurerei seien. ..." Diese Vermutung war vielleicht nicht immer ganz falsch. Höchst interessant ist jedenfalls die Aussage, daß die Hochgradbrüder diejenigen der niederen Grade mit Hilfe von Magie leiteten.

„Die kaum verständliche Hingabe der Ordensmitglieder erwuchs aus dem Glauben, daß ihre Oberen geheime Mittel besäßen, den Menschen wieder zu einem Ebenbild Gottes zu machen. Die Behauptung, mit der Vorsehung in Verbindung zu stehen, ermöglichte es diesen, die Ordensmitglieder zu ihren willenlosen Werkzeugen zu machen. ...

Schienen die humanitäre Freimaurerei als eine Macht der Aufklärung und die Hochgradmaurerei als eine Macht der Reaktion Gegensätze zu sein, so waren sie doch im Grundprinzip verwandt. Beide Systeme erhoben den Anspruch, Statthalter Gottes auf Erden zu sein, und lösten ihre Brüder unter dem Vorwand, die angeblich verlorengegangene Würde der Menschheit wiederherzustellen, aus ihren naturgegebenen Bindungen. ... Ein großer Teil der politischen Geschichte des ausgehenden 18. Jahrhunderts war nach dem Urteil eines freimaurerischen Geschichtsschreibers ‚die Geschichte der geheimen, zu dieser Zeit tätigen Gesellschaften' [100]." Wie der jüdische Freimaurer Disraeli uns übermittelte war es im 19. Jahrhundert nicht anders.

„Alter und Angenommener Schottischer Ritus (vom XXXIII. und letzten Grad), international verbreitetes Hochgradsystem, bearbeitet die Maurerei in 33. Graden. In seinem heutigen Aufbau stammt der Ritus aus Amerika, ... Die Fixierung auf 33 Grade ist sicherlich amerikanischen Ursprungs (IFL.,Sp.1405-1411)." Abkürzung >AASR<. Die englischen Bezeichnungen habe ich teilweise dem Werk von Pike >Morals and Dogma< entnommen.

1° Lehrling (Apprentice);

„Die heilige Bibel, das Quadrat und der Kompaß drücken nicht nur die Großen Lichter der Maurerei aus, sondern sie werden auch technisch die Ausstattung der Loge genannt; und, wie Sie gesehen haben, ist es eine Tatsache, daß es keine Loge ohne sie gibt. Dies wurde manchmal als Vorwand benutzt, um Juden aus unseren Logen auszuschließen, weil sie das Neue Testament nicht als heiliges Buch betrachten können (Pike, S. 11)."

2° Geselle (Fellow-craft);

3° Meister (Master);

4° „Geheimer Meister (frz. Maitre secret; engl. Secret Master), IV. Grad des A.u.A. Schottischen Ritus, lehrt schweigend handeln (statt Worten Taten!), Opferbereitschaft im Sinne Hirams. Der Grad ist ein hohes Lied auf Pflichterfüllung und

Aktivität. Gradsymbol: Schlüssel, der die Wahrheit erschließt (IFL.,Sp.1018)."

„Das einmal gegebene Wort eines Maurers, wie das Wort eines Ritters in den Zeiten des Rittertums, muß heilig sein; und das Urteil seiner Brüder über denjenigen, der sein Versprechen übertritt, sollte so streng sein, wie die Urteile des römischen Prüfers gegen den, der seinen Eid bricht. ...

Ein Freimaurer sollte deshalb ein Mann der Ehre und des Gewissens sein, der seine Pflicht allen anderen Dingen vorzieht, sogar seinem Leben; unabhängig in seinen Meinungen und von guter Moral, den Gesetzen ergeben, der Humanität gewidmet, seinem Land und seiner Familie; freundlich und nachgiebig zu seinen Brüdern, Freund aller tugendhaften Menschen, und bereit, seinen Mitmenschen mit seiner ganzen Kraft beizustehen.

Solcherart wirst du dir selbst treu sein, deinen Mitmenschen und Gott, und somit wirst du dem Namen und Rang des GEHEIMEN MEISTERS Ehre erweisen, welche, wie die anderen maurerischen Ehren, degradiert werden, wenn sie nicht verdient werden (Pike,S.112,113)."

5° „Vollkommener Meister (Frz. Maitre par fait, engl. Perfect Master), V. Grad des A.u.A. Schottischen Ritus, vermittelt die Kenntnis des Vermächtnisses Hirams, in seiner Reinheit und Vollkommenheit und fordert Wahrhaftigkeit und den Kampf gegen die Lüge (IFL.,Sp.1021)."

In den >Schwarzen Logen< wird in diesem Grad Unwahrhaftigkeit (Lüge) und der Kampf gegen die Wahrheit gefordert! Der Leser möge unter diesem Gesichtspunkt die Politik mancher Hochgradfreimaurer betrachten, dann wird ihm bei manchen Aktivitäten von Freimaurer-Brüdern noch ein Licht aufgehen, und zwar genau dasjenige Licht, welches in den Logen leider nicht mehr vermittelt wird.

6° Geheimer Sekretär (Intimate Secretary); „Derjenige, der weltlich, habsüchtig oder sinnlich ist, muß sich ändern, bevor er ein guter Maurer sein kann. Wenn wir durch Neigungen regiert werden und nicht durch Pflichten, wenn wir unfreundlich sind, streng, kritisch oder verletzend in den Beziehungen oder dem

Umgang des Lebens; wenn wir untreue Eltern oder ungehorsame Kinder sind; wenn wir harte Meister oder treulose Diener sind; wenn wir verräterische Freunde sind oder schlechte Nachbarn oder harte Konkurrenten oder korrupte prinzipienlose Politiker oder gierige Händler im Geschäftsleben sind, wandern wir in großer Entfernung vom wahren maurerischen Licht. ...

Die Maurerei ist die große Friedensgesellschaft der Welt. Wo immer sie existiert, kämpft sie darum, internationale Schwierigkeiten und Streitigkeiten zu verhindern; und Republiken, Königreiche und Kaiserreiche zusammenzubinden in einem großen Band des Friedens und der Freundschaft. Sie würde nicht so oft umsonst kämpfen, wenn die Maurer ihre Macht und den Wert ihrer Eide kennen würden (Pike,- S.122,124)."

7° Vorgesetzter und Richter (Provost and Judge); „Das Feld dieses Grades ist darum ein weites und umfassendes, und die Maurerei sucht nach der eindrucksvollsten Art der Anwendung der Gesetze der Gerechtigkeit und der wirkungsvollsten Art der Verhinderung von Irrung und Ungerechtigkeit. ...

Auf jeden Fall sollte der wahre Maurer das heilige Gebot niemals vergessen, welches in nahezu jedem Moment eines fleißigen Lebens notwendigerweise beachtet werden sollte: *,Richte nicht, damit du selbst nicht gerichtet wirst; denn welches Urteil du auch immer für andere anwendest, das wird auch für dich angewendet werden.'* Dies ist die Lektion, welche dem >Aufseher und Richter< gelehrt wird (Pike,S.127,135)."

8° Intendant der Gebäude (Intendant of the Building); „Dieser Grad soll also *mehr* als Moral lehren. Die Symbole und Zeremonien der Maurerei haben mehr als eine Bedeutung. Sie *verhüllen* die Wahrheit mehr als sie sie *enthüllen*. Sie *deuten* sie mindestens nur an, und ihre verschiedenartigen Bedeutungen werden nur entdeckt durch Nachdenken und Studium. ...(Pike,S.148)."

9° Auserwählter Meister der Neun (Elu of the Nine); „Es ist nicht die Mission der Maurerei, sich bei Intrigen und Verschwörungen gegen die zivile Regierung zu engagieren. Sie ist nicht der fanatische Propagandist irgendeines Glaubens oder einer Theorie, und erklärt sich nicht als Feind von Königen. ...

Der weise und gut informierte Maurer wird nicht verfehlen, der eifrige Anhänger von Freiheit und Gerechtigkeit zu sein. Er ist bereit, sich für ihre Verteidigung anzustrengen, wo immer sie existiert. ...

Der wahre Maurer identifiziert die Ehre seines Landes mit seiner eigenen. Nichts dient der Schönheit und dem Ruhm des eigenen Landes mehr, als die Aufrechterhaltung gegen alle Feinde seiner zivilen und religiösen Freiheit (Pike,S.153,156)."

10° Auserwählter Meister der Fünfzehn (Elu of the Fifteen);

11° Erhabener Auserwählter Ritter (Elu of the Twelve);
„Emeth (hebräisch), die Lauterkeit, Treue, hauptsächlich : die Wahrheit. Im XI. Grad des A.u.A. Schottischen Ritus werden die Mitglieder in Amerika auch >Princes of Emeth<, Fürsten der Wahrheit, genannt (IFL.,Sp.417)."

„Die Pflichten des Prinzen Emeth sind, ernst zu sein, wahrhaft, zuverlässig und aufrichtig; die Menschen gegen Ausnutzung und ungerechtfertigte Forderungen zu schützen, für ihre politischen Rechte zu ringen, und zu beachten, so weit er mag oder kann, daß jene die Lasten tragen, welche die Vorteile der Regierung genießen. ...

Das Leben ist eine Schule. ... Das Leben wurde gegeben zum moralischen und geistigen Training; und der gesamte Kurs der großen Lebensschule ist eine Erziehung zur Tugend, zum Glück und zur zukünftigen Existenz. ...

Das Fundament der Maurerei ist Moral und Tugend. Durch das Studium der einen und die Praxis der anderen wird das Verhalten eines Maurers untadelig. ...

Hat die Maurerei irgendein gut geregeltes System der Wohltätigkeit? Hat sie getan, was sie für das Ziel der Erziehung hätte tun sollen? Wo sind ihre Schulen, ihre Akademien, ihre Universitäten, ihre Krankenhäuser und Sanatorien?

Werden politische Streitfragen heute ohne Gewalt und Bitterkeit geführt? Nehmen Maurer Abstand von Verleumdungen und Kritiken gegenüber Brüdern, welche in religiösen und politischen Anschauungen von ihnen abweichen?

Welche großen sozialen Probleme oder nützlichen Projekte beschäftigen unsere Aufmerksamkeit in unseren Versammlungen? Wo werden in unseren Logen regelmäßig Vorträge gehalten, um die Brüder wirklich zu belehren? Gehen unsere Sitzungen nicht vorüber mit der Diskussion von untergeordneten Geschäftsangelegenheiten, der Erledigung von Ordnungspunkten und Fragen der bloßen Verwaltung, und der Aufnahme und dem Vorwärtskommen von Kandidaten, für deren Belehrung wir nach der Aufnahme keinerlei Mühe verwenden (Pike,S.176,182,185,186)?" Albert Pike kannte sich wohl gut aus mit seinen Brüdern.

12° Großmeister Architekt (Master Architect); „Wir müssen notwendigerweise die großen Wahrheiten ergreifen, die von der Maurerei gelehrt werden, nach ihnen leben, um glücklich zu leben. *,Ich vertraue auf Gott'*, ist der Protest der Maurerei gegen den Glauben an einen grausamen, zornigen und rachesüchtigen Gott, der von seinen Geschöpfen gefürchtet und nicht verehrt wird (Pike,S.196)."

13° Royal Arch (Royal Arch of Solomon);

14° Großer Auserwählter (Perfect Elu); „Die ganze Welt ist indessen eine Republik, wovon jede Nation eine Familie und jede Individualität ein Kind ist. Die Maurerei, ohne in irgendeiner Weise die verschiedenen Pflichten zu beeinträchtigen, die die Verschiedenheit der Staaten erfordert, tendiert dazu einen neuen Menschen zu erzeugen, der, zusammengesetzt aus Menschen von vielen Nationen und Zungen, durch ein Band der Wissenschaft, Moral und Tugend zusammengebunden wird.

Hauptsächlich philanthropisch, philosophisch und fortschrittlich, hat sie als Basis ihres Dogmas einen festen Glauben an die Existenz Gottes und seiner Vorsehung, und an die Unsterblichkeit der Seele; und als Zweck die Verbreitung von Moral, politischer, philosophischer und religiöser Wahrheit, und die Praxis aller Tugenden. In jedem Alter war ihre Devise >Freiheit, Gleichheit, Brüderlichkeit<, innerhalb der verfassungsmäßigen Regierung, *Gesetz, Ordnung, Disziplin* und *Unter-*

ordnung unter die rechtmäßig autorisierte *Regierung,* und nicht *Anarchie.* ... Sie ist philosophisch, weil sie die großen Wahrheiten betreffend die Natur und die Existenz einer höchsten Gottheit lehrt, und die Existenz und Unsterblichkeit der Seele. ... Maurerei repäsentiert das gute Prinzip und bekriegt ununterbrochen das Böse (Pike,S.220,221)."

15° "Ritter vom Osten oder des Degens (frz. Chevalier d'Orient, Chevalier de l'Epée, engl. Knight of the East or of the Sword); XV. Grad des A. u. A. Schottischen Ritus, erster Kapitelgrad, in ihm wird die Geschichte der Kreuzfahrer ritualistisch verwendent, die Zerstörung des Tempels durch Nebukadnezar, König von Babylon (IFL,Sp.1321)."

"Die Maurerei ist engagiert in ihrem Kreuzzug — gegen Unwissenheit, Intoleranz, Fanatismus, Aberglaube, Unbarmherzigkeit und Irrtum (Pike,S.237)."

16° Prinz von Jerusalem (Prince of Jerusalem); "Alle Beziehungen des Lebens, jene von Eltern, Kind, Bruder, Schwester, Freund, Mitarbeiter, Liebhaber und Geliebte, Ehemann und Ehefrau, sind moralische, durch jedes lebende Band und jeden gespannten Nerv, der sie zusammenbindet. Sie können nicht einen Tag noch eine Stunde weiterbestehen, ohne den Geist auf die Probe zu stellen, bezüglich Wahrheit, Treue, Enthaltung und Desinteresse. Eine große Stadt ist eine ausgebreitete Szene moralischer Aktivitäten (Pike,S.243)."

17° "Ritter vom Osten und Westen (frz. Chevalier d'Orient et d'Occident, engl. Knight of the East and West), XVII. Grad des A. u. A. Schottischen Ritus. Er leitet die sogenannte religiöse Periode ein und beinhaltet die Gegenüberstellung von Geburts- und Seelenadel (auch Geistesadel), als dessen höchster symbolischer Träger **Christus** anzusehen ist (IFL.,Sp. 1321)."

18° "Ritter vom Rosenkreuz (frz. Chevalier Rose-Croix, engl. Knight Rose Croix, auch Knight of the Rose Croix), heißen die Träger des 18. Grades - des letzten Kapitelgrades - des A. u. A. Schottischen Ritus und der entsprechenden Stufen zahlreicher anderer Hochgradriten. Eine Beziehung zu den rosenkreuzerischen Mystikern besteht nicht (IFL.,Sp.1338)."

Wenn nicht gerade ein Haufen von Freimaurern zu einem oder gar mehreren der diversen Rosenkreuzer-Orden gehört, darf man wohl wahrheitsgemäß hinzufügen.

„Der Grad des Rosenkreuzes lehrt drei Dinge: die Einheit, Unveränderlichkeit und Güte Gottes; die Unsterblichkeit der Seele, und die letztendliche Besiegung und den Untergang des Bösen, des Schlechten und des Leides durch einen Erlöser oder Messias, der noch kommen soll, wenn er nicht schon erschienen ist. ...

Vertrauensvoll zu sein, hoffnungsvoll, nachgiebig, diese, in einem Zeitalter der Selbstsüchtigkeit, der schlechten Meinungen der menschlichen Natur, des harten und bitteren Urteils, sind die wichtigsten maurerischen Tugenden, und die wahren Förderungen jedes maurerischen Tempels. ...

Für uns alle symbolisieren sie die universale Regel der Maurerei — ihre drei Haupttugenden, Glaube, Hoffnung und Nächstenliebe; von brüderlicher Liebe und universalen Wohlwollens. Wir arbeiten für kein anderes Ziel. Diese Symbole benötigen keine andere Erklärung. ...

Der Mensch ist ein freies Wesen, obwohl die Allmacht über ihm und um in herum ist. Um die Freiheit zu haben, das Gute zu tun, muß er frei sein, das Böse zu tun. Das Licht macht den Schatten erforderlich.

Der Grad des Rosenkreuzes ist gewidmet und symbolisiert den endgültigen Triumph der Wahrheit über die Unwahrheit, von Freiheit über Sklaverei, von Licht über Finsternis, von Leben über den Tod und des Guten über das Böse (Pike,S.287,288,289,307)."

19° Groß-Pontifex (Grand Pontiff); „Der wahre Maurer arbeitet für den Vorteil von jenen die nach ihm kommen, und für den Fortschritt und die Verbesserung seiner Rasse (Pike, S. 312)."

„Mit der Aufnahme in das Atelier des 19. Grades beginnt für den Hochgradfreimaurer der Weg zur >vollen Einweihung<, die sich im 30. Grad vollzieht. Die maurerischen Werkstätten vom 19. bis zum 30. Grad heißen *Areopage*, benannt nach dem altgriechischen Gerichtshof zu Athen. ...

Die Lehren der Areopage der roten Maurerei zeigen deutlich auf, worauf die Loge in ihren *eigentlichen* und *letzten* Zielen hinaus will: auf den Kampf gegen die >Vorurteile<. *>Vorurteile < im Geiste der Loge sind das Bekenntnis zum Vaterland, zur eigenen Nation, das Bekenntnis zur angestammten Religion, zu einer bestimmten Konfession, das Bekenntnis zur Verteidigung des eigenen Landes und der eigenen Nation, das Bekenntnis zur Volksgemeinschaft und Rasse* [101]." Hier erkennt man, was sich so alles innerhalb von 70 Jahren in einem Orden verändern kann.

20° Großmeister aller symbolischen Logen (Grand Master of the Symbolic Lodge); „Die Maurerei wanderte lange im Irrtum. Anstatt sich zu verbessern, degenerierte sie ihre ursprüngliche Einfachheit, und verkam zu einem System, welches durch Unwissenheit und Dummheit verdorben war, welches, unfähig ein schönes Werkzeug zu bauen nur ein kompliziertes schuf. Vor weniger als zweihundert Jahren war ihre Organisation einfach und insgesamt moralisch, ihre Symbole, Gleichnisse und Zeremonien waren leicht zu verstehen und ihre Zwecke und Ziele erkennbar. ...

Erneuerer und Erfinder überdrehten die ursprüngliche Einfachheit. Unwissenheit engagierte sich bei der Schaffung neuer Grade, und Bagatellen, Tand und vorgetäuschte Geheimnisse, absurd oder scheußlich, eroberten den Platz der maurerischen Wahrheit. Das Bild einer schrecklichen Rache, der Dolch und das blutige Haupt erschienen in den friedlichen Tempeln der Maurerei ohne ausreichende Erklärung ihres symbolischen Inhalts. Eide in allen Größen mit ihren Zielen schockten den Kandidaten, wurden lächerlich und verfielen der Nichtbeachtung. ... Achthundert Grade der einen und anderen Art wurden erfunden. Untreue und sogar Jesuitismus wurden unter der Maske der Maurerei gelehrt. ...

Dadurch bedingt, blieb praktisch die größte Zahl der Grade des Alten und Angenommenen Schottischen Ritus, und vorher des Perfektionsritus, ungenutzt; wurden nur (theoretisch) übertragen und ihre Rituale wurden dürr und unwichtig. ...

Der Alte und Angenommene Schottische Ritus der Maurerei ist nun geworden, was die Maurerei anfangs sein sollte, ein Lehrer der großen Wahrheiten, inspiriert durch eine aufrechte und erleuchtete Vernunft, eine feste und andauernde Weisheit und eine liebevolle und freie Menschenfreundlichkeit. ...

Wir lehren nicht, daß die von uns zitierten Legenden auf Wahrheit beruhen. Sie sind für uns nur Gleichnisse und Sinnbilder, welche die maurerischen Instruktionen einhüllen und verschließen; ein Werkzeug nützlicher und interessanter Information. ...

Die Gottheit zu ehren, alle Menschen als unsere Brüder zu betrachten, wie Kinder, die dem höchsten Schöpfer gleich lieb sind, und sich selbst nützlich zu machen für die Gesellschaft und sich selbst, das sind die Lehren für die Eingeweihten in allen Graden (Pike, S. 325,326,328,329).«

21° Noachite oder preußischer Ritter (Noachite or Prussian Knigt);

22° Ritter der königlichen Axt oder Prinz vom Libanon (frz. Royal-Hache ou Prince du Liban, engl. Knight of the Royal Ax or Prince of Libanus). „Das Symbol dieses Grades ist die hölzerne Axt (ein altes gnostisches Symbol), in Erinnerung an die Werkleute, die Bäume für die Arche Noah und die Stiftshütte fällten. ... Nach der französischen Deutung legt die Axt die Stämme der Unduldsamkeit, der Selbstsucht, des Müßiggangs und der Heuchelei um und weist so den Strahlen der Wahrheit den Weg zum menschlichen Geist (IFl.,Sp.1318).«

23° Chef des Tabernakels (Stiftshütte) (Chief of the Tabernacle); „Reinhcit der Moral und Erhebung der Seele wurden von den Eingeweihten verlangt. Von den Kandidaten wurde ein fleckenloser Ruf und eine tadellose Tugendhaftigkeit gefordert.

... Ursprünglich waren die Mysterien gedacht als der Beginn eines neuen Lebens in Vernunft und Tugend. ...

Alle Personen wurden in die kleinen Mysterien eingeweiht, aber wenige erlangten die großen, in denen ihr wahrer Geist und die meisten ihrer geheimen Lehren versteckt waren. Der Schleier der Geheimhaltung war undurchdringlich, durch Eide versiegelt und die Strafen waren höchst fürchterlich und erschreckend (Pike,S.353,359)."

24° Prinz des Tabernakels (frz. Prince du Tabernacle, engl. Prince of the Tabernacle) „Das große Ziel der Mysterien der Isis, und generell aller Mysterien, war ein großes und wahrhaft politisches. ... Es ist ein noch größerer Fehler sich vorzustellen, daß sie die Erfindung von Scharlatanen waren und ein Mittel des Betruges. Sie mögen im Laufe der Zeit zu Betrug und Schulen der falschen Ideen degeneriert sein, aber am Anfang waren sie es nicht — denn sonst hätten die weisesten und besten Menschen der Antike willkürlich nur Unwahrheiten geäußert. ... Bei den Japanern betrug die Dauer bis zum höchsten Grad zwanzig Jahre (Pike, S. 382,429)."

25° „Ritter der ehernen Schlange (frz. Chevalier du Serpent d'Airain, engl. Knight of the Brazen Serpent), XXV. Grad des A. u. A. Schottischen Ritus, lehnt sich an die symbolische Deutung an, die die Schlange in den alten Kulten erhielt (IFL.,Sp.1317)."

26° „Prinz der Gnade oder der Barmherzigkeit oder Schottischer Trinitarier (frz. Prince de Mercy, engl. Prince of Mercy, or Scottisch Trinitarian), XXVI Grad des A. u. A. Schottischen Ritus. Der Stein der Weisen wird gesucht (IFL.,Sp.-1253)." „Und wenn alle Menschen Maurer wären, und mit ganzem Herzen ihren milden und gütigen Lehren gehorchen würden, die Welt wäre ein Paradies; während Intoleranz und Verfolgung eine Hölle daraus machen. Denn dies ist das maurerische Glaubensbekenntnis: GLAUBE, an Gottes unendliche Güte, Weisheit und Gerechtigkeit: HOFFNUNG, auf den endgültigen Triumph des Guten über das Böse und auf vollkommene Harmonie als letztes Resultat aller Einklänge und Mißklänge des Universums: und sei NACHSICHTIG wie Gott zu den Untreuen, den Irrenden, den Narren, den Fehlern der Menschen: für alle schaffe eine große Bruderschaft. ...

Frage: Welches ist die sechste große Wahrheit der Maurerei? *Antwort*: Die Notwendigkeit, die moralischen Wahrheiten zu praktizieren, ist die *Verpflichtung*. Die moralischen Wahrheiten sind vor dem Auge der Vernunft notwendig, sie sind verpflichtend für den Willen. Die moralische Verpflichtung, wie die Grundlage der moralischen Wahrheit, ist *absolut.* ...

Frage: Welches ist die siebente große Wahrheit in der Maurerei? *Antwort*: Das unveränderliche Gesetz Gottes erfordert, daß wir neben dem Respekt vor den absoluten Rechten anderer, und dem bloß gerecht sein, das Gute tun sollten, barmherzig sein, und den Diktaten der großzügigen und edlen Gesinnung der Seele folgen. ... Barmherzig zu sein ist eine Verpflichtung für uns. ...

Dies, in seiner Reinheit, wurde von Christus selbst gelehrt, war die wahre Ur-Religion, wie sie von Gott den Patriarchen übermittelt wurde. Es war keine neue Religion, sondern die Reproduktion der ältesten von allen; und ihre wahre und vollkommene Moral ist die Moral der Maurerei, wie sie die Moral jeden Glaubens der Antike ist (Pike, S. 530,531,535,536,541)."

27° Ritter-Kommandeur des Tempels (Knight Commander of the Temple);

28° „Ritter der Sonne oder Prinz Adept (frz. Chevalier du Soleil, engl. Knight of the Sun or Prince Adept), XXVIII. Grad des A. u. A. Schottischen Ritus, lehnt sich an die Sonnenmythen und Sonnenkulte der alten Mysterien an. Er gilt allen Forschern auf dem Gebiete des Schottischen Ritus als der inhaltsreichste Grad und wird oft als kabbalistische Stufe bezeichnet. Seine philosophische, teilweise hermetische Symbolik wurde in alter Auslegung auch mit der Alchimie in Verbindung gebracht, daher >Prinz Adept< (IFL.,Sp.1318)." Auf die *kabbalistische Stufe* habe ich im Kapitel >Freimaurerei und Weltanschauung< bereits hingewiesen.

„Der 28. Grad (Sonnenritter) würde sicherlich mehr Aufmerksamkeit seitens der Archäologen des Schottischen Ritus verdienen. Er versinnbildlicht die *Reintegration* des Menschen, sobald Gott ihn dessen für würdig befunden hat. ... Sodann findet ein Zwiegespräch mit den sieben Engeln der Planeten statt, ... Man findet darin die seltsamen Gedankengänge der Okkultisten vom Ende des 18. Jahrhunderts wieder. Zweifellos eine Verirrung, aber nicht ohne Größe [102]." Derjenige, der sich hier wieder irrt oder vielleicht nur seine Leser in die Irre führen will, ist der Autor A. Mellor. Welche Erlebnisse den sich entwickelnden Magier in der Sonnensphäre erwarten, können die Leser bei Franz Bardon im Lehrwerk *Die Praxis der magischen Evokation* nachlesen.

„Die Juden betrachten den wahren Namen Gottes als durch Nichtgebrauch unwiederbringlich verloren, und betrachten seine Aussprache als eines der Mysterien, die enthüllt werden mit dem Kommen ihres Messias. ...

Obwohl die Maurerei identisch ist mit den antiken Mysterien, sie ist es in diesem ausgesuchten Sinne: daß sie nur ein unvollkommenes Bild ihres Glanzes darstellt; nur die Ruinen ihrer Größe, und ein System, das fortschreitende Änderungen erfahren hat, die Früchte von sozialen Ereignissen und politischen Umständen. ...

Nach einiger Zeit verloren die Tempel von Griechenland und die Schule des Pythagoras ihren Ruf, und die Freimaurerei nahm ihren Platz ein. ...

Wir werden keinen anderen Kurs einschlagen bei dieser abschließenden philosophischen Belehrung, in der wir vorschlagen, die höchsten Fragen zu behandeln, die je im menschlichen Verstand existiert haben — von der Existenz und der Natur Gottes, von der Existenz und Natur der menschlichen Seele, und von den Verbindungen des göttlichen und menschlichen Geistes mit dem bloß materiellen Universum. ...

Ohne Zweifel ist es jenseits der Reichweite unserer Fähigkeiten, uns vorzustellen, *wie* die Materie entstand — wie das *Sein* begann, in einem Raum wo nichts war, oder Gott alleine."

Davon abgesehen, daß wir heute in den Schriften des Okkultisten Rudolf Steiner ausführliche Darstellung über den Beginn des materiellen Kosmos besitzen, ist der Unterschied des Vorstellungsvermögens in der menschlichen Individualität begründet, und dieser Unterschied kann gewaltig sein, eben weit größer, als sich manche Maurer des 33. Grades vorzustellen vermögen. Immerhin war Albert Pike nicht der Ansicht, daß die Frage nach der Existenz und Natur Gottes nicht gestellt werden dürfe.

„Im maurerischen Glauben ist Gott *unendliche Wahrheit, unendliche Schönheit, unendliche Güte.* Er ist der Heilige der Heiligsten, als Urheber des moralischen Gesetzes, als *Prinzip* der Freiheit, der Gerechtigkeit und Barmherzigkeit, Spender von Belohnung und Strafe. ...

Es ist nicht ungewöhnlich, daß der Mensch wenig weiß von den Kräften des menschlichen Willens, und sie mangelhaft zu schätzen weiß, da er nichts weiß über die Natur des Willens und seine Handhabung. ...

Die Kräfte des Willens sind noch hauptsächlich undefiniert und unbekannt. ... Wie weit der Verstand und die Seele in diesem Leben unabhängig vom Körper tätig werden können — keiner weiß es bis jetzt. ... " **Außer denen, die eine regelrechte okkulte oder magische Entwicklung absolvieren, darf ich hier hinzufügen.**

„Der machtvollste der Namen der Gottheit ist ADONAI. Durch seine Macht ist das Universum in Bewegung gebracht worden; und die Ritter, die glücklich genug sind, ihn mit Gewicht und Maß zu besitzen, werden all jene Macht besitzen, die darin enthalten ist, z. B. über die Elemente, ...

Dieses Instrument, vollkommen wie die Welt und exakt wie die Mathematik selbst, wird von den Weisen als das Zeichen des Pentagramm oder der Stern mit den fünf Punkten bezeichnet, dem absoluten Zeichen der menschlichen Intelligenz (Pike,S.621,624,625,642,645,706,733,787,790)."

Falsch geraten! Das Pentagramm ist einerseits der Mars-Sphäre analog und entspricht dem Feuerelement, dem Eisen, somit dem Willensprinzip. Auf der anderen Seite repräsentiert es den ganzen Menschen im Hinblick auf die fünf Elemente Akasha, Feuer, Luft, Wasser und Erde. Die menschliche Intelligenz entspricht dem Luftelement und ist nach dem kabbalistischen Lebensbaum analog den Zahlen acht (Merkur-Sphäre) und vier (Jupiter-Sphäre, Weisheit).

29° Schottischer Ritter des heiligen Andreas, (frz. Grand Ecossais de Saint-André d'Ecosse, engl. Scottish Knight of St. Andrew) „Die Freimaurerei hat ihre Mitglieder so vervielfältigt, daß seine Verpflichtungen weniger beachtet werden als die einfachen Versprechen, welche die Menschen untereinander auf den Straßen und Marktplätzen machen. Sie lärmt um öffentliche Aufmerksamkeit und wirbt offenkundig durch Scharen von dummen Zeitschriften; sie zankt sich, oder, bringt ihre Streitigkeiten mit Hilfe des Gesetzes vor das Gericht. In einigen Orienten werden ihre Wahlen mit aller Hitzigkeit und Begierde durchgeführt, das Suchen nach Ämtern und das Dirigieren von politischen Kämpfen um Plazierungen. ...

Wie kann ein Maurer geloben tolerant zu sein, und einen anderen geradewegs für seine politischen Meinungen denunzieren? ...

Was für ein widerlicher Spott, jemanden einen >Bruder< zu nennen, den er bei den Uneingeweihten verleumdet, Geld für Wucherei verleiht, durch gesetzliche Spitzfindigkeit bei Geschäften betrügt oder plündert (Pike, S. 807, 808)."

30° „**Ritter Kadosch oder Ritter vom Weißen und Schwarzen Adler (frz. Grand Elu Chevalier Kadosch, engl. Knight Kadosh), XXX Grad des A. u. A. Schottischen Ritus.** Er bildet die eigentliche Spitze des ritualistischen Gebäudes dieses Ritus, bietet die >volle Einweihung<. Er symbolisiert den Untergang des Templertums und den Sieg der Gewissensfreiheit (IFL.,Sp. 1320)." Wie frei ein freimaurerisches Gewissen von allen Skrupeln sein kann, dafür bringe ich noch ein paar Beispiele. Interessant ist für mich die folgende Beschreibung des 30. Grades bei Alec Mellor:

„Der **Kadosch-Ritter** ist der 30. Grad innerhalb der Schottischen Reihe und praktisch der höchsterreichbare, denn die Folgegrade sind >administrativer< Art. ... Dieses (Wesen dieses Grades) besteht vielmehr in seinem Charakter als **Vergeltungsgrad.** ... Das Zeichen des Grades ist ein Dolch, und das Heilige Wort lautet >**Nekam**< (hebr.: **Vergeltung**). Die Vergeltung, um die es sich hier handelt, ist symbolisch die des Templerordens auf Grund der Ermordung seines Großmeisters Jacques de Molay durch >zwei Verächtliche<. Damit sind Papst >Clemens V.< und König >Philipp der Schöne< gemeint. ... Der Kandidat schwört, ihn zu rächen, und legt das Gelöbnis ab, die päpstliche Tiara und die königliche Krone ‚in den Staub zu treten'. ... Die erste Frage, die sich stellt, ist offenbar diese: 'Woher stammt dieser Grad des Haß-Kultes, und wer hat ihn ersonnen?' Hier tauchen wir in tiefes Dunkel [103].■ Mellor kann das tiefe Dunkel nicht erhellen, aber vielleicht ist diese Frage hier angebracht: Warum wird in einem europäischen Orden ein Grad, an den eine europäische Geschichte geknüpft ist, mit einem hebräischen Wort belegt? Die Tatsachen weisen offensichtlich darauf hin, daß dieser Grad von Juden ersonnen und eingeführt wurde.

■**Der 30. Grad: Der Areopag.** Der 30. Grad ist unstreitig einer der wichtigsten im ganzen System. Bei der Aufnahme in den 30. Grad, also bei der Weihe zum Ritter Kadosch (Kadosch, hebräisch, heißt: heilig), muß der Br. vier Einweihungsetappen durchmachen:

1. *Absage an die Religion*, ... 2. *Absage an den Staat*, ... 3. *Absage an das Volk*, ... 4. *Absage an das system-gebundene Logentum*, ... *Das ist das Bekenntnis zum Weltfreimaurertum* [104]!■

■Was die Führer des Ordens wirklich glaubten und lehrten, wird durch die Winke an die Adepten angezeigt, welche in den hohen Graden der Freimaurerei enthalten sind, und in den Symbolen, welche nur die Adepten verstehen.

Die Blauen Grade sind nur der Vorhof des Tempels. Ein Teil der Symbole werden dort den Eingeweihten dargelegt, aber sie werden bewußt irregeleitet durch falsche Interpretationen. Es ist nicht beabsichtigt, daß er sie verstehen soll, sondern es ist beabsichtigt, daß er glauben soll er verstehe sie. Ihre wahre Erklärung ist den Adepten vorbehalten, den Prinzen der Maurerei. Der ganze Aufbau der königlichen und priesterlichen Kunst wurde seit Jahrhunderten in den Hochgraden so sorgfältig verborgen, daß es sogar jetzt unmöglich ist, viele der darin enthaltenen Rätsel zu lösen. Es ist gut genug für die Masse von jenen Maurern sich vorzustellen, daß alles in den Blauen Graden enthalten ist; und wer den Versuch macht, ihnen die Augen zu öffnen, wird umsonst arbeiten, und ohne wahren Gewinn seine Verpflichtungen als Adept verletzen. ...

Das Ende des Dramas ist gut bekannt, wie Jacques de Molai und seine Gefährten in den Flammen umkamen. Aber vor seiner Hinrichtung, gründete und organisierte der Führer des zum Untergang verurteilten Ordens dasjenige, was nachher die okkulte, hermetische oder Schottische Maurerei genannt wurde. In der Düsterheit seines Gefängnisses schuf der Großmeister vier großstädtische Logen, in Neapel für den Osten, in Edinburgh für den Westen, in Stockholm für den Norden und in Paris für den Süden. ...

Der Orden verschwand umgehend. Ihr Grundbesitz und Vermögen wurde beschlagnahmt, und es schien, als ob er aufgehört habe zu existieren. Nichtsdestoweniger lebte er weiter, unter anderen Namen und regiert von unbekannten Führern, die sich nur jenen zu erkennen gaben, welche durch eine Reihe von Graden hindurchgegangen waren, die sich als würdig erwiesen hatten, mit dem gefährlichen Geheimnis betraut zu werden. ... Eine Loge, begründet unter der Schirmherrschaft von Rousseau, dem Fanatiker von Genf, wurde das Zentrum der revolutionären Bewegung in Frankreich, und ein Prinz von königlichem Blut ging hin, um am Grab von Jacques de Molai die Zerstörung der Nachfolger von Philipp dem Schönen zu schwören (Pike, S.819,820,821,823)."

„Der 30. Grad ist die eigentliche Spitze des ritualistischen Lehrgebäudes der roten Maurerei. Mit ihm erhält der Freimaurer die >volle Einweihung<, wird er ein wirklich >Wissender< der >Königlichen Kunst<, ein >höchsterleuchteter Bruder<. Die Inhaberschaft des 30. Grades verleiht die Würde eines >Ritters Kadosch<, oder, wie es auch heißt, eines >Ritters vom weißen und schwarzen Adler<. ...

Der realistische Ritus des 30. Grades enthüllt dem Kandidaten zum *ersten Male unzweideutig die eigentlichen Ziele der Freimaurerei*: Rache und Vergeltung an den Gewalten, die am Tode de Molays schuldig sind, die dem Sieg der absoluten Gewissensfreiheit und damit der Freimaurerei als Feinde gegenüberstehen: **Rache und Vergeltung an der geistlichen und weltlichen Gewalt, an Thron und Altar! Die Anschauungen über die Vergeltung der Freimaurer haben zu den Gedanken an blutige, physische Rache geführt.** *Geistige* Rache und Vergeltung, *politischer und kultureller Kampf* mit den Gegnern der

Freimaurerei, *politische und kulturelle* Auseinandersetzung mit den Autoritäten von Thron und Altar sind zumindest der Sinn des Kadosch-Grades des Schottischen Ritus.

Die Aufnahmezeremonie in diese Erkenntnisstufe enthält eine deutliche rituelle Handlung des Kandidaten. Wenn der Großkanzler, das ist der Redner des Areopages, in melodramatischer Weise die Schilderung der Hinrichtung de Molays verliest, muß der Aufnahmebewerber gegen drei Objekte, die auf dem Altar der Loge vor dem Vorsitzenden, dem Großkommandeur, liegen, *symbolische Degenstiche führen*: Gegen die *Tiara* als Sinnbild des Papsttums und überhaupt der geistlichen Gewalt, gegen die *Königskrone* als Sinnbild jeder weltlichen Macht und gegen eine dritte Krone, die *Bürgerkrone*, als Sinnbild der Despotie der Massen und der Willkür überhaupt! Noch einer starken symbolischen Handlung muß sich der in den 30. Grad aufzunehmende Hochgradfreimaurer unterziehen: Er muß die drei Säulen der Maurerei, die ihm vom 1. Grad an bis zum 29. Grad als die Grundpfeiler des Bundes, seiner Organisation und Idee heilig waren, *mit eigener Hand umstürzen*! Die Worte des Rituals deuten diesen Akt dahin, daß der nunmehr in die letzten Geheimnisse der Loge eingeweihte Ritter Kadosch die *völlige Vorurteilslosigkeit* erlangt habe, die *unbedingte geistige Freiheit*, so zwar, daß er sogar über alle *bisherigen Grundsätze und Ideen* der Freimaurerei hinausschreitet zum Kampf für den *Fortschritt*, gegen jegliche *dogmatische Autorität*, über die Prinzipien der Weisheit, Stärke und Schönheit hinaus, die ja nur die Pfeiler und Stützen jener Maurerei sind, über die sich der Kadosch-Ritter durch das *Wissen der vollen Einweihung* erhoben hat [105]."

31° „Großinspektor-Inquisitor-Kommandeur (**Grand Inspector Inquisitor Commander**), ... XXXI. Grad des A.u.A. Schottischen Ritus, sogenannter Verwaltungsgrad, wird in einem Tribunal bearbeitet. Die Legende des Grades erinnert an die Heilige Feme. Die Gradlehre handelt von den Grundsätzen wahrer Gerechtigkeit, vom gerechten, unbestechlichen Urteil (IFL.,Sp. 639)." „Der 31. Grad ist jener des **Großrichters** oder **Großinspektor-Kommandeurs**. ... Der Geist dieses Grades ist durchaus richterlich. Die Angehörigen des 31. Grades bilden den Gerichtsstand der Freimaurer [106]."

„Erinnere dich, mein Bruder, daß du andere Aufgaben durchzuführen hast als jene eines Richters. Du hast Erkundigungen einzuziehen und die untergeordneten Abteilungen in der Maurerei sorgfältig zu prüfen. Du hast dich darum zu kümmern, daß die Empfänger der höheren Grade nicht unnötig vermehrt werden, und daß unpassende Personen gewissenhaft von der Mitgliedschaft ausgeschlossen werden, und daß die Maurer in ihrem Leben und in ihrer Unterhaltung Zeugnis ablegen von der Vortrefflichkeit unserer Lehren und dem unmeßbaren Wert der Institution selbst (Pike, S. 827)."

32° „Prinz des königlichen Geheimnisses (frz. Sublime Prince du Royal Secret, engl. Master of the Royal Secret, auch Sublime Prince of the Royal Secret), XXXII. Grad des A. u. A. Schottischen Ritus ... Im 18. Jahrhundert hatten mancherorts die Malteserritter das Recht, an den Arbeiten des P.d.K.G. teilzunehmen, ohne die unteren Grade der Freimaurerei erlangt zu haben."

Merkwürdig, höchst verdächtig! Woher haben die Malteserritter das Privileg, an den Arbeiten der höchsten Grade mancher Freimaurerorden teilzunehmen?

„Vor allem dient der XXXII. Grad der Rekapitulation und Synthese. ... Toleranz und Wahrheitsstreben sind das Leitmotiv dieses Grades (IFL.,Sp.1253)." Wie man ohne eine Diskussion über Religion und Politik unter den Brüdern Toleranz und Wahrheitsstreben erzeugen will, das ist mir völlig schleierhaft.

„Weisheit ist Gleichgewicht in den Gedanken, welche das Funkeln und Strahlen des Intellektes sind. Tugend ist Gleichgewicht in Zuneigungen, Schönheit ist die harmonische Proportion in Formen. ... Aus den Himmeln kommen die seelischen und unsterblichen Teile des Menschen; von der Erde seine materiellen und sterblichen Teile. ...

Freimaurerei *ist die Unterwerfung des Menschlichen im Menschen durch das Göttliche; die Besiegung von Trieben und Leidenschaften durch moralische Empfindungen und Verstand; ständige Anstrengung, Ringen und Kriegführung des Geistigen gegen*

176

das Materielle und Sinnliche. Dieser Sieg, wenn er erreicht und gesichert ist, und der Sieger kann sich auf seinem Schild ausruhen und die gut verdienten Lorbeeren tragen, ist das wahre heilige Kaisertum. ...

Um es zu erreichen, muß der Maurer erst eine feste auf Verstand gebaute Überzeugung gewinnen, daß er in sich eine geistige Natur hat, eine Seele die nicht sterben wird, wenn der Körper sich auflöst, sondern ständig weiter existieren und zur Vollkommenheit vorwärtsschreiten wird durch all die Zeitalter der *Ewigkeit,* um das Licht der göttlichen Gegenwart klarer und klarer zu sehen, je näher er zu Gott kommt. ...

Jede Stufe des Alten und Angenommenen Schottischen Ritus, vom ersten bis zum 32°, lehrt durch ihre Zeremonien als auch durch ihren Unterricht, daß es der edelste Zweck des Lebens und die höchste Aufgabe des Menschen sind, unaufhörlich und energisch danach zu streben, daß dasjenige die Herrschaft in ihm gewinnt, was in ihm geistig und göttlich ist, über alles dasjenige, was materiell und sinnlich ist; so daß in ihm ebenso wie im Universum, wo Gott regiert, Harmonie und Schönheit das Resultat eines gerechten Gleichgewichtes sein mag. ...

Das KÖNIGLICHE GEHEIMNIS, von welchem du ein Prinz bist, wenn du ein wahrer Adept bist; wenn Wissen dir ratsam erscheint, und Philosophie für dich in göttlicher Schönheit erstrahlt, ist es dasjenige, was der Sohar *Das Mysterium des Gleichgewichtes* nennt. Es ist das Geheimnis des UNIVERSALEN GLEICHGEWICHTES. ... (Pike,S.845,851,854,855,858)."

33° „Souveräner General-Großinspektor, der oberste, XXXIII. Grad des A.u.A. Schottischen Ritus. Die Träger dieses Grades werden dem Orden mit einem goldenen Ring vermählt (IFL., Sp.586)." In >Morals und Dogma< von Pike ist der 33° seltsamerweise nicht aufgeführt.

* * *

„**Mudras:** Eine besondere Bedeutung besitzen die sogenannten Mudras oder Fingerstellungen. Sie spielen eine Rolle in der Lehre von dem Ziehen der freimaurerischen Griffe (Dr.

Klingsor: Experimental-Magie, Freiburg / Breisgau 1967, S. 50)."

Noch ein paar Sätze von Rudolf Steiner: „Wir bevölkern den Astralplan fortwährend mit Wesenheiten, indem wir dieses oder jenes tun. ... Auch das Zeichen der *Freimaurer*, Griff und Wort, schafft Wesenheiten und bringt Gebilde hervor, die eine Gesetzmäßigkeit in der physischen Welt ausdrücken. Es wird durch die astrale Materie ein Band von einem zum andern geschaffen. Man hüllt sich ein in eine astrale Materie, die durch Griff und Losungswort geschaffen ist (Dr. Ernst Hagemann [Hg.]: Weltenäther - Elementarwesen - Naturreiche., Freiburg i. Breisgau, 1973, S. 170)."

* * *

„Das *tatsächliche Bestehen* einer freimaurerischen *Weltkette* durch ihn (den Schottischen Ritus) ist im Gegensatz zu den sich oft aus dogmatischen, politischen und kulturellen Gründen vielfach gegenseitig befehdenden Großlogen der *grundlegende Vorteil für die erfolgreiche Tätigkeit der Hochgrade*. Der Schottische Ritus mit seinen 36 Obersten Räten (Suprêmes Conseils) ist für die **gesamte Hochgradwelt** eine **gleiche** Lehrart, eine **gleiche** Arbeitsweise, also eine **einheitliche freimaurerische Front** [107]," berichtet uns der Hochgradbruder Dr. K. Lerich.

Albert Pike, Horst E. Miers schreibt u.a. über ihn: „* 29.12.1809 Boston (USA), † 2.4.1891 Washington; amerikanischer General, Esoteriker und bedeutendster Hochgradfreimaurer sowie Schöpfer der heutigen Rituale des AASR. Pike verstand es lange vor H.P. Blavatsky, die geistigen Zusammenhänge zwischen den verschiedensten Ritus- und Kultsystemen zu erkennen und analytisch aufzuwerten. In über 200 Werken hat Pike davon Zeugnis abgelegt, daß er nicht nur die klassischen Schriften des Altertums kannte und verstanden hatte, sondern auch mit den Werken der großen Esoteriker des vorigen Jahrhunderts bestens vertraut war. Pikes bekanntestes Werk ist >Morals und Dogma<, aber die Bibliographie von Ray Baker Harris von 1957 mit über 100 Seiten weist noch eine Fülle anderer und zumindest ebenso wichtiger Werke auf.

Pikes größtes Verdienst ist es, die Rituale des AASR zu einem geschlossenen System gestaltet und ihnen einen sinnvollen Übergang gegeben zu haben; daneben ist es Pike zu verdanken, daß der AASR nach einem Siegeslauf um die Welt zu dem heute wichtigsten Hochgradsystem geworden ist. Die gesamte geistige Elite der FM bekleidet heute die Grade dieses Systems. Werke: Morals and Dogma of the AASR, 1872; Liturgy of the AASR, 1878; The Magnum Opus, 1857; Der innere Tempel, Herodom 1870; Das Buch vom zweiten Tempel; Geheime Arbeit, o.O.und J.; The Book of the Words (Sephar H'debarim), o.O.1878; The holy triad ... Jah: Baal-Peor, Washington 1873 [108]."

„Pike System (engl.), System Pike, wird in Amerika die von Albert Pike revidierte Form des A. u. A. Schottischen Ritus genannt, wie sie von der Südlichen Jurisdiktion von Nordamerika (mit Sitz in Washington) bearbeitet wird. Pike ordnet die 33 Grade in folgende Gruppen:
1. Symbolische Grade (in symbolischen Logen erteilt) I.-III.
2. Unaussprechliche (Ineffable) Grade (in Perfectionslogen) IV.-XIV.
3. Grade des Zweiten Tempels (in Kapiteln vom Rosenkreuz) XV.-XVI.
4. Grade des Neuen Gesetzes (in Kapiteln vom Rosenkreuz) XVII.-XVIII.
5. Philosophische und Rittergrade (in Praeceptorei und Konsistorium) XIX.-XXXII.
6. Amtsgrad (im Obersten Rat) XXXIII (IFL.,Sp.1211)."

* * *

Mit ein paar Zitaten aus der kleinen Schrift von Teufel: >Der A.u.A.S.R. und seine Vorläufer< möchte ich dieses Kapitel beschließen. Nach Teufel heißen die Grade 1-3 Symbolische Grade, (werden in Deutschland gemäß vertraglicher Vereinbarung nur in den Logen der Großen Landesloge AFAM bearbeitet) 4-14 Perfektions-Grade, 15-18 Kapitel-Grade, 19-30 Philosophische Grade, 31-33 Verwaltungs-Grade.

„Das Lehrgebäude der Schottischen Freimaurerei endet mit dem 30. Grad; die Grade 31-33 sind Verwaltungsgrade. Die höheren Grade an sich berechtigen zu keinerlei Jurisdiktion in den niederen Graden.

In Deutschland werden zur Zeit ritualmäßig nur folgende Grade bearbeitet: der 4. Grad in Perfektionslogen der Geheimen Meister, der 18. Grad in Souv .˙. Kapiteln der Ritter vom Rosenkreuz, der 30. Grad in Erh. Areopagen der Kadosch-Ritter, der 32. Grad in Erh. .˙. Konistorien der Meister des königlichen Geheimnisses, der 33. Grad im Hohen Rat der General-Groß-Inspektoren vom 33. und letzten Grad.

Sämtliche anderen Grade werden nur historisch erteilt, jedoch kann der Oberste Rat, auf Ansuchen der Ateliers, gestatten, Arbeiten in den Zwischengraden abzuhalten (siehe Konstitution des Obersten Rates, Kap. II. - Art. 14.).

Neuerdings hat der D.O.R. verfügt, daß die Grade 31 und 32 nur rituell bearbeitet werden, also mit der Verwaltung nichts zu tun haben.

Der einzige Verwaltungsgrad ist demnach der 33. Grad, d.h. der >Hohe Rat der Souv .˙. Gen .˙. Gr .˙. Inspektoren des 33. und letzten Grades<. Darüber steht der D.O.R., der seine Mitglieder aus dem Hohen Rat selbst auswählt. ...

Die Verwaltung sämtlicher Ritus-Grade liegt in jedem Lande in den Händen des zuständigen Obersten Rates, in Deutschland in den Händen des >Deutschen Obersten Rates der Freimaurer des Alten und Angenommenen Schottischen Ritus<, an dessen Spitze der Sehr-Mächtige-Souveräne- Groß-Kommandeur steht, abgekürzt S .˙. M .˙. Souv .˙. Groß-Kommandeur, dem ein General-Groß-Beamten-Kollegium beigeordnet ist.

Die Mitgliederzahl des Obersten Rates ist begrenzt auf 33 Mitglieder, einschließlich der Beamten. ... Der Oberste Rat wählt seine Mitglieder unter den Brüdern des 33. Grades aus. Die Mitglieder des Obersten Rates werden auf Lebenszeit gewählt. Der 33. Grad wird bezeichnet als >Hoher Rat der General-Groß-Inspektoren vom 33. und letzten Grad<.

Die Mitgliederzahl des Hohen Rates ist begrenzt auf 100 Mitglieder. Die Devise des Obersten Rates ist in allen Ländern dieselbe:

ORDO AB CHAO = Ordnung nach dem Chaos.
Sämtliche offiziellen Schriftstücke des Obersten Rates werden
abgeschlossen mit den Formeln:

>DEUS MEUMQUE JUS<
>Gott und mein Recht<
>UNIVERSI TERRARUM ORBIS ARCHITEKTONIS
AD GLORIAM INGENTIS<
>Zum Ruhme des Großen Baumeisters des Weltalls<.

Nach Fertigstellung dieser Schrift sind in Frankreich Ereignisse aufgetreten, welche, um sich einen Begriff über die
heutige Lage innerhalb der französischen Freimaurerei, der
symbolischen Logen und der A.A.S.R. machen zu können,
unbedingt noch aufgeführt werden müssen.

Die Grande Loge de France der A.F.A.M. arbeitet nach
dem Schottischen Ritus und huldigt den 3 großen Lichtern der
F.M.∴ Da sie freundnachbarliche Beziehungen zu dem Grand
Orient de France pflegte, wurde sie von der Vereinigten Großloge von England als regulär nicht anerkannt.

Dies führte dazu, daß die G.L.D.F. sich enger an den
G.O.D.F. anschloß und mit ihm im Jahre 1964 ein Abkommen
über engere Zusammenarbeit abschloß, worauf hier weiter
nicht eingegangen werden kann, da es zu weit führen würde.

Dies hatte zur Folge, daß der O.R. des A.A.S.R. für Frankreich, vom Jahre 1804, der zu den O.O.R.R. gehört, welche
durch die Lausanner Konvention von 1875 verbunden sind,
unter Führung ihres derzeitigen Gr.∴ Kommandeurs Riandet,
sich von der G.L.D.F. trennte, mit der er ein Konkordat abgeschlossen hatte. Innerhalb der G.L.D.F. entstanden aus vor-
erwähnten Gründen Zwistigkeiten, die dazu führten, daß 41
Logen mit ca. 1000 Brüdern sich von ihr trennten und sich der
Grande Loge Nationale Française als Distrikts-Großloge an-
schlossen, so daß die Mitgliederzahl der G.L.N.F. dadurch sich
auf über 5000 Brüder erhöhte. ...

Vorerwähnte Begebenheiten führten zu der heutigen Lage
innerhalb der F.M. der A.A.S.R. von Frankreich, wie nachfol-
gend kurz zusammengefaßt:

1) mit Unterstützung der meisten O.O.R.R. der Welt, insbesonders derjenigen der U.S.A., besteht der O.R. des A.A.S.R. für Frankreich von 1804 weiter unter der Führung des bisherigen Gr∴ Kommandeurs Riandet, der zu der Distrikts-Großloge der G.L.N.F. mit seiner Loge übergetreten ist und mit ihr ein Konkordat abschloß,

2) Unter Führung des ehemaligen G.Gr.Sekretärs Bittard besteht ein neuer O.R. für Frankreich, der Anspruch darauf erhebt, die Fortsetzung des O.R. von 1804 zu sein; er hat mit der G.L.D.F. der A.F.A.M. das durch Gr. Kommandeur Riandet gekündigte Konkordat für seinen O.R. als weiterhin gültig anerkannt,

3) unter Führung des >Collège des Rites< des G.O.D.F. besteht ein weiterer O.R. des A.A.S.R. für Frankreich, welcher die Mitglieder seines Ritus aus den Logen des G.O.D.F. rekrutiert und ebenfalls Anspruch darauf erhebt, Nachfolger des O.R. von 1804 zu sein.

Wir erleben demnach das eigenartige Schauspiel, daß in Frankreich und seinen Kolonien, also in ein und demselben Gebiet, sich 3 Oberste Räte feindlich gegenüberstehen.

Dies ist, im Hinblick auf die Großen Konstitutionen von 1786 und auf die Lausanner Konvention von 1875, ein untragbarer Zustand, denn dieselben schreiben vor, daß innerhalb einem Landesgebiet nur ein O.R. die Jurisdiktion über die Ateliers des A.A.S.R. ausüben darf [109].«

Gerade die letzten Sätze können den Leser aufatmen lassen, denn wenn sich alle negativen Logen, Logenzweige und Kirchen in ihren Zielsetzungen einig wären, dann würde es der Welt wahrscheinlich noch schlechter gehen.

Logenzweige

Amerika ... „c) Körperschaften, die nicht ausgesprochen freimaurerischer Natur sind, in die aber **nur** Freimaurer eintreten können: Modern Society of Rosicrucians, Sovereign College of Allied Masonic Degrees, Ancient Arabic Order of Nobles of the Mystic Shrine, Mystic Order Veiled Prophets of the Enchanted Realm, Independent international Order of Owls, Tall Cedars of Libanon (IFL.,Sp.53-54)."

Wofür braucht der Freimaurer-Orden eine solche Menge Untergesellschaften, von denen die vorgenannten wahrscheinlich nur ein paar Prozent darstellen? Was wird dort getrieben im Vergleich zu den >Arbeiten< in den offiziellen Freimaurerlogen?

„**B'nai B'rith**, Unabhängiger Orden (U.O.B.B.), Söhne des Bundes, ist ein 1843 in New York begründeter Ordensverband, der nur Juden aufnimmt. ... Frauen werden nicht aufgenommen, jedoch haben viele Logen Frauenvereinigungen und Jugendbünde angegliedert. Der Orden ist unpolitisch ... Der von Gegnern der Freimaurerei aus durchsichtigen Gründen immer wieder behauptete Zusammenhang des Ordens mit dieser ist frei erfunden. Manche Freimaurer-Großlogen, auch humanitäre, verbieten ihren Mitgliedern sogar den Beitritt, ebenso wie zu anderen freimaurerähnlichen Verbindungen (IFL.,Sp.194)."
Da inzwischen bekannt ist, daß viele Mitglieder des B'nai B'rith gleichzeitig Freimaurer sind, muß jede Leugnung eines Zusammenhanges als Volksverdummung gewertet werden.

„Eine Gruppe von Logen aber müssen wir noch untersuchen, das sind die rein jüdischen Logen. Deren gibt es eine große Menge. Die wichtigste ist der **Independent Order Bnei Briß (I.O.B.B.)**. Der >Unabhängige Orden B'nai B'rith< (=Brüder des Bundes). Er umfaßt vor allem die Juden der Wirtschaft und des Handels, der Politik und des öffentlichen

Lebens. Die Mitgliedslisten nennen uns die Namen der meisten Juden, die auf diesem Gebiete eine Rolle spielen; da finden wir die **Warburg, Melchior, Wertheim, Arnhold, Ascher, Baruch, Bernstein, Goldschmidt** und viele andere Herren der **Hochfinanz,** neben **Ballin** und **Rathenau, Friedländer-Fuld** und **Bleichröder,** den >Beglücker< Rußlands **Leo Trotzki,** neben den Henkern Ungarns **Bela Kuhn** und **Tibor Samuzely, Itzig Tumulty,** den Geheimsekretär des Odd Fellow-Bruders **Woodrow Wilson!**

Der Bnei Briß wird im >Kalender für Freimaurerei< ausdrücklich — Seite 243 — als >freimaurerähnliche Organisation< geführt [110]."

„Was hier für die >allgemeinen< christlichen Logen gilt, in denen ,die Bekenner aller Religionen Platz haben', wobei ,ein Antisemit nicht Freimaurer sein kann', die sogar aufgefordert werden, ,der sogenannten Ausschreitung des Antisemitismus entschlossen und energisch entgegenzutreten', gilt auch im besonderen für den B'nai B'rith, der wiederum diese Schwäche der Freimaurerei bewußt auszunutzen verstanden hat, um diese für jüdische Weltziele einzuspannen. Um die Tarnung noch vollständiger durchführen zu können, hatte der B'nai B'rith dafür Sorge getragen, daß die >allgemeinen< Logen diese rein-jüdische Loge nicht anerkannten, da er ,als Geheimgesellschaft erklärt wurde, dem kein Mitglied der verbundenen Logen angehören dürfe'.

Umgekehrt war es ohne Einspruch der >anerkannten Freimaurer< durchaus möglich, daß die jüdischen B'nai-B'rith-Brüder Mitglieder der >christlichen< Logen blieben oder erst wurden. Dadurch hatte der Orden erreicht, was er erreichen wollte: *Unabhängigkeit* von allen übrigen Logen ...

Wir werden sehen, daß in den USA die Schlüsselpositionen der Logen von B'nai-B'rith-Brüdern besetzt wurden und der Geist dieses Ordens die übrigen Logen vollständig durchsetzt hat.

Der B'nai B'rith ist daher die einzige freimaurerische Großloge der Welt, der nur die begabtesten aller politisch, finanziell und schriftstellerisch tüchtigen Juden in seinen Bannkreis gezogen hat. Er ist in der Tat ,das Zentrum aller jüdischen Dinge, und der Treffpunkt, wo sich Orthodoxe und Reformjuden, aschkenasische und sephardische Juden treffen', wie Rabbiner Harry **Epstein** (Er ist ferner Mitglied der Union of Orthodox Congregations seit 1932. 1936-37 war Epstein Vizepräsident der B'nai B'rith Gate City Lodge, gehört demnach zu den höchsten Eingeweihten der gesamten Weltpolitik) ausführte [111].*

„Da dieser >Amerikaner< auch Mitglied der Freien Söhne Israels ist, betrachten wir in diesem Zusammenhange gleich diesen Orden (B'nai B'rith), an dessen Spitze der Chemikaliengroßhändler Simon M. **Goldsmith** steht, der Ehrenmitglied des United Palestine Appeal, Vorstandsmitglied des American Jewish Committee und der Anti-Nazi League des Samuel Untermeyer ist; er ist ferner Vizepräsident des Rates der (jüdischen) Organisationen, Mitglied des American Jewish Congress, des >Joint< und vieler anderer Organisationen. Er ist Mitglied des amerikanischen >Komitees zur Besiedlung Biro Bidjans mit Juden< (Biro Bidjan wurde durch Stalin zur autonomen Republik ausgerufen und liegt an der mandschurisch-russischen Grenze). Goldsmith ist ferner Mitglied der Ritter der Pythias, bei denen er als Präsident der Wohlfahrtsabteilung der Sioux Loge 537 fungiert. Außerdem ist er natürlich Hochgradmaurer und wurde 1939 Präsident des New York Fraternal Congress, ein Gesellschaftsverband, der sich aus 30 Vereinen zusammensetzt; ,es ist das erste Mal seit 39 Jahren, daß ein Jude zu diesem Posten ernannt wurde'. ...

New York City hat 16 B'nai B'rith-Logen und mehr als zweimillionenfünfhunderttausend Juden inmitten seiner Mauern, so daß es unmöglich ist, allein die mehr als 1000 jüdischen Verbände namentlich aufzuzählen, ...[112].*

„Die politischen Aktivitäten der Führer des Ordens (B'nai B'rith) in Rumänien, Österreich und Ungarn sind verbürgte Tatsachen. Obwohl ihr Zentrum der Macht in den Vereinigten Staaten ist, wo sie vor kurzem die Oberhoheit in der jüdischen Welt durch Absorbierung des >nationalen< Zionismus erlangt haben, um ihn völlig ihrer eigenen >internationalen< Politik zu unterwerfen, als die Jewish World Agency im Oktober 1928 erschaffen wurde. ...

Der Großmeister des internationalen Ordens B'nai B'rith in Rußland in der Zeit der russischen Revolution von 1917 war Sliozberg. Er war einer der Inspiratoren von Kerensky, dem Leiter der ersten Revolution von 1917. Alexander Kerensky, wirklicher Name Aron Kirbiz, war ein Mitglied der sozialistischen revolutionären Partei und ein Maurer im 32° des Schottischen Ritus.

Es gibt nun kaum Zweifel, daß der B'nai B'rith die höchste Körperschaft zu sein scheint, welche die Politik der ganzen Freimaurerei für die Erreichung ihrer eigenen Ziele formt und dirigiert, wie auch immer sie sein mag, angefangen von der Großloge von England, dem Grand Orient, den Schottischen Riten, bis hin zum O.T.O., der Illuminatentum unter einem anderen Namen ist [113]." Ob diese Behauptung wahr ist, bedarf der weiteren Überprüfung, was jedoch nicht leicht ist, wenn die Mitgliedslisten der Hochgradlogen und des B'nai B'rith nicht veröffentlicht werden.

Douglas Reed schreibt u.a.: „In Amerika gab es eine Organisation genannt *B'nai B'rith*. Im Jahre 1843 als eine brüderliche Loge exklusive für Juden gegründet, wurde sie eine >rein amerikanische Institution< genannt, aber sie brachte in vielen Ländern Zweige hervor und behauptet, heute die Juden in aller Welt zu repräsentieren, so daß sie ein Teil jener Anordnung zu sein scheint, die von Dr. Kastein als >die jüdische Internationale< beschrieben wird. Im Jahre 1913 brachte der B'nai B'rith einen winzigen Ausschuß hervor, die >Anti-Diffamierungs-Vereinigung< (ADL). Sie wuchs heran zu Größe und Macht; in ihr erreichte der Staat im Staate eine Art von Geheimpolizei und sie taucht in dieser Geschichte auf. ...

Der kleine Ausschuß von 1913, die >Anti-Diffamierungs-Vereinigung< (A.D.L.), war bis 1947 eine geheime Polizei von erschreckender Macht geworden. In der Doppelsprache heißt >Antidiffamierung< — >Diffamierung<, und diese Gesellschaft lebte von Verleumdung, Ausdrücke benutzend wie Antisemit, Faschist, Volksverhetzer, Judenquäler, Kommunistenquäler, Geistesgestörter, Mondsüchtiger, Verrückter, Reaktionär, Extremist, Fanatiker und ähnliche. ... 1933 schrieb Herr Bernard J. Brown: Durch das Eingreifen der A.D.L. ist es uns gelungen, der nichtjüdischen Presse so weit das Maul zu stopfen, daß die Zeitungen in Amerika verzichten darauf hinzuweisen, daß eine Person über die unvorteilhaft geschrieben wird, ein Jude ist. ...

Die A.D.L. (und das amerikanisch-jüdische Komitee) machte sich auf, den amerikanischen Menschen den Antisemitismus bewußt zu machen. Es informierte die Juden, daß 25 von 100 Amerikanern mit Antisemitismus infiziert seien, und daß weitere 50 die Krankheit entwickeln könnten. 1945 startete sie ein hochgezüchtetes Erziehungsprogramm, gestaltet um jeden Mann, jede Frau und jedes Kind in Amerika zu erreichen, und zwar mittels Presse, Radio, Werbung, Kinder-Comic-Bücher und Schulbücher, Vorträge, Filme, >Kirchen< und Gewerkschaften. Ihre Organisation bestand aus Hauptquartieren und Pressekomitees in 150 Städten, elf regionalen Büros und 2000 Schlüsselpersonen in tausend Städten [114]." Stichwort: **Pressefreiheit!**

„Gompers war einer der Führer im B'nai B'rith-Orden, dem wohl ausnahmslos alle Juden dieser Untersuchung angehörten, der aber sonst noch recht markante Vertreter aufzuweisen hat, z. B. *Warburg* - Hamburg, *Warburg* - Neuyork, die verschiedenen *Rothschild, Trotzki, Sinowjew, Lunatscharsky, Melchior* - Hamburg, *Mendelsohn* - Berlin, *Bacharach* - Salzwedel, *Mandel-House* und *Itzig Tumultey*, die beiden Sekretäre Wilsons [115]!"

* * *

„**Clergy Lodge** (engl.), d. h. eine Loge, die sich ausschließlich aus anglikanischen Geistlichen der Diözese von Sussex zusammensetzt, wurde im September 1931 in Brighton, England, unter dem Namen >St. Wilfrith of Sussex< eingeweiht. Es gibt in England noch andere >Class Lodges< ihrer Art (IFL.,Sp.280)." Wieso Geistliche einer Kirche in einen Orden eintreten, in dem religiöse Gespräche verboten sind, das mag der Henker wissen.

187

„**Eastern Star**, Orden >Stern des Ostens<, begründet 1870 von Robert Morris, in La Grange, Kentucky. Er umfaßt unter Führung von Freimaurern des Meistergrades deren Frauen, Töchter (über 18 Jahre), Mütter, Witwen und Schwestern. Er ist heute die drittgrößte Organisation der Welt. Die erste Großloge wurde in Michigan gegründet. Heute sind ungefähr 1.500 000 Maurer und deren weibliche Angehörige Mitglieder, sie entfalten eine großzügige karitative Tätigkeit (IFL.,Sp.-393)." Welcher Deutsche kennt schon diesen Orden oder ahnt etwas davon, was für Ordensmütter, -töchter oder -großmütter ihm im Zuge internationaler Kontakte als Agenten ins Haus kommen?

„**G. D. Golden Dawn (Hermetic Order of the Golden Dawn)**, von Mac Gregor Mathers, Verfasser von Werken über Magie und Okkultismus, in England gegründeter, erstmals 1889 in die Öffentlichkeit getretener Orden >**hermetischer Rosenkreuzer**<. Er hatte mit Freimaurerei nichts zu tun (IFL.,Sp.-556)." So einfach ist das für die Herren Autoren des Internationalen Freimaurerlexikons. Ein Lexikon ist eine Autorität!

Im Lichte des Werkes von Elic Howe >The Magicians of the Golden Dawn< sehen die Tatsachen ganz anders aus: „In gewisser Weise war Westcotts *Hermetic Order of the Golden Dawn* ein Nebenprodukt seiner Verbindung mit einer freimaurerischen Rosenkreuzerbruderschaft, genannt Rosenkreuzer-Gesellschaft von England, auch bekannt als *Societas Rosicruciana in Anglia*, oder familiärer als Soc. Ros. Die Mitgliedschaft war auf Freimaurer der Meistergrade beschränkt. Es war keine Freimaurerloge, sondern eine esoterische Gesellschaft von Freimaurern mit Interesse für Okkultismus, besonders in Kabbalah und freimaurerischem Symbolismus. ...

Neben der Rosenkreuzer-Gesellschaft war die Theosophische Gesellschaft ein wichtiges Reservoir von dem viele der frühen Golden-Dawn-Mitglieder bezogen wurden, insbesondere die Anhänger der Frauenmitgliedschaft. ... Wie dem auch sei, es ist offensichtlich, daß Frau Blavatsky bald einige Befürchtungen bezüglich Westcotts kleiner Geheimgesellschaft hatte, welche sich außerhalb ihrer Einflußsphäre befand und wahrscheinlich auch bleiben würde. Darum mag es nicht nur zufällig gewesen sein, daß sie am 9. Oktober 1888 die sogenannte Esoterische Sektion der Theosophischen Gesellschaft gründete, vielleicht als eine Art Gegenattraktion. Die Mitgliedschaft war auf ein paar bevorzugte Individuen beschränkt, die in der Blavatsky-Loge waren, oder ihr irgendwie nahestanden. ...

Reverent W.A. Ayton war aber nicht nur Mitglied im Golden Dawn, sondern auch in der Esoterischen Sektion und beschrieb in einem Brief, daß auf seinen Rat hin, nachdem ‚vom Hauptquartier der Theosophischen Gesellschaft eine Verordnung erlassen worden war, daß Mitglieder der Esoterischen-Sektion nicht zu irgendwelchen anderen okkulten Orden gehören dürften,' H.P. Blavatsky ihre Verordnung insofern änderte, als Mitglieder der Rosenkreuzer Gesellschaft zugelassen wurden. Das Ergebnis war, daß Dr. Wynn Westcott, das Oberhaupt der Rosenkreuzer Gesellschaft, mit 20 anderen in die Esoterische Sektion der Theosophischen Gesellschaft eintrat, und noch 14 aus Yorkshire. Dr. Wynn Westcott ist ein bekannter Freimaurer, ebenso wie MacGregor Mathers, der gelernte Kabbalist. Annie Besant und G.R.S. Mead, die Verbindungssekretäre der Esoterischen Sektion, schrieben am 19. August 1890 an Westcott zur Information, daß Frau Blavatsky bereit sei, ihn als Probekandidat in die Innere Gruppe der Esoterischen Sektion aufzunehmen [116]."

Dieses kleine Beispiel zeigt mit aller Deutlichkeit die Verbindungen zwischen verschiedenen mehr oder weniger geheimen Gesellschaften. Es wird klar, daß die Verbindungen fast ausschließlich über Personen laufen, offizielle Kontakte also völlig unwichtig sind. Wenn somit angesichts der Tatsache, daß fast der gesamte innere Kern des Ordens Golden Dawn aus Freimaurern bestand, die Autoren vom 33° des >Internationalen Freimaurerlexikons< das Gegenteil behaupten, dann ist das Unwahrheit und eine geradezu unverschämte Volksverdummung.

Illuminatenorden: Psychologisch interessant ist es, einen Blick auf die Ursachen für die Gründung eines Ordens zu werfen. So berichtet Rossberg über den **Illuminatenorden:** „Es ist kein Zufall, daß die Gründung dieses Ordens in Bayern erfolgte. ... Im Hinblick auf die Ausbreitung des Ordens in Mitteleuropa mutete sein Anfang höchst bescheiden an. Er war als Gegenschlag gegen die Jesuiten gedacht, die in Bayern herrschten und den Kurstaat von jeder Berührung mit dem protestantischen Norddeutschland fernhielten. ...

Das leitende Prinzip des Illuminatenordens war die Idee von dem steten Vorwärts- und Aufwärtsschreiten der Menschheit. Die Illuminaten wollten das Menschengeschlecht durch eine sich auf alle Lebensgebiete auswirkende moralische Revolution zu einer höheren Stufe emporheben. ..."

Moralische Revolution hört sich theoretisch gut an, aber meistens tauchen bei der Praxis die Schwierigkeiten auf, wie die nachfolgenden Sätze zeigen.

„Die angeblichen Vorkämpfer der Toleranz und Humanität scheuten sich nicht, die Waffen der Jesuiten zu gebrauchen. Ihr Erziehungssystem ruhte auf den Grundlagen der Hochgradmaurerei. Der strikte Gehorsam und die Schweigepflicht ermöglichten es, die Brüder mit Hilfe einer bis ins einzelne ausgedachten Bevormundung zu Werkzeugen des Ordens zu machen. Der hierarchische Aufbau der Hochgrade gestattete eine Auswahl zuverlässiger Oberer, denen man die Ordensgeheimnisse bedenkenlos anvertrauen konnte. Diese Eingeweihten, die sich Priester nannten, blieben durch eine scharfe Kluft von den niederen Graden abgesetzt, die sich dem Orden verschworen, ehe sie über seine Ziele im Bilde waren. ‚Wieviele Abstufungen es unter den Freimaurern gibt, wie wenige Betrüger und wieviele Betrogene', urteilte der preußische General Ludwig von der Marwitz, ‚kann nur derjenige wissen, der selbst die höchste Stufe erstiegen hat. ... Im ganzen steht es mit der Sache so: obenan stehen die Bösen, welche Reichtum, Herrschaft und Genuß für sich selbst verlangen und welchen alles übrige nur Mittel zum Zweck ist'. ... Nach dem Vorbild Loyolas wußte Weishaupt die eigentlichen Absichten des Ordens zu verhüllen.

So durfte keine Zeile gedruckt werden, welche auf politische Absichten schließen ließ. ..."

Hier eine typische Masche vieler Geheimgesellschaften und Hochgradsysteme: „Dieses System ließ sich nur deshalb durchführen, weil die Illuminaten allein die Brüder des gleichen Grades und der unteren Grade, jedoch nicht die der höheren Grade kannten. ...

Keine christliche Ordensgesellschaft hat je einen so unbedingten Gehorsam verlangt. Der neu Aufzunehmende mußte ewiges Stillschweigen, Verzicht auf seine Privatansicht und den eigenwilligen Gebrauch seiner Kräfte geloben. ...

Diese Regierungskunst (der Illuminaten) sei die Voraussetzung für die politische Umgestaltung der Welt. Dieser Revolutionsplan müsse das Geheimnis der Hochgrade bleiben, bis die Öffentlichkeit für das Geheimnis reif sei. ...

Der Illuminatenorden fand nicht nur in Deutschland, sondern auch in Dänemark, Schweden, Polen, Österreich, Ungarn und der Schweiz eine überraschende Verbreitung, so daß man tatsächlich von einem Siegeszug sprechen kann. ...

Als Knigge in Heidelberg verkündete, daß die Illuminaten dereinst die ganze Welt beherrschen würden, schwebte ihm als Ziel vor, alle anderen maurerischen Systeme zu unterwerfen." Solche Ideen kommen dem Kenner der *Protokolle der Weisen von Zion* sicherlich irgendwie bekannt vor.

„Der ergebnislose Ausgang des Kongresses (der Freimaurer in Wilhelmsbad) hatte den Illuminaten Tür und Tor ins Freimaurerlager geöffnet. Der Illuminatenorden hatte eine Reihe bedeutender Logenbrüder aus Deutschland und den angrenzenden Staaten gewonnen. Die Methode des Illuminatenordens, die Freimaurerei als politisches Mittel einzusetzen, machte Schule. ...

Dieses Versprechen bedeutete, daß die strikte Observanz von jetzt ab ins Schlepptau des Illuminatenordens genommen wurde. Dieses Ereignis hatte eine ungeheure Machtsteigerung zur Folge und leitete die Durchdringung einer großen Zahl von Logen mit dem Illuminatismus ein. Die Oberen des Illuminatenordens treten uns nunmehr als die sogenannten echten unbekannten Oberen der gesamten Freimaurerei entgegen. ... Knigge hatte gewaltige Pläne. ... und kündigte an, daß der Orden bald Könige und Fürsten nach seinem Willen leiten werde. ...

Im Jahre 1848 jubelte die führende Freimaurerzeitschrift >Latomia< darüber, daß die Ideen des Illuminatismus, die ‚Weishaupt, Dittfurth, Bode u.a. Koriphäen des Illuminaten-Ordens' verkündeten, in der Revolution von 1848 schließlich doch zum Ideengut der gesamten deutschen Freimaurerei, ja, zum Ideengut des gesamten deutschen Volkes geworden seien, wie es ihre Propagandisten 50 Jahre zuvor verheißen hatten. Die Verfassung der Paulskirche war die erste deutsche Reichsverfassung, welche auf dem liberalen Begriff der >Grundrechte< der Menschen aufgebaut war und deshalb auch den Juden Gleichberechtigung gewähren mußte. ...

Nach dem Urteil Niebuhrs war die Allgemeine Deutsche Bibliothek das Instrument einer >Partei<, die es verstand, sich zu einer >furchtbaren Macht< und zum >Gesetz für die Leser< emporzuschwingen. Die öffentliche Meinung in Deutschland wurde durch Nicolais Bücherzensuren geleitet. Der größte Teil dieser Partei gehörte der Freimaurerei, viele außerdem dem Illuminatenorden an, ... Daß diese Freimaurerpartei durch ein beträchtliches Judenkontingent verstärkt wurde, verwundert nicht. ...

So ist es kein Wunder, wenn aus dem Schoß des Ordens heraus der Plan entstand, den gesamten Büchermarkt unter die geistige und finanzielle Oberleitung der Illuminaten zu bringen. Der Vater dieses Gedankens war der Extheologe Karl Friedrich Bahrdt. ..."

Vielleicht schreibe ich demnächst einmal auf, auf welche Weise heute bestimmte Kreise versuchen, den gesamten Büchermarkt unter ihre geistige und finanzielle Kontrolle zu bringen, um die Vertreter der Wahrheit zu diskriminieren und zu boykottieren.

„Mit Moses Mendelsohn begann die Epoche, in der die Juden >die Weltbürgerreligion< als das wahre Wesen und den Grundcharakter des Judentums herausarbeiteten. Er schrieb in seiner Schrift >Jerusalem, oder über religiöse Macht und

Judentum<: ‚Ich erkenne keine andere ewige Wahrheit, als die der menschlichen Vernunft, die nicht nur begreifbar, sondern durch menschliche Kräfte dargetan und bewährt werden können ... Ich halte dieses vielmehr für einen wesentlichen Punkt der jüdischen Religion, und glaube, daß diese Lehre einen charakteristischen Unterschied zwischen ihr und der christlichen Religion ausmache'. Der Siegeszug des Illuminatismus in Westeuropa gab den Juden erst die Möglichkeit, aus ihrer Isolierung herauszutreten und sich den Völkern zu assimilieren. ...

Ebenso wie an der Herausgabe der Illuminatenpresse ein Judenkontingent beteiligt war, stand auch neben dem freimaurerischen Freundeskreis der Philanthropins ein Förderkreis der Juden. ...

Der Fuldaische Leibarzt Dr. Weikard schrieb in seinen Denkwürdigkeiten, der Illuminatenorden, der vorgebe, den Jesuitismus zu bekämpfen, führe in Wirklichkeit zum Jesuitismus zurück. ... Die Illuminaten wollten, wie weiland die Jesuiten, die Welt beherrschen. ...[117]."

‚Überhaupt sollten alle Areopagiten oder Abteilungsvorsteher des Illuminatenordens zugleich Inhaber der drei ersten Grade der Freimaurer sein, und der Illuminatenorden wollte gleichsam die höhere Stufe des Freimaurertums darstellen, weshalb einer seiner Hochgrade auch der Schottengrad war [118]." Dieser kurze Abriß über den Illuminatenorden soll hier reichen. Es wurde wohl einmal mehr deutlich, daß die politischen Mittel und Methoden bei allen nach Macht strebenden Organisationen ähnlich sind. Machtmißbrauch ist eben eine große Versuchung und hat schon oft die schönsten Ideale verdorben.

‚**Knights Templar** (engl.), Tempelritter ... Aufgenommen werden lediglich Freimaurer christlichen Glaubens, die zuvor den Grad des **Royal Arch Mason** (XXII. Grad im A.u.A. Schottischen Ritus) erlangt haben (IFL.,Sp.846)." Schon wieder eine Sondergruppe aus dem Verein des >Schottischen Ritus<, von der niemand weiß, welche Ziele sie anstreben.

„**Melchisedek- oder Toleranzlogen**, Logen, die ausschließlich aus Juden bestanden (IFL.,Sp.1021)." Ausgerechnet diejenigen Logen, die Mitglieder anderer Religionsgemeinschaften und/oder Rassen völlig ausschließen, also den Gipfel der Intoleranz repräsentieren, heißen >Toleranzlogen< — das ist typisch!

„**Mormonen**, die Sekte der >**Heiligen der letzten Tage**< (**Latter Day Saints**) wurde 1839 von dem >Propheten< Josef Smith gegründet. ... Unter den führenden Anhängern des neuen Evangeliums war eine ganze Anzahl Freimaurer, unter ihnen Brigham Young und Hyrum Smith, der Bruder des >Propheten<, die in der Nauvoo Lodge emsige Tätigkeit entfalteten. Bei der Einsetzungsfeier wurde auch der >Prophet< selbst vom Großmeister aufgenommen (IFL.,Sp.1063)." Wieso tritt einer, der eine neue religiöse Sekte gegründet hat, in einen Orden ein, in dem religiöse Diskussionen verboten sind? Merkwürdig — sehr merkwürdig!

„Vielleicht liegt es aber auch nur daran, daß die Mormonen freimaurerisch organisiert sind, von Freimaurern unterstützt wurden, und in drei freimaurerischen Graden, Eidesformeln und Losungsworten ihre >irdische Theokratie< verwirklichen wollen [119]."

„**Negerlogen** ... Die weißen Großlogen der Vereinigten Staaten traten zu keiner der von Negern gebildeten Körperschaften in Beziehung, nahmen auch keine Farbigen in ihre Reihen auf. ... Die Ausschließung der Neger in Nordamerika, die einer freimaurerischen Ächtung gleichkommt, ist einer der wundesten Punkte der Weltfreimaurerei, um so mehr, als die dortigen Negergroßlogen um des Friedens willen von keiner weißen Großloge der Erde anerkannt werden (IFL.,Sp. 1100-1103)." Fürwahr, ein merkwürdiger >Friede< für eine Gesellschaft von >brüderlichen Ehrenmännern<.

„**New Welcome Lodge**, 5139, in London ist eine >Parlamentsloge<, der Unterhausmitglieder der >Labour Party<

angehören. Die 1929 erfolgte Gründung erregte um so größeres Aufsehen, als nicht allzulange vorher der Kongreß der Trade Unions den Gewerkschaftsführern den Beitritt zur Freimaurerei untersagt hatte und das Inslebentreten dieser Bauhütte einen neuen Kurs ankündigte (IFL.,Sp.1110)." Was suchen Unterhaus- und Gewerkschaftsmitglieder in einer Freimaurerloge, in der jede Diskussion über Politik verboten ist?

„**Odd Fellows**, Independent Order of Odd Fellows (I.O.O.F.), Unabhängiger Orden der Odd Fellows, hat manche Wesenszüge der Idee und des Rituals mit der Freimaurerei gemein; er will ebenfalls aus den Baubrüderschaften der alten Steinmetzen hervorgegangen sein, steht aber in keinem direkten Zusammenhang mit der Freimaurerei (IFL.,Sp.1139)."

„**Die Gold- und Rosenkreuzer**. Um die Mitte des 18. Jahrhunderts war dann, vor allem im Deutschen Reich, ein Mysterienbund tätig, der sich als *Orden der Gold- und Rosenkreuzer* bezeichnete. ... Das System hatte neun Grade oder Ordensstufen, in die nur gelangen konnte, wer sich über den Besitz des Meistergrades der symbolischen Maurerei auswies. Denn die Freimaurerei galt als Vorhof des echten Tempels, als Pflanzschule, die Brr. des III. Grades hießen **Meister vom Schein des Lichts und des verlorenen Wortes**. Die Gradstufen hießen:

1. Junior oder Zelator. 2. Theoreticus. 3. Practicus (der das *chaotische Extractum minerale* zu bereiten wußte). 4. Philosophus. 5. Adeptus minor (der die Fähigkeit gewann ‚Wunderkuren zu tun und die philosophische Sonne zu sehen'). 6. Adeptus maior. 7. Adeptus exemptus (ihm ward die Erkenntnis vom ‚Stein der Weisen, der Kabbala und Magia naturali'). 8. Magister (er bereitete ‚das große einzige Werk, den Schatz der Schätze oder Lapis Philosophorum'). 9. **Magus** (Inhaber der höchsten Führerschaft) (IFL.,Sp.1335)."

Rhodes-Milner-Loge: Über diese Geheimgesellschaft habe ich schon im ersten Band meiner *Geheimpolitik* berichtet. Hier soll noch ein wichtiges Kapitel von Carroll Quigley hinzugefügt werden: „Dies ist um so überraschender, wenn wir lernen, daß eine der Hauptmethoden mit denen diese Gruppe (die Milner Gruppe) gearbeitet hat, die der Propaganda ist. Sie plante den Jameson Überfall von 1895; sie verursachte den Burenkrieg von 1899-1902; sie richtete den Rhodes Trust auf und kontrolliert ihn; sie gründete die südafrikanische Zeitschrift >The State< 1908; sie gründete das Britisch Empire Magazin >The Round Table< im Jahre 1910, und es bleibt das Sprachrohr der Gruppe; sie ist der mächtigste Einzeleinfluß in den Universitäten von All Souls, Balliol und New Colleges in Oxford für mehr als eine Generation gewesen; **sie hat die Zeitung >The Times< mehr als fünfzig Jahre kontrolliert, ausgenommen die drei Jahre von 1919-1922;** sie veröffentlichte die Idee und den Namen >British Commonwelth of Nations< in dem Zeitraum von 1908-1918; sie war der Haupteinfluß in Lloyd Georges Kriegsbehörde von 1917-1919 **und beherrschte die britische Delegation für die Friedenskonferenz im Jahre 1919**; sie hatte viel zu tun mit der Zusammenfügung und der Verwaltung des Völkerbundes und dem System der Mandate; sie gründete das >Royal Institute of International Affairs< im Jahre 1919 und kontrolliert es noch immer; sie war einer der Haupteinflüsse der britischen Politik gegenüber Irland, Palästina und Indien in der Periode von 1917-1945; sie hatte sehr großen Einfluß auf die Beschwichtigungspolitik gegenüber Deutschland in den Jahren 1920 bis 1940; und sie kontrollierte und kontrolliert immer noch zu einem beachtlichen Teil die Quellen und die Schriften der britischen Herrschafts- und Außenpolitik seit dem Burenkrieg [120]."

An dieser Stelle möchte ich den Leser auf die drei Hauptthesen hinweisen, die von kompetenten Autoren bezüglich der Weltherrschaft vorgetragen werden:

A. Sutton behauptet, daß die Weltherrschaftspläne vom Orden *Skull & Bones* ausgebrütet wurden;

C. Quigley behauptet, daß die Weltherrschaftspläne von der *Geheimgesellschaft Rhodes-Milner* geschaffen wurden;

Hitler, Ludendorff, Ford und diverse andere bereits zitierte Autoren behaupten, daß die Weltherrschaftspläne von jüdischen Organisationen oder Logen, insbesondere Freimaurerlogen, ersonnen wurden. Ja — diese Welt ist kompliziert, wobei der asiatische Raum noch nicht einmal berücksichtigt wurde.

„**Rotary International**, internationale Vereinigung, die gelegentlich mit der Freimaurerei in Zusammenhang gebracht wird, solchen aber nicht besitzt. ... In fast allen großen Städten der Welt gibt es Rotary Clubs, die wöchentlich gemeinsame Essen abhalten und der Mitgliederaufnahme eine Klassifikation nach Berufen und Branchen zugrunde legen, wobei mancherorts allerdings eine sehr weitgehende Unterteilung das Prinzip einigermaßen verwässert (nur für Presseleute gibt es von Haus aus keine Einschränkung). ... Diskussion politischer und religiöser Fragen ist verboten (IFL.,Sp. 1342)." Wahrscheinlich gehen Presseleute nur in diesen Verein, um bei gutem Essen über das Wetter und über Fußball zu reden! Volksverdummung! Sofern deutsche Politiker darin Mitglied sind, dürfen sie als alliierte Agenten betrachtet werden.

„**Shriners**, Ancient Arabic Order of Nobles of the Mystic Shrine (*Alter arabischer Orden der Edlen vom mystischen Schrein*) ist eine mehr als 600.000 Mitglieder zählende Vereinigung amerikanischer Hochgradfreimaurer, ... Shriners können nur Freimaurer werden, die den XXXII. Grad des A.u.A. Schottischen Ritus, bzw. die entsprechenden Gradstufe der Knigths Templar besitzen (IFL.,Sp.1458)." Schon wieder ein Orden neben oder innerhalb von anderen Orden, von dem fast niemand weiß, vor allem die unteren Grade nicht, was dort getrieben wird.

Societas Rosicruciana in Anglia: „Das obige enthält viel wertvolle Information für jeden Leser der später Forschungsarbeit unternehmen mag, nicht nur über die Societas Rosicruciana in Anglia, sondern auch über ihre Ableger: den Golden Dawn, die Stella Matutina und den Ordo Templi Orientis [121]."

Das soll in diesem Zusammenhang reichen. Nochmals möchte ich den Leser darauf aufmerksam machen, daß es ähnlich viele christliche Orden gibt, die wohl auch manchmal ihre eigene Politik verfolgen, unabhängig von den großen kirchlichen Zentralbehörden.

Freimaurerei und Politik

In den Kapiteln **Fellow-Craft** (Geselle) und **The Master (Der Meister)** finden sich ein paar Bemerkungen von Albert Pike zur Politik, die ich den Lesern nicht vorenthalten möchte: „In einem freien Staat sollte die Maurerei den Stift und die Drukkerpresse gegen die Volksverhetzung benutzen, in der Despotie gegen den Tyrannen. Die Geschichte bietet Beispiele und Ermutigung. ...

Zwei Regierungsformen begünstigen die Vorherrschaft von Unwahrheit und Betrug. In der Diktatur sind die Menschen falsch, verräterisch und betrügerisch durch Angst, wie Sklaven, die sich vor der Peitsche und den Ämtern fürchten, und wegen ihrer Gier nach Reichtum. Erfahrung wird wahrscheinlich beweisen, daß diese verhaßten und abscheulichen Laster sehr vorrangig wachsen und sich in einer Republik sehr schnell verbreiten werden. ...

Dann werden die Gewohnheiten von prinzipienlosen Rechtsanwälten in den Gerichten im Senat verwirklicht, und Betrüger streiten dort, wenn das Schicksal und die Leben von Millionen auf dem Spiele stehen. Staaten werden sogar aus Gemeinheit erschaffen und durch Betrug fortgeführt, und Schurkenhaftigkeit wird durch Gesetzgeber gerechtfertigt, die behaupten, ehrenhaft zu sein. Dann werden umkämpfte Wahlen durch meineidige Stimmen oder Parteibetrachtungen entschieden, und alle Praktiken der schlimmsten Korruptionszeiten werden in den Republiken wiederbelebt und übertrieben. ...

Wenn eine Nation vom Geist der geschäftlichen Gierigkeit beherrscht wird, jenseits von jenen gerechten und fairen Grenzen, die durch entsprechende Beachtung eines gemäßigten und vernünftigen Grades von individuellem Wohlstand gesetzt sind, ist es eine Nation, die vom Teufel der geschäftlichen Habsucht beherrscht wird, einer Leidenschaft, so unedel und demoralisierend wie Habsucht in einem Individuum; und da diese schmutzige Leidenschaft niedriger und gewissenloser als Ehrgeiz ist, und darum hassenswerter, bewirkt sie, daß die infizierte Nation letztendlich als Feind der menschlichen Rasse betrachtet wird.

... Ein Krieg für ein großes Prinzip veredelt eine Nation. Ein Krieg für geschäftliche Übermacht, durch einen flachen Vorwand, ist verachtenswert, und demonstriert mehr als alles andere sonst, zu welcher unermeßlichen Tiefe von Niedrigkeit Menschen und Nationen herabsinken können. ...

Gerechtigkeit ist besonders unerläßlich für Nationen. Der ungerechte Staat ist von Gott verdammt zu Unglück und Ruin. Dies ist die Lehre der ewigen Weisheit und der Geschichte. ...

Die Politiker in einem freien Staat sind allgemein hohl, herzlos und selbstsüchtig. Ihre eigene Erhöhung ist das Ende ihres Patriotismus, und sie schauen immer mit heimlicher Befriedigung auf die Enttäuschung oder den Fall von einem, dessen höheres Genie und überlegene Talente überschatten ihre eigene egoistische Wichtigkeit, oder dessen Aufrichtigkeit und unkorrumpierbare Ehre ihren selbstsüchtigen Zielen im Wege steht.

Kompromisse, welche grundlegende Prinzipien in Zweifel ziehen, um Menschen gegensätzlichen Glaubens in einer Partei zu vereinigen, sind Betrug und enden im Ruin, die gerechte und natürliche Folge des Betruges (Pike, S. 47,65,66,67,69,70,-72,84)."

*

Um das ganze Machtpotential der anglo-amerikanischen Freimaurerei zu begreifen, muß man sich die Dimensionen vor Augen führen, die schon allein durch die Anzahl der Brüder in den Logen bedingt ist. Die folgenden Sätze von Dr. K. Lerich illustrieren das: „Von den gegenwärtig 4,5 Millionen Freimaurern auf der ganzen Erde machen die angelsächsischen Brüder fast zwei Drittel aus. ...

Fast alle maßgebenden Persönlichkeiten der Wirtschaft, des Handels und der Industrie, des Unterrichts, der Presse und der Politik, der Armee, Marine und der Regierung sind Logenbrüder. ...

Die Erzbischöfe und Bischöfe der anglikanischen Kirche gehören zum Großteil dem Beamtenrat der Großloge von England an. Freimaurerische Gottesdienste in den Kathedralen der Hochkirche sind keine Seltenheit. Die Freimaurerei konnte sich in Großbritannien deshalb so ins Ungeheure entfalten, weil sie jederzeit ohne Gegnerschaft dastand. ...

Bei den freimaurerischen Grundsteinlegungen, an denen fast immer das ganze Königshaus teilnimmt, erscheinen die Brüder mit allem ihren freimaurerischen Prunk in den Straßen der Städte. Eine Judenfrage existiert in der englischen Freimaurerei nicht, die Juden sind gleichberechtigte Logenmitglieder, sind zahlreich und maßgebend. Die rein jüdischen Freimaurerlogen in London führen die Namen Baron Rothschild, Montefiori, Mont Sinai und andere. Die einzige deutsche Loge in London, die >Pilgrim Lodge<, hat zu ihrem Vorsitzenden den jüdischen Zeitungsmagnaten Sir Arthur Mond, der vor nicht allzu langer Zeit bei der Großloge von Wien als Gast weilte, um die österreichische Freimaurerei der Unterstützung durch die Großloge von England zu versichern [122].«

*

Der französische Autor Alec Mellor selbst bestätigt, daß das Verbot politischer Gespräche innerhalb der Freimaurerlogen immer nur ein Vorwand war, um das Volk für dumm zu verkaufen, und hat dem sogar ein eigenes Kapitel gewidmet:

» - Das theoretische Verbot der Berührung politischer und religiöser Streitfragen und die dauernde Nichtbeachtung dieses Verbots. - ... Aber schon im dritten Viertel des 19. Jahrhunderts bildeten diese Fragen - weit entfernt davon, aus der Logendiskussion ausgeschlossen zu sein - das wichtigste Thema der Arbeiten. ... Es genügt aber, einen Blick auf die Arbeitstafeln zu werfen, um zu erkennen, daß die Logen geradezu politische Laboratorien waren. ... Daneben (den kleinen Arbeiten) gibt es noch die sogenannten großen Arbeiten, das heißt Fragen, welche von den Obödienzen sämtlichen Logen zum Studium vorgelegt werden. ...

Das freimaurerische Leben ist keineswegs nur auf den Logenraum begrenzt. Alle Freimaurer auf der ganzen Welt sind im Prinzip durch eine Verpflichtung zur Solidarität und gegenseitigen brüderlichen Hilfe verbunden." Bedeutet es etwa keine Einheit, wenn sich die Freimaurer der ganzen Welt zur Hilfe verpflichtet sind? Man vergleiche dies mit den folgenden Sätzen. „Sie (die Freimaurerei) verfügt weder über eine lehrhafte noch über eine administrative noch über eine sonstige Einheit. Sie hat daher nicht nur durch keine wirklich annehmbare Formulierung definiert werden können, sondern sich auch als unfähig erwiesen, sich selbst zu definieren. ... Ihr Geheimnis ist viel mißbraucht worden und wird weiterhin mißbraucht. ... Die einen bedienen sich der Freimaurerei, um die nach ihrer Meinung ideale Republik aufzurichten, die anderen, um sich als Erben und Fortsetzer mystischer Vorfahren hinzustellen, und der Orden ist dadurch unangenehm aufgefallen [123]."

Sehr merkwürdig, daß Herrn Mellor die zuletzt genannte Tatsache auffällt, er aber die Handlungen freimaurerischer politischer Revolutionäre, Großverbrecher, Massenmörder und Volksverräter völlig unter den Tisch fallen läßt. Die Handlungen der zuletzt genannten >Ehrenmänner< sind es nämlich insbesondere, die mir und einigen anderen kritischen Zeitgenossen unangenehm aufgefallen sind.

*

Falls beim Leser noch irgendwelche Zweifel bestehen bezüglich der politischen Aktivitäten der Freimaurerei, so möchte ich diese dadurch beseitigen, indem ich noch ein paar Sätze aus dem Buch >Freemasonry and the Vatican< des französischen Autors Vicomte Léon de Poncins zitiere:

„Die Freimaurerei wird praktisch nie in der Presse erwähnt; historische Bücher schweigen über die Macht und den Einfluß des Ordens, Regierungen und Parlamente wagen niemals solche gefährlichen Themen zu debattieren. Berichte über maurerische Treffen und Kongresse sind für die Öffentlichkeit nicht verfügbar; maurerische Magazine und Veröffentlichungen werden in der Nationalbibliothek oder dem Britischen Museum nicht ausgelegt, obwohl das Gesetz es vorschreibt. ...

Der Friedensvertrag von 1918 wurde direkt von der Maurerei inspiriert. Seine Vertragsbestimmungen waren bei der großen internationalen Maurerkonferenz ausgearbeitet worden, welche am 28., 29. und 30. Juni 1917 im Hauptquartier des Grand Orient de France in Paris, Rue Cade, stattfand. ... 1936 kamen die kompletten Niederschriften dieses Treffens ans Licht und wurden vollständig veröffentlicht, begleitet von einem detailierten Kommentar, in Léon de Poncins: *La Société des Nations — Super-Etat Maçonique,* aus dem alle Informationen und Dokumente der folgenden Abschnitte genommen wurden. ...

Schließlich muß beachtet werden, daß all die Beschlüsse, die im Verlauf dieser Gespräche beim maurerischen Kongreß von 1917 angenommen wurden, zwei Jahre später ein wesentlicher Teil des Vertrages von Versailles wurden. Das wichtigste von allem war die Errichtung des Völkerbundes, welche im Licht der obigen Dokumente eine Art maurerischer Über-Staat zu sein schien. ...

Es ist ein furchterregender Gedanke, daß eine okkulte Organisation, die niemanden verantwortlich ist, den Lauf der europäischen Politik dirigieren kann, ohne daß jemand sich dieser Tatsache bewußt ist [124]."

Herr de Poncins ist irgendwie mit kirchlichen Kreisen verbunden gewesen, deshalb vergißt er natürlich zu erwähnen, daß der letzte Satz in absolut gleichem Maße für die politischen Aktivitäten der kirchlichen Orden zutrifft.

„Die Freimaurerei verhängt eine strikte Disziplin über ihre Mitglieder, und mindestens die verschiedene Großlogen sind in einem Punkt sehr streng: Freimaurer, die politische Positionen einnehmen, sind über allem anderen den Befehlen und Richtlinien der Maurerei zum Gehorsam verpflichtet. Der Orden kann diesen bedingungslosen Gehorsam nicht immer durchsetzen, aber er beharrt darauf als der Pflicht des Maurers.

„Sobald ein Freimaurer in die Abgeordnetenkammer gewählt ist, hat er die zwingende Pflicht: sich daran zu erinnern, daß er immer noch ein Maurer ist, und als Maurer handelt. Weil aber, wie wir bemerken, viele es versäumten diesen Standard zu befolgen, verlangt die Kommission von jedem Freimaurer, der Eingang in die Politik sucht, diesen Eid: daß er an allen Treffen der Brü-

der-Versammlung teilnehmen und sich beteiligen wird, und während seiner Teilnahme sich von dem reinsten Geist der Maurerei inspirieren läßt (Convent of the Grand Orient, 1928, p. 255)'. ...

Politiker, die Maurer sind, und welche demzufolge zu gewissem Grade Boten des Ordens sind, sollen dem Orden während ihrer Amtszeit untergeordnet sein. Als Politiker müssen sie durch die Arbeit der Generalversammlung geführt werden, aber in allen Gegebenheiten ihres politischen Lebens haben sie die Pflicht, jenen Prinzipien zu gehorchen, die uns regieren. ...

Jene Freimaurer, die ein öffentliches Amt bekleiden, haben die Pflicht zur Anwendung der Prinzipien der Maurerei. Und jene, welche durch ein gewähltes Mandat in ein Amt eingeführt wurden, entweder auf eigenen Wunsch oder gebilligt und ihnen von ihren Brüdern stillschweigend gewährt — haben, aus besonderen Grund, eine Pflicht die alle anderen Maurer überragt, nie jene maurerischen Prinzipien zu vergessen, welche ihre Persönlichkeit oder ihr politisches Geschick gestaltet haben (Convent of the Grand Orient, 1923, p. 365). ...

Es geschieht in unseren Logen, daß unsere Brüder sich einen philosophischen Geist aneignen. Laßt uns liebevoll darüber wachen, denn er ist das Geheimnis des politischen Einflusses. Unsere Stärke liegt in dieser ruhenden Hilfsquelle, für die uns vergangene Generationen von Maurern ein Beispiel hingestellt haben, als sie für die Aufrichtung dieses Ideales arbeiteten, welches wir gemeinsam haben.

Ganz abgesehen von der Organisation der Logen, möchte ich Ihnen eine schnelle Zusammenfassung der Organisation und der Machtausübung geben, wie ich sie sehe und so wie wir sie im Gedächtnis tragen sollten. Wir müssen ununterbrochene Kontrolle ausüben; wir müssen all jene unserer Brüder anhören und befragen, welche durch ihre Berufe mit Politik, dem Recht oder der Verwaltung in Berührung kommen. ...

... Die Demokratie muß nowendigerweise die Macht durch unsere Logen kontrollieren, und durch unsere Brüder, welche Senatoren oder Abgeordnete sind. Es geschieht durch solche Beaufsichtigung, daß die Organisation einer Demokratie fortschreitet ... (Convent of the Grand Orient, 1924, p. 442). ...

Entscheidungen, welche auf der Außergewöhnlichen Generalversammlung des spanischen Grand Orient am 20. Februar
1932 und den folgenden Tagen getroffen wurden.

... (7) Die Logen und Kränzchen werden einen Bericht über
jeden Freimaurer erstatten, in dem seine tatsächliche Arbeit
niedergelegt ist, die Posten, die er im Staat oder in privaten
Unternehmen ausübt oder ausgeübt hat, und die Gründe der
Aufgabe; wie auch seine lobenswerten Dienste und seine maurerischen Leistungen. Diese Akte muß besonders vollständig
und detailliert für jene Maurer sein, die einen politischen
Posten aufgrund allgemeiner Wahlen oder durch Regierungs-
vorschlag ausfüllen, wie Ratsmitglied, Abgeordneter, etc. ... Die
genannten Akten werden an die Großloge des betreffenden
Gebietes geschickt.

(11a) ... Und da, bei der Ausübung öffentlicher Pflichten,
ein Maurer die maurerischen Regeln durch Tat oder Auslas-
sung übertreten mag, ist es offensichtlich, daß ein solcher Maurer verpflichtet ist, nicht nur jene Aktionen, die tadelnswert
oder zweifelhaft zu sein scheinen, zu erklären und zu begründen, sondern auch maurerische Richtlinien zu erhalten und sie
zu beachten. ...

(13) Um fähig zu sein, die jetzigen oder entfernteren Projekte der Freimaurerei richtig zu bestimmen, sollte diese Versammlung seinen Horizont nicht bloß durch Entwerfung von
Regeln bezüglich bestimmter konkreter Tatsachen begrenzen,
sondern es ist ihr spezielles Geschäft, zu billigen, sich zu erinnern und die fundamentalen Prinzipien zu erklären, welche
die ganze Bewegung leiten. Und dies müssen wir in der religiösen, politischen und sozialen Sphäre tun.

Es ist die Aufgabe der Versammlung, die maurerischen
Prinzipien zu wiederholen und zu erklären, welche das Werk
der spanischen Maurerei heute und in Zukunft in diesen drei
Sphären inspirieren sollte.

Die Arbeit in der religiösen Sphäre ist das Wichtigste. Sie
ist die Grundlage von allen anderen, da jede politische und
soziale Lehre auf einer ethischen Basis errichtet werden muß,
welche auf Metaphysik gebaut ist, oder auf einem Versuch, die

Ordnung der Welt zu erklären — solch eine Erklärung errichtet eine Religion im weitesten und edelsten Sinne des Wortes. ..."

Da es ja vielleicht Leser gibt, die der Meinung sind, daß ich dem Kapitel *Freimaurerei und Weltanschauung* zuviel Platz eingeräumt habe, freut es mich ganz besonders, daß die vorstehenden Sätze aus einem freimaurerischen Dokument meine Ansicht bestätigen, daß die *religiöse Sphäre* von überragender Bedeutung ist. „*El Liberal*, zum Beispiel, veröffentlichte einen Artikel, der im *Boletin oficial del grand oriente espanol* reproduziert wurde, von dem wir den folgenden kurzen Auszug genommen haben:

‚Wie auch immer, ein beträchtlicher Teil der Öffentlichen Meinung hatte Angst vor der Maurerei, und gewisse Zeitungen spiegelten diesen Geisteszustand wider. Eine davon brachte eine Liste von Politikern, welche Maurer waren. An der Spitze war Lerroux, gefolgt von Fernando de Los Rions und Marcelino Domingo. Es ist in der Tat eine glanzvolle Liste. Sie enthält nahezu alle Männer, die in Spanien irgendetwas zu tun oder zu sagen haben. ...

... Nach einer Jesuiten-Monarchie ist es nur natürlich, daß eine maurerischen Republik als Befreier handeln sollte ... (Katholizismus) war an dem Punkt gewesen, Spanien in eine große Höhlenmenschen-Höhle zu verwandeln. Heute sind die Maurer an der Macht, und es ist höchste Zeit, daß sie es sein sollten. ...

Es muß nicht in den Spalten der wichtigen Zeitungen veröffentlicht werden, daß die Maurerei tatsächlich regiert. Das ist nicht sicher. In ihrem Busen behütet die Maurerei Politiker, deren Persönlichkeit im öffentlichen Leben hochkommt, und es ist möglich, daß ihre Prinzipien einen Einfluß auf ihre innere Gestaltung genommen haben mag, aber die Maurerei als Organisation mischt sich nicht in politische Kämpfe. ...

‚Es ist klar, daß die Maurerei das Land nicht regiert. Aber die Regierung ist zusammengestellt aus Männern, unter denen einige zu ihren Verdiensten die Ehre hinzufügen können, zur liebevollsten, freiesten, edelsten und heiligsten Institution zu gehören, dem erhabenen maurerischen Orden. ...'

Natürlich, die Maurerei regiert nicht. Aber alle Männer die regieren, sind Freimaurer. Das erinnert an die berühmte Unterscheidung zwischen der Sowjet- Regierung und der Dritten Internationalen [125]**.**

* * *

In seinem Buch >Freimaurerei und Politik< hat der Autor **Rossberg** einige wertvolle Hinweise gegeben. Noch ein Trick aus der Geheimkiste: „Die Art, in der Martinovics in Ungarn vorging, scheint die Richtigkeit seiner Aussagen zu bestätigen. Er gründete zwei geheime Gesellschaften, die keine Kenntnis voneinander hatten und eine gewisse Ähnlichkeit mit den Gradstufen der Adepten und Initiierten des Cercle social verrieten. ... "

Ähnlich gingen Rhodes und Milner in England vor, als sie als Freimaurer daneben eine zweite, den Freimaurern unbekannte, Geheimgesellschaft gründeten. Der politische Verrat durch das Kirchen- und Logentum hat in Deutschland ja bereits Tradition, wie ich von Rossberg lernen durfte: „Die feige Übergabe einer der stärksten Festungen des (deutschen) Reiches war das schmähliche Werk der Illuminaten. ...

Der von der Gironde gepredigte heilige Krieg für die Verbreitung der Menschenrechte und die Befreiung versklavter Völker hatte also zu einer imperialistischen Eroberungs- und Annexionspolitik großen Stils geführt."

Dieser Satz könnte auch aus dem Jahre 1991 stammen! Und dieser, mit anderen Namen versehen, auch: „Knesebeck ging bereits soweit, den >verbündeten< Franzosen die Rheingrenze zu versprechen und den Ländern zwischen Rhein und Nordsee zu empfehlen, sich eine Verfassung nach französischem Muster zu geben. Wenn man sich vorstellt, daß Knesebeck ein Offizier war, der auf Befehl seines Königs im Kriege gegen Frankreich stand, so stellt man erschüttert fest, wie tief der Geist der Armee Friedrichs des Großen gesunken war." Das ist politische Intelligenz, von der die Deutschen lernen sollten!:

„Im Gegensatz zu seinen ursprünglichen Plänen hatte Napoleon nach der Kaiserkrönung vom Jahre 1804 die Freimaurerei sich dienstbar gemacht, und seinen Bruder Josef, den späteren König von Spanien, an die Spitze des Großorients von Frankreich gestellt. Diesem standen der Kanzler Cambacerès, gleichzeitig Großkommandeur des Suprème Conseil des Alten und Angenommenen Schottischen Ritus, und Joachim Murat, seit 1805 Großherzog von Berg, zur Seite. ...

Sobald die Franzosen deutsches Land besetzt hatten, zog eine große Zahl Logen den Schlußstrich unter die Entwicklung der letzten Jahrzehnte und unterstellte sich dem Großorient von Frankreich. Sie gingen unter französischem Einfluß auch von der Forderung ab, daß christliches Bekenntnis die Voraussetzung für den Beitritt zur Loge sei. Die Juden erkannten die ihren Interessen günstige Situation. Der vom Großorient von Frankreich neugegründeten Loge >Zur aufgehenden Morgenröte< in Frankfurt a. M. gelang es, sich zur Vorkämpferin der jüdischen Interessen im Rahmen der Freimaurerei aufzuschwingen. Die Aufnahme der Juden in die Logen war ein geschickter Schachzug Napoleonischer Politik. ... Es will viel bedeuten, wenn der Frankfurter Illuminat Johann Christian Ehrmann 1816 schrieb: ,Der Korse führte uns auch die Juden zu, und überliefert ihnen die Geräte des Tempels'. ... Ehrmann kündigte bereits an, daß sich die Juden nun eine Position nach der anderen erobern würden. ,Die Gefahr von dieser Seite droht aber nicht bloß unserem Orden, sie droht den Staaten überhaupt, und darum möchte ich gern meine Stimme so mächtig erheben, damit auch der Trägste aus seinem Schlummer geweckt würde.' Es ist höchst interessant zu sehen, wie die in die Logen eingedrungenen Juden sich nun als Testamentsvollstrecker des Illuminatismus aufspielen. ...

,Der Geist der höher gestellten Freimaurer', schrieb Haller 1840, ,ist nämlich mit allen seinen Konsequenzen auch unter die Proletarier gefahren. Was jene gegen Fürsten und Adel taten, wird jetzt von diesen mit gleichem Grund gegen die höheren und reicheren Bürger-Klassen getan. Sie sind ja doch der neue Adel und haben jetzt ausschließlich die Gewalt in Händen'. Die Parolen Weishaupts ließen sich immer von neuem gegen die jeweils herrschende Führerschicht anwenden, bis am Ende jede Autorität zerschlagen und der anarchische Urzustand wiederhergestellt war. Sogar Karl Marx und Friedrich Engels mußten im Kommunistischen Manifest zugestehen, daß die Bourgeoisie ,die Waffen geschmiedet' und ,die Männer gezeugt' habe, welche die Proletarier befähigten, das Bürgertum zu bekämpfen und die Diktatur des Proletariats zu errichten [126].* Nun, ob die sogenannte *Diktatur des Proletariats* zur Machterringung und Machterhaltung weniger Menschen ermordet hat, als früher die Könige, Kaiser und Zaren, das darf inzwischen aufgrund der historischen Tatsachen mit Recht bezweifelt werden.

*

In den *Protokollen* ist bereits deutlich ausgeführt, daß sich die dahinter- stehenden Kreise zur Durchführung ihrer Weltmachtpläne der Freimaurerei bedienen wollen. Ein gutes Beweisstück für die tatsächliche Anwendung der *Protokolle* in dieser Beziehung liefert das Buch von **Karl Heise** *Entente-Freimaurerei und Weltkrieg.* Da das Buch auch interessante Anmerkungen über die Freimaurerei im allgemeinen enthält, und die darin aufgezeigten politischen Machenschaften bis heute dieselben geblieben sind, ist das Buch auch für den heutigen Leser höchst aktuell.

Obwohl Heise die *Protokolle der Weisen von Zion* überhaupt nicht erwähnt, decken sich die von ihm dargelegten Ziele Englands weitgehend mit dem, was ich im ersten Band meiner *Geheimpolitik* bereits umrissen habe. Heise vermerkt u.a.:

„Was uns betrifft, so haben wir uns mit dem allergrößten Bedauern davon überzeugen müssen, daß die freimaurerischen Ententelogen mit Vorliebe dic >hohe Politik des Deutschenhasses< zu ihren Zielen erkoren haben, und daß sie damit auf immer schiefere Bahn gelangten — trotz ihrem Restbesitz okkulten Wissens — , oder vielleicht gerade infolge dieses Besitzes, denn manche ihrer hochgradigen Mitglieder mögen gerade infolge der ihnen noch zugehörenden Reste hellseherischer Fähigkeiten und okkulter Praktiken, die auf sie durch Einweihung und vielleicht auch durch natürliche Vererbung, atavistisch wirkend, übertragen worden sind, auf den linken Pfad gedrängt worden sein. ...

Guido List (*Armanenschaft der Ariogermanen*) betont, daß in den Logen und maurerisch organisierten Gesellschaften alle Arten von Menschen — gleichviel welcher religiösen oder politischen oder kommerziellen Richtung, also die abstrusesten äußerlich scheinbaren Gegensätze: Protestantismus, Jesuitismus, Judaismus, Antisemitismus, Konservativismus, Sozialismus usw. — sich zusammenfinden und von denselben Oberen oder doch innerlich die Dinge leitenden Persönlichkeiten und Wesenheiten beherrscht ... und in die Irre gelenkt werden. ...

Die englische Vorherrschaft in der Welt wurde schon vorher von Annie Besants Hohenpriesterkollegen und Mit-Masonisten, ,der an der Schwelle der Gottheit steht!', dem Anglo-Amerikaner C.W. Leadbeater in einer 1910 im Druck erschienenen Abhandlung über die ,Anfänge der sechsten Wurzelrasse' ganz im Sinne der englisch-amerikanischen Gesamtfreimaurerschaft betont: ,Die Sprache, die die (aus der gegenwärtigen Menschheit hervorgehende neue) Gemeinschaft spricht, ist natürlich die englische.' ...

Wie aber belehrt uns die 1911 angeblich noch so pazifistische Frau Besant heute über das Wesen des deutschen Volkes, diesen nun leider ,zusammengebrochenen Stützpfeiler für Englands Welthegemonie'? Sie - die in aller Welt gefeierte große Predigerin maurerisch-theosophischer Bruderliebe, sagte (in der Fassung, wie sie alt-Kolonial-Direktor A.W. Sellin, München, aus dem Englischen wiedergibt): ,Wir sehen, wie das (deutsche) Kaiserreich seine Theorien von Raub, Mord und Plünderung ... durchführte. **Das ,auserwählte Volk Gottes' wurde für das übrige Europa zum üblen Gestank.** Für diesen Embryo von einem Kaiserreich, der, in grundloser Tiefe erzeugt, in Haß empfangen und im Mutterleibe des Ehrgeizes behütete wurde, darf niemals die Geburtsstunde kommen ...'

Wir weisen hier noch darauf hin, was der bekannte Politiker, Kanzler des englischen Schatzamtes und Führer des britischen Unterhauses, der am 19. April 1881 auf seinem Landgut Hughenden in Buckinghamshire verstorbene Premierminister, **Viscount und Lord Beaconsfield** (Benjamin d'Israeli), der geadelte Ritter des englischen (maurerischen) Hosenbandordens, schrieb. ... Und dann sagte derselbe Lord in seinem anderen Roman >Endymion<: '... dieser kleinste aber originellste Zweig (am Baume der Menschheit) ... hat sich seit langer Zeit in Englands geheime Diplomatie hineingestohlen und sich derselben fast ganz bemächtigt; in 25 Jahren werden sie (diese geheimen Brüder) ihren Anteil an der Regierung des Landes offen verlangen ... Sie werden sehen, daß es in Europa keine einzige große ... Bewegung gegeben hat, an der sie nicht ihren großen Anteil hatten ...

... Es waren — Juden, und die geheimnisvolle russische Diplomatie, die den ganzen Westen Europas beständig in Aufregung hält, ist von Juden organisiert und wird von diesen geleitet.'... Gegen die Glaubwürdigkeit einer solch hochangesehenen Persönlichkeit wie Frm. Lord d'Israeli-Beaconsfield dürfte kaum etwas eingewendet werden können. ...

Russische Großfürsten und russische Juden waren es nun wirklich, mit englischen maurerischen Diplomaten im Bunde, die ... den gegenwärtigen (1914-1918) Krieg in Szene setzten. Und nun ist es auch gewiß interessant, daß das englische Oberhaus (House of Peers) 14 oder mehr geadelte, in den Lordstand erhobene Juden zählt:

(Es folgen 14 Namen, von denen ich hier nur die wichtigsten nenne, d.V.) **Northcliffe:** (ursprünglich Stern, dann Harmsworth), Harmsworth-Northcliffe war anfänglich Journalist, jetzt ist er Besitzer von dreiviertel der ganzen englischen Presse ... Ein Zeitungswelttrust schwebt diesem Könige der Presse vor;... Northcliffe herrscht aber auch in Amerika. Alfred Charles William, verheiratet mit der Tochter Mary des **Frm. Lord Robert Milner.** Rothermore (Bruder von Northcliffe), im Weltkrieg Minister für das Flugwesen. **Rothschild, Ferd. von**, 1885 baronisiert und in den Peerstand erhoben. Die Rothschilds gehören seit 1809 zur Gilde der Freimaurer, und zwar sind sie ebensowohl in der englischen als französischen wie deutschen Freimaurerei angesehene Persönlichkeiten.

... Das wichtigste Ziel der Entente-Freimaurerei ist Englands dauernde Vorherrschaft über die ganze Welt. Dabei müssen England alle Staaten der Erde dienen, alle Staaten sind bestimmt zur Vasallenschaft Großbritannien gegenüber. Auch die Vereinigten Staaten von Nordamerika haben als Satrapie Englands zu gelten, wie die Großmeisterin Annie Besant betonte. Richtiger freilich der **internationalen Einen Loge**, die in England ihren Hauptsitz, sonst aber in der ganzen Welt ihre >Filialen< (Großlogen) hat. Die Erdkarte soll nach Englands Plan (d.h. nach dem Plan der Obersten Schotten- oder Weltloge) aufgezeichnet werden, wobei Großbritannien seine maritime Hegemonie noch zu erweitern und alles europäische Küstenland seiner Suprematie unterzuordnen strebt, wie das ja auch unsere geographische GEHEIMKARTE (etwa identisch mit der im ersten Band veröffentlichten englischen Karte von 1890, D.R.) deutlich hervorhebt. ...

Dieses neue Bild der zukünftigen Erdkarte, dem sich auch außer-europäische Verschiebungen angliedern werden, wurde zunächst begründet mit dem Sturz der mitteleuropäischen Monarchien und der allgemeinen Einführung des demokratischen Staatensystems auf dem ganzen Erdenrund, allerdings unter Anerkennung derjenigen Monarchien, die zur Entente gehören oder gewisse Sympathien zur Entente nicht verleugnen. ...

Der >Allianz israélite universelle<, welche 1907 weit über 30 000 Mitglieder zählte, angegliedert ist die >Anglo-Jewish-Association<, die am 2. Juli 1871 in London gegründet wurde; mit ihr vereint ist wieder die >Jewish congregation union<. Diese dreifache Vereinigung ist nach Crémieux >eine blühende<, sie ‚findet den Zugang zu den mächtigsten Thronen'. In allen Weltteilen, bis nach Asien, Afrika, Australien, China, Mexiko, Kapland usw. ist sie vertreten; ...

Am interessantesten war die Debatte im Senat, als Williams ... erklärte, die Vereinigten Staaten müßten, einmal im Kriege, diesen fortsetzen, bis die Häuser Hohenzollern und Habsburg entthront und die Türkei nach Asien zurückgetrieben sei. ...

Professor F.W. Foerster veranlaßte die einseitigen Veröffentlichungen von deutschen Dokumenten >zur Kriegsschuldfrage< durch Kurt Eisner (Samuel Kosmanowsky) auf

Antrag des **Br. Clémenceau** hin, wodurch Deutschland in ein ganz falsches Licht gesetzt wurde.

... Und was sagte Großlogensekretär **Frm.** Ulisse Bacci vom 33. Grade? Er sagte: ‚Es ist unerläßlich, daß die an der Regierung der Staaten befindlichen Männer entweder unsere Brüder seien oder gestürzt werden!' Und der >Badische Beobachter< vom 1. Juni 1917, dem wir diesen Ausspruch Baccis entnehmen, bemerkte dazu: ‚In England, Frankreich, Italien und Portugal ist schon seit Jahren ein Minister, der nicht der Loge angehörte oder ihr genehm wäre, undenkbar'. ...

Jetzt ist es offenbar, was der maurerische Weltfriede, was maurerische Gerechtigkeit, Humanität, Freiheit zu bedeuten hat ... Und wie lautet das oberste Gesetz ihrer Freiheit? **‚Daß niemand mehr sich regen dürfe, als soweit es der Freimaurerei, dem Zar des Zaren, dem Könige aller Könige genehm ist!'** Das sind die eigenen Worte des >Bulletin du Grand Orient de France< 1889/90 und des >Bulletin du Grand Orient de Belgique< 1910/11. ...

Man beachte auch, daß auf dem Internationalen Völkerbundkongreß in Bern im März 1919 ein arabischer Notable mitteilte, daß das Pariser neue Weltfriedensstatut über 70 Millionen Araber und über 400 Millionen Mohammedaner ohne Sang und Klang hinwegschritt, ohne der Rechte dieser fast 500 Millionen überhaupt nur zu gedenken. ...“ Stichwort >Golfkrieg<.

„In immer schärferer Weise hebt sich die serbische Politik gegen die Donaustaaten noch dadurch ab, daß Frm. Paschitsch als Chef der radikalen Partei Serbiens in einer seiner Wahlreden im Jahre 1912 öffentlich aussprach, daß **das Schicksal Serbiens unzertrennlich mit dem Schicksal der Entente verknüpft sei** (wie Boghitschewitsch schreibt). Dieser allmächtige Frm. Paschitsch sagte auch im August 1913 nach Beendigung des serbisch-bulgarischen Krieges in Marienbad persönlich zu Boghitschewitsch: ‚Ich hätte schon im ersten Balkankrieg, um auch Bosnien und Herzegowina zu erwerben, es auf den europäischen Krieg ankommen lassen können'; ... Im gleichen Jahre auf der Bukarester Friedenskonferenz aber hatte Frm. Paschitsch zu seinem griechischen Intimus Frm. Politis, diesem jovial die Schulter klopfend, freundschaftlich gerufen: ‚Die erste Partie ist gewonnen, jetzt fehlt nur noch die Vorbereitung für die zweite Partie gegen Österreich!' ... Eingeflochten kann werden, daß nach den Darstellungen Dr. Boghitschewitschs die gesamte Tripelentente auch bei den Balkankriegen die Hand im Spiele hatte, und daß es im besonderen der damalige französische Außenminister **Br.** **Poincaré** war, der 1912 auf Seiten der serbischen Großmachtpläne stand. ..." **Stichwort: Jugoslawien.**

„Am 15. November 1916 gab der damalige deutsche Reichskanzler v. Bethmann-Hollweg im Reichstage eine russische Mobilmachungsorder, datiert 30. September bzw. 12. Oktober 1912, welche in deutsche Hände gefallen war, bekannt. Darin heißt es **(schon zwei Jahre vor Kriegsausbruch):** ‚Allerhöchst ist befohlen, daß die Verkündigung der Mobilisation zugleich auch die Verkündung des Krieges gegen Deutschland ist'. Der weitere Inhalt dieser letzteren russischen Kundgebung war, daß der Krieg durch Polen nach Deutschland hineinzutragen sei: Deutschland müsse zum Kriegsschauplatz gemacht werden. ...

In bezug auf Palästinas Zukunftsgeschick überließ Miljukow England die Entscheidung (und die Brr. Balfour und Lloyd George entschieden ja bereits). ... Am 4. März 1915 stellte Rußland für den Friedensschluß folgende Forderungen, denen England durch eine Note vom 12. März, Frankreich durch eine Note vom 12. April (1915) zustimmte: ... für **Palästina** eine Art von Internationalisierung. Das übrige von Türken und Arabern bewohnte Gebiet mit Einschluß des eigentlichen Arabien und der heiligen Stätten des Islams sollen ein besonderer Staatenbund **unter englischer Oberhoheit** werden ..." **Stichwort: Israel.**

„1908 wurden 152 englische Auslandslogen gezählt. Im Kriegsjahre 1918 zählte London allein rund 730 Logen, die Provinzen etwa 1750 und das >Ausland< (Dominions, Kolonien usw.) rund 680 Logen. Daneben bestehen noch die 1067 sogenannten >Kapitel<, die die untergeordneten Logen mit den höheren Logen verbinden. ...

Höchst bezeichnend ist der Satz, den der zu Upham geborene britische Dichter und Pfarrer Edward Young schuf: ‚Teile der Welt sind für den Kaiser, — für Britannien ist das Ganze!' Dieser Satz hat auch heute noch Geltung, indem das Testament des bekannten **Cecil Rhodes**, des ehemaligen Präsidenten der Kapkolonie und noch früheren englischen Finanzministers, noch besteht, ‚der sein Vermögen einer geheimen Gesellschaft bestimmte mit dem Ziele, die englische Herrschaft über die ganze Erde zu tragen.' Englisch soll werden (so bestimmte dieser Frm.-Bruder): ganz Afrika, das >Heilige Land<, das Euphrattal, Kreta, ganz Südamerika, die gesamten Inseln im stillen Ozean, Holländisch-Indien, die Malayen, die Küsten von China und Japan, und endlich noch — die Vereinigten Staaten von Nordamerika. ‚Durch diese englische Weltvereinigung sollen dann alle Kriege aus der Welt verschwinden'. ..." **Stichwort:** *Protokolle der Weisen von Zion.*

„Das >Historisch-genealogische Taschenbuch< weist darauf hin, daß **Frm. Cecil Rhodes**, der ehemalige englische Bischof und Miturheber des Burenkrieges, mit dem israelitisch-englischen Gelde des 1906 verstorbenen Sir Alfred Beith und dem des Barons Sir Julius Wernher assoziiert war. Alfred Beith (Diamanten-Beith), der den Jameson-Raid 1895 in Transvaal anstiftete, war Chef der Goldminenfirma Wernher, Beith & Co in London und Johannesburg, während der 1895 baronisierte Wernher (Präsident der >Company de Beers<) als der reichste Judenassocié Europas den Beinamen >Diamantenkönig< führte. 1895 übernahm Frm. Joseph Chamberlain die Leitung der britischen Kolonialpolitik. Am 31. Dezember 1895 kam dann der Jameson-Einfall in die Transvaal-Republik, der von Frm. Cecil Rhodes und Joseph Chamberlain durchaus gebilligt und begünstigt wurde. Chamberlain unterstützte ganz die Tendenzen des Frm. Cecil Rhodes und sprach selbst das kühne Wort: ‚Dieses stolze, ausdauernde, entschlossene Volk der Angelsachsen, das kein Wechsel des Klimas und der Lebensbedingungen in seinem Wesen verwandeln kann, ist bestimmt, die herrschende Rasse in der zukünftigen Geschichte der Zivilisation und der Welt zu sein.'...

... gelobten und erweiterten die leitenden Juden der Ententestaaten das von Theodor Herzl auf dem 4. Zionistenkongreß in London am 13. August 1900 gesprochene Wort: „... Das mächtige England, das mit seinem Blick die Welt umspannt, wird ... unsere Aspirationen (auf Palästina) verstehen. Mit England als Ausgangspunkt können wir sicher sein, daß die zionistische Idee mächtiger und höher steigen wird als je zuvor.'

In mancher Beziehung wertvoll ist das Bekenntnis der politisierenden Ententejuden: sie wollen durchaus **nicht** Israels volle Selbständigkeit! Sie wollen nur ihre eigenen Sondervorteile. Es liegt diesen Großmachtpolitikern lediglich daran, das Judentum unter das ‚Protektorat einer starken kolonisatorisch befähigten Macht' (unter die ihnen persönlich nützende Macht Englands zu bringen, denn: ‚Tief in die Seelen der Juden gebrannt ist der Satz der russischen(!) Zionisten ..., daß ... **die Interessen der jüdischen Nation identisch sind mit denen des britischen Volkes**. Im Rahmen des britischen Reichsverbandes sehen (so gibt es Felix Pinkus wieder) Millionen von Juden das Maximum nationaler Sicherheit.'

Wiederum am 24. Dezember 1917 fand (nach einer >Reuter-Depesche<) in der Carnegie-Hall zu New York eine Massenversammlung der amerikanischen Zionisten statt, in der nochmals mit Begeisterung die Erklärung der britischen Regierung zugunsten der Rechte der Juden auf Palästina begrüßt wurde! Stephen Wise freute sich in seiner Rede über den englischen Vertrag, und Frm. Nathan Strauß sagte, **England habe alle Wünsche des jüdischen Volkes erfüllt!** Und die englische Zeitschrift >Weekly Dispatch< schrieb im April 1917, daß beinahe alle Staatsmänner der Vereinigten Staaten Palästina wieder als jüdischen Staat herstellen wollen, ...

In Frankreich, dem Satrapenstaat Englands, trat Frm. Gustav Herves *Victoire* ‚**bedingungslos** für Balfours Regierungserklärung zugunsten des zu gründenden Judenstaates ein, ...'

Während England die Zionisten als einzig legitime Staatenbildner in Vorderasien behandelt, sagten Deutschland und die Türkei mit Recht, daß die zionistischen Vereine gar nicht als die wirklichen Vertreter aller gelten können! England bzw. die

Ententestaaten unterhandelten einzig mit den Sprechern der Zionisten (mit den Freimaurern Northcliffe, Swaithling, Burnham, Rothschild, mit Jabotinsky, mit den ehemaligen amerikanischen Botschaftern in Konstantinopel Morgenthau und Elkus, mit Amerikas Oberrichter Brandeis, usw.), während Deutschland und die Türkei die Unterstützung des >engeren Aktionskomitees des Zionismus< (dessen Sitz immer Berlin war) und das unter Rechtsanwalt Dr. Hantke gegen die neuen Nordauschen Pläne der Entente-Zionisten kämpfte. Neben diesem >Engeren Aktioneskomitee< standen die sieben großen deutschen jüdischen Verbände, eingeschlossen die jüdische Großloge (der *Unabhängige Orden B'nai-B'rith*) für Deutschlands Orientpolitik in Palästina ein, die sich freilich **nicht** mit Englands Welthegemoniegedanken deckte, als Phalanx gegen die bisher im besonderen von England finanzierten Zionistenpläne. ..."

Jetzt noch ein ganz wichtiges Zitat: „Es wurde in den *Neuen Züricher Nachrichten* betont, daß die etwa drei Millionen zählenden Juden in den Mittelstaaten in ihrer großen Mehrheit die Annexion Palästinas ‚durch England für die Juden' durchaus nicht billigten, um so mehr, als die Juden der Zentralstaaten fürchten, daß England als ‚Türhüter und Schlüsselbewahrer für Ägypten und Indien' die Juden Palästinas zu unaufhörlichen Kriegen für Englands Interessen zwingen würden. ..."

Hier taucht eine der wichtigsten Fragen dieses Jahrhunderts auf: Wer zwingt wen zum Krieg, die Entente-Alliierten die politischen Juden, oder die politischen Juden die Entente-Alliierten, oder beide sich wechselseitig?

„Mehr denn 20 Jahre ist das Weltherrschafts-Testament des Frm.-Br. Cecil Rhodes alt, - und seit 1870/71 verkündeten die französischen Frm.-Brr. Ernest Renan und Cremieux die Absicht der Logen, Deutschland zu vernichten ...

Es kann noch bemerkt werden, daß die mit der Entente-maurerei liierte *Alliance Israélite Universelle* im Jahre 1915 von Paris aus verlangte, daß sich das gesamte Judentum der Welt gegen Deutschland erkläre: dies sei der einzige Weg zur ‚Befreiung Israels aus seinem Knechttum'. ...

Mit dieser Einsetzung Dr. Dortens aber verknüpft sich das schier Unfaßbare, daß sich ein Teil der katholischen (jesuitischen) Kreise auf die Seite der Feinde Deutschlands stellt und gemeinsame Sache mit Frankreich-Britannien macht. ...

Die Skrupellosigkeit der französischen Maurerei läßt sich aber vielleicht am besten dadurch erklären, daß der >Großorient von Frankreich< dem Atheismus gewissermaßen noch stärker verfallen war, als andere >Oriente<, entfernte er doch durch Zweidrittel-Mehrheits-Beschluß vom 10. September 1877 die Bestimmung aus seiner Verfassung, die den Gottesglauben und die Unsterblichkeit der menschlichen Seele als Grundlage der Masonnerie erklärte. So wurde der Großorient von Frankreich ,der Bannerträger des ganzen linken, radikaleren Flügels der Freimaurerei aller Länder ...

Da wir hier noch einmal auf die großserbische Propaganda gelenkt werden, dürfen wir wiederholen, daß die südslavische Großmachtsbewegung ein Werk der englischen Logenpolitik ist, geschehen zu dem Zwecke, die Russen im Süden Europas zu fesseln (deshalb wurde Rußland die Oberherrschaft über das Südslaventum zugesprochen), um es von seinen asiatischen Interessen in Persien usw. abzulenken. In Asien muß ja England die Großlogenziele Britanniens nach den Plänen des Frm.-Br. Cecil Rhodes und Frm.-Br. Lord Curzons verwirklichen! ...

Das ist konsequent gehandelt, denn der Grundsatz der anglo-amerikanischen okkulten Führung lautet: **In Rußland muß, damit das russische Volk sich entwickeln kann, der russische Staat verschwinden, denn in Rußland müssen sozialistische Experimente vollführt werden, die niemals in westlichen Ländern vollführt werden können.** Diese sozialistischen Experimente - d.h. der Bolschewismus! - gehen unter der geheimen Leitung der englisch-amerikanischen Logen vor sich (das wird veranschaulicht durch den Gebrauch freimaurerischer Zeichen und Siegel im Bolschewismus), ...

Während wir diese Seiten in Druck geben, wird uns noch mitgeteilt, daß auch **Kurt Eisner, Trotzki (Braunstein), Bela Kuhn** und sein Trabant Samuely, wie auch der verstorbene Liebknecht dem B'nai B'rith-Orden angehörten bzw. noch zugezählt werden. ... Bela Kuhn lebte während des Krieges, bis zur ungarischen Revolution, in Rußland im Kreise von Lenin, Trotzki u.a. ...

In der Nummer vom 24. Juni 1915 des *London Daily Chronicle* findet sich eine Rede, die der englische Premier zu jener Zeit im britischen Unterhause gehalten hatte. Darin heißt es (nach Charles Collmann): ‚In Anbetracht der großen Bedeutung der amerikanischen und kanadischen Märkte ersuchte ich (Lloyd George) Herrn D. A. **Thomas**, nach Neuyork zu fahren und drüben bei der Entwicklung der Arbeit behilflich zu sein. (Und nun kommt, wie eine Erfüllung des Gebotes des englischen Testators Br ∴ **Cecil Rhodes**, wonach England auch Amerika beherrschen will, der wichtigste Nachsatz:) **Thomas wird die Munitionsherstellung in Kanada und den Vereinigten Staaten überwachen und unbeschränkte Vollmacht erhalten ... Er wird zusammen mit den Herren Morgan und Kompagnie, den beglaubigten Agenten der englischen Regierung(!), arbeiten.'** ... " Da China in den kommenden Auseinandersetzungen eine große, wenn nicht sogar entscheidende, Rolle spielen wird, möchte ich den Lesern die folgen Sätze nicht vorenthalten, obwohl sich die Verhältnisse vielleicht inzwischen etwas geändert haben.

„Noch weiter gelang es der vereinigten englisch-amerikanischen Logenpolitik, auch China zum Kriegseintritt gegen Deutschland zu bewegen, nachdem lange vorher der >Dreipunktebruder (Frm.-Br.)< Sun-yat-sen bei seiner revolutionären Propaganda in China wertvolle Beihilfe durch englische und amerikanische Masonnisten gefunden hatte. Wir lesen in den >Stimmen der Zeit< 1917, Heft 9: ‚Der Washingtoner Hochgradverband der 33° Freimaurer besitzt seit Jahren eine freimaurerische Zentrale in Peking, in der >Lodge of perfection<, welche einflußreiche Chinesen zu Mitgliedern zählt und den >Mother-Supreme-Council der 33° Frm.< am Sitz der Bundesregierung der Vereinigten Staaten mit den frohesten Hoffnungen erfüllt. Der Verband der 33° Frm. in Washington steht zur Regierung der Vereinigten Staaten in engsten Beziehungen. Chef dieses Verbandes war früher der von uns wiederholt genannte Frm.-Br. Pike,' ...

Daß der **Völkerbund** nur die Interessen der englisch sprechenden Welt will, das hat das Bankett bewiesen, das der jüdische Lord Northcliffe den amerikanischen Journalisten Ende 1918 in London gab. Nachdem der aus Pest (Ungarn) stammende, von uns schon genannte Rabbiner Dr. Stephan Wise die ‚Begeisterung der Amerikaner für Englands Politik und den sittlichen (!) Charakter der Engländer' besungen und darauf hingewiesen hatte, daß ‚England und Amerika zusammenstehen werden auf tausend Jahre und darüber', — da trank Frm.-Br. Levy (Lord Burnham), der Besitzer des *Daily Telegraph* auf das Wohl des Zusammenwirkens der britisch-amerikanischen Presse (!) und fügte hinzu mit Bezug auf den Völkerbund: ‚am Ende müsse die Entscheidung immer bei der Verbindung der englisch sprechenden Völker liegen!' ...

Wir beschließen das Buch mit zwei merkwürdigen Nachsätzen. Einmal damit, daß die Zeitschrift *La cause commune* (Paris, Boulevard St. Michel 49, Nummer vom 1. November 1919) **ein Großmeister bekennt, daß die** *Loge* **Politik treibt** und zugleich als *Erwählter Oberer* die Jesuiten verteidigt! [127]."

*

Friedrich Hasselbacher ergänzt in seinem Werk *Entlarvte Freimaurerei*: „Die *Wiener Freimaurerzeitung* schrieb, 1. Jahrg. Nr. 1/2, Mai 1919, S.21: ‚... **Die romanische Freimaurerei hat —** *es kann dies nicht geleugnet werden* **— während dieses Krieges und vor demselben ein Verhalten bewiesen, das unseren Grundsätzen stracks zuwiderläuft. Nirgends war der Gedanke der allgemeinen Menschenliebe in den Äußerungen der romanischen Logen hervorgekehrt. Die italienischen und französischen Maurer** *wetteiferten miteinander in der Aufstachelung des nationalen Haßgedankens.* **Ob die Zukunft hier Wandel schaffen wird, bleibt dahingestellt.'** ...

Am 20. Dezember 1925 hielt der in freimaurerischer Politik führende **Grand Orient de France** — von dem ein in dieser Hinsicht gewiß Unbefangener, wie Matthias Erzberger, schreiben konnte: ‚Wenn der freimaurerische Großorient von Paris zusammentritt, so ist das fast gleichbedeutend mit einer Versammlung des Hauptvorstandes der **Alliance israélite'** — eine bedeutungsvolle Geheimsitzung ab....

Am (28., 29. und) 30. Juni 1917 fand die internationale Freimaurertagung in Paris statt, über die der Großlogensekretär einen gleichlautenden Bericht an die verschiedenen französischen Blätter gab. ... Deutschland wird ausdrücklich als nicht vertreten benannt.

Als Grundlinien dieser Verfassungsurkunde wurden aufgestellt: Errichtung eines *internationalen Parlaments* **und eines Schiedsgerichts zur Beilegung von Konflikten zwischen den Nationen; Anerkennung des Prinzips der Autonomie und der Unabhängigkeit der Nationen und der Solidarität der Völker; Schaffung eines höchsten Tribunals für nationale Ansprüche der verschiedenen Nationen: Errichtung von Kommissionen und endlich Herstellung eines Banners der neuen Gesellschaft, welches auf weißem Grunde eine orangefarbene Sonne und goldene Sterne zeigen soll.**

Als weitere Beratungspunkte standen dann die bekannten Friedensbedingungen auf der Tagesordnung.

Bei all diesen Kongressen ist zuvor eines zu beachten, sie fanden — ob in Rom, Genf oder Paris — statt, *als infolge der Meuterei der französischen Armee die Entente vor dem Zusammenbruch stand* (zur gleichen Zeit liefen die Verrätereien der Habsburger und natürlich Rathenaus). ...

Br. Corneau (Der Präsident des Groß-Orients) ruft erst die Deligierten auf und hält dann eine Begrüßungsansprache, der wir folgende Sätze entnehmen: ... Es ist daher unabwendbar, eine **übernationale Autorität** zu gründen, die den Zweck haben soll, nicht die Ursachen der Streitigkeiten zu unterdrücken, sondern die Differenzen zwischen den Nationen friedlich zu schlichten.

Die Freimaurerei, als Friedensstifterin, hat sich vorgenommen, die neue Organisation: den Bund der Nationen zu studieren. Sie wird die Propaganda für diese Schöpfung des Friedens und des allgemeinen Glücks übernehmen. ...

Nach seiner Begrüßungsansprache erteilt Br. Corneau dem Sekretär des Ordensrates des Groß-Orients, dem Br. André Lebey, das Wort. Dieser führt u.a. aus: ...

(S.28-29) ,Wir können, ohne damit den Maßnahmen, die außerdem noch im Interesse der Sicherung Europas und der Welt berücksichtigt werden müssen, vorzugreifen, wenigstens folgende *vier grundsätzliche Bedingungen* festlegen, die uns (für einen Friedensschluß, F.H.) erforderlich erscheinen:

1. Rückgabe Elsaß-Lothringens an Frankreich;

2. Wiederherstellung eines selbständigen Polens durch Wiedervereinigung seiner drei Rumpfstücke;

3. Selbständigmachung Böhmens (also Schaffung einer Tschecho-Slowakei, F.H.);

4. Die grundsätzlich zu verwirklichende Befreiung oder Vereinigung aller heute unter dem politischen und wirtschaftlichen Joch Habsburgs schmachtenden Nationalitäten zu Staaten, die die besagten Nationalitäten auf dem Wege über die Volksabstimmung zu bestimmen haben.'

Wer diese Vorschläge — die der Kongreß zu Beschlüssen erhob — liest, der wird erkennen, daß hier in knappen klaren Umrissen das formuliert wurde, was man dann zwei Jahre **Später in Versailles, bis in die letzten Details ausgearbeitet, Deutschland anzuerkennen zwang!** ...

Die Pariser internationale Freimaurerkonferenz vom 14. und 16. Januar 1917 betont in einem Aufruf an die Freimaurer-Verbände der neutralen Länder, daß ,**die siegreiche Durchführung dieses Krieges das einzige Mittel sei, den Triumph der Ideen der Weltfreimaurerei zu sichern, eine auf den Prinzipien der >Freimaurerei< ruhende Gesellschaftsordnung ins Leben zu rufen — d.h. das Weltrepublikideal der Großoriente von Frankreich und Italien zu verwirklichen.'**...

(Frm.) Lord Northcliffe selbst erklärte, daß 52 englische, russische, französische und italienische Blätter den Krieg (1914-1918) gemacht hätten [128].* Der letzte Satz ist bezeichnend für die Macht der Presse, worauf ja auch in den *Protokollen* bereits deutlich hingewiesen ist. Durch die modernen elektronischen Medien ist die Macht noch gewachsen. Die Pressekampagnien während des Golfkrieges haben gezeigt, daß man heute die ganze Welt verdummen kann.

*

„Mai 1933; Geheimkongresse der Weltfreimaurerei. Wir folgen den Originalberichten aus Paris: ... Jetzt beginnen diese unsere Befürchtungen reale Formen anzunehmen: auf Deutschlands Boden sind die alten bösen Geister des finsteren Germanismus erwacht, Brunhildens Ruf und Wotans Schatten bedrohen unsere leuchtenden Prinzipien der >großen Revolution<, aus welcher unsere Bewegung hervorgegangen und gewachsen ist. Angesichts dieser Gefahr gilt es ein für allemal, innere Zwistigkeiten einzelner Abteilungen der Freimaurerbewegungen verschiedener Rituale und Länder einzustellen. Die große Loge >Schottischen Rituals< begrüßt uns aus England aufs herzlichste und stellt ihre Hilfe unserm >Großen Orient< im Kampfe gegen den wilden Germanismus und seinen Kultus zur Verfügung. Sämtliche Mitglieder der >Großen Loge<, welche Regierungsstellen in England einnehmen, haben zugesagt, mit feindlichen Erklärungen gegen Deutschland aufzutreten, auf keinen Fall die Verwirklichung der Gleichberechtigung in der Rüstungsfrage zuzulassen, ja bei dem geringsten Versuch, dieselbe zu erlangen, die Frage der Sanktionsanwendung gegen Deutschland aufzuwerfen, sogar einen Präventivkrieg heraufzubeschwören, wenn die Verhältnisse hierzu günstig liegen. Der Germanismus soll für immer niedergerungen werden, das Reich zerstört, in unzählige kleine Länder zerrissen werden, denn nur in einer Zergliederung Deutschlands liegt die Rettung des Freimaurertums.

Unsere linken Brüder in Sowjetrußland, die zeitweise nicht gewillt waren, mit uns konform zu gehen, haben sich besonnen, und wir haben es unsern unzähligen früheren Mitgliedern in diesem großen Reich zu verdanken, daß an dem Straffeldzug des Weltgeistes der Humanität und Brüderlichkeit gegen das Deutschland des Hasses unsere linken Moskauer Freunde teilnehmen. Br. Radek, früheres Mitglied des Großen Orients, berichtet persönlich in einem Brief, daß die Regierung Sowjetrußlands im engsten Kontakt mit der Weltfreimaurerbewegung bleiben will, und ersucht, unsern Einfluß auf unsere amerikanischen Brüder in der Hinsicht auszuwirken, Rußlands Anerkennung durch die Regierung Roosevelt und den Schutz russischer Territorien vor den räuberischen Japanern (geheime Verbündete des Germanismus) zu erlangen. ...

1934. 2. Juli schreibt das >**Journal des Débats**<, ‚Eine Verständigung zwischen Deutschland und Frankreich ist nur durch eine tiefe Umbildung Deutschlands möglich. Diese Umbildung kann nur im Ende des Nationalismus und in dem Hochkommen eines **radikalfreimaurerischen Systems** bestehen, das in Deutschland **einzuführen** der General **Schleicher beauftragt** gewesen ist' [129].« Und welches ist das radikalfreimaurerische System? Die Demokratie — die angebliche Herrschaft des Volkes, die in Wirklichkeit aber die Herrschaft korrupter Geldgiganten und Verbrecher ist, wie jeder politisch Interessierte inzwischen weiß!

„Es sei noch bemerkt, daß der **Freimaurer Dr. phil Hans Wilhelm Pinkow** eine Broschüre herausgab: *Macht und Einfluß der Freimaurer*, Vera-Verlag, Hamburg, 1922. In diesem Buche stellt er — natürlich die Logen in Deutschland ausnehmend — auf Seite 125 fest: ‚Die Logen Englands, verbreitet über die ganze Erde gleich dem britischen Machtbesitz, haben es verstanden, dem britischen Imperialismus in jeder Hinsicht zu dienen. Auch während des Krieges, wo die englischen Logen sich an den politischen Zusammenkünften romanischer Freimaurer in Rom und Paris beteiligten. Bei Kriegsausbruch entfernte die Großloge von England alle Brüder deutscher Herkunft aus ihrer Kette, da Deutschlands Stirn >mit dem Kainsmal gezeichnet< sei. Die Bearbeitung Italiens zum Eintritt in den Krieg gegen uns ging von englischen und französischen Freimaurern aus und erreichte ihr Ziel über die italienischen Logen. Unsere heftigsten Gegner in aller Welt sind Freimaurer.

Lloyd George ist es wie **Poincaré, Lord Cecil**, wie der bei den Shetland-Inseln ertrunkene Feldmarschall **Kitchener, Briand, Ribot** und Frankreichs Oberhetzer **Barrès, Gabriele d'Annunzio**, wie der Mann in Italien, der sich rühmt, am meisten zur Entscheidung seines Vaterlandes für den Krieg gegen die

Mittelmächte geleistet zu haben, der frühere Bürgermeister von Rom und Großmeister der italienischen Loge, **Ernesto Nathan; Sidney Sonnino** Italiens langjähriger Außenminister, wie der frühere französische Botschafter in Rom **Barrère und Delcassé** unseligen Andenkens [130]."

Auch alle diese Herren Freimaurer waren Hitler anscheinend völlig unbekannt, denn er hat sie in >Mein Kampf< überhaupt nicht erwähnt — sehr merkwürdig.

„Wir lesen darüber im *Mecklenburgischen Logenblatt* (S.163): ‚Die *Ententefreimaurerei* hat bis zum Frühjahr 1917 sich jedem Anlasse zur Beendigung des Krieges, sei es durch Sonderfrieden, sei es durch einen Verständigungsfrieden, hartnäckig widersetzt und jede Gelegenheit ergriffen, ihr Einverständnis mit den Kriegszielen der Ententemächte zu erklären' [131]." ... „Bei allem aber darf nicht übersehen werden, **daß Deutschland von rund 500 geschlagenen Schlachten nicht einmal 1% verlor,** und daß es allein auf die Wilsonschen verheißungsvollen >14 Punkte< hin freiwillig sich in die es zerschmetternden Waffenstillstandbedingungen ergab ...! [132]." Wenn man sich in Verbindung mit dem letzten Satz vor Augen hält, mit welcher wirklich schwachsinnigen Naivität die deutsche Reichsregierung auf die 14 Punkte des amerikanischen Präsidenten Wilson hereingefallen ist, nachdem die Lenin-Aktion in Verbindung mit Parvus-Helphant bereits so ein schlechtes Ende genommen hatte, dann kann man nur noch Verrat vermuten.

*

Karl Steinhauser gibt uns in seinem Werk >Who is Who ohne Maske< einige interessante Hinweise, die auch deshalb von besonderer Wichtigkeit sind, weil seine Erfahrungen aus der Gegenwart stammen:

„Diese >Personalnot< veranlaßte die geheime Bruderschaft, zur Eroberung der Schlüsselpositionen im Lande auch Personen einzusetzen, die zwar der Loge nicht angehören, aber eine freimaurerische Gesinnung haben, also Freimaurer ohne Schurz sind. ...

Die Logenbrüder, die wegen des Freimaurerverbots in der Hitlerzeit im In- oder Ausland untergetaucht waren und den Krieg überlebt hatten, konnten daher praktisch unbehindert darangehen, mit Hilfe der Militärlogen, die im Zuge der Besatzungsmächte nach Österreich kamen, sich der Spitze der Partei zu bemächtigen. ...

Das katholische Verbot eines Beitritts zur Loge hatte daher immer schon lediglich psychologische Bedeutung. Damit Sie sich ungefähr eine Vorstellung davon machen können, wie wirkungslos diese vermeintliche Sicherheitsmaßnahme in der Praxis ist, werde ich Ihnen jetzt zeigen, welche hohen und höchsten Amtsträger der katholischen Kirche selbst in vatikanischen Kreisen trotz dieses Verbots in jüngster Vergangenheit Freimaurer geworden sind. Dazu brauche ich nur die Liste zur Hand zu nehmen, welche ich in meinem Buch >Die legale Mafia< 1990 auszugsweise veröffentlicht habe:

(Auszug, Hervorhebungen von D.R.) Bischof von Livorno, **Assistent an der vatikanischen Bibliothek,** Erzbischof von Ravenna, Titular-Erzbischof von Algiss und **Mitglied der päpstlichen Kommission für Rußland,** Pro-Nuntius im Iran, Mitglied der päpstlichen Kommission für Lateinamerika, **Minister für Auslandsangelegenheiten,** Professor für Moral an der Universität Florenz, Erzbischof von Lero und Nuntius in Spanien, Erzbischof von Trient, Ordinarius für Theologie, Rektor des Unterseminar Vatikan, Nuntius in Argentinien, Sekretär von Papst Paul VI., Mitglied des Rates für öffentliche Angelegenheiten der Kirche, **Vizepräsident des päpstlichen Archivs,** Rat an der Nuntiatur Madrid, Erzbischof von Turin, Sekretär des Sekretariats für Nichtchristen, Kardinal von Brüssel, **Generaldirektor von Radio Vatikan.**

Allein die Aufzählung dieser Funktionen zeigt, wie sehr sich die Freimaurerei in führende Positionen der katholischen Kirche hineinzudrängen vermochte. Man muß auch berücksichtigen, daß diese Liste in keiner Weise vollständig ist, denn sie enthält lediglich die Freimaurer, deren Mitgliedschaft trotz strengster Geheimhaltung durchgesickert ist.

Wir brauchen uns nämlich nur in die damalige Zeit hinein-
zudenken und folgende Frontsituation vorzustellen: Da war auf
der einen Seite die Freimaurerei, die den Bischöfen mit allen
erlaubten und unerlaubten Mitteln auszureden versuchte, den
Papstauftrag zu erfüllen. Und da waren auf der anderen Seite
die Bischöfe, die ein Rundschreiben bekommen hatten, in dem
sie von ihrem obersten Chef die Order erhielten, der Freimaurerei einen unerbittlichen Kampf anzusagen.

Der große Unterschied zwischen den beiden Frontseiten
bestand zunächst darin, daß die Freimaurerei eine in sich geschlossene Interessengemeinschaft war, die ein einziges, klar
definiertes Ziel hatte, was man von den Bischöfen keineswegs
sagen konnte. Die Bischöfe teilten sich nämlich in zwei Teile:
In Bischöfe, die Freimaurer waren und daher auf der Seite der
geheimen Bruderschaft standen, und in Bischöfe, die keiner
Loge angehörten. ...

Mit einem Wort: Überall in der Welt gibt es in jeder bedeu-
tenden Partei eine rote Geheimfraktion der Freimaurerei.
Sogar in der Apartheid-Partei der Weißen in der Republik
Südafrika. Und alle zusammen haben nur ein Ziel: >Die Neue
Weltordnung<, von der freimaurerische Staatsmänner wie US-
Präsident George Bush wohl immer wieder reden, aber nichts
Näheres darüber sagen [133]."

„Österreich ist kein freies Land, Österreich ist eine Frei-
maurer-Republik. Was hier geschieht, bestimmen die Machtfraktion der Freimaurer im ORF, die Machtfraktion der Freimaurerei in der SPÖ, die Machtfraktionen der Freimaurerei in
der ÖVP, die Machtfraktion der Freimaurerei in der Gewerk-
schaft, die Machtfraktion der Freimaurerei in der Justiz usw.,
usw. [134]." In Deutschland herrschen natürlich ähnliche Zustände.

Zur Politik der Logen und Orden gehört auch das Interne
Geschehen, über das Rudolf Steiner schon vor ca. 80 Jahren
bemerkte: „Es ist im Grunde genommen alles schon in die Bücher übergegangen, und manche Orden machen es heute so,
daß sie einfach ihre Mitglieder nicht darauf aufmerksam machen, wo dies oder jenes zu lesen ist; so daß dasjenige, was

längst in Büchern zu lesen ist, von den Mitgliedern so hinge-
nommen wird, als ob es nur ihre Oberen als Geheimnis wissen
dürfen. Denn auf keinem Gebiete wird so viel Schwindelwesen
getrieben als gerade auf dem Gebiete der okkultistischen Orden [135]!" Diese Worte Steiners kann ich voll bestätigen, denn
die grundsätzliche Situation ist unverändert, weil die meisten
>Suchenden< jede Mühe vermeiden wollen, um zu einem
eigenen Urteilsvermögen zu kommen.

Innerhalb von Logen gibt es eben nicht nur eine Politik, die
sich nach außen richtet, sondern auch eine solche nach innen,
worüber uns Dr. Lerich aufgeklärt hat: „Die Logen der Hochgradfreimaurerei werden *Ateliers* genannt und bearbeiten die
Grade vom 4. bis zum 33. Sie unterstehen nicht der Verwaltung und Leitung, der >Jurisdiktion< der Großloge, sondern
haben in jedem Staate ihre eigene, selbständige >souveräne<
Oberbehörde, den >Suprême Counseil< den >Obersten
Rat<. Die Großloge regiert und verwaltet einzig und allein die
Logen der Johannisfreimaurerei, die maurerischen Werkstätten,
in denen die **Hochgradfreimaurer, in ihren Würden und in
ihren Einweihungsstufen den anderen Brüdern gänzlich unbekannt, als einfache Meistermaurer sitzen.** Die Mitglieder des
Schottischen Ritus sind aufs strengste verpflichtet, in der Johannisloge niemals anders als im Zeichen des Meistergrades
aufzutreten, nur die >Bekleidung< des Meisters zu tragen,
niemals die farbenprächtigen Bänder und Schürzen der hohen
und höchsten Grade, sie dürfen keinem Bruder, Lehrling, Gesellen oder Meister davon **Mitteilung machen, daß sie den
Hochgraden angehören. Nicht nur die Lehren und Riten der
Schottischen Maurerei, sondern sogar die Namen der Hochgradbrüder bleiben demnach dem Durchschnittsfreimaurer
unbekannt.** Die Hochgrade sind das Geheimnis *innerhalb* des
Geheimbundes, ein doppeltes für die >profane< Außenwelt.
Da sie die eigentlichen Träger des freimaurerischen *Aktivismus*,
soweit sie den höchsten Graden angehören, die wirkliche Eingeweihten, die >Wissenden< sind, **besitzen sie die wahre
Macht im Orden. ...**

Auch der *Großmeister* kann, wie dies zum Beispiel bei der Wiener Großloge der Fall ist, bloß *Meistermaurer* sein, während neben ihm im Großbeamtenrat, *ohne seine Kenntnis*, Brüder sitzen, die nicht seiner Leitung, sondern der des >Suprême Conseil< unterstellt sind. Bei den Beratungen, Beschlüssen und Erlässen der Großloge gehen natürlich die Hochgradbrüder, unter sich einig, im Sinne des >Obersten Rates< vor, so **daß die Johannisfreimaurerei nach den Grundsätzen, Aktionen und Zielsetzung des Schottischen Ritus gelenkt wird, ohne daß sie davon mehr als eine Ahnung hat.** Eine wohl *einzig dastehende, raffinierte, meisterhaft durchdachte und angelegte Organisation*, die den Hochgraden neben der **Anonymität** der Führung auch die Möglichkeit gibt, sich **der Verantwortung für die Leitung zu entziehen.** ...

Das Hochgradsystem des Schottischen Ritus ist eine wirkliche *weltumspannende, straff* organisierte Kette. ... Die Symbolische Freimaurerei, die der drei unteren Grade, und ihre Großlogen besitzen nur zwei lose überstaatliche Zusammenhänge. Die eine Dachorganisation, welche die maurerischen Großkörperschaften, die Großlogen, zusammenfaßt, ist die >Association Maçonnique Internationale<, kurz die AMI. genannt.

Sie hat ihren Zentralsitz, ihre Großkanzlei, in Genf, in der Rue des Lyon 61. Ihr gegenwärtiger Großkanzler ist John Mossaz, Bruder des 33. Grades. Dieser Großlogenverband und seine Weltgeschäftsstelle wurden beim Internationalen Konvent vom 19. bis 22. Oktober 1921 auf Initiative des jüdischen Großmeisters der schweizerischen Großloge *Alpina*, Isaac Reverchon, gegründet. Die AMI. umfaßt aber keineswegs sämtliche Großlogen der Welt, vielmehr fehlen in ihr die die maurerische Weltmehrheit vertretenden Großlogen von England, Schottland, Irland, der USA. und des australischen Staatenbundes. Der zweite Dachverband der Johannis-Maurerei ist die *Allgemeine Freimaurerliga*. Sie pflegt in ihrem überstaatlichen Wirken die Esperantosprache, wie sie überhaupt aus einer freimaurerischen Esperantistenvereinigung hervorgegangen ist...

Die Freimaurerei Nordamerikas ist ebenso wie in England eine *öffentliche Macht*, die Loge muß in diesen Staaten nicht mehr um ihre Vorherrschaft oder gar ihren Bestand kämpfen. Deshalb ist die angelsächsische Maurerei *nicht militant*, wie das Logentum in jenen Ländern, wo es sich einer starken Gegnerschaft gegenüber sieht. *Staatsregime und Politik* vollziehen sich in den USA. und in England derart ganz im Geiste der Freimaurerei, *daß die Loge einfach deshalb unpolitisch sein kann, weil die öffentliche Politik eine freimaurerische ist.* Der Hinweis zur Verteidigung des Freimaurertums auf die *unpolitische* Haltung der Großlogen von England oder der Großlogen von Nordamerika ist eine bewußte oder unbewußte Verkennung der tatsächlichen Verhältnisse, eine Verwechslung der Ursache und Wirkung. Es sei noch erwähnt, daß buchstäblich alles, was in den Vereinigten Staaten und im britischen Inselreich nur irgendwie Rang und Namen besitzt, nur irgendwie an öffentlichen Posten steht, der Bruderkette angehört [136]."

Um zu beurteilen, ob die Freimaurerei in einem Land >militant< ist oder nicht, genügt offensichtlich keineswegs ein Blick auf die offiziellen Aktivitäten der Logen. Es scheint mir vielmehr sehr notwendig, den Blick auf die Aktivitäten der einzelnen Logenbrüder, nicht nur der Freimaurer, in den politischen Parteien zu richten, um zu einem wirklichkeitsgemäßen Urteil zu kommen. Es wäre demnach notwendig, in den Handbüchern zum Bundestag die Zugehörigkeit der Parlamentsmitglieder zu Logen, Orden, Kirchen und Vereinen jeder Art den anderen Lebensdaten hinzuzufügen. Wem das zu *demokratisch* ist, der sollte seine Demokratie einsargen, denn sie taugt nichts.

Aus der Trickkiste

„Diese **Vielseitigkeit** der amerikanischen Parlamentarier ermöglicht es nun, daß sich viele Sonderinteressen in die Staatsmaschinerie einspannen und sogar ein Sondersystem entwickeln konnten, dessen Vertreter unter dem Namen Lobbyisten (etwa: Wandelhallenpolitiker) eine nicht unwichtige Rolle in den Vorhallen des Parlaments spielen. Richard **Lewinson-Morus** hat hierüber sehr aufschlußreiche Worte geschrieben, die noch um so wertvoller sind, weil hier ein Jude aus der Schule plaudert: ,Sie werden von den Banken, von den Trusts und Industrieverbänden hoch dafür bezahlt, daß sie Zollforderungen durchdrücken, Konzessionen erwirken und vor allem Gesetzesvorlagen lanzieren, aus denen sich Lieferungen, zum Beispiel für die Rüstungsindustrie, ergeben. *Die Lobbyisten sind die eigentlichen Vermittler zwischen Geschäft und Politik.* Sie haben ähnliche Funktionen auszuüben wie die Aufsichtsparlamentarier in den europäischen Ländern, nur daß sie noch derber und hemmungsloser ans Werk gehen können, das sie keinerlei politische Verantwortung tragen und nur die Interessen ihrer Auftraggeber wahrzunehmen haben. ... Man schätzt die Zahl der in Washington tätigen Lobbyisten auf 5.000, und ihre Wirksamkeit ist so beträchtlich, daß man von dem Lobby geradezu wie von einer >Dritten Kammer< spricht, die neben dem Senat und dem Repräsentantenhaus Politik macht und ohne die kein Gesetz zustande kommt. Die Lobbyisten sind nicht an Zeit und Raum gebunden.'...

In den folgenden Abschnitten ist nur die tatsächlich regierende Klique der Jetztzeit untersucht und in unangreifbaren Unterlagen ihre Zugehörigkeit zu den Geheimverbänden nachgewiesen. Das Ergebnis ist erschreckend: Rund 90 Prozent aller >Volksvertreter< sind Abgesandte des Zionismus. Fast jede in der Öffentlichkeit wirkende Persönlichkeit ist Freimaurer, meist sogar Mitglied mehrerer >Wohlfahrtsverbände<, wie

Elche, Adler, Moose, Woodmen usw. usw. ... Nur amerikanische Freimaurer- und Judenquellen wurden benutzt, die jeder Maurer in seinen Archiven selbst nachprüfen kann. ...

Aus den drei Logen Smithson, Leavenworth und Kansas Loge wurde am 17. März 1856 eine >unabhängige< Großloge ins Leben gerufen, der u. a. auch der ehemalige Gouverneur Alfred Mossmann-**Landon** angehört. Dieser ist seit dem 25. Dezember 1909 Mitglied der Fortitude Loge 107 in Independenc, Ka., in der er den 32. Grad des Schottischen Ritus erworben hat; er ist Inhaber des Grades des Yorkschen Ritus sowie Mitglied der Schreiner, der Odd Fellows und der Elche. Bekanntlich trat er als republikanischer Gegenkandidat bei der Präsidentenwahl 1936 gegen **Roosevelt** auf, so daß die ganze Wahl nichts weiter war als ein Kampf zwischen zwei Maurern im 32. Grade, von denen sich Roosevelt den Juden **Charles Michelson** als Propagandaleiter des demokratischen Nationalkomitees, Landon aber dessen Neffen **Peter Michelson** in der gleichen >republikanischen< Stellung ausgesucht hatte! ...

Roosevelt wie Landon sind beide Maurer im selben Range, nur daß der erste vom >demokratischen<, Landon aber vom >republikanischen< Großkapital gestützt wurde — wie der Wallstreetjargon lautet. So kämpfte also **Felix Warburg**, der Verteter des XIV. Distrikts des American Jewish Committee, für Landon!

Da er mit **Nina Loeb**, Tochter des Bankhauses Loeb, Kuhn & Co., verheiratet ist, deren beider Tochter **Carola Warburg** Walter N. **Rothschild** geheiratet hat, vertrat er also die Interessen Loeb, Kuhn & Co. **James Paul Warburg** dagegen >kämpfte< für Roosevelt!

Das amerikanische Volk aber stimmte weder für Roosevelt noch für Landon, sondern für Loeb, Kuhn & Co.! Denn auch James Paul Warburg ist neben Paul M. Warburg und Felix Ma. Warburg Teilhaber des Bankhauses Loeb, Kuhn & Co. Ganz gleich also, wer siegte, da weder das Gold bei Felix noch bei James stinkt und immer bereit liegt, allen Kunden zur Verschuldung des amerikanischen Volkes zu dienen. ...[137]. ▪

„Einen eindeutigen Beweis für die Abhängigkeit auch der amerikanischen Regierungsmitglieder von der Börse liefert noch eine Verhandlung vor der amerikanischen Senatskommission. Es handelte sich um eine Besprechung der Wahlen von Roosevelt und Taft, zu welchem Paul Warburg Aussagen zu machen hatte. Das Verhandlungsprotokoll lautet:

‚Senator Bristow: Haben die Glieder Ihrer Bank die Wahlpropaganda für Herr Wilson finanziert? — Warburg: Das ist ja öffentlich bekannt. Herr Schiff hat sie unterstützt. — B.: Wenn ich recht verstanden habe, hat Ihr Bruder die Propaganda von Herrn Taft unterstützt? — Warburg: Ich habe das gesagt. — B.: Ich habe außerdem verstanden, daß kein Mitglied Ihrer Bank die Campagne von Herrn Roosevelt finanziert hatte? — Warburg: Ich habe nichts dergleichen erklärt. — B,.: Oh! Haben die Glieder die Wahlpropaganda des Herrn Roosevelt unterstützt? — Warburg: Ich möchte die Angelegenheit meiner Associées nicht diskutieren. — B.: Gut. Ich habe verstanden, daß Sie Republikaner gewesen sind, daß aber, als Herr Roosevelt Kandidat geworden war, Sie Ihre Sympathien Herrn Wilson zugewendet und ihn unterstützt haben? — Warburg: Ja. — B.: Während Ihr Bruder Herrn Taft finanzierte? — Warburg: Ja. — B.: Und ich war neugierig zu wissen, ob Glieder Ihrer Bank Herrn Roosevelt unterstützt hatten. — Warburg: Es ist eine bekannte Tatsache, daß dies der Fall war. — B.: Wollen Sie uns sagen, wer es war? — Warburg: Nein, meine Herren. Ich will die Angelegenheiten eines Mitgliedes meiner Bank nicht enthüllen (Vieille France Nr. 233).'

Das ist die Regierungsgrundsatz gewordene Korruption, ein demokratischer Sumpf ohnegleichen, den hoffentlich Amerika auch einmal — trockenstechen wird, wie wir dies von Europa auch noch hoffen [138]."

Herr Hasselbacher belehrt uns weiter: „Die Bekenntnisse des englischen amtlichen Freimaurer-Organs, ‚**Die Größe Britanniens ist das Werk der Freimaurerei**' und ‚Br. König Eduard VII. ist unser größter Freimaurer der modernen Zeiten', lassen für jeden, der die Vorgänge der letzten zehn Jahre verfolgt hat, die Tätigkeit der englischen Freimaurerei erkennen, die mit ihrem königlichen Großmeister die Vorbereitungen zum heutigen Weltkriege, das Netz ausspannte, in dem sich die Mittelmächte im Interesse Englands und der von ihm geschaffenen und geleiteten Freimaurerei fangen mußten.

Während Br. Eduard VII. der größte Maurer der modernen Zeiten im Verein mit den im politischen Leben Frankreichs maßgebenden Freimaurern *Poincaré, Delcassé, Millerand* und mit gleichgesinnten Staatsmännern und Journalisten Englands, Frankreichs und Rußlands das *Einkreisungsnetz um die Mittelmächte* wob, und damit indirekt auf den Weltkrieg lossteuerte, zu dem bereits 1912 die entscheidenden Maßnahmen getroffen wurden, arbeiteten die offiziellen Pazifisten unter den Frmrn. unter dem sichtbaren Banner des Großorients von Frankreich gemäß der von ihm am 23. September 1911 ausgegebenen Parole mit besonderem Eifer und in auffallend ostentativer und geräuschvoller Weise für die Sicherung des bedrohten Weltfriedens durch einen freimaurerischen Weltbund, eine *Weltfriedensliga*. ... (der heutigen UNO, D.R.)

Fassen wir nochmals zusammen:

1. Das Nationalitätsprinzip dient der Freimaurerei als Mittel, um die Völker gegeneinander auszuspielen. 2. Nachdem die Völker sich infolge der freimaurerischen Intrigenarbeit ‚die Finger an den Grenzfragen verbrannt' haben, kommt dieselbe Freimaurerei, die vorher gesunde nationale Forderungen zu ungesunden chauvinistischen Lösungsversuchen überspitzte, daher, um an Hand der Folgen zu *beweisen*, daß der Nationalismus überhaupt Unsinn sei und durch den Pazifismus eines Paneuropa abgelöst werden müsse [139]!"

Dasselbe Prinzip wird natürlich nicht nur von der Freimaurerei angewandt, sondern auch von all jenen Kirchen, die Weltmachtpolitik betreiben, wobei sich die obersten Machtzirkel oftmals zu gemeinsamen Aktionen gegen Volksgruppen und ganze Völker verbinden, wie ich unter dem Stichwort >Papst Pius XII.< nachgewiesen habe.

„Die Presse ist in vielen Ländern ein *restloses Werkzeug* des freimaurerischen Geistes. Nicht darin besteht die Gefahr einer Herrschaft des Freimaurertums, daß soundso viele maßgebende

Persönlichkeiten Mitglieder einer Loge sind, sondern dadurch, daß der *freimaurerische Geist* in seiner Ideologie durch Journalistik und Literatur, durch Unterricht und Volksbildung gerade die Intelligenz, die der Loge **organisatorisch ferne steht, geistig gefangen genommen hat. Die geistige Zersetzungs- und kulturelle Unterhöhlungsarbeit ist die bewußte Politik der Hochgrade, ist die bewußte >Arbeit< der Areopage des Schottischen Ritus** [140].« Um Herrn Dr. Lerich zu ergänzen, möchte ich nochmals darauf hinweisen, daß diese Arbeit nie gelingen könnte, wenn die Organisationen der großen *Volkskirchen* nicht bei dieser Arbeit ihre volle Unterstützung leisten würden.

Biographisches

Nachdem ich nun vorne einiges zusammengetragen habe über die Ideale, Tugenden und Ziele der Freimaurerei, möchte ich den Blick des Lesers jetzt unter anderem auf einige markante Freimaurergestalten der letzten beiden Jahrhunderte lenken. Dabei werde ich selbstverständlich auf solche Musterbeispiele wie Goethe, Mozart und Lessing verzichten, weil diese nur das Bild verfälschen würden. Ob die Taten dieser Freimaurer mit den angeblich in den Logen gepflegten Tugenden irgendwie zusammenhängen, sei dem Urteil der Leser überlassen. Wenn diese Herren im Jahre 1993 in einer Werbesendung (am 26. Oktober 1993, WDR 3) noch als Muster aufgeführt werden, dann ist das natürlich sehr merkwürdig, weil man doch inzwischen so viele andere Brüder als Beispiele nennen könnte, wie Crémieux, Lloyd George, Roosevelt, Truman, Churchill usw.

Bei der Beurteilung von politischen Gestalten in den Positionen höchster Verantwortung, und insbesondere bei denen hinter den Kulissen, müssen immer ein paar Grundfragen gestellt werden, ohne die wirklich sachgemäße Urteile kaum zustandekommen können.

Frage 1: Wer hat oder hatte Macht über die zu beurteilende Persönlichkeit? Ehefrau, Geliebte, Vorgesetzte, Leibarzt, Priester? Privatsekretär?

Frage 2: Von wem wurde sie bei der Lösung der wichtigsten Probleme ihres Lebens beraten? Freunde, Geschäftspartner, Priester, Privatsekretär?

Frage 3: Von welchen Personen oder Organisationen war sie in irgendeiner Form abhängig? Kirchen, Logen, Orden, Vereine, Clubs?

Frage 4: Woher hat sie ihr Geld, ihren Reichtum bezogen, welche Geschäfte hat sie abgewickelt, wo und wann und mit welchen Partnern?

Die Beantwortung der vorgenannten Fragen wird von den normalen, und insbesondere den korrupten, Historikern gewöhnlich streng vermieden, weil dann nämlich die Leser in eine gefährliche Nähe der Wahrheit kämen, was natürlich, besonders bei deutschen Lesern, nicht vorkommen darf. Hier in Deutschland ist nämlich ausschließlich historische Volksverdummung angesagt, was ich sehr leicht beweisen kann. Leider stehen mir keine umfangreichen Archive zur Verfügung und auch nicht die Zeit darin zu forschen, aber ich denke, daß sich meine wenigen Daten trotzdem zu einem interessanten Bild geformt haben.

Adenauer, Konrad: 5.1.1876 - 19.4.1967. Deutscher Bundeskanzler von 1949 - 1963.

„Am 21.8.1955 brachte das >Hamburger Abendblatt< folgende Notiz: ‚Der amerikanische Bankier und >Weltweise< (!!!) Bernard Baruch, der sieben amerikanischen Präsidenten als Berater zur Seite stand und auf dessen Meinung man in Washington auch heute noch größten Wert legt, feierte gestern seinen 85. Geburtstag. Unter den Glückwunschadressen aus aller Welt ist auch ein Telegramm des Bundeskanzlers Dr. Adenauer'."

Wenn man so lange zusammen am Untergang am Untergang Deutschlands gearbeitet hat, dann ist man eben eng miteinander verbunden. Dafür hat die deutsche Intelligenz sicher volles Verständnis.

„Im Bundestag entspricht ihm etwa der Bundeskanzler Dr. Adenauer. 1929, als er Oberbürgermeister von Köln war, telegraphierte er an Benito Mussolini: ‚Der Name Mussolini wird mit goldenen Buchstaben in die Geschichte der katholischen Kirche eingetragen bleiben (Hmb. Fremdenblatt 12.2.29).' ...

Morgan war der Verwalter des vatikanischen Reichtums und ein persönlicher Freund des Papstes. ...

Über das Verwandtschaftsverhältnis des heute einflußreichsten Mannes der Wallstreet und Direktors von Morgan & Co., Zinser, und des Hochkommissars und Präsidenten der Chase National Bank — McCloy —, zu dem Bundeskanzler Adenauer

schrieb die >Sunday Times<: „... Der Morgan Direktor und
die Frauen von Botschafter Douglas, Bundeskanzler Adenauer
und Hochkommissar McCloy sind also direkte Vettern und
Basen, nahe Blutsverwandte, Kinder von Geschwistern ...'

Die Meinung des Herrn McCloy 1956, Deutschland müsse
auf seine Ostgebiete verzichten, fällt in die Spalte: Katholische
Aktion [141]!"

„Bernard Baruch: * 1870 † 1965. Entwickelte 1946-48 den
Baruch-Plan zur Kontrolle der Kernenergie.

1. den >Rathenau Amerikas< nannte man ihn. Nicht mit
Unrecht, denn er war während des Krieges (1914-1918) der
unumschränkte Wirtschaftsdiktator Amerikas und organisierte
das gesamte Wirtschaftsleben der Vereinigten Staaten in genau
derselben planwirtschaftlichen Weise, wie Herr Walther Rathenau dies in seinen Kriegsgesellschaften in Deutschland tat.

2. Über Bernhard Baruch, der seine Diktatorstelle unter der
Bezeichnung eines Präsidenten des Büros der Industrie beklei-
dete, schreibt die hier zu Grunde gelegte Broschüre:

,Dies Büro ist nicht nur eine Agentur für die Produktion,
sondern auch Vermittler der Käufe der Alliierten und es kontrolliert wirkungsvoll die Versorgung der Welt mit den wichtigsten Materialien. Herr Baruch hat tatsächlich vollkommenes
Bestimmungsrecht über alle Industrien der Vereinigten Staaten
erhalten.'

Während des Ersten Weltkrieges ernannte Präsident Wilson
Herrn Baruch zum Leiter der Rüstungsindustriebehörde (Herr
Baruch hatte Präsident Wilson wiederholt gedrängt, daß der
Leiter dieser autoritären Behörde >ein Mann< sein solle) und
er beschrieb sich später selbst, als früherer Inhaber dieser
Funktion, als den mächtigsten Mann dieser Welt. ...

Zu jener Zeit (1939) hatte Herr Baruch schon nahezu dreißig Jahre Präsidenten >beraten<, und trotzdem kann der
eifrige Student nicht mit Sicherheit entdecken, welches Herrn
Baruchs Motive waren, die Art seiner >Ratschläge<, die er
gab, oder welcher Art die Wirkung seiner Empfehlungen auf
die amerikanische Politik und die Weltereignisse war. Dies ist

natürlich, denn er hatte immer gearbeitet nach der Devise ‚im hohen Gras ... außer Sicht'. **Er war niemals ein gewählter oder verantwortlicher Staatsbeamter, so daß seine Arbeit jenseits jeder Nachprüfung war.** Er war der erste der >Ratgeber<, der neue Typ des Machthabers, der am Anfang dieses Jahrhunderts nur in den viel beschimpften >Protokollen< vorausgesehen wurde. ...

Sofort nach dem Zweiten Weltkrieg hatte Herr Baruch seinen ersten großen öffentlichen Auftritt in Weltangelegenheiten als Autor eines Planes für eine Weltdiktatur, und zwar (nach meiner Meinung) einer Weltdiktatur durch Terror. ...

Nach seinem Biographen war Herr Baruch 74, ‚als er sich selbst für ein Unternehmen vorzubereiten begann, das er als das Wichtigste seines Lebens betrachtete ... einen durchführbaren Plan zur internationalen Kontrolle der Atomenergie, und, als Repräsentant der Vereinigten Staaten der Atomenergiekommission der Vereinten Nationen (UNO), diesen Plan für die Annahme durch die Kommission zu fördern'. Dies wäre im Jahre **1944** gewesen, ein Jahr bevor die erste Atombombe geworfen wurde und die Organisation der Vereinten Nationen (UNO) überhaupt gegründet war. Wenn dies richtig ist, dann wußte Herr Baruch bereits zwei Jahre im voraus, was in der Welt passieren würde, ...

Der Vorschlag, den er (B. Baruch) machte, schien sich mir zu einer universalen Diktatur aufzutürmen, unterstützt von einer Regierung des Terrors von weltweitem Ausmaß; der Leser mag selbst urteilen.

‚Wir müssen wählen, **Weltfrieden oder Weltzerstörung** ... Wir müssen einen Mechanismus zur Verfügung stellen, der sicherstellt, daß die Atomenergie für friedliche Zwecke genutzt wird und der Kriegsgebrauch ausgeschaltet wird. Für dieses Ziel müssen wir eine **sofortige, schnelle und sichere Bestrafung** für jene durchführen, die die Übereinkünfte brechen, welche durch die Nationen erreicht wurden. **Bestrafung ist wichtig,** wenn Frieden mehr sein soll als ein fieberhaftes Zwischenspiel zwischen Kriegen. Und außerdem können die Vereinten Nationen (UNO) eine **individuelle Verantwortung und Bestrafung**

nach den in Nürnberg angewendeten Prinzipien verordnen, durchgeführt von der Sowjetunion, dem Vereinigten Königreich, Frankreich und den Vereinigten Staaten - **eine sichere Formel, um der Zukunft der Welt zu nutzen.** In dieser Krisis repräsentieren wir **nicht nur unsere Regierungen,** sondern weit mehr, **wir repräsentieren die Menschheit'** ...[142].▪

Das sagte der >Ratgeber< eines amerikanischen Freimaurer-Präsidenten Truman, der zu Versuchszwecken Atombomben auf unschuldige Japaner warf und die Aufsicht über Nürnberger Prozesse gegen Deutschland führte, die an perverser Rechtsbeugung im Laufe der menschlichen Geschichte wohl kaum überboten wurden! Solche Typen bestimmen heute über Krieg oder Frieden in der Welt!

▪Bernard M. Baruch, der ein direkter Nachkomme Davids sein soll, gab vor Jahren als Chef der Hochgradfreimaurerei den Startschuß zu dieser Verbrüderung, indem er versöhnend erklärte, daß ‚Kapitalismus und Kommunismus zwar Gegensätze sind, *aber nur Gegensätze der gleichen Idee*, der Idee des Materialismus — so wie die Vorder- und Rückseite der gleichen Münze Gegensätze sind.' [143].▪

▪**Benes (Benesch), Dr. Eduard, 1884-1948,** einer der Begründer der modernen Tschechoslowakei. Aufgenommen 1924 in die >Jan Amos Komensky Loge Nr. 1< in Prag. 1927 Mitglied der Loge >Pravda Vitzezi< [144].▪ ‚... Br. Benesch (33. Grad) [145].▪ Tschechischer Staatspräsident von 1935-1938).

‚...flüchtete zu Beginn des (1.) Weltkrieges ins Ausland und organisierte dort gemeinsam mit Masaryk den Widerstand der Tschechen gegen die österreichische Monarchie. Nach dem Waffenstillstand vertrat er die Interessen seiner Nation vor der Friedenskonferenz in Versailles und kehrte mit Masaryk als Begründer des tschechoslowakischen Staates heim (IFL.,Sp.164).▪

1. Schuldig der Verschwörung gegen Mitteleuropa, da der tschechische Staat ausschließlich durch Landraub von bereits vorhandenen europäischen Nationen gegründet wurde.

2. Schuldig der Vertreibung deutscher Bürger aus dem Sudetenland, wobei durch die Brutalität der Maßnahmen viele Deutsche den Tod fanden.

Léon de Poncins hat uns noch ein paar Worte zu sagen: „Das dritte Beispiel des geheimen maurerischen Ursprungs der politischen Entscheidung ist die Konferenz von Yalta. ...

Diese Vereinbarungen waren ein vollständiges diplomatisches Unglück für den Westen.

Roosevelt überließ Stalin halb Europa und einen großen Teil von Asien, ohne dafür irgend etwas zurückzubekommen.

Seitdem wurden gewisse Dokumente in Amerika veröffentlicht, die zeigten, daß Benes bei der Aufzeichnung der Einzelheiten der Yalta-Vereinbarung eine große Rolle spielte. Als Freimaurer erfreute sich Benes eines erheblichen Einflusses über Roosevelt; beide waren Hochgradeingeweihte; es war Benes, der Roosevelt von der Notwendigkeit überzeugte, in Stalin ein solch blindes Vertrauen zu setzen; ....

Benes, der die sektiererische und aktivierende Seele der Freimaurerei in Zentral-Europa war, fest unterstützt von den USA., herrschte widerstandslos über die kleine Entente (Tschechoslowakei, Jugoslawien und Rumänien) und ließ keine Gelegenheit aus, seine Sympathie für Sowjet-Rußland zu zeigen. Die Freimaurerei war die regierende Macht in Frankreich von 1918 bis 1939 [146]."

Besant, Annie: „Dafür, daß ein Großmeister Annie **Besant**, dieser stark politisierende Kopf, über mehr als gewöhnliche Kräfte verfügte, dafür legen die von ihr ausgesprochenen Gedanken und die von ihr verfaßten vielen Bücher ein beredtes Zeugnis ab. Sie selbst bekannte 1889 in ihrer Autobiographie, daß sie den Weg der hypnotischen Experimente gewählt hatte, um sich ein **höheres** Wissen anzueignen. — Frau Annie Besants spiritueller Abstieg wurde schon 1893 von ihrem einstigen Freunde William Q. **Judge** behauptet. Judge sagte schon damals, Frau Besant werde von dunklen Magiern umgarnt, die ‚das große Werk H. P. Blavatskys für die Völker des Westens’, die geistige Aufklärung des Abendlandes, zerstören wollen.

Judge ging so weit, Frau Besant selbst als >Praktikantin der schwarzen Magie< zu bezeichnen, und Richard **Bresch** klagte bitter darüber, daß Annie Besant als Redaktor des okkulten >Central Hindu College Magazine< Inseraten höchst zweifelhafter Natur Aufnahme gewährte [147].«

Blavatsky, Helena Petrowna: „Die Protokolle der Treffen (des Ordens des Alten und Ursprünglichen Ritus — Ritus von Memphis) waren unterzeichnet von: ... Edward Aleister Crowley 33° 90° 96° Patriarch Grand Administrator General ... Theodor Reuss 33° 90° 95° Sovereign Grand Master General ad Vitam für das Deutsche Reich und Großinspektor General.

Der Frauenzweig dieses Ritus und seiner verbindenden Möglichkeiten wird am besten durch die Reproduktion des Diploms von Frau Blavatsky gezeigt, welches im *Theosophist* vom März 1913 (M91) veröffentlicht wurde, noch mal wiedergegeben auf Seite 66 in *Freemasonry Universal* Vol V. Part 2, *Autumn Equinox*, 1929.

Es wird dort dargestellt, daß ‚wir erklärt und verkündet haben, und durch die vorliegenden Urkunden unserem berühmten und erleuchteten Bruder H.P. Blavatsky erklären und verkünden, daß sie ein Lehrling, Geselle, Vollkommene Meisterin, Sublime Elect Scotch Lady, Grand Elect Chevalière de Rose Croix, Adonaite Mistress, Perfect Venerable Mistress, and Crowned Princess of Rite of Adoption ist.' Das Diplom ist unterzeichnet von John Yarker 33, Oberster Großmeister. M. Caspari 33, Großkanzler. A.D. Loewenstark 33, Großsekretär. Das Organ des Ordens ist *Kneph*. ...

‚Felt war ein Mitglied einer geheimen Gesellschaft, die allgemein durch die Buchstaben >H.B. of L< (Hermetische Bruderschaft von Luxor) bezeichnet wurde. Diese Gesellschaft, die eine hervorragende Rolle bei den ersten Stufen der spiritistischen Phänomene in Amerika spielte, ist sicherlich gegen spiritistische Theorien, denn sie lehrt, daß diese Phänomene nicht durch die Geister von Toten hervorgerufen werden, sondern durch Kräfte von lebenden Menschen.' Frau Blavatsky

242

und Olcott, die in diese Gesellschaft eingetreten waren, wurden hinausgeworfen bevor sie Amerika verließen [148]."

Der letzte Satz enthält einen interessanten Hinweis auf das, was ich im 1. Band darüber zitiert habe, daß Frau Blavatsky von einer amerikanischen Loge in die okkulte Gefangenschaft genommen wurde, weil die Gefahr bestand, daß sie etwas über deren politische Ziele verraten würde. Rudolf Steiner hatte bei seinen Ausführungen leider nicht den Namen der betreffenden Loge genannt. Eine leitende Persönlichkeit der >Hermetischen Bruderschaft von Luxor< war P.W. Randolph.

Louis Dembitz Brandeis: „1. Er ist ein besonders hoher Bruder der jüdischen Weltloge des Independend Order B'nai B'rith (Unabhängiger Orden B'nai B'rith).
2. Brandeis ist Oberhaupt der Zionistenbewegung in den USA.
3. Das Buch berichtet über ihn: ,Seit seiner Wahl in den höchsten Gerichtshof und seiner Übersiedlung nach Washington, war er einer der nächsten und intimsten Berater des Präsidenten (Wilson). Nicht nur wurde er über alle den Handel und die Industrie betreffenden Dinge gefragt, für welche er eine in den Vereinigten Staaten bekannte Autorität darstellt, sondern sein gesundes Urteil wurde vom Präsidenten auch erbeten, wenn es sich um die internationale Lage handelte. Ein Komitee, bestehend aus dem Obersten (Mandel) House (dem Freund und — Verbindungsmann Rathenaus und Mitverfasser des Vertragstextes von Versailles, F.H.) und Herrn Brandeis wurde ernannt, um die Weltfragen zu studieren und die großen Linien der amerikanischen Politik auf der Friedenskonferenz festzulegen!'
4. Auf der Versailler Konferenz bearbeitete Brandeis zusammen mit den Zionisten Mak und Mashall die amerikanische Orientpolitik und 1919 berichtete die >*Revue antimaconnique*< Wilson sei mit einem Stabe von 156 Sachberatern nach Versailles gekommen und von diesen seien >nur< 117 Juden gewesen [149]."

Bush, George: * 1924, 41. Präsident der USA von 1989-1993, Hochgradfreimaurer, Mitglied >Skull & Bones<. Bei diesem Musterbeispiel eines christlichen Logenbruders ist mir das Schicksal wieder einmal zu Hilfe gekommen, in Gestalt eines Buches, aus dem ich gleich die wichtigsten Merkmale für sein *humanitäres* Wirken übernehmen konnte. Es ist das Werk **Wüstensturm** (Göttingen 1993) von **Ramsey Clark**. Ramsey Clark, ein ehemaliger US-Justizminister, hat den Golfkrieg teilweise am Ort des Geschehens miterlebt. Selbst die wenigen von mir ausgesuchten Sätze geben im Zusammenhang mit meinen früheren Ausführungen ein klares Bild von der moralischen Beschaffenheit der heutigen Weltführer:

„Bis Kriegsende flogen die Amerikaner, Briten und Franzosen mehr als 109 000 Einsätze, ließen 88 000 Tonnen Bomben regnen — das Siebenfache der Hiroshima-Sprengkraft — und töteten wahllos im ganzen Land. ...

Aufgrund der Natur der amerikanischen Waffen wurde Irak aus der Distanz zum Krüppel gemacht und in einen schmerzvollen Überlebenskampf gestürzt. Der Beschuß, das war vom Boden aus zu sehen, war keineswegs >chirurgisch präzise<, wie die US-Militärs nicht müde wurden zu behaupten, sondern zielte ganz klar darauf ab, das ganze Land und seine Bevölkerung für lange Zeit in die Knie zu zwingen. ...

Der Irak verlor zwischen 125 000 und 150 000 Soldaten. Nach eigenen Angaben fielen auf amerikanischer Seite 148 Soldaten in der Schlacht, davon 37 durch >friendly fire< — durch eigene Geschosse. ...

Die US-Generale aber befahlen den Einsatz von FAE-Druckbomben, Napalmbomben, Streubomben und der GBU-28-*Superbombe* und verletzten damit internationales Recht. ...

Der britische Premierminister John Major erklärte vor dem Unterhaus, er glaube nicht, daß ‚unsere Soldaten oder die Weltöffentlichkeit uns verzeihen würden, wenn wir den Irakis jetzt die Möglichkeit einräumten, sich mit ihren Waffen zurückzuziehen'. Wenn die Wahrheit allgemein bekannt ist, wird die Weltöffentlichkeit Bush und Major das von ihnen angeordnete Abschlachten nicht verzeihen. Welches Gemetzel angerichtet wurde, davon legt folgende Aussage Mike Erlichs, Mitglied des Military Counseling Network, bei den Anhörungen des Europaparlaments zum Golfkrieg im März/April 1991 Zeugnis ab: „... Hunderte, möglicherweise Tausende irakischer Soldaten setzten sich zu Fuß in Bewegung, in Richtung auf die amerikanische Stellung, unbewaffnet, mit erhobenen Händen, um sich zu ergeben. Die US-Einheit hatte allerdings nicht den Befehl, Gefangene zu machen ...

Der Kommandant der Einheit eröffnete das Feuer, indem er einen der irakischen Soldaten mit einem panzerbrechenden Geschoß zerfetzte. Ein solches Geschoß ist dafür gedacht, Panzer zu zerstören, aber es wurde gegen einen Soldaten eingesetzt. Da begannen alle in der Einheit zu schießen. Kurz, es war ein Massaker'. ...

Monate später, am 12. September 1991, brachte >Newsday< die vielleicht schrecklichste Meldung. Tausende irakische Soldaten waren in den ersten beiden Tagen der Bodenoffensive lebendig begraben worden. ...

Am Morgen des 17. Januar 1991 begannen die Vereinigten Staaten den Irak in einer Weise zu bombardieren, die in der Geschichte ohne Beispiel ist. Aus den anfänglich 2 000 Luftangriffen täglich waren bei Ende des 42tägigen Krieges insgesamt 109 000 geworden, bei denen mehr als 88 500 Tonnen Bomben herabregneten. ...

Was zeigt, daß das Pentagon mit den Bombardierungen beabsichtigte, die Wirtschaft Iraks lahmzulegen und das Land von ausländischer Hilfe abhängig zu machen. Sie waren keineswegs Nebensache, wie der Begriff kollateral nahelegt, sie waren ein zentrales strategisches Ziel. ...

Zu Beginn der Bombardierungen hatten US-amerikanische und britische Agenten Zielanfluggeräte in der Nähe der Angriffsziele plaziert, um die Treffergenauigkeit zu verbessern. Über diese Kommandos ist nur wenig bekannt. Die *New York Times* vom 1. März 1991 berichtete:

‚Von den Einsätzen amerikanischer Spezialeinheiten war während des sechswöchigen Golfkrieges kaum die Rede ... Reporter, die von ihren Aktivitäten im Irak erfuhren, wurden unter Druck gesetzt, bis Kriegsende darüber kein Wort verlauten zu lassen' [150].■

Im ersten Band meiner *Geheimpolitik* habe ich im Zusammenhang mit den *Protokollen* bereits nachgewiesen, daß eines der wichtigsten Mittel moderner Macht- und Mordpolitik die bewußte Erzeugung von Hungersnöten ist. Da die Machthaber im Irak die *Protokolle* nicht kannten, und sich sehr stark von Lebensmittelimporten abhängig gemacht hatten, konnte diese Waffe von den Alliierten besonders wirksam eingesetzt werden:

„Durch die Zerstörung lebenswichtiger Einrichtungen starben nach dem Krieg mehr Menschen als während des Krieges. ... Getreidesilos im ganzen Land wurden methodisch unter Beschuß genommen, Hunderte von Bauernhöfen angegriffen. Das einzige Traktorenwerk des Landes und die größte Düngemittelfabrik wurden durch Bombenangriffe zerstört, die 16 Menschenleben kosteten. ...

Im Juni 1992, mehr als ein Jahr nach der Vertreibung der irakischen Truppen aus Kuwait (die Sanktionen waren immer noch in Kraft), bombardierten US-Flugzeuge Getreidefelder in der Nähe von Mosul im Nordirak mit Brandbomben. Diese offene und durch nichts provozierte Aggression gegen die irakische Nahrungsmittelproduktion wurde durch keine UN-Resolution verurteilt. ...

Sanktionen waren eine weitere Waffe im totalen Krieg gegen die irakische Bevölkerung. Sie wurden verhängt, bevor auch nur eine Bombe fiel, und auch lange noch fortgesetzt, nachdem der Krieg zu Ende war. ...

Vor dem August 1990 hatte der Irak annähernd 70 Prozent seiner Lebensmittel eingeführt. Lebensmittel einzukaufen wurde bei eingefrorenen Auslandsguthaben und fehlenden Öleinnahmen zusehends schwieriger.

Das wußte Washington. Einen Monat vor der Invasion Kuwaits hatte die US-Botschaft in Bagdad einen vertraulichen Bericht ausgearbeitet, der die Abhängigkeit Iraks von Lebensmittelimporten detailliert beschrieb. ...

Indem die Sieger Reparationsforderungen stellen, gewinnen sie die Kontrolle über die Unterlegenen. Wenn die USA also versuchen, solche Zahlungen zu erzwingen, können sie den Irak damit weiterhin im Würgegriff halten. Mit dieser Einflußmöglichkeit kann Washington den Ölreichtum des Irak ausbeuten, das Land arm halten, seine Abhängigkeit von westlichen Ländern verstärken und der Instabilität Vorschub leisten, die vielleicht zur Bildung einer willfährigen Regierung führt.

Das Mittel, mit dem Washington diesen Gesichtspunkt des anhaltenden Krieges mit dem Irak betreibt, ist die UN-Resolution 687, das Waffenstillstandsabkommen, das am 3. April 1991 vom Irak und den Vereinigten Staaten unterzeichnet wurde. ...

Die Gesamtkosten für Wiederaufbau und Reparationen von 300 Milliarden Dollar — die 80 Milliarden Dollar Vorkriegsschulden noch nicht einmal mitgerechnet — sind fast siebenmal so hoch wie das Bruttosozialprodukt des Irak vor dem Krieg, das bei 45 Milliarden Dollar lag. Diese Belastung ist in ihrer Größenordnung ohne Beispiel und kann von keiner Gesellschaft getragen werden. Es besteht keine Aussicht, daß sie je gezahlt wird. Ihr einziges Ergebnis ist die Verarmung des Iraks, während andere Ressourcen ausbeuten. ..." **Versailles läßt grüßen!**

„Die Waffenverkäufe der USA in den Nahen Osten, die seit jeher gewaltig waren, haben zugenommen und werden voraussichtlich weiter in die Höhe schießen. ...

Der Golfkrieg hat aber nicht nur die Waffenlieferungen in die Region ansteigen lassen, sondern er hat auch die Anteile an den Verkäufen drastisch verschoben. Bis 1990 war die frühere Sowjetunion der Hauptlieferant der Region. Nach einer Aussage des Abgeordneten Lee Hamilton vor einem Unterkomitee des außenpolitischen Ausschusses waren im Mai 1992 die fünf ständigen Mitglieder des Weltsicherheitsrates — die USA, Rußland, Großbritannien, Frankreich und China — für 90 Prozent des Waffenhandels im Nahen Osten verantwortlich, und zwei Drittel dieser Menge entfielen auf die USA. ..."

Ich denke es ist jetzt die richtige Zeit, um den Weltsicherheitsrat in Weltverbrecherrat umzutaufen.

„Die bei weitem gefährlichsten Substanzen, die während des Angriffs auf den Irak niedergingen, waren radioaktive Trümmer von Granaten, die aus verschiedenen hochentwickelten Waffen der USA abgeschossen wurden. Die Menschen der Golfregion werden sich in den kommenden Jahren also nicht nur einer Wolke giftigen, krebserregenden Rauchs gegenübersehen, sondern auch den Wirkungen der Strahlenverseuchung. ...

Die US-Regierung und die amerikanischen Medien waren entschlossen, am Persischen Golf gemeinsame Sache zu machen. Die wirksamste Propagandamaschine und die höchstentwickelte Todestechnik der Geschichte wirkten zusammen, um eine Armee abzuschlachten, eine Nation zugrunde zu richten, das ganze Freiheit zu nennen und zu feiern. ...

Um die Gewalt zu rechtfertigen, mußte man Abscheu erwecken und den Irak entmenschlichen, und alles, was diesem Zweck zuwiderlief, mußte vertuscht oder falsch dargestellt werden. ...

Die Zensur war vollständig. Als der Bodenkrieg begann, wurde für 48 Stunden eine allgemeine Nachrichtensperre verhängt. ... Als US-Soldaten tote Irakis verbrannten, wurden die Kameras ferngehalten — so verhinderte man, daß Verletzungen der Genfer Konvention gefilmt wurden. ...

Der Korrespondent Malcom Browne von der *New York Times* sagte am 23. Januar 1991 in *Newsday*: ‚Ich habe nie etwas Vergleichbares gesehen, was das Ausmaß der Überwachung und Kontrolle der Militärs über die Korrespondenten angeht. Wenn die ganze Umgebung kontrolliert wird, ist ein Journalist kein Reporter in der amerikanischen oder angelsächsischen Tradition mehr. Er arbeitet vielmehr wie die Propagandakompanien der Nazis.‘ ...

Von den 25 größten Zeitungen der Vereinigten Staaten unterstützten 24 in den Monaten vor Beginn der Bombenangriffe die Anwendung von Gewalt gegen den Irak im Gegensatz zu Wirtschaftssanktionen. Sie setzten die Öffentlichkeit nicht darüber in Kenntnis, daß die Sanktionen wirkten, und daß Verhandlungen möglich waren. ...

Die Charta der Vereinten Nationen und die Verfassung der USA wurden im Herbst 1990 derart verfälscht, daß sie zu Kriegsinstrumenten wurden. Beide ließen sich leicht so untergraben, daß sie uneingeschränkte Macht und grenzenlose militärische Gewalt rechtfertigten.

Die Völker der Welt sahen unterwürfig zu, wie die Vereinten Nationen den Mord an Zehntausenden von Irakis und die Zerstörung einer ganzen Nation genehmigten, und sie stimmten zu, als weitere Zigtausende an vergiftetem Wasser und — wegen der Sanktionen — an absichtlichem Entzug von Lebensmitteln und Medikamenten starben, ...

Nachdem China sich bei der Resolution 678 der Stimme enthalten hatte, erhielt das Land binnen einer Woche 114 Millionen Dollar an zurückgestellter Hilfe von der durch die USA beherrschten Weltbank. ...

Der Sowjetunion, die sich in wirtschaftlicher Auflösung befand, gaben Saudi-Arabien, Kuwait und die Vereinigten Arabischen Emirate einen Kredit von vier Milliarden Dollar und Notfallhilfen, nachdem sie für die Resolution gestimmt hatte. ...

Bis zur Mitte des 20. Jahrhunderts war es dann aber so weit, daß die Präsidenten sich das Recht zur Kriegführung anmaßten, ohne auf Verfassung oder Kongreß Rücksicht zu nehmen. Präsident Truman schickte ohne Kriegserklärung US-Streitkräfte nach Korea, nachdem er sich die Genehmigung der UN gesichert hatte. ...

Wenn man die in diesem Buch dargestellten Befunde liest und glaubt, dann weiß man, daß die Vereinigten Staaten Verbrechen gegen den Frieden, Kriegsverbrechen und Verbrechen gegen die Menschlichkeit begangen haben. Die Planung eines Angriffs auf den Irak, um seine Armee zu zerstören und seine Gesellschaft zu ruinieren, der Mord an wehrlosen Soldaten, die absichtliche Zerstörung von Städten und Dörfern, die vielfältigen Gewalttaten gegen die Zivilbevölkerung — all das sind nach dem Nürnberger Abkommen Straftaten. Das internationale Tribunal für Kriegsverbrechen stellte fest, daß die UN-Sanktionen ein anhaltendes Verbrechen gegen die Menschlichkeit sind. Präsident Bush und die anderen Beteiligten an den kriminellen Handlungen haben die Prinzipien des Nürnberger Tribunals verletzt und sollten zur Verantwortung gezogen werden. ...

Zu den Verbrechen gegen die irakische Armee gehörten Verletzungen des Nürnberger Abkommens, der Haager Landkriegsordnung, der Genfer Konventionen und Protokolle, des internationalen Kriegsrechts und der von den USA vorgegebenen Handlungsvorschriften. Unter anderem wurden zigtausend im wesentlichen wehrlose Soldaten getötet, darunter solche, die sich unbewaffnet zurückzogen oder sich ergeben wollten. Soldaten wurden lebendig begraben, es wurden unerlaubte Waffen verwendet, die Toten wurden nicht geachtet und so weiter. Allein der Vergleich der Verluste — 125 000 auf irakischer und 148 auf amerikanischer Seite — zeigt die Wehrlosigkeit der Irakis und das Ausmaß des Verbrechens. ...

In der Tat ließen die Vereinigten Staaten nichts aus, was den Irak schwächen konnte. Noch im April 1992, über ein Jahr nach dem irakischen Rückzug aus Kuwait, gingen täglich 300 tote Kinder auf das Konto der Sanktionen. ...

Der Pentagon-Traum von der US-amerikanischen Weltherrschaft ist der Öffentlichkeit präsentiert worden, als sei er ein Vorschlag unter vielen für den Eventualfall, über die unsere Politiker einmal nachdenken sollten. Nach einem Artikel in der *New York Times* vom 8. März 1992 wird die Phantasie von der >neuen Weltordnung< in einem 46seitigen Dokument ausgesponnen, in dem behauptet wird: ,Die politische und militärische Mission Amerikas im Zeitalter nach dem Kalten Krieg besteht darin, dafür zu sorgen, daß in Westeuropa, in Asien oder auf dem Gebiet der früheren Sowjetunion keine neue gegnerische Supermacht entsteht.'

Das Ziel, so faßt die *Times* zusammen, ist letztendlich ,eine von einer einzigen Supermacht beherrschte Welt, die ihre Stellung sowohl durch Diplomatie als auch durch ausreichende militärische Stärke behaupten kann — ausreichend in dem Sinne, daß andere Staaten davon abgehalten werden, die amerikanische Vorherrschaft herauszufordern'. Dieses Ziel erfordert eine 1,6 Millionen Mann starke Streitmacht, die, so war geplant, in den Haushaltsjahren 1994 bis 1999 1200 Milliarden US-Dollar verschlingen sollte. Es ist eine Vision, die an die Weltreiche Alexanders des Großen, Cäsars oder Dschingis-Khans erinnert.

Es ist nicht die Vision des Pentagon allein, sondern auch die der amerikanischen Plutokratie. Dank der überlegenen Militärtechnologie bewegen sich die Vereinigten Staaten auf einen modernen, der ganzen Welt mit de Pax Americana drohenden Barbarismus zu. Wie sollen andere Nationen darauf reagieren? Müssen nicht Deutschland, Japan und andere technologisch potente Länder eigene Militär- und Rüstungspläne entwickeln? Muß nicht jede regionale Macht bestrebt sein, eine derartige Vormachtstellung zu vereiteln? Zeigt die Geschichte nicht, daß derartige Visionen mit Krieg, Katastrophen und dem Scheitern enden? Dennoch deutet mehr als die jüngsten Erfahrungen im Irak darauf hin, daß die Vereinigten Staaten die Weltherrschaft anstreben, nötigenfalls mit Gewalt, und daß sie dafür sogar einen neuen, kostspieligeren und gefährlicheren Rüstungswettlauf, dieses Mal mit Japan und Europa in Kauf nehmen [151]. ▪

„Bis Mai (1991) konnte auf der Basis erster Prüfungen und Beweise eine erste Klageschrift gegen Präsident Bush und andere wegen insgesamt 19 Vergehen verfaßt werden. ...

Die Anklagepunkte

1. Seit 1989 oder schon vorher verfolgen die Vereinigten Staaten eine Strategie, den Irak zu Provokationen zu verleiten, die eine US-Militäraktion gegen den Irak und eine dauerhafte militärische Vorherrschaft der USA am Golf rechtfertigen.

2. Seit dem 2. August 1990 versuchte Präsident Bush, jede Beeinträchtigung seines Plans einer wirtschaftlichen und militärischen Zerstörung des Irak zu verhindern.

3. Präsident Bush befahl die Zerstörung von Einrichtungen im ganzen Irak, die für das zivile Leben und die wirtschaftliche Produktivität unverzichtbar sind.

4. Die Vereinigten Staaten bombardierten und zerstörten bewußt ziviles Leben, Geschäfts- und Handelsbezirke, Schulen, Krankenhäuser, Moscheen, Kirchen, Schutzräume, Wohngebiete, historische Sehenswürdigkeiten, private Fahrzeuge und Büros der zivilen Verwaltung.

5. Die Vereinigten Staaten bombardierten absichtlich wahllos den gesamten Irak.

6. Die Vereinigten Staaten bombardierten und vernichteten absichtlich verteidigungsunfähiges irakisches Militärpersonal, wandten übermäßige Gewalt an, töteten Soldaten, die sich ergeben wollten oder sich oft unbewaffnet und weit von jeglichem Kampfgebiet auf unorganisierter, individueller Flucht befanden; sie töteten blindlings und mutwillig irakische Soldaten und zerstörten Material noch nach der Feuereinstellung.

7. Die USA setzten sowohl gegen militärische als auch gegen zivile Ziele verbotene Waffen ein, die auf Massenvernichtung ausgelegt waren und wahllosen Tod sowie unnötiges Leid zufügten.

8. Die Vereinigten Staaten griffen absichtlich Einrichtungen im Irak an, die gefährliche Substanzen und Wirkstoffe enthielten.

9. Präsident Bush befahl den US-Truppen, in Panama einzumarschieren, was den Tod von 1000 bis 4000 Panamesen und die Zerstörung Tausender von Privatwohnungen, öffentlichen Gebäuden und Handelseinrichtungen zur Folge hatte.

10. Präsident Bush widersetzte sich dem Recht und verkehrte die Funktion der Vereinten Nationen zu einem Mittel der Machtsicherung, um Verbrechen gegen den Frieden und Kriegsverbrechen zu begehen.

11. Präsident Bush riß die verfassungsmäßige Macht des Kongresses an sich, um Verbrechen gegen den Frieden und andere schwere Verbrechen zu begehen.

12. Die Vereinigten Staaten führten Krieg gegen die Umwelt.

13. Präsident Bush ermutigte und unterstützte schiitische Moslems und Kurden, gegen die irakische Regierung zu rebellieren, und verursachte damit brudermörderische Gewalt, Auswanderung, Schutzlosigkeit, Hunger, Krankheit und Tausende von Toten. Nachdem die Rebellion gescheitert war, marschierten die USA ein und besetzten ohne Befugnis Teile des Irak, um Zwietracht und Feindseligkeit innerhalb des Irak zu verstärken.

14. Präsident Bush raubte dem irakischen Volk vorsätzlich lebensnotwendige Medizin, Trinkwasser, Lebensmittel und andere notwendige Bedarfsgüter.

15. Die USA setzten ihren Angriff auf den Irak auch nach der Feuereinstellung fort, indem sie nach Belieben in Gebiete einmarschierten und sie besetzten.

16. Die USA haben Verletzungen der Menschenrechte, der Grundrechte und der US-Bill of Rights in den Vereinigten Staaten, Kuwait, Saudi-Arabien und anderswo begangen und geduldet, um ihr Ziel einer militärischen Vorherrschaft zu erreichen.

17. Nachdem die USA die wirtschaftliche Grundlage des Irak zerstört haben, verlangen sie Reparationen, die den Irak fortlaufend verarmen lassen und seine Bevölkerung Hungersnöten und Epidemien aussetzen.

18. Präsident Bush hat die Berichterstattung in der Presse und den Massenmedien systematisch manipuliert, kontrolliert, gelenkt, falsch informiert und eingeschränkt, um propagandistische Unterstützung für seine militärischen und politischen Ziele zu erhalten.

19. Die Vereinigten Staaten haben sich durch Gewaltanwendung eine permanente militärische Präsenz am Golf, die Kontrolle der dortigen Öl-Ressourcen und die geopolitische Vorherrschaft in der Region und auf der arabischen Halbinsel gesichert.

*

Die Mitglieder des Internationalen Tribunals gegen Kriegsverbrechen, die sich in New York getroffen haben,

haben gewissenhaft über die ursprüngliche Anklage der Untersuchungskommission vom 6. Mai 1991 gegen Präsident George W. Bush, Vizepräsident Dan Quayle, Verteidigungsminister Richard Cheney, den Vorsitzenden der Vereinigten Stabschefs Colin Powell und General Norman Schwarzkopf, den Kommandeur der Alliierten Streitkräfte am Persischen Golf, beraten, die 19 verschiedenen Verbrechen gegen den Frieden, Kriegsverbrechen und Verbrechen gegen die Menschlichkeit unter Verletzung der Charta der Vereinten Nationen,

der Genfer Konvention von 1949 und des dazugehörigen Ersten Protokolls, anderer internationaler Abkommen und des allgemeinen Völkerrechts beschuldigt werden,
haben das Recht und die Pflicht, als Weltbürger(innen) über die Verletzungen des internationalen Rechts der Menschlichkeit zu Gericht zu sitzen; ...

haben alle Beweise erwogen, die relevant sind für die neunzehn Punkte der Anklage wegen verbrecherischen Verhaltens, erhoben in der ursprünglichen Anklage, und gelangen zu folgenden Ergebnissen:

Die Mitglieder des Internationalen Tribunals gegen Kriegsverbrechen erklären jeden der genannten Angeklagten für schuldig auf der Grundlage der gegen sie sprechenden Beweise und stellen fest, daß jedes einzelne der 19 verschiedenen Verbrechen aus der ursprünglichen Anklageschrift, die dem Urteil beigefügt ist, nachweislich und ohne jeden Zweifel begangen worden ist. ...

Die Mitglieder fordern, daß die Macht des Sicherheitsrates der Vereinten Nationen, der in himmelschreiender Weise von den USA manipuliert wurde, um illegale militärische Aktionen und Sanktionen für rechtmäßig zu erklären, auf die UN-Vollversammlung übertragen wird; daß alle ständigen Mitglieder des Sicherheitsrates ihres Sitzes enthoben werden, und daß das Vetorecht als undemokratisch und im Widerspruch zu den Grundsätzen der UN-Charta stehend abgeschafft wird. ...

1. Es ist ein föderatives System für eine globale Regierungsgewalt zu schaffen, das die UN ermächtigt, den Frieden zu sichern, die internationalen Wirtschaftsbeziehungen zu regeln und für soziale Gerechtigkeit für alle zu sorgen; alle anderen Zuständigkeiten verbleiben bei den einzelnen Staaten und ihren Völkern. Die UN sind ferner mit legislativen, exekutiven und judikativen Vollmachten auszustatten.

2. Der Sicherheitsrat mit den Einrichtungen der ständigen Mitgliedschaft und des Vetorechts ist durch einen Weltrat von Abgeordneten zu ersetzen, die die Vollversammlung aus ihren Reihen wählt ...

5. Die UN sollten ermächtigt werden, die einzelnen Staaten zu besteuern, weltweit tätige Unternehmen zu gründen und

Handel, Verkehr und Vermögen international zu besteuern sowie weltweit gültige gesetzliche Bestimmungen für diese zu erlassen ...

7. Die Vereinten Nationen schaffen einen Internationalen Gerichtshof für Straftaten ...[152]. ▪

Ich denke, das reicht, deshalb möchte ich auf weitere Anklagepunkte aus dem Lebenskonto dieses christlich-freimaurerischen *Ehrenmannes* verzichten, denn darüber könnte man noch ein ganzes Buch schreiben. Proteste der weltweiten humanitären Freimaurerlogen gegen die Politik ihres *Bruders* sind mir nicht bekannt geworden.

Problematisch sind jedoch die Forderungen des *Internationalen Tribunals gegen Kriegsverbrechen* bezüglich der angestrebten Machtbefugnisse der UN-Vollversammlung. Wie ich unter dem Stichwort UNO bereits ausgeführt habe, sind praktisch alle UNO-Mitglieder von ähnlicher Charakterlage, denn sonst hätten sie sich gegen die Verbrecherpolitik des Weltsicherheitsrates längst energisch zur Wehr gesetzt. Nach meiner Auffassung ist die UNO an sich ein völlig untaugliches Instrument zur Förderung des Friedens in der Welt. Sie taugt einzig zur Terrorisierung der Welt!

Was jedoch noch eine Bemerkung wert ist, ist das Verhalten der deutschen Bundesregierung während des Golfkrieges. Als die christlichen bundesdeutschen Politiker bemerkten, daß die Alliierten am Golf Massenmord betrieben, lief ihnen buchstäblich das Blut im Munde zusammen. Endlich wieder ein Massenmord — und sie durften nicht mitmachen. Um doch noch in den Genuß der Beteiligung an dieser blutigen Orgie zu kommen, logen sie dem deutschen Volk vor, daß es um die Verteidigung von Frieden und Freiheit gehe, und daß man die christlich-moralische Verpflichtung habe zu diesem Massaker achtzehn Milliarden Mark beizusteuern, weil eben sonst eine richtige Befriedigung am Blutvergießen nicht zu erreichen ist. Wenn dann nach solchen Ereignissen Mitglieder der deutschen Bundesregierung im Ausland, z. B. China, irgendwelche *Menschenrechte* anmahnen, dann streben sie sicherlich eine Goldmedaille in Heuchelei an. Verehrte Leser, vielleicht überlegen

Sie es sich angesichts der vorgenannten Tatsachen noch einmal, ob Sie diesen >christlich-sozialen< Politikern bei der nächsten Wahl ihre Stimme geben.

*

Cagliostro, Graf: Es gibt zwei Menschen, die in der gesamten Freimaurerliteratur fortdauernd als Hochstapler und Betrüger verleumdet werden, was auch verständlich ist, weil diese beiden zu jener Zeit die mächtigsten Gegner gewisser freimaurerischer Pläne waren. Es handelt sich um die Grafen von St. Germain und Cagliostro. „Der einzige Teilnehmer an dem Konvent (Wilhelmsbad 1782), der Andeutungen über den Zusammenhang zwischen Freimaurerei und revolutionären Umsturzplänen machte, war Cagliostro [153]."

„Cagliostro war ein Agent der Templer, und darum schrieb er an die Freimaurer in London, daß die Zeit gekommen wäre, den Tempel der Ewigkeit wieder zu erbauen (Pike,S.823)."...

Wen wundert es angesichts dieses Satzes noch, daß die materialistische politische Maurerei alles daran setzte, diesen Mann unschädlich zu machen, denn ihre physischen Tempel stehen diesen Menschen natürlich näher als die geistigen.

„**Churchill, Winston,** englischer Staatsmann, geb. 1874, gest. 1965 ... ist Freimaurer (IFL.,Sp.277)." Er war englischer Premierminister von 1940-1945 und von 1951-1955. Nur ein paar Punkte zu seinem Leben:

1. Schuldig der Verschwörung **gegen Deutschland:** a) durch ein gelogenes Beistandsversprechen für Polen. b) durch Unterzeichnung des jüdischen Morgenthau-Planes zur Zerstörung deutscher Kultur und teilweisen Vernichtung des deutschen Volkes durch Bombenterror und Vertreibungspolitik.

2. Schuldig der Verschwörung **gegen Polen** durch ein bewußt unwahres Beistandsversprechen.

3. Schuldig der Erpressung Deutschlands durch den Deutschlandvertrag.

4. Schuldig der Verschwörung gegen Mitteleuropa durch Einkerkerung folgender souveräner Völker in das kommunistische Konzentrationslager: Tschechoslowakei, Ungarn, Rumä-

nien, Bulgarien, Jugoslawien, Polen, Estland, Lettland, Litauen.

*

„**Crémieux, Isaac Adolphe**, französischer Advokat und Politiker, * 1796 † 1880. ... Dem Suprême Conseil des A. u. A. Schottischen Ritus stand er von 1869 an bis zu seinem Tode als Großkommandeur vor. Seine jüdische Abstammung, sein Eintreten für seine Glaubensgenossen in Verbindung mit dieser hohen freimaurerischen Stellung hat zu der unausrottbaren, wenn auch ganz falschen Behauptung geführt, daß die >Alliance Israélite< die eigentliche Drahtzieherin der Freimaurerei, besonders der Hochgrade sei (IFL. Sp. 310,311)."

„Im Jahre 1868 wurde das Oberste Konzil (des Schottischen Ritus) und die Alliance israélite universelle in der Person des Juden Adolphe Crémieux vereinigt, der von beiden der Präsident wurde [154]."

„Zwei Lyoner Logen aber fällten am 26. November 1870 folgendes Urteil:

1. Wilhelm (König von Preußen) und seine beiden Genossen Bismarck und Moltke stehen außerhalb des Gesetzes wie drei tolle Hunde. 2. Allen unseren Brüdern in *Deutschland und in der ganzen Welt* ist die Vollstreckung dieses Urteils zur Pflicht gemacht. 3. Für jede dieser drei Bestien ist eine Million Franken bewilligt, zahlbar an die Vollstrecker dieses Urteils oder an ihre Erben durch die sieben Zentrallogen.

Es fand sich zwar niemand, der sich dieses Geld zu verdienen getraute, aber die Tatsachen als solche bleiben bestehen. *Haupt der französischen Freimaurer aber war der Gründer der Alliance Israélite Universelle, Isaac Adolphe Crémieux* [155]!" Crémieux war zwar nicht der Gründer, aber für länger Zeit der Anführer der >Alliance Israélite Universelle<.

„**Dawes, Charles Gates**, nordamerikanischer Finanzmann und Politiker, * 1865, ... ist Freimaurer. Dawes verfaßte das berühmte >Dawes-Gutachten< über die deutschen Reparationszahlungen, 1923 wurde er zum Vizepräsidenten der Vereinigten Staaten gewählt (IFL.,Sp.324)." 1924 Vorsitzender der Londoner Konferenz über deutsche Reparationszahlungen. Da der Plan nur dann funktioniert hätte, wenn man das deutsche Volk verhungern ließ, bekam er dafür 1925 den Friedensnobelpreis. Der Dawes-Plan gehörte zu den Anfängen jener großen anglo-amerikanischen Planung, die darauf hinzielte, Deutschland in einen neuen Krieg zu treiben, um es in Schutt und Asche zu legen und durch Raub und Kreditgewährung auszubeuten.

Disraeli (Lord Beaconsfield): „Dann, nach dem Aufstand von 1848, kehrte Disraeli zu dem Gegenstand zurück und erzählte dem Britischen Unterhaus im Jahre 1852: ‚Der jüdische Einfluß kann nachgewiesen werden in den letzten Ausbrüchen des Prinzips der Zerstörung in Europa. Es findet eine Revolte gegen Tradition und Aristokratie, gegen Religion und Eigentum statt ... Die natürliche Gleichheit der Menschen und die Abschaffung des Eigentums wird **von geheimen Gesellschaften proklamiert, die provisorische Regierungen bilden und in all denen Männer der jüdischen Rasse die Führungsspitze bilden'.** Die geschicktesten Manipulateure von Eigentum verbinden sich mit Kommunisten; die einzigartigen und auserwählten Leute legen die Hand auf all den Abschaum und die niedrigen Kasten von Europa ", sagte ein jüdisch-englischer Lord lange bevor die *Protokolle* das Licht der Öffentlichkeit erblickten!

„Als Disraeli im Jahre 1881 starb, hatte er dreißig bis vierzig Jahre damit zugebracht seine Landsleute und die Welt vor den Geheimgesellschaften zu warnen [156]."

„**Eduard VII.**, König von Großbritannien und Irland, Kaiser von Indien, * 1841, † 1911, als Prinz von Wales Großmeister der Vereinigten Großloge von England, Protektor der britischen Freimaurerei, aufgenommen 1868 in Stockholm durch König Karl XV., Mitglied zahlreicher englischer Logen, ... Die Zeit seiner Großmeisterschaft war durch einen bedeutenden Aufschwung der englischen Freimaurerei gekennzeichnet. Die Zahl der aktiven Logen stieg von 1200 auf über 3000. ... In die

Anfänge seiner Amtstätigkeit fiel der Bruch der Großloge von England mit dem Großorient von Frankreich (IFL.,Sp.401)."

„Mazzini starb am 11. März 1872 und auf seinen Wunsch wurde Lemmi von Albert Pike ernannt, ihm als Oberhaupt im Obersten Ausführenden Direktorium nachzufolgen. ...

Er wurde gefolgt vom Prinz of Wales, dem späteren Edward VII, König von England, der den Ritter Kadosch am 28. Januar 1882 erhielt, und den Affilié Supérieur des Grand Orient im Jahre 1883 [157]."

„Eichmann, Adolf, * Solingen 19.3.1906, † (hingerichtet) Ramle (Israel) 1.6.1962, 1934 ... in das SD-Hauptamt in Berlin übernommen (Sachbearbeiter für Freimaurerangelegenheiten), seit 1935 in der Abt. für Judenfragen tätig, ... Im Mai 1960 wurde Eichmann vom israelischen Geheimdienst nach Israel entführt, in Jerusalem vor Gericht gestellt und auf Grund eines israelischen Gesetzes von 1950 zum Tode verurteilt (Lexikon zur Geschichte und Politik im 20. Jahrhundert, Köln 1971, S. 202)." Ein klassischer Fall von Lynchjustiz, weil er seine Taten nicht in Israel begangen hatte.

Nach Hannah Arendt war Eichmann Mitglieder der Freimaurerloge Schlaraffia, aus der er allerdings austrat, als er Mitglied der SS wurde: „Kaltenbrunner machte Eichmann klar, daß er diese humorvolle Gesellschaft aufgeben müsse, weil er als Nazi nicht Freimaurer sein könne — damals ein völlig unbekanntes Wort für Eichmann [158]."

Erzberger, Matthias: * 1875 † 1921 „Erzberger hatte ferner erreicht, daß am 19. April 1917 das Jesuitengesetz aufgehoben wurde und der Jesuitenorden wieder offiziell in Deutschland arbeiten durfte [159]."

„Ford, Henry, amerikanischer Großindustrieller, Besitzer der größten Automobilfabrik der Welt in Detroit, geb. 1863, ist Mitglied der Palestine Lodge in Detroit. ... Auch in Amerika gibt es, besonders in New York und Chicago, ausschließlich jüdische Logen, ebenso wie es in Amerika Logen gibt, die nur

Christen aufnehmen, z. B. die Palestine Lodge in Detroit (IFL.,Sp.487,792)."

Warum in einer Loge, die sich ausgerechnet >Palästina Loge< nennt, angeblich kein einziger Jude Mitglied ist, finde ich höchst eigenartig. Auch im Zusammenhang mit der folgenden Tatsache: „Kurz vor seinem Tod 1947 schloß er sich der >Zion Lodge No. 1< an, als sein Schwager R. Bryant dort Meister vom Stuhl wurde [160]." Ford ist neben Roosevelt wahrscheinlich eines der Hauptwerkzeuge zionistischer Freimaurer gewesen, die durch die Anheizung des Antisemitismus in den USA und in Mitteleuropa zum Zwecke der Gründung eines Judenstaates mit zu den Hauptverantwortlichen der Weltpolitik dieses Jahrhunderts wurden.

Die Leserinnen und Leser meines ersten Bandes werden sich daran erinnern, daß dies derselbe >ehrenwerte< Hochgrad-Freimaurer ist, der im Jahre 1920 ein vierbändiges Werk über jüdische Verschwörung herausgab, das zu einem Grundlagenwerk für die Ideologie der Nationalsozialistischen Partei wurde und allgemein als ein Standardwerk antisemitischer Literatur gilt. Die vier Bände dieses Werkes tragen folgende Titel:

1. THE INTERNATIONAL JEW. (Der internationale Jude)
2. JEWISH ACTIVITIES IN THE UNITED STATES. (Jüdische Aktivitäten in den Vereinigten Staaten)
3. JEWISH INFLUENCES IN AMERICAN LIFE. (Jüdische Einflüsse im amerikanischen Leben)
4. ASPECTS OF JEWISH POWER IN THE UNITED STATES. (Aspekte jüdischer Macht in den Vereinigten Staaten)

Schicksalskonto:

1. Verschwörung gegen die friedlichen assimilationswilligen Juden in den USA, um sie durch Angsterzeugung (Antisemitismus) aus Amerika zu vertreiben und für die Gründung eines eigenen jüdischen Staates zu gewinnen.

2. Verschwörung gegen die friedlichen assimilationswilligen Juden in Deutschland, um sie durch Angsterzeugung (Antisemitismus) zu vertreiben und für die Gründung des Staates Israel zu gewinnen.

3. Verschwörung gegen Deutschland durch indirektes Anheizen des Antisemitismus und direkte Förderung der Kriegsziele der Nazis durch direkte Unterstützung Hitlers und die Waffenproduktion der Ford-Autowerke.

Gelli, Licio: „Licio Gelli, genannt >Il Burattinaio< (Der Mann, der die Puppen tanzen läßt), ist am 21. April 1919 in der mittelitalienischen Stadt Pistoia geboren. Sein formeller Bildungsweg war bereits mit 15 Jahren beendet. Damals wurde er nämlich von der Schule verwiesen. Mit 17 Jahren fiel er als radikaler Antikommunist auf und kämpfte mit seinem Bruder in der italienischen Schwarzhemden-Division auf seiten Francos in Spanien. Im Zweiten Weltkrieg war er anfangs in Albanien, später ging er zur Waffen-SS, wo er es bis zum Obersturmführer brachte. ...
Gegen Ende des Krieges, als für die Achsenmächte jede Aussicht auf einen Sieg dahingeschwunden war, begann der Kommunistenhasser Gelli auch mit kommunistischen Partisanen zusammenzuarbeiten. ...
Nach dem Krieg rettete sich Gelli das Leben, indem er versprach, auch in Zukunft Spionagedienste für die Kommunisten leisten zu wollen. Damals organisierte er auch einen sog. >Rattenpfad< für untergetauchte Nazis, die nach Südamerika fliehen wollten. Als Gebühr kassierte er 40 Prozent ihrer Barschaft. Unter den Männern, denen Gelli zur Flucht verhalf, war auch ein gewisser Klaus Barbie. Das Honorar, das Barbie an Gelli zu entrichten hatte, zahlte allerdings nicht er selbst, sondern das sog. >Counter Intelligence Corps< der US-Armee, für das Barbie bis 1951 als Informant tätig war.
Während Gelli für den Geheimdienst der USA und für andere Stellen arbeitete, spionierte er gleichzeitig auch bis zum Jahr 1956 für die Kommunisten. Im Jahr 1954 ging er nach Südamerika, ließ sich in Argentinien nieder und schloß sich dort den extremen Rechten an. Er gewann Peron zum Freund und wurde dessen Berater. ...
Im November 1963 war Gelli Freimaurer geworden und einer traditionellen Loge beigetreten, ... Giordano Gamberini,

der Großmeister des italienischen Großorients, erkannte sehr bald das ungeheure Talent, das in Gelli steckte, und drängte diesen, einen Kreis einflußreicher Männer um sich zu sammeln, die den Anliegen der legalen Freimaurerei förderlich sein konnten. Gelli ließ sich das nicht zweimal sagen. So kam er zur Geheimen Freimaurerloge Propaganda Due-P2 und wurde deren Großmeister.

Gelli weihte hochrangige Militärs, Geheimdienstchefs, Politiker, Polizisten, Journalisten, Fernsehgewaltige, Industrielle, Bankiers und andere in diese >Geheimloge< ein.

Bei der Anwerbung seiner Logenmitglieder bediente sich Großmeister Gelli entweder der Methode der Überredung oder der Erpressung. ...

Hier ist der >esoterische< Kardinal Paolo Bertoli ein guter Duz-Freund des Atheisten Gelli. Ein anderer Freund Gellis ist Umberto Ortolani. Er brachte es fertig, daß dem Nichtkatholiken Gelli sogar die unglaubliche Ehre zuteil wurde, in den Malteserorden und unter die Ritter vom Heiligen Grab aufgenommen zu werden. ...

Damit gibt Großmeister Corona also zu, daß die P2 von jeher eine exklusive politische Freimaurerloge gewesen ist, da. h. eine Sonderloge, in der sich freimaurerische Politiker von hohem Rang zusammengefunden haben. ...

Aber immerhin hat die Abgeordnete der Democracia Cristiana und ehemalige Ministerin Tina Anselmi, die Anfang 1982 als Präsidentin des genannten Untersuchungsausschusses mit der >Aufklärung< des P2-Skandals beauftragt worden war, bezüglich der Hintermänner Gellis einige bemerkenswerte Andeutungen gemacht. In einem Interview mit dem >Spiegel< (Nr. 34/1984) vom 20.8.1984 sagte sie über die Rolle Gellis und der P2: ,Wir haben in unserem Untersuchungsbericht en détail nachgewiesen, daß Licio Gelli in der P2 nur den Rang eines tüchtigen Generaldirektors einnahm. Der Erfinder des politischen Konzepts war er nicht.' Auf die heikle Frage des >Spiegels<: ,Wer war es denn?', antwortete sie: ,Gelli und die Loge Propaganda 2 waren ein Instrument in den Händen von Geheimdienstfraktionen. Sie arbeiteten mit einer gewissen

Selbständigkeit, und ich kann Ihnen versichern, nicht nur italienische Dienste steckten hinter der Loge.' ... Freilich ist mit diesem vagen Hinweis die entscheidende Frage, *wer* die erwähnten >Geheimdienstfraktionen< beherrscht und steuert, nicht beantwortet [161]."

*

Über den Großmeister der geheimen italienischen Freimaurerloge P2 hat uns auch Jürgen Roth noch einige Informationen zukommen lassen: „Merkwürdiges ist in der Tat geschehen. Am 13. September 1982 wurde dieser Licio Gelli, als die Machenschaften der international operierenden Verschwörerbande aufgedeckt wurden, in einer Filiale der Schweizerischen Bankgesellschaft in Genf gefaßt. ... Knapp ein Jahr später, im August 1983, konnte Gelli aus seinem Gefängnis fliehen, kurz vor seiner Auslieferung an Italien. Bei einer Auslieferung hätte Gelli italienische Minister und Parlamentarier in Teufels Küche gebracht. Denn mit seinem Wissen, vor allem mit seinem Namensarchiv mit über 600 prominenten Adressen, war er zum allseits gefürchteten Zeitzünder geworden. Gelli, wohlgelitten in der High-Society der Schweiz, bei Waffenschiebern, Spekulanten, Bankiers, Mafiafamilien und Politikern, hatte genügend Gönner. ... Gelli verschwand erst einmal für ein paar Jahre nach Südamerika.

Noch 1987 suchte ihn die Polizei um den Erdball, als wäre er Italiens Staatsfeind Nummer eins. Der Geheimbündler wurde während seiner Abwesenheit zu langen Haftstrafen verurteilt: zehn Jahre Gefängnis wegen eines Komplotts gegen den Staat (er hatte vermutlich rechtsradikale Terroristen finanziert) und weitere zehn Jahre wegen seiner Verwicklung in das Attentat auf dem Bahnhof Bologna, bei dem es im Sommer 1980 über achtzig Tote gegeben hatte. Außerdem lagen Haftbefehle wegen Steuerhinterziehung und wegen des betrügerischen Bankrotts des Mailänder Bankinstituts >Banco Ambrosiano< gegen ihn vor. ...

Nachdem die schweizer Justizbehörden sich mit den italienischen verständigt hatten: ‚Und so jettet der reumütige und reingewaschene Gelli 1987 nach Genf zurück, first class. Zum

Jahreswechsel 1988/89 genoß der mittlerweile von einem italienischen Gericht abgeurteilte Signore Gelli aber schon wieder Haftverschonung, gab der internationalen Presse bereitwillig Interviews und kündigte sogar seine Kandidatur für das Europaparlament an — auf der Liste der Grünen. Wenig später kehrte Gelli in seine Heimat zurück. Als Volksheld' [162].

Das soll hier reichen. Noch ein paar Sätze über die Loge selbst: „Die P2 ist wie die Mafia eine Machtorganisation, die über eine De-facto-Legitimierung im Rahmen des Staatskörpers verfügt. Im Gegensatz zum Terrorismus ist sie jedoch kein dem Staat und den Institutionen fremder Feind, im Gegenteil. Sie durchsetzt und durchdringt ihn und dessen strategische Entscheidungen. Daß der Bund der Geheimbündler aufflog, verdankt er einem Bankskandal ...[163]." Die Geschichte dieses zuletzt genannten Bankskandals ist bereits mehrfach von verschiedenen Autoren erzählt worden, und noch insofern interessant, daß dabei auch die Vatikanbank eine gewisse Rolle spielte. Dies wundert jedoch nur noch denjenigen, der nicht weiß, daß der Vatikan spätestens seit Pius XII. nur noch die Befehle der Herrscher der Freimaurerei ausführt, wie Mary Ball Martinez nachgewiesen hat.

„**Grey, Edward,** Viscount of Fallodon, berühmter englischer Staatsmann, geb. 1862, ... Anhänger der Völkerbundsidee, ... wurde in der Apollo University Lodge 357 in Oxford aufgenommen (IFL.,Sp.636)." Englischer Außenminister von 1905-1916, starb 1933.

„**Guillotin, Joseph Ignace,** Arzt, Lehrer am Jesuitenkollegium in Bordeaux, ... Guillotin ist als Anreger des nach ihm benannten Hinrichtungswerkzeuges in die Geschichte eingegangen, ... Er war Mitstifter des Grand Orient de France, ... (IFL.,-Sp.652)."

Gurdjew, Georg Iwanowitsch: Aus okkulter Sicht ist folgender Hinweis von Wichtigkeit: „Haushofer gehörte zu einer Gruppe von >Wahrheitssuchern<, die angeführt wurde von

dem levantinischen Mischling jüdischer Abkunft Georg Iwanowitsch Gurdjew, der in Georgien, Frankreich und in den USA
Sekten und Religionsgemeinschaften unterhielt. Dieser besondere Hansdampf in allen Gassen freundete Haushofer und
Hess mit okkultistischen Geheimlehren Tibets an [164].∎

Einzelheiten zu den Verbindungen zwischen der nationalsozialistischen Regierung und tibetischen Kreisen sind schwer zu
finden und ich bin für jeden konkreten Hinweis dankbar.

Havel, Vaclav: „Das ist der wahre Identitäts-Sammelausweis
des Nachrichtenmagazins >Profil<. Im >Dunstkreis< der
Freimaurerei steht nicht nur Herausgeber und die Chefredak-
tion, sondern der gesamte Redaktions- und Mitarbeiterstab,
und zwar deshalb, weil die Wirtschafts - Trend Zeitschriften-
verlags GmbH., die im Impressum aufscheint, nur de jure die
Verfügungsgewalt über dieses Unternehmen hat, der de-facto-
Eigentümer und Verleger jedoch die geheime Bruderschaft ist.

Nicht nur ist, sondern es von der ersten Stunde an war, als
es vom Freimaurer mit oder ohne Schurz und jetzigen Chef der
Tageszeitung >Standard< Oscar Bronner mit kräftiger Unterstützung des Freimaurers mit oder ohne Schurz Fürst Schwar-
zenberg, dem derzeitigen Chefberater des Freimaurers mit
Schurz und heutigen Präsidenten der Tschechoslowakei Vaclav
Havel, gegründet wurde [165].∎

„**Helphant** (Helphand), Alexander Israel Zarevitsch (russ.
Gelfant, Ps. seit 1894 **Parvus**), sozialistischer Politiker, *
27.8.1867 Beresina (Gouvernement Minsk), † 12.12.1924 Berlin, (konfessionslos) ... 1887 verließ er Rußland, ... 1896-98
leitete er als Chefredakteur die Sächs. Arbeiterzeitung, ... In
München begegnete Helphant auch Lenin, der ihn als Mitarbeiter für die >Iskra< gewann. Trotzki geriet in München
unter Helphants Einfluß. Gemeinsam erforschten sie die Wir-
kungsgesetze des politischen Massenstreiks und definierten die
Rolle des russ. Proletariats, von dem sie den Anstoß zur Revolution in Westeuropa erwarteten. Trotzki baute darauf später
die Theorie der permanenten Revolution auf.

1905 nahm Helphant an der russischen Revolution teil. Nach seiner Flucht aus Sibirien kehrte er 1907 nach Deutschland zurück. 1910 reiste er in die Türkei, wo er bis zum Ausbruch des Krieges durch Getreidelieferungen und Rüstungsgeschäfte ein großes Vermögen erwarb. 1914 stellte sich Helphant ohne zu zögern auf die Seite der deutschen Regierung. Er bot dem auswärtigen Amt seine Dienste zur Revolutionierung Rußlands an. — ... Von seinem Hauptquartier in Kopenhagen aus schleuste er Geld und Agenten nach Petersburg. 1917 empfahl er der Berliner Regierung, Lenin die Rückreise von der Schweiz nach Rußland anzubieten. — Als Deutschland im Nov. 1918 die Waffen niederlegte, zog Helphant sich in die Schweiz zurück. ... Erst 1920 kehrte er wieder nach Berlin zurück, wo er als stiller Ratgeber das Vertrauen von Ebert, Scheidemann und Wels genoß und seinen Einfluß für eine konsequente deutsche >Erfüllungspolitik< benutzte. Zur Förderung der wirtschaftlichen Zusammenarbeit Europas finanzierte er ab 1922 gemeinsam mit Hugo Stinnes, der jedoch als Geldgeber nicht genannt werden wollte, eine in 5 Sprachen erscheinende Zeitschrift >Der Wiederaufbau< (W. Scharlau in Neue Deutsche Biographie, Berlin 1969, S. 506)."

Um zu beleuchten, daß dieser jüdische >Ehrenmann< der geeignete >Ratgeber< für die deutsche Regierung war, folgen noch ein paar Sätze:

„Im Januar des Jahres 1915 berichtet der deutsche Gesandte in Kopenhagen, Ulrich Graf Brockdorff-Rantzau, dem Auswärtigen Amt in Berlin, er habe einen vorzüglichen >Rußlandsachverständigen< kennengelernt namens Dr. Parvus. Dieser Dr. Parvus ist in Wirklichkeit ein russischer Sozialist namens Alexander Helphant, einer der Führer der Revolution von 1905. Der Gesandte bittet seine vorgesetzte Behörde darum, sich einmal anzuhören, was Parvus vorzutragen habe.

Parvus-Helphant legt wenig später in Berlin ein vertrauliches Memorandum über die gespannte Lage in Rußland vor, in dem er empfiehlt, die Bolschewisten in der Schweiz, also Lenin und die um ihn gescharten Emigranten, mit Geldmitteln zu unterstützen sowie Kontakte mit den revolutionären Gruppen in Petrograd und den ukrainischen Städten aufzunehmen.

Brockdorf-Rantzau greift den Gedanken eines Zusammengehens mit den Bolschewisten gegen den Zaren auf. Parvus-Helphand will das Zarentum in Rußland stürzen, die Deutschen wollen sich durch eine Revolution in Rußland militärisch den Rücken frei machen — so treffen sich die Interessen des revolutionären Rußland und des kaiserlichen Deutschland. ...

Die riesigen Geldmittel, die von der deutschen Regierung auch weiterhin zur Verfügung gestellt wurden, waren von ausschlaggebender Bedeutung. Denn als Lenin im April 1917 wieder russischen Boden betrat, spielte seine kleine Partei eine noch geringe Rolle am Rand der Ereignisse. Bis zum Ende des Jahres jedoch zahlte ihm das Auswärtige Amt durch verschiedene geheime Kanäle mindestens zweiundzwanzig Millionen Mark. Ohne die Bolschewiken, so rechnet man in Berlin, würde es keinen Sonderfrieden geben [166]."

Während eines tödlichen Krieges nahm sich die deutsche Reichsregierung einen jüdisch-russischen Revolutionär als >Ratgeber<! Zur gleichen Zeit verwaltete der Jude Rathenau die deutsche Kriegswirtschaft. Ob solch ein politischer Wahnsinn noch zu überbieten ist, das bezweifele ich.

House, Edgar Mandel: Jüdisch-amerikanischer Politiker. „Mr. House (Edgar Mandel House) führte nicht die amerikanische Staatspolitik, sondern lenkte sie auf den Zionismus ab, die Unterstützung der Weltrevolution und die Förderung des Weltregierungs-Ehrgeizes [167]."

Irving, David: Politischer Schriftsteller, ist Freimaurer [168]. Werke: *Hitlers Weg zum Krieg, Der Nürnberger Prozeß, Rommel, eine Biographie, Die Tragödie der deutschen Luftwaffe, Wie krank war Hitler wirklich, Die geheimen Tagebücher des Dr. Morell.*

Jesuitenorden: „Die geheime Institution des Jesuitenordens, die das erste Mal im Jahre 1761 ans Licht gezogen wurde (vgl.

>Isis entschleiert< II, S. 352, 354 und Br. Schuster, >Geheime Gesellschaften< I, S. 490), zeigte folgende Grade:

1. Novizen (Neulinge),
2. Laienbrüder oder zeitweilige Koadjutoren (Gehilfen),
3. Scholastiker (Schüler der Domherren, studieren in Ordenskollegien, empfangen die Priesterweihe),
4. geistige oder ordentliche Koadjutoren (Professoren oder >Beigeordnete im Amt<, wozu auch Erzbischöfe zu rechnen sind, Lehrer an Schulen, Universitäten und Hauslehrer),
5. Professoren der drei Eide,
6. Professoren der fünf Eide.

Darüber steht — nach Niccolinis *Geschichte der Jesuiten* — noch jener Hochgrad, dem nur der auf Lebenszeit gewählte Ordensgeneral und einige wenige höchste Mitglieder angehören [169]."

Lenin, Wladimir Iljitsch: „Der Anarchist und Revolutionär Lenin war also der konsequenteste Vertreter der politischen Ideale der internationalen Maurerei [170]!!"

„Wie erschütternd wenig die Seele eines logenbrüderlichen Kämpfers an vorderster freimaurerischer Front dabei zu empfinden vermag, hat der Hochgradfreimaurer und Hauptakteur der Russischen Revolution Wladimir Iljitsch Lenin am anschaulichsten wiedergegeben, als er im Zusammenhang mit der Massenliquidation seiner politischen Gegner eiskalt erklärte:

,Im heiligen Kampfe für die soziale Revolution sind Lüge, Betrug und Verrat durchaus erlaubt ... Was bedeutet der Verlust von 90 Prozent durch Hinrichtungen, wenn doch noch 10 Prozent Kommunisten übrig bleiben. Der Bolschewismus ist kein Pensionat für junge Damen. Die Kinder sollen alle den Hinrichtungen beiwohnen und sich freuen über den Tod ihrer Feinde' [171]." Dem brauche ich wohl nichts mehr hinzuzusetzen.

„Ein Armeekorps jedoch, das ebenfalls völlig intakt geblieben war, wurde nicht an der Front eingesetzt, das Korps, das aus Letten und Litauern bestand. Dieses Korps war vollkommen in der Hand der Revolutionäre und bildete später die Prätorianergarde des Blutpapstes von Moskau, des Herrn Lenin! Das Lettische Korps war der Grundstock zur Roten Garde der Machthaber von Moskau. Ein Beweis mehr für das furchtbare Spiel, das damals mit verteilten Rollen in Rußland durchgeführt wurde.

Erst nachdem die Miljukow, Fürst Lwow, Kerensky, Gutschkow und Genossen ihre Rollen bis zu Ende gespielt hatten, erst nachdem alle konterrevolutionären Elemente in der Front vernichtet worden waren, konnte der Groß-Orient sein bestes Pferd im Stalle satteln — den konsequentesten Vertreter der politischen Ideale der internationalen Freimaurerei im neuen Rußland — den Revolutionär und Anarchisten *Lenin* loslassen [172].* Ob Lenin tatsächlich eingetragenes Mitglied irgendeiner Loge oder eines Ordens war, ist relativ unwichtig in diesem Zusammenhang. Es genügt vollkommen, daß er die Politik durchboxte, die ihm aus den Geheimgesellschaften heraus vorgeschrieben wurde.

Ludendorff, Erich: General Ludendorff ist eine eigenartig tragische Gestalt dieses Jahrhunderts. Bei allem, was ich zu ihm kritisch anmerken muß, er hat in seinem Wirken einen so großen Mut und Einsatz gezeigt, daß sich daran viele ein Beispiel nehmen könnten. Woran man sich allerdings kein Beispiel nehmen sollte, das sind die ihm von seiner Frau Mathilde eingetrichterten Ansichten zu Religion und Geisteswissenschaft, da er sich dabei leider völlig auf dem Holzweg befand. Er hat nie gemerkt, daß er auf einen der primitivsten Tricks der deutschen Feinde hereingefallen ist, die deutschen Menschen Glauben zu machen, daß Okkultismus und Magie Aberglauben und Blödsinn seien. Ein Musterbeispiel dafür sind seine Ausführungen in dem Buch >Vernichtung der Freimaurerei durch Enthüllung ihrer Geheimnisse< (1. Auflage München 1927). Für diese kurze Betrachtung habe ich die Ausgabe Pähl 1957 benutzt. Neben zweifellos richtigen und interessanten Abschnitten ist eben das Buch leider mit völlig irrigen Ansichten über okkulte und magische Lehren durchsetzt. Er schrieb u.a.:

Die jüdischen Geheimlogen. Sie bestehen neben dem Orden Bne-Briß (B'nai B'rith). Frhr. von Knigge schreibt 1816: ‚Noch bedeutenderen Gewinn zieht der Jude aus einer eigentümlichen Einrichtung eines gewissen Systems. **Drei Mitglieder** desselben dürfen einen Maurer creiren und haben das Recht, die maurerischen Geheimnisse **außer der Loge** und mit Hintansetzung des Ritus nach Gefallen mitzuteilen. Die Juden, welche diesem Systeme angehören, finden sich daher imstande, die formelle Maurerei nach Herzenslust unter ihren Glaubensgenossen für Geld und andere Zwecke zu verbreiten und in unseren Orden soviel Gesindel einzuschieben, als ihnen gut deucht.'

Solche Logen bestehen auch noch heute. Sie tragen keinen Namen, sondern werden nach Zahlen bezeichnet, ihre Mitgliederzahl ist beschränkt. Der Freimaurer-Papst A. Pike, der der höchsten freimaurerischen Behörde vorstand, nämlich dem höchsten Rat von Charleston, hat sie unter 12.9.1874 nach Übereinkommen mit dem Orden Bne-Briß ausdrücklich bestätigt. ...

Freimaurer als Vertreter ihrer Großloge sind in Staats- und Beamtenstellungen, auch in den höchsten, in den politischen Parteien als Abgeordnete, als Leiter in den führenden Kreisen der Wirtschaft und in der Arbeiterschaft, ...

Sie sind neben den Jesuiten und deren Geheimorden die Leiter der politischen Parteien.

Besonders fest sitzt die Freimaurerei im Vereins- und Genossenschaftsleben jeder Art, so in politischen, religiösen, wirtschaftliche, berufliche, kulturellen und >vaterländischen< Vereinen."

Hier muß ich mal kurz einhaken. Wenn die vorstehenden Sätze von Ludendorff richtig sind, wo sind dann die Namen von einigen dieser Vertreter des Freimaurer- und Jesuitentums in hohen Staatsstellungen? Davon müßten doch Hunderte zur Verfügung stehen? Ohne konkrete Nennung von Namen stehen eben diese Anschuldigungen auf unsicheren Beinen.

„Es ist noch bedeutungsvoll zu wissen, wie der Jude das Wesen und das Ziel dieser Weltloge, die für ihn arbeitet, ansieht. Er schreibt im Wiener Journal für Freimaurer, Manuskript für Brüder, Jahrgang II, Heft 1, Seite 66: ,Die größten, die weisesten Männer haben unserer Verbindung eine Verfassung gegeben, wodurch ihre Weisheit ewig besteht. Wir wandeln, in dreifache Nacht gehüllt, mitten unter unseren Widersachern und sehen ungesehen ihre Schwachheit und erringen uns so die Herrschaft über ihren Geist und ihr Herz. Ihre Leidenschaften dienen uns als Triebfeder, durch die wir sie, ohne daß sie etwas gewahr werden, ins Spiel setzen und sie unbemerkt zwingen, gemeinschaftlich mit uns zu arbeiten, indem sie ihre besonderen Wünsche zu befriedigen wähnen. Es wäre unweise gewesen, in den offenen Kampf zu treten; durch Verbreitung von Freisinn und Unabhängigkeit mußte man allmählich das Riesendenkmal zu untergraben suchen, das die Ehrfürchtigen gebaut hatten. Im Schatten ihrer eigenen Autorität arbeitet die Maurerei an dem großen ihr anvertrauten Werk. ... Die mächtige furchtbare Freimaurerei folgt euch auf dem Fuße, erspäht eure Tritte, verfolgt eure Gedanken bis ins Innerste eurer Seelen, bewacht euch in der Mitte des Dunkels, mit dem ihr euch umhüllt. Ihr geheimer unvermeidlicher Einfluß zertrümmert eure Pläne ...'

Das ist die Kriegserklärung des jüdischen Volkes an alle Völker und zugleich das Ziel und das Wesen der Weltloge, und hiernach hat es gehandelt und die Freimaurerei angesetzt."

Ludendorff redet hier über das jüdische Volk genauso pauschal wie Hitler, deshalb darf ich doch mal fragen: Was hat das jüdische Volk mit den Verbrecherplänen kleiner jüdischer Geheimlogenkreise zu tun? Es hat genauso viel damit zu tun, wie das deutsche Volk mit den verbrecherischen Plänen von Hitler und seinen Geheimbundkreisen — nämlich gar nichts! Oder doch? Sicher! Die Völker dürfen die saure Suppe auslöffeln, die ihnen von gewissen politischen Führern eingebrockt wurde, damit sie lernen, bei der nächsten Wahl besser aufzupassen, welchen Menschen sie ihre Stimme geben.

Über die Kabbalah schreibt er u. a.: „Sie ist das Buch verworrener jüdischer >Philosophie< und jüdischer Magie, finsteren Aberglaubens, mit Amuletten, magischen Zeichen, Astrologie, Seelenwanderung, Beschwörungsformeln und vor allem der >Gematria< und anderem mehr. Man muß die Kabbalah studieren, wenn man den Juden verstehen und richtig bewerten will. Er ist dann kein gefährlicher Gegner mehr. Die Deutschen sollten endlich ihre Feinde kennen lernen."

Ich habe schon darauf hingewiesen, daß die Kabbalah in Wirklichkeit Wissenschaft ist, und zwar eine der höchsten der Erde, deren Geheimnisse bis vor wenigen Jahren unter Todeseid gehütet wurden. Da die Kabbalah also eine hohe Wissenschaft ist, ist sie auch eine der mächtigsten Waffen, die eben nur derjenige benutzen kann, der diese Wissenschaft anwenden kann. Aus diesem Grunde kann ich die letzten Sätze nur unterstreichen. In Zukunft wird jedes Volk, welches sich nicht mit Kabbalah befassen will, automatisch zu den Verlierern gehören. Ludendorff hat diese Wissenschaft nie kennengelernt, weil er die Maskerade, die von den eingeweihten Juden vor den wahren Geheimnissen aufgebaut wurde, bereits für das Geheimnis selbst hielt. Ein armes Opfer materialistischer Denkweise und Unwissenheit, wie auch dieser falsche Satz zeigt: „Die höchsten sittlichen Äußerungen des Gottesbegriffes in der Kabbalah gehen von dem Wort >Vernunft< aus."

Interessant ist auch, daß Ludendorff bei aller Kritik an dem jüdischen Gott Jahwe oder Jehova niemals sein eigenes Gottesbild offenbart und ins Verhältnis setzt. Eine völlig unwissenschaftliche Vorgehensweise!

„Auch der Chef des Generalstabes des deutschen Heeres beim Kriegsbeginn 1914, General v. Moltke, stand seit vielen Jahren unter occultem Einfluß Steiners, der lange Zeit Annie Besant folgte. Diese occulten Einflüsse werden dazu beigetragen haben, daß er überhaupt Chef des Generalstabes wurde. Sie wirkten auf ihn in den Tagen der Marneschlacht 1914, als er die Weisung zu dem unglückseligen Rückzug aus der Marneschlacht geben ließ."

Da aus den veröffentlichten politischen Vorträgen Rudolf Steiners während der Zeit des Ersten Weltkrieges seine deutschfreundliche Haltung gut hervorgeht, darf ich die Worte Ludendorffs als Verleumdung bezeichnen. Außerdem scheut er sich nicht, aus Karl Heise >Entente-Freimaurerei und Weltkrieg< zu zitieren, ohne zu erwähnen, daß Rudolf Steiner das Vorwort dazu schrieb.

„Das Wesen der kabbalistischen Magielehre und ihre unheimlich geisteszerstörenden Wirkungen sind ein ernstes Kapitel in dem Leben der Völker, ... Alle Zweige der Magielehre
verfolgen das Ziel, durch ihre plumpe, suggestive Wirkung die
Tatkraft, die Selbständigkeit und Unabhängigkeit der Persönlichkeit zu untergraben [173]."

**Weil sich also die politischen Juden und Freimaurer der
>geisteszerstörenden Wirkung der kabbalistischen Magie<
hingeben, und ihre >Tatkraft, Selbständigkeit und Unabhängigkeit durch Magie untergraben ist<, fügen sie dem deutschen Volk eine Niederlage nach der anderen zu, und lassen
aufgrund ihrer überragenden Intelligenz die politische deutsche Führungsschicht seit Jahrzehnten wie Narren aussehen**
(Wie bekannt ist, werden ja deutsche Politiker laufend mit dem
Orden wider den tierischen Ernst ausgezeichnet). Das sind die
Schlußfolgerungen des Herrn Ludendorff. **Mit einer solchen
Logik kann Deutschland wahrhaftig nur untergehen!** Auf die
Idee, daß die Überlegenheit der anglo-amerikanischen Politiker
insbesondere durch ihr Studium von Magie und Kabbalah
hervorgerufen wurde, ist Herr Ludendorff nie gekommen.

Wie gezeigt, ist er mit der Enthüllung der freimaurerischen
Geheimnisse nicht besonders weit gekommen, von einigen
politischen Dingen abgesehen. Tatsächlich ist er bis zum wahren Geheimnis nie vorgedrungen, was ihm aber auch nichts
genutzt hätte, weil er alles als Aberglauben und Blödsinn angesehen hätte — genau wie es in den Plänen der negativen oder
schwarzen Geheimgesellschaften vorgesehen ist. Ein armes
Opfer feindlicher Suggestionen! In der Ausgabe von 1927 habe
ich noch die Kampfziele von General Ludendorff gefunden,
worauf ich jedoch hier nicht näher eingehen will, weil man
darüber wieder ein separates Buch schreiben könnte.

*

Es passiert ja nicht oft, daß sich die Freimaurerei öffentlich
gegen irgendwelche Anschuldigungen zur Wehr setzt. Das ist
jedoch im Falle Ludendorff geschehen, deshalb will ich hier
gerechterweise noch kurz auf das Werk *Die Vernichtung der*

Unwahrheiten über die Freimaurerei eingehen, das vom Verein deutscher Freimaurer herausgegeben wurde. Es heißt dort u.a.:

„45. Sind die Angaben über Freimaurerei von Karl Heise in den Schriften >Die Entente-Freimaurerei und der Weltkrieg< und >Geheime Gesellschaften< nach irgendwelcher Richtung als maßgebliche Quellen für die Beurteilung der deutschen Freimaurerei anzusehen?
Nein, sondern sie sind ein buntes Gemisch von Wahrem, Halbwahrem, Falschem und Entstelltem. Ihr Verfasser ist selbst nicht Freimaurer, er beschäftigt sich neben Kulturgeschichte und Philosophie mit Sagenkunde und Okkultismus [174].**"**

Das ist alles, was die Herren Freimaurer zu entgegnen haben auf zwei Bücher, von denen das erste bereits 408 Seiten hat. Noch nicht einmal ein halbes Dutzend konkrete Tatsachen wurden widerlegt. Das soll einen aufgeweckten Leser überzeugen? Selbst wenn nur fünfzig Prozent der Behauptungen von Heise wahr wären, wäre das immer noch blamabel für die Freimaurerei!

„72. Wie steht die deutsche Freimaurerei zum Okkultismus? — Für okkultistische Bestrebungen ist in den deutschen Großlogen und Logen kein Raum. Auch theosophische und anthroposophische Bestrebungen haben in keiner Loge Eingang gefunden [175].**"**

Das hat man geschickt ausgedrückt, doch ist es eben nur die halbe Wahrheit. Das Umgekehrte ist nämlich der Fall, daß Freimaurer gleichzeitig Mitglieder in okkulten Orden oder der theosophischen und anthroposophischen Gesellschaft sind. Mag auch in den deutschen Großlogen für den Okkultismus kein Raum sein, dafür in den anglo-amerikanischen und romanischen um so mehr.

„106. Wie steht es mit den >Protokollen der Weisen von Zion<? ... Diese Fälschung ist durch Strack, Segel, Stanjek und den Konstantinopeler Korrespondenten der Londoner Zeitung >Times< (August 1923) zweifellos nachgewiesen; ...[176].**"**

So einfach ist das für diese Herren. Hierzu darf ich auf meine Ausführungen in *Geheimpolitik-1* und im Kapitel *Ergänzungen zu den Protokollen* verweisen. Daß die *Times* ein

Organ der Geheimgesellschaft Rhodes/Milner war, ist den Herren Freimaurern wohl auch unbekannt gewesen — oder?

„113. Ist Wilson Freimaurer gewesen?

Am 16. Dezember 1921 hat Woodrow Wilson, Präsident der Vereinigten Staaten von Amerika, der Schöpfer der >14 Punkte<, in der amerikanischen Presse durch seinen Privatsekretär Tumulty erklären lassen, er sei weder Freimaurer, noch sei er es jemals gewesen [177].**

Ist das wesentlich für seine politischen Maßnahmen? Nein, denn sein Schwiegersohn MacAdoo war Hochgradfreimaurer im 33°, und entsprechende Nachforschungen würden vielleicht ergeben, daß er politisch keinen Schritt tun konnte, ohne von Freimaurern kontrolliert zu werden. Das ist wichtig für die Beurteilung einer solchen Frage! Kurz gesagt, diese >Vernichtung der Unwahrheiten< ist genau so wenig überzeugend wie die Darstellungen von Herrn General Ludendorff.

*

„MacAdoo, William Gibbs, * 1863, amerikanischer Politiker, Schwiegersohn Wilsons, 1913 Staatssekretär für Finanzen, hatte hervorragenden Anteil am Aufbau des >Federal-Reserve Bank< -Systems, brachte für die Kriegsführung der Entente achtzehn Milliarden Dollar Anleihen auf, war während des Krieges Generaldirektor der verstaatlichten Eisenbahnen, ... ist Mitglied der >Chancellor Walworth Lodge< in New York (IFL.,Sp.973).**

„Der langjährige Senatsvertreter Californias, William Gibbs McAdoo, während des Weltkrieges Präsident Woodrow **Wilsons** Finanzminister und dessen Schwiegersohn, ist ein Freund der **Warburg**-Gruppen und hat selbstredend den 33. Grad erreicht; er gehört der >Nördlichen Jurisdiktion< in Boston an [178].**

Marx, Marxismus: **„Im Jahre 1862 wurde die Erste Internationale geboren, und die Rolle, welche darin von Freimaurern wie Karl Marx, Tolain, Fribourg, Varlin, Camelinat, Beley, Malon und Corbon gespielt wurde, ist gut bekannt [179].**

**„Auch wenn die Begründer des Marxismus schon früh den Übergang vom halb maurerischen, halb karbonarischen Verschwörerkreis zu einer rational organisierten Partei modernen Typs suchten, bleibt dennoch festzuhalten, daß, vielleicht von China abgesehen, sämtliche erfolgreichen marxistischen Machtergreifungen auf elitäre Partisanenorden und einen hinter ihnen stehenden >Ordensstaat< mit Weltmachtrang zurückgehen [180]." Vor diesem Hintergrund wird alles Reden davon, daß der Marxismus-Kommunismus die *Herrschaft des Volkes* und die *Gleichheit der Menschen* anstrebe, zum bloßen Geschwätz.

„**Mazzini, Giuseppe,** Kämpfer für die Freiheit und Einheit Italiens, * 1805, † 1872, wurde als junger Rechtsanwalt in Genua Carbonaro und, von einem Spitzel verraten, in Savona eingekerkert. ... 1849 in Rom Triumvir zusammen mit Armellino und dem Freimaurer Aurelio Saffi, leitete er die Verteidigung gegen die Franzosen und ging dann abermals in die Schweiz und nach England in die Emigration. In London wurde er Mitbegründer des republikanischen Comitate Europeo. ... Mazzini inspirierte den Garibaldischen >Zug der Tausend< nach Marsala. In zahlreichen Briefen an die Großloge von Palermo und eine Reihe italienischer Logen, deren Ehrenmitglied er war, verlieh er seiner Begeisterung für die freimaurerische Sache Ausdruck (IFL.,Sp.1014)." Wahrscheinlich, weil er festgestellt hatte, daß sich durch die Freimaurerei so herrlich Politik machen ließ.

„**Milner, Alfred,** Viscount, englischer Staatsmann, geb. 1854, gest. 1925, ... Kabinettsmitglied, Kriegsminister, später Kolonialminister, war Großaufseher der Großloge von England (IFL.,-Sp.1041)."
Er war nicht nur Freimaurer, sondern auch ein Führer der Geheimgesellschaft des C. Rhodes und Miterbe nach dessen Tode.
1. Schuldig der Verschwörung in Südafrika (Burenkrieg 1899).
2. Schuldig der Verschwörung gegen Mitteleuropa.
3. Schuldig der ungerechten antideutschen Hetze durch die >Times< vor und während des 1. Weltkrieges.

4. Schuldig der Unterstützung der bolschewistischen Revolution in Rußland, und damit der Verschwörung gegen Mitteleuropa.

„**Montague, Edwin Samuel:** 1. Er ist der Sohn des jüdischen Swaythling. 2. Das Buch nennt ihn ‚Säule des englischen Judentums'. 3. Er ist Mitglied des Parlaments und Unterzeichner des Schandfriedens von Versailles für Indien. 4. Montague war 1906 Privatsekretär des Ministers Asquith. *Es sei hier eingefügt, daß die **Privatsekretäre in der Politik eine große Rolle spielen:***

David Lloyd George *hatte zum Privatsekretär **Sir Philipp Sassoon**, der französische Präsident und Freimaurer* Loubet *hatte als Privatsekretär den Juden **Oberndörffer**.*

Der Freimaurer *Clémenceau* hatte im Frieden als Privatsekretäre die Juden **Cornelius, Herz, Goudchaux und Roth**, im Kriege den Juden **Mandel-Rothschild** (Nach dem Kriege mehrfach Minister, z.B. Kabinett Sarraut 1936.). Der amerikanische Lebensmitteldiktator im Kriege und spätere Präsident Br. *Hoover* hat zum Privatsekretär den Juden Louis Strauß. ...

5. Später wurde Montague Finanzsekretär und im Kriege, nach dem Tode des Freimaurers Kitchener, *Munitionsminister.*

6. Montague gehört zu dem gleichnamigen großen Bankgeschäft, dessen Chef *Norman Montague* ist. ... [181]."

Morgenthau, Henry jun.: Propagierte den nach ihm benannten *Morgenthau-Plan* zur Versklavung und teilweisen Vernichtung des deutschen Volkes. Die Leser des ersten Bandes werden sich erinnern, daß in Verbindung mit dem Morgenthau-Plan im Hintergrund ein gewisser **Harry Dexter White** wirkte. Douglas Reed verdanke ich die ergänzenden Informationen:

„Die erste Autorität in dieser Frage, Herr Whittaker Chambers, denkt, daß der Mann, der als *Harry Dexter White* bekannt wurde, und den er ‚einen der einflußreichsten Männer der Erde' nennt, kann bei der Gestaltung der amerikanischen Staatspolitik im sowjetischen Interesse einen sogar größeren Anteil gehabt haben (als Alger Hiss, D.R)

Nach den amerikanischen Zeitungen existiert keine Geburtsurkunde mit dem Namen *Harry Dexter White*, und niemand weiß wer er war! Herr Henry Morgenthau junior (der einzige Kabinettsbeamte, der während der gesamten zwölf Jahre von Herrn Roosevelts Präsidentschaft im Dienst war) führte *Harry Dexter White* sehr früh nach seiner Ernennung (1934) in das Schatzamt der Vereinigten Staaten ein. ... Wie er (H. D. White) den Beginn gestaltet hatte, so gestaltete er das Ende des Zweiten Weltkrieges, im Interesse derselben Partei, seinen Meistern. Ihm wurde im allgemeinen der Entwurf des >Morgenthau-Planes< zugeschrieben. ...

Ursprünglich ernannte Herr Morgenthau Herrn White, und er unterzeichnete beide, den Entwurf des Ultimatums an Japan vom November 1941 und den Entwurf für die Entvölkerung Deutschlands im September 1944, und in beiden Fällen handelte Präsident Roosevelt nach dem unterbreiteten Plan. Es ist darum schwierig zu sehen, wie die Verantwortung von Herrn Morgenthau und Herrn White davon getrennt werden kann, und das Höchste, was angenommen werden kann, ist, daß das richtunggebende Gehirn der pseudonyme Herr Harry Dexter White war. ...

Die erste war die Organisationskonferenz der Vereinten Nationen, wo Herr Alger Hiss den Direktorensitz besetzte. Die zweite war die Währungskonferenz in Bretton Woods, welche die Weltbank und den Weltwährungsfond errichtete. Herr White war der Organisator dieser Pilotkonferenz und wurde dann zum leitenden amerikanischen Direktor des Weltwährungsfonds. Somit war der Hauptrepräsentant der Regierung der Vereinigen Staaten, bei jeder der vorbereitenden Treffen des neuen internationalen Aufsichtsrates, ein Sowjetagent. ...

Im April 1947 trat White ,aus gesundheitlichen Gründen' zurück. Im August 1948, als der Beweis für seine Schuld abgeschlossen war und veröffentlicht werden sollte, wurde er vor ein UN-Amerikanisches Arbeitskomitee des Kongresses gerufen und bestritt, jemals Mitglied einer Verschwörung gewesen zu sein. Er wurde dann privat mit einigen der höchst verdammenswerten Beweisstücke (jetzt alle in Akten festgehalten) konfrontiert und drei Tage später war er tot und erhielt eine jüdische Beerdigung! Kein Autopsiebericht wurde zu Protokoll genommen und die Umstände seines Todes bleiben so rätselhaft wie seine Identität.

Nahezu sieben Jahre später (3. Januar 1955) berichtete das interne Sicherheitskomitee des US-Kongresses:

,1. Alger Hiss, Harry Dexter White und ihre Komplizen im kommunistischen Untergrund der Regierung hatten die Macht, einen tiefgehenden Einfluß auf die amerikanische Politik und die Politik internationaler Organisationen während des 2. Weltkrieges und den unmittelbar darauffolgenden Jahren auszuüben; (dies ist die lebenswichtige, höchst gefährliche Zeit der >Verwirrungs-Periode<, auf die ich mich früher bezogen habe - die späteren Jahre des Krieges und die frühen Jahre der Nachwirkungen).

2. Sie hatten die Macht, einen tiefgehenden Einfluß auf die Vereinten Nationen (UNO) und ihre spezialisierten Abteilungen auszuüben.

3. Diese Macht war nicht durch den ihnen offiziell übertragenen Amtsbereich begrenzt. Sie war verbunden mit ihrem Zugang zu, und Einfluß auf höhere Beamte, und ihren Möglichkeiten, Informationen zu präsentieren oder zurückzuhalten, auf welcher die Politik der ihnen übergeordneten Beamten auch basiert haben mag.

4. Hiss, White und eine beträchtliche Anzahl ihrer Kollegen, welche halfen die amerikanische Politik und die Politik internationaler Organisationen in entscheidenden Jahren zu machen, sind als kommunistische Agenten entlarvt worden'.

Dies mag wie das gute Ende einer schlechten Geschichte aussehen, weil in früheren Zeiten die Entdeckung und Veröffentlichung einer solchen Staatsaffäre durch eine parlamentarische Behörde erstens ein Anklageverfahren und zweitens Mängelbeseitigung bedeutet hätte. Tatsächlich jedoch, wie ich bestätigen kann (denn ich war viele Jahre in Amerika während dieser Zeit), war die Mängelbeseitigung sehr klein, wenn sie überhaupt stattfand. Der Hauptgrund war der, daß der gesamte Prozeß der Nachforschungen und Veröffentlichungen von einer höchst leidenschaftlichen Pressekampagne gegen die Nachforscher und Aufdecker, nicht gegen die Angeklagten und Verschwörer, begleitet war [182]." Der letzte Satz ist auch typisch für die gegenwärtige Situation der Weltpresse, und trifft auch auf die gegenwärtige deutsche Presse zu.

„Mussolini, Benito, * 1883, schon als Sozialist Gegner der Freimaurerei, setzte seine heftige Abneigung nach dem Sieg des Faschismus durch Ausrottung des Freimaurertums in die Tat um. ... Er behauptete allerdings, bei seinem Kampf nur die italienischen Freimaurer im Auge zu haben, und gab ausdrücklich die Erlaubnis, daß Italiener in London Mitglieder englischer Logen werden können (IFL.,Sp. 1079)." Diese eigenartige Geisteshaltung riecht mir schwer nach einem ähnlichen Verrat wie ich ihn bei Hitler gefunden habe, worauf mich ein paar Hinweise von Gerd Schmalbrock gebracht haben:

„Diese Mitteilung des höchsteingeweihten Freimaurers Eugen Lennhoff scheint mir der Schlüssel zu einem der größten politischen Rätsel der jüngeren Geschichte zu sein: die Zusammenhänge von Faschismus und Geheimbündelei von 1920 bis in unsere Gegenwart hinein. Ich erinnere an die Meldung der Neuen Zürcher Zeitung vom 2. Juni 1981 in der Freimaurer-Affaire der Geheimloge Propaganda Due oder P2: ‚Unter Mussolini wurden die Freimaurerlogen verboten, obwohl ihnen viele führende Faschisten angehört hatten.' ... Denn Mussolini hat nicht die Freimaurerei in Italien verboten, sondern er hat die in Italien vorherrschende romanische Richtung der Freimaurerei, die des atheistischen Großorients von Italien, verboten und dadurch der Vereinigten Großloge von England einen vorher in diesem Ausmaß nicht denkbaren Einfluß verschafft (IKC Presse, Gladbeck: Ihr Programm, Nr. 197 v. 7. Oktober 1986)."

„Venti Settembre (ital.). Am 20. September 1870 besetzten die italienischen Truppen Rom; dieses wurde zur Hauptstadt des geeinten Italien. ... Nachdem Mussolini den Frieden mit der Kirche hergestellt hatte und der von den Männern des italienischen Risorgimento vernichtete Kirchenstaat wiedererrichtet war, setzt der Duce den 20. September als nationalen Feiertag ab und an seine Stelle den Tag des faschistischen Marsches auf Rom. Er wollte damit den großen Anteil verwischen, den die von ihm so gehaßte und verfolgte italienische Freimaurerei an der Errichtung des unabhängigen Einheitsstaates aufweisen kann (IFL.,Sp.1632)."

Es gibt sogar die Behauptung, daß Mussolini selbst Freimaurer gewesen sei, vielleicht einer der vielen ohne Schurz: „Man kann annehmen, daß der interventionistische Sozialist und Masonnist Br. **Mussolini** dies schrieb, ...[183]."

Ich denke, Hitler und Mussolini sind zwei besonders treffende Beispiele dafür, wie sorgfältig man solche Gestalten untersuchen muß, die angeblich als Gegner der Freimaurerei gelten. Wenn also der jüdische Freimaurer Lennhoff (Loewy) und sein 33er Mitarbeiter Posner ihre deutschen Leser mit Irrtümern und Unwahrheiten erziehen wollten, dann sollten Sie dies in ihrem Gedächtnis festhalten.

Lord Northcliffe: „Worte, die wir uns für die spätere Geschichtsforschung notieren müssen, wenn die Schuldigen nicht mehr erreichbar sind, stehen hier: ‚Lord Northcliffe kam während des Weltkrieges (1914-1918) mit 50 000 000 Dollar zur Propaganda für England nach Amerika. Als Resultat dieser Propaganda gingen wir in den Krieg! Haltet daher das Land fern vom Kriege! Das muß unsere Losung sein. Die Rede, die der hochverehrte Herr von Florida hielt, ist eine **Kriegserklärung**! Und zwar nicht nur an die, die unsere Regierungsform angreifen, sondern **an die ganze Welt!**' (McCarren, Nevada, Congressional Record, 3700 vom 6. Mai 1941) [184]."

Papst Pius XII.: Ein gutes Ding braucht Weile, und ein gutes Buch auch. Das Schicksal ist mir wieder einmal hold gewesen, indem es mir das Buch **Die Unterminierung der katholischen Kirche** von **Mary Ball Martinez** auf den Tisch brachte. Darin habe ich nämlich genau die Tatsachen gefunden, die mir zur Abrundung meines Werkes noch fehlten. Diese Frau, die sechzehn Jahre als Journalistin in Rom arbeitete, hat wahrhaftig die Augen und Ohren offen gehalten. Sie schreibt u. a.: „Dann aber, in der Mitte der vierziger Jahre des zwanzigsten Jahrhunderts, angesichts des schwersten Sturmes seit der protestantischen Revolte, nämlich des Vordringens des atheistischen Kommunismus quer durch Europa, eines Vormarsches, der die Unterjochung von fünfundsechzig Millionen römischer Katholiken mit sich brachte, war im Vatikan keinerlei Reaktion zu verzeichnen. ...

In den *Acta Apostolica*, dem offiziellen Verzeichnis päpstlicher Reden und Urkunden, findet man zwölf lange, entscheidende Jahre hindurch, d.h. von 1937, dem Jahr nach Pacellis (Papst Pius XII.,D.R.) Gesprächen mit Präsident Roosevelt, bis 1949, als der italienischen christdemokratischen Partei bei den bevorstehenden landesweiten Wahlen eine Niederlage seitens der kommunistischen Partei zu drohen schien, weder das Wort >Kommunismus< noch das Wort >Sozialismus<."

Leider hat Frau Ball Martinez nicht nachdrücklich genug darauf hingewiesen, daß im Jahre 1937 F.D. Roosevelt dem Papst nicht nur als Präsident der Vereinigten Staaten gegenübertrat, sondern, was viel wichtiger war, als Repräsentant der anglo-amerikanischen Freimaurerei. Die Pläne zur Durchführung *sozialistischer Experimente* in Rußland wurden nämlich nicht vom amerikanischen Kongreß beschlossen, sondern hinter den verschlossenen Türen von Logen.

„Der Amerikaner unter ihnen, Robert Graham, sagte der >Washington Post<: ,Ich war verblüfft über das, was ich las. Wie ließ sich eine dem Neutralitätsgrundsatz so entgegengesetzte Handlungsweise erklären?' Er fand, daß der neue Papst selber während der ersten Kriegsmonate (des 2. Weltkrieges, D.R.) die stark antideutschen Texte geschrieben hatte, die von Radio Vatikan rund um den Globus ausgestrahlt worden waren. ...

Zur anhaltenden Bestürzung der Jesuitengelehrten stießen sie auf eine Archivdokumentation von Pius' XII. persönlicher Verwicklung in einen Anschlag zum Sturz Hitlers. Im Januar 1940 trat eine Gesandtschaft einer gewissen Clique deutscher Generäle an den Papst heran und bat ihn, der britischen Regierung mitzuteilen, sie würden es unternehmen, Hitler zu *beseitigen*, wenn sie sicher währen, daß Britannien sich mit einem gemäßigten deutschen Regime einigen würde. Pius entledigte sich der Mission auf der Stelle durch Londons Gesandten beim Heiligen Stuhl Sir Francis D'Arcy Osborne. Das Angebot wurde ausgeschlagen."

Also, das Oberhaupt der katholischen Kirche, mit all seinen Machtmitteln, war bereit mit der britischen Regierung zusammenzuarbeiten, um Hitler zu stürzen oder sogar zu beseitigen. Da eine solche Zusammenarbeit durchaus Aussicht auf Erfolg gehabt hätte, steht die schwerwiegende Frage im Raum: Warum wurde dieses Angebot von britischer Seite abgelehnt? Mit der Antwort auf diese Frage habe ich mich bereits im Nachwort des Buches von Maiski >Wer half Hitler?< beschäftigt, und bin aufgrund klarer Indizien zu dem Schluß gelangt, daß Hitler ein Agent der Alliierten gewesen ist, deshalb bestand von britischer Seite auch gar kein Grund ihn zu beseitigen. Wer beseitigt schon seine besten Agenten im feindlichen Lager? Außerdem bestand natürlich von anglo-amerikanischer Seite der Plan, Mitteleuropa in eine Wüste zu verwandeln — wegen der Kredite.

„Daß es das Oberhaupt der katholischen Kirche einiges kostete, vor so vielen Millionen europäischer Katholiken als ein begeisterter Förderer ihrer Feinde dazustehen, erhellt aus einem schmerzlichen Brief, den der Papst seinem alten Freund und Gastgeber in New York Myron C. Taylor, Präsident Roosevelts Gesandtem im Vatikan während der langen Jahre des Rußlandfeldzuges schrieb. Hier ein Auszug aus dem Brief: ‚Auf Verlangen von Präsident Roosevelt hat der Vatikan jede Erwähnung des kommunistischen Regimes unterlassen. Aber dieses Schweigen, das schwer auf unserem Gewissen lastet, wird von den sowjetischen Führern mißverstanden, die fortfahren, die Kirche und die Gläubigen zu verfolgen. Gebe Gott, daß die freie Welt nicht eines Tages mein Schweigen bedauern wird.' ... Unverzüglich schreckte Radio Vatikan in internationalen Ausstrahlungen die Welt durch eine Fülle von Informationen auf, die man zwar gesammelt hatte, deren Verbreitung jedoch bis jetzt untersagt worden war. Plötzlich erfuhr man, daß es nicht nur den Tatsachen entsprach, daß es für ungefähr fünfundsechzig Millionen europäischer Katholiken im Osten schwierig oder unmöglich war, ihren Glauben zu praktizieren, sondern daß auch tatsächlich rund sechstausend Priester hingerichtet worden waren, meist in der Ukraine, aber auch in den baltischen Staaten und in Bulgarien. Viertausendfünfhundert Priester waren verschwunden, man hatte sie nach Sibirien deportiert oder in der Tschechoslowakei, Ungarn und Polen eingekerkert. ...

Am Ende einer Serie von Artikeln zum Gedanken an die Hundertjahrfeier des Geburtstages des >Engelgleichen Hirten< bemerkte P. Virgilio Rotondi, ein Mitglied des Herausgebergremiums der halbamtlichen Stimme des Vatikans, der Jesuiten-Zeitschrift *Civiltà Cattolica*, er sei zu einem gewissen Zeitpunkt täglich mit Pius XII. wegen dessen Interesse an der *Bewegung für eine bessere Welt* der Gesellschaft Jesu in Berührung gekommen, und bekannte dann, er sei sprachlos gewesen, als er den Papst eines Tages sagen hörte: ‚Beten Sie für mich, Pater, beten Sie, daß ich nicht in die Hölle komme!' [185]."

Nun, da dürfte wohl kein Beten mehr geholfen haben, aber es ist ihm ja vielleicht ein Trost, daß er in der Hölle nicht ganz alleine ist — seine höllischen Kumpane braten ja mit ihm zusammen.

„In verheerendem Gegensatz zur von der jüdischen Anti-Verleumdungs-Liga betriebenen Verherrlichung des Märtyrertums verdienen die Medienexperten im Vatikan den Titel >Selbst-Verleumdungs-Liga<." Ein toller Begriff, der jedoch nicht nur auf die Medienexperten des Vatikan zutrifft, sondern sich inzwischen in ganz Deutschland wie eine wahre geistige Pest ausgebreitet hat. Der Okkultist weiß aber, daß die geistige Pest der physischen immer vorangeht.

„Oder nehmen wir die stets dornige Frage der Tendenzen innerhalb der Gesellschaft Jesu. Auf eine besonders erschreckende Entwicklung stoßend, könnte ich einen literarischen Beleg zitieren, einen Absatz auf Seite 94 eines merkwürdigen Büchleins, das seinen Weg zu einem Althändler in einer römischen Seitenstraße gefunden hatte; ich würde seinen Titel >Preghiera dei Massoni<

*(>Gebete der Freimaurer<) anführen, seinen Verfasser, der sich
>Fratello Ignoto< nennt, sodann die Tatsache, daß das Buch
unter Copyright von 1961 von dem Verlag Editori Nazionale veröffentlicht wurde, und im Anschluß daran den Absatz wie folgt
übersetzen: ,Ein noch sehr junges und originelles Unternehmen ist
eines, das unter den Jesuiten in der Villa delle Rose in Rom allmählich Gestalt annimmt, ein Versuch, eine katholische Freimaurerei zu gründen, die sie Moderne Universale Maurerei unter
dem Kürzel >MUM< nennen und deren Statuten auf den jahr-
hundertealten ehrbaren geistigen Überlieferungen der Jesuitenpa-
tres basieren werden.'*

*... fand ich mich unter einigen hundert Gästen wieder, die
gekommen waren, um einen Vortrag eines Bewohners der Villa
delle Rose zu hören, P. Giovanni Caprile SJ, Chefredakteur der
>Civiltà Cattolica<, der sogenannten >inoffiziellen Stimme des
Vatikans<. P. Caprile erklärte gerade, wie er im Lauf der Jahre
dazu gekommen war, sich als einen >Jünger< von Dr. Giordano
Gamberini zu betrachten, und als er seine Ausführungen beendet
hatte, kam er nach vorne, um Gamberini, den Großmeister des
Großorients von Italien, freundschaftlich zu umarmen* [186]."

Pike, Albert, (siehe Kapitel >Hochgradlogen<) „Man darf
die Tatsache nicht aus den Augen verlieren, daß Pike gleichzeitig die Positionen des Großmeisters des zentralen Direktori-
ums von Washington, den des Groß-Kommandeurs des Obersten Rates von Charleston und den des Obersten Priesters der
Universalen Freimaurerei besetzte [187]."

**Rathenau, Walther * 29.9.1867 †24.6.1922, jüdischer Indu-
strieller (AEG) und Politiker:** „Rathenau, der *Rote Prophet der
Weltrevolution*, antwortet uns mit Worten, die er bei Kriegsausbruch im Hotel Adlon zu seinem Paladin, *Fürst von Bülow*,
sprach, indem er dabei auf das Brandenburger Tor zeigte:
,Nie wird der Augenblick kommen, wo der Kaiser, als Sieger
der Welt, mit seinen Paladinen auf weißen Rossen durchs
Brandenburger Tor zieht. An diesem Tage hätte die Weltgeschichte ihren Sinn verloren (Rathenau, >Der Kaiser<,

S.28)'." Die vorstehenden Worte zeigen bereits deutlich, daß Rathenau innerlich auf Seiten der Gegner Deutschlands stand, somit war er genau der richtige Mann für die Beschaffung der Rüstungsgüter. Wie >eng< er dem deutschen Volk verbunden war, zeigen die folgenden Sätze bei Hasselbacher:

„Einige der beliebtesten Anklagen gegen die Monarchie waren immer die Thesen: 1. Amerika ist gegen uns in den Krieg getreten, weil wir es nicht wirtschaftlich an unserem Siege interessierten. Wenn wir Amerika angeborgt hätten, dann hätte es uns geholfen. 2. Der uneingeschränkte U-Bootkrieg hat Amerikas Kriegserklärung veranlaßt.

Diese Behauptungen wurden von allen schwarz-rot-gelben Parteileuten aufgestellt und immer als Beweis der Unfähigkeit der deutschen Politik ausgeschlachtet. Untersuchen wir sie einmal.

Deutschland sollte Amerika wirtschaftlich interessieren? Es ist in Deutschland wenig bekannt, daß es in Amerika zwei wirtschaftliche Großmächte gibt: **die Trusts und die Banken.** Beide sind einander todfeind, beide sind kapitalistisch, aber die **Trusts** sind vorwiegend **nichtjüdisch**, während die **Banken** fast durchweg **jüdisch** sind.

Die Banken — siehe den Abschnitt >The Jews among the Entente-Leaders< — lagen von vornherein auf der antideutschen Seite. Anders die Trusts. Hier bestand durchaus die Möglichkeit, sie für Deutschland zu interessieren. Und dieser Versuch wurde gemacht. ...

Wer nun hat sich in der Zeit von Mitte Dezember 1914 bis Mitte März 1915 in Berlin an der für diese Angelegenheit maßgebenden Stelle befunden? Wer hat von diesen Plänen gewußt? Wer hat sie bearbeitet? Wer waren die Verräter? Und wer hat sie hintertrieben? Hintertrieben zum Verderben des deutschen Volkes?

Das ist Walther Rathenau gewesen, Walther Rathenau und sein ganzer Kreis [188]."

„Man hatte ausgerechnet Walther Rathenau, den Führer jener 300, denen — wie er selbst es ausgesprochen hat — die Beherrschung der Welt zusteht, an die Spitze der deutschen

Rohstoffbeschaffung gestellt, ihm hatte man das preußische Kriegsministerium ausgeliefert [189]!"

„Die Religion >Materialismus< frißt sich schon durch den ganzen Westen und wurde von dem B'nai-B'rith-Bruder Rathenau schon im Jahre 1920 als die aussichtsreichste bezeichnet. ‚Machen Sie sich von dem Irrtum frei ... der Bolschewismus ist nicht nur eine verführerische Lehre, sondern eine Idee, die leicht in die Praxis umgesetzt werden kann ... Der Bolschewismus in Preußen wird methodisch und organisiert sein, wie es in den früheren Zeiten des Kaiserreichs war, jeder wird auf seinem Platz stehen. Die Intellektuellen werden seine eifrigsten Förderer sein, die das neue Gehäuse errichten (La Liberté v. 28.9.1920)' [190]."

„Wem das noch nicht genügen sollte, wer nun noch fragt, wer nun noch zweifelt, dem antwortet Rathenau im Band I seiner >Nachgelassenen Schriften< auf Seite 113 ff. in einem Brief an Frankreich vom 6. Februar 1920:

‚Deutschland will keinen Rachekrieg und wird keinen Rachekrieg führen. Dennoch muß Frankreich, wenn es auf der Selbstentehrung Deutschlands besteht, seiner eigenen Sicherheit wegen die logische Konsequenz ziehen: *Es muß sechzig Millionen Deutsche vernichten. Zieht es diese Konsequenz nicht, so gibt es kein Mittel, die Sicherheit und Existenz Frankreichs auf Jahrhunderte zu schützen. Denn die Erinnerung eines furchtbaren und beispiellosen, nicht in der Leidenschaft des Krieges, sondern in der kühlen Überlegung des Friedens begangenen Unrechtes bleibt in Europa lebendig. Sie bleibt lebendig durch die Fortexistenz der deutschen Nation, und sie wird immer wieder gegen Frankreich geltend gemacht werden, gleichviel, ob es Deutschland will oder nicht, von jedem, der mit Frankreich einen Zwist hat.*

Unter Geschöpfen, die so nahe leben, wie die Glieder einer Familie, der europäischen Familie, stirbt die Erinnerung an eine Blutschuld nicht aus, bis sie durch guten Willen gesühnt ist. Sie schreit zum Himmel, und die Völker kommen nicht zur Ruhe.'

Rathenau wendet sich hier also mit schwungvollen Worten gegen die ‚zum Himmel schreiende Sünde und das in kühler Überlegung begangene Unrecht' des Versailler Schanddiktats. Eine

für den deutschen Michel bestimmte schöne theatralische Geste!
—Geste —?? Ja! Denn wenn es nicht eine leere Geste wäre, müß-
te Rathenau nunmehr fordern: Fort mit Versailles! Das aber tut
er nicht! Er sagt keine Wort darüber, daß man das Unrecht kor-
rigieren und die Sünde, die die Glieder der europäischen Familien
gegeneinander verbittere, beseitigen müsse. ...

... sondern ganz im Gegenteil, er fordert Frankreich auf, sich zu
entscheiden: ,Ihr habt Deutschland unrecht getan, Deutschland
wird euch Franzosen also bei der ersten besten Gelegenheit zwin-
gen wollen, das Unrecht wieder gut zu machen, also — —vernich-
tet Deutschland, schlagt es ganz und gar nieder, und ihr werdet
vor Deutschland Ruhe haben!!' Nicht wahr Volksgenosse, jetzt
schüttelst du ungläubig den Kopf, das kannst du nicht begreifen.
Das erscheint dir einfach unmöglich, darum lies weiter und laß es
dir von Rathenau selber sagen, denn er fährt in seinem Brief an
Frankreich fort:

,Frankreich ist heute politisch sehr stark: Durch eine große
und siegreiche Armee und durch mächtige Bündnisse. Auch wenn
diese Bündnisse fünfhundert Jahre lang mit Italien, England,
Amerika standhalten, ohne sich einen Augenblick zu lockern, wird
jeder weitsichtige Mensch Frankreich nur den einen Rat geben
können: Verlaßt euch nicht darauf! Vernichtet Deutschland im
eigentlichen Sinne, tötet seine Menschen, besiedelt das Land
mit anderen Völkern! Es genügt nicht, daß ihr das Reich in
kleine Staaten zerstückelt. Wollt ihr eure Nachbarnation ent-
ehren, so vernichtet sie, damit ihr Gedächtnis zugrunde geht.
Es bleiben genug mächtige Völker übrig; wenn sich eines gegen
euch erhebt in einem Augenblick, wo ihr nicht auf der Höhe
eurer politischen Stärke seid, so wird es mit der Erinnerung
der deutschen Schmach gegen euch kämpfen und diese Erinnerung gegen euch geltend machen. *Vernichtet die Erinnerung,*
indem ihr das deutsche Volk vernichtet' [191].« Nach dem heutigen
Sprachgebrauch war dies eine Aufforderung zum Völkermord
am deutschen Volk. Die deutschen Regierungsvertreter waren
natürlich von diesen Worten begeistert, deshalb wurde Rathenau zwei Jahre später deutscher Außenminister! Dazu sind
wohl weitere Kommentare überflüssig!

„**Renner, Karl,** * Untertannowitz (Mähren) 14.12.1870, † Wien 31.12.1950, österreichischer Politiker; Jurist, ... R. war nach dem Zusammenbruch der Monarchie 1918-20 Staatskanzler und 1919/20 Außenminister. Als Leiter der österr. Friedensdelegation in St. Germain kämpfte er leidenschaftlich, aber vergeblich für einen Anschluß an das Deutsche Reich. 1920-34 Abgeordneter, 1931-34 Präsident des Nationalrats, zog sich R. nach dem Sieg des Austrafaschismus und mehreren Verhaftungen aus der Politik zurück, begrüßte 1938 trotz Kritik an der militärischen Form den Anschluß, bildete noch vor Kriegsende am 27.4.45 eine provisorische österreichische Regierung und war Mitbegründer der SPÖ. Von Ende 1945 bis zu seinem Tod war er erster Präsident der neuen Republik Österreich." In den vorgenannten Daten fehlen noch ein paar Kleinigkeiten, die ich mit Hilfe von Dr. Karl Steinhauser ergänzen möchte:

„Es stimmt auch, daß Hitler ein Gegner der Freimaurerei war. Nach allem, was darüber bekannt ist, sogar ein erbitterter Gegner. Was aber ebenso stimmt, ist die Tatsache, daß die Freimaurerei nicht gegen Hitler, sondern immer für Hitler gewesen ist.

Das war schon erkennbar, als der Freimaurer mit oder ohne Schurz und große sozialdemokratische Staatsmann Karl Renner im Jahre 1938 in aller Öffentlichkeit zum Anschluß Österreichs an das nationalsozialistische Deutschland eindeutig >Ja< sagte und damit allen Genossen die Empfehlung gab, seinem Beispiel zu folgen. ...

Wohl mußten die Logen in Deutschland ihre Tätigkeit einstellen, aber das war ja kein Schlag gegen die internationale Freimaurerei, die auf die deutschen Logen ohnehin nie besonderes Gewicht legte, weil diese immer schon zuwenig radikal gewesen sind. ...

Die Freimaurerei hatte kein Motiv, Hitler aus dem Weg zu räumen, und zwar deshalb, weil er ihr nie im Wege stand. Ganz im Gegenteil. Hitler war, sicherlich ohne es zu wollen, sogar ein ganz wichtiger Wegbereiter für die Freimaurerei. ...

Das war ein gigantischer Gewinn an Einfluß und Macht, zu dem die Freimaurerei — vor allem in so kurzer Zeit — niemals gekommen wäre, wenn nicht Hitler durch den verlorenen Krieg Deutschland und Österreich für sie sturmreif gemacht hätte. ... Außer diesem ungeheuren Machtzuwachs verdankt die Freimaurerei ihrem angeblichen Todfeind Adolf Hitler auch noch etwas anderes, das für sie von großer Bedeutung ist: Den Nationalsozialismus als ein für alle Generationen zu allen Zeiten und in allen Ländern grausamste Angst und fürchterlichen Schrecken verbreitendes Feindbild. Ein Feindbild, mit dem die Freimaurerei jeden mundtot machen konnte, der sich ihrer Pervertierung aller Lebensbereiche widersetzte, ...

Damit diese zu Nazis abgestempelten Bürger nicht imstande waren, der geheimen Bruderschaft jemals gefährlich zu werden, sorgte sie dafür, daß diese keine Chance hatten, politisch aktiv zu werden. Durch das sogenannte Verbotsgesetz, das für die Wiederbetätigung im Sinne des Nationalsozialismus strengste Strafen vorsah und in Österreich am 8. Mai 1945 als Verfassungsgesetz beschlossen wurde.

Um Mißverständnisse zu vermeiden möchte ich eines klarstellen: Dieses Gesetz regelt nicht die Bestrafung von politischen Verbrechen, wie sie von Nationalsozialisten im Dritten Reich begangen wurden, sondern ausschließlich die strafrechtlichen Folgen einer organisierten Verbreitung der nationalsozialistischen Gesinnung.

Es ist also ein Verbot, das keine Gewalttat, sondern eine Gesinnung betrifft. Genauer gesagt: Ein Werbeverbot für eine bestimmte politische Gesinnung. Noch genauer gesagt: Ein Werbeverbot für eine politische Gesinnung, in deren Namen Verbrechen begangen wurden. ...

Das heißt: Ein politisch naiver Österreicher, der im Jahre 1933 der populärsten Propaganda, die je gemacht wurde, der NSDAP-Propaganda, auf den Leim ging, konnte auf Grund dieses Gesetzes zu schwerem Kerker in der Dauer von fünf bis zehn Jahren verurteilt werden, obwohl er eigentlich nichts anderes getan hatte, als der Freimaurer mit oder ohne Schurz und große Staatsmann Karl Renner im Jahre 1938.

Genau genommen hat er um vieles weniger als dieser getan, sogar millionenfach weniger, denn mit seinem >Ja< für einen

Anschluß unseres Landes an das Hitler-Deutschland hat Karl Renner wesentlich dazu beigetragen, daß nicht nur ein Österreicher, sondern praktisch ganz Österreich Mitglied der Partei wurde, die im Dritten Reich an der Macht war: Die NSDAP. ...

Dieses Gesetz war daher ohne Zweifel ein Meisterwerk freimaurerischer Unverfrorenheit. Der absolute Gipfelpunkt freimaurerischer Unverfrorenheit war jedoch nicht dieses Gesetz, sondern einer der Namen, die als Unterschrift unter diesem Gesetz stand. Der Name Karl Renner. ...

Das heißt: Der Mann, der 1938 Order gegeben hatte, sich dem Nationalsozialismus zu unterwerfen, war ident mit dem Mann, der 1945 dieses Gesetz unterzeichnete und damit Order gab, die Österreicher zum Tode zu verurteilen, die nichts anderes taten, als sich an seine Order zu halten. ...

Karl Renner war auch im Jahre 1945 nicht nur politisch salonfähig, er war sogar Mitglied der ersten Regierung nach dem Zweiten Weltkrieg. Nicht nur einer der Staatssekretäre, so wurden die Minister in dieser Zeit genannt, sondern deren Chef: Der Staatskanzler.

Diese vier Besatzungsmächte waren also damit einverstanden, daß der Mann, der 1938 de facto für die Auslieferung Österreichs an den Nationalsozialismus eintrat, nicht nur in keiner Weise dafür zur Verantwortung gezogen, sondern auch noch mit der Funktion betraut wurde, die Adolf Hitler bis 1945 de facto auch in Österreich ausübte: Die Funktion des Staatskanzlers.

Dieses Verhalten erschien schon deshalb äußerst merkwürdig, weil die Vertreter aller vier Besatzungsmächte von ihren Regierungen den genau gegenteiligen Auftrag hatten: Die Entnazifizierung Österreichs. Sie hätten daher gegen die Bestellung Renners zum Staatskanzler unbedingt Einspruch erheben müssen. Wenn schon nicht geschlossen, dann wenigstens eine von den vier Besatzungsmächten. ...

Mehr noch: Es waren sogar die Vertreter der sowjetischen Besatzungsmacht, die nach dem Einmarsch ihrer Truppen in unserem Lande Karl Renner in seinem damaligen Aufenthaltsort Gloggnitz aufstöberten, nach Wien brachten und mit der Bildung einer österreichischen Regierung beauftragten. ...

Erstaunlich allerdings nur für denjenigen, der nicht wußte, was die Vertreter der vier Besatzungsmächte in Österreich wußten, nämlich: Daß Karl Renner ein Freimaurer mit oder ohne Schurz war und auf den sie sich deshalb hundertprozentig verlassen konnten, weil auch sie Freimaurer mit oder ohne Schurz gewesen sind. ...

Die militärischen Logenbrüder hatten natürlich auch ein Interesse an der Entnazifizierung Österreichs. Allerdings nur in zweiter Linie. In erster Linie hatten sie ein anderes Ziel vor Augen: Die Freimaurerisierung Österreichs, vom Neusiedlersee bis zum Bodensee.

Ihnen ging es deshalb vorrangig darum, möglichst viele Schlüsselpositionen in den wichtigsten Bereichen des öffentlichen Lebens im Lande mit freimaurerisch brauchbaren Kräften zu besetzen. Die Entnazifizierung war dazu nur ein Mittel zum Zweck. Ein Instrument, welches nach der einfachen Gebrauchsanweisung zum Einsatz kam: ‚Nazi raus, Freimaurer rein!' ...

Diese Nazis waren den militärischen Logenbrüdern der Besatzungsmächte sogar sehr willkommen, weil sie über deren braune Vergangenheit soviel Belastungsmaterial sichergestellt hatten, daß es überhaupt kein Problem gewesen ist, diese damit zu erpressen und im Falle der Unbotsmäßigkeit oder Unbrauchbarkeit jederzeit hochgehen zu lassen.

Die von der Entnazifizierung verschonten Nazis waren mitunter sogar besser zu gebrauchen als so mancher Logenbruder. Im Bemühen, den Verdacht einer Mittäterschaft erst gar nicht aufkommen zu lassen, gehörten sie nämlich oftmals zu jenen, welche die im Namen des Nationalsozialismus begangenen Verbrechen am heftigsten verurteilten. ...[192]." Leider hat Herr Dr. Steinhauser sich nie damit vertraut gemacht, welch intimen Umgang Adolf Hitler mit den Herren Hochgradfreimaurern Henry Ford und Hjalmar Schacht seine gesamte Regierungszeit hindurch pflegte, sonst hätte er sicher nicht mehr behauptet, daß Hitler ein erbitterter Gegner der Freimaurerei gewesen sei. Er war vielleicht Gegner einer deutschen Freimaurerei, nicht aber der internationalen. Außerdem hat er noch eine kleine, aber ungeheuer wichtige Tatsache vergessen zu erwähnen, **daß nämlich Karl Renner Jude gewesen ist.** Welche Sorte von >Russen< der sowjetischen Besatzungsmacht hat denn wohl nach Karl Renner gesucht, dem jüdischen Verbündeten von Adolf Hitler, um ihn in das höchste österreichische Staatsamt zu hieven? >Russische< Russen waren das sicherlich nicht!

„**Rhodes, Cecil,** englischer Politiker und Finanzmann, der >Napoleon des Kaplandes<, geb. 1853, gest. 1902, Vorkämpfer der britischen Interessen in Südafrika, wo er durch Ausbeutung der Diamantenfelder gewaltige Reichtümer sammelte, die er gemeinnützigen Zwecken hinterließ, 1890 -1896 Ministerpräsident der Kapkolonie, war Mitglied der Apollo University Lodge in Oxford (IFL.,Sp.1309)."

Gründete neben seiner Mitgliedschaft in der Freimaurerei eine eigene Geheimgesellschaft, die vor den nicht dazugehörenden Freimaurern verborgen gehalten wurde. Entwarf Pläne für die englische Weltherrschaft, die er testamentarisch Ferdinand Rothschild vermachte.

1. Schuldig der Verschwörung in Südafrika (Burenkrieg 1899)
2. Schuldig der Verschwörung gegen den Weltfrieden.

„**Roosevelt, Franklin Delano,** ... ist Mitglied der Holland Lodge Nr. 8 in New York (IFL.,Sp.1328)", aber nicht nur dieser: „Roosevelt als Mitglied und Ehrenmeister des *Ordens De Moley* ... Roosevelt als Mitglied der *Großen Zedern des Libanon* ... Roosevelt als Mitglied des *Alten arabischen Ordens der Edlen des mystischen Schreins* ...[193]." Geboren 30.1.1882, Präsident der Vereinigten Staaten von 1933-1945, verstorben 12.4.1945. „Er wurde am 28. November 1911 in der >Holland Loge 8< in New York eingeweiht bzw. >erleuchtet<, wo er seinen alten Freund Vincent **Astor** treffen konnte, der Direktor der Chase National Bank, der Western Union Telegraph Co. und vieler anderer Banken ist. ...

Roosevelt ist ferner Eingeweihter des 32. Grades in Albany. Mitglied der *Pythiasritter*, Ehrenmitglied der freimaurerischen

Jugendorganisation *Order of DeMoley*, die 1919 unter Leitung von Freimaurern als Vorhof-Maurerei gegründet wurde und zu der zur Zeit 1.500 000 Jungens im Alter von 14-18 Jahren gehören. Roosevelt ist auch Mitglied der *Schreiner*, der *Tall Ceders of Lebanon* und vieler anderer Orden, ...

Als sich Roosevelt in das >Goldene Buch des Jüdischen Nationalfonds< eintragen ließ, schrieb ein Judenblatt (Jewish Daily Bulletin, New York, 16. Oktober 1934): ,In Verbindung mit der Überreichung wurde betont, daß jeder amerikanische Präsident seit Woodrow Wilson die zionistische Sache begrüßt und Grüße, Hoffnungen und Wohlergehen ausgesprochen hatte.' ...[194]."

Es scheint mir ratsam, hier noch einmal einen Blick auf das Karma oder Schicksalskonto dieses >ehrenwerten< Freimaurers zu werfen:

1. Schuldig der Verschwörung gegen das deutsche Volk durch indirekte Unterstützung der Verbrecherbande Hitlers. Über die Freimaurerei Verbindung zu Henry Ford.

2. Schuldig der Kriegsverhetzung des amerikanischen Volkes durch Lüge und Heuchelei.

3. Schuldig der Kriegsprovokation durch aktive Unterstützung der deutschen Kriegsgegner ohne Kriegserklärung.

4. Schuldig der ungesetzlichen Internierung amerikanischer Bürger deutscher und japanischer Abstammung in Konzentrationslagern während des 2. Weltkrieges.

5. Schuldig des perversen Lustmordes an Hunderttausenden deutscher Zivilisten, insbesondere Frauen und Kinder durch nicht notwendigen Bombenterror, z. B. Dresden, Köln, Hamburg.

6. Schuldig der Verschwörung gegen die Völker und Kulturen Mitteleuropas durch die Übereignung von souveränen europäischen Staaten an die kommunistische Barbarei (Jalta und Potsdam).

7. Schuldig der aktiven Unterstützung des mörderischen Sowjet-Kommunismus durch Milliardensummen und Kriegsmaterial (Lend-Lease-Act).

8. Schuldig der aktiven Verschwörung zur Versklavung und teilweisen Vernichtung des deutschen Volkes durch seine Unterschrift unter den jüdischen *Morgenthau-Plan*.

9. Schuldig der Verschwörung und Kriegsprovokation gegen Japan. Da der provozierte Angriff auf Pearl Harbour ihm vorher bekannt war: Schuldig der Ermordung von ein paar Tausend unschuldiger amerikanischer Soldaten zum Zwecke der Kriegsprovokation.

■**Rothschild, Baron Ferdinand**, 1839-1899, war Mitgründer der nach ihm genannten >Ferdinand Rothschild Lodge No. 2420< in Waddesdon (Buckinghamshire), England (IFL.,Sp.-1344)." Mitglied der Geheimgesellschaft des C. Rhodes und Erbe seiner Pläne. Brücke zur Freimaurerei und zum exklusiven jüdischen B'nai B'rith Orden.

Rothschild, Lionel: „Um die Bedeutung dieses Lord **Rothschild** näher beleuchten zu können, seien folgende Zusammenhänge innerhalb der >Geheimregierung< angedeutet: Als Sohn des 1. Lord Nathaniel Rothschild, der unter König Edward VII. Mitglied des Privy Council (königlicher Staatsrat), Präsident der United Synagogues (Vereinigte Synagogengesellschaft) und Gouverneur der Bank of England geworden war, hatte Lionel Walter Rothschild in Cambridge und Bonn Zoologie studiert ... Er ,trat das Erbe seines Vaters an' und wurde Präsident des im Herzl'schen Geiste aufgezogenen Bundes der >Makkabäer<, einer >Gesellschaft zur Bekämpfung des Antisemitismus< und war bis zu seinem Tode am 27. August 1937 Präsident der Londoner >O.R.T.-Komitees<, Vizepräsident der Anglo-Jewish-Association ... 1920 wurde Lionel sogar Präsident der Zionistenkonferenz in London, Vizepräsident der United Synagogues, ... 1899-1922 war Lionel Abgeordneter der liberalen Unionisten im Parlament und — um das Maß voll zu machen — Mitglied der exklusiven Royal Society, der ,nur englische Prinzen, Staatsmänner und Wissenschaftler angehören dürfen.' Damit dürfte die Bedeutung nur eines Rothschild eindeutig klar zu erkennen sein! Dieser Mann nun ist der Empfänger der >Balfour-Deklaration< gewesen! [195].■

"Schacht, Hjalmar, (Alias Horace Greely.) gewesener Präsident der Deutschen Reichsbank, * 22.1.1877, Reichswährungskommissär, Unterhändler in der Reparationsfrage, ... (IFL.,Sp.1385)."

"1923 als Reichswährungskommissar an der Sanierung der dt. Währung beteiligt; 1924-30 und 1933-39 Reichsbankpräsident, 1934 bis 1937 Wirtschaftsminister, 1937-43 Minister ohne Geschäftsbereich; 1944 wegen Widerstandes gegen Hitler verhaftet; bis 1948 in Untersuchungshaft, obwohl 1946 vom Internat. Militärgerichtshof in Nürnberg freigesprochen; 1953 bis 1963 Präsident des Bankhauses Schacht & Co. in Düsseldorf; (Meyers großes Personenlexikon, Mannheim 1968, S. 1161)."

Sonnino, Baron: „Als erster >Italiener< tritt in dem Büchlein vor uns auf: **Baron Sonnino,** 1. Sidney Sonnino wurde geboren 1849 als Sohn eines jüdischen Bankiers in Alexandria (Ägypten). 2. Er war einer der Führer der Freimaurer in Italien und hetzte im Bunde mit den Brüdern Ettore Ferrari, Ernesto Nathan Boselli, Oliva, Corradini, Federzoni usw. Italien gegen seine Verbündeten auf. ... 5. *Sonnino vertrat Italien und unterschrieb als einer seiner Bevollmächtigten den Friedensvertrag von Versailles* [196]."

"Taft, William Howard, * 1857, † 1930, Präsident der Vereinigten Staaten von Nordamerika 1909-1913, ... war Mitglied der Kilwinning Lodge No. 356 in Cincinnati, Ohio. (IFL.,Sp.1-553)." Ferner Mitglied des Ordens >Skull & Bones<, ...

"(Theodore) Roosevelts Kriegsminister William Taft wurde Amerikas 27. Präsident. Er gehörte ebenfalls wie der 2. Präsident Adams der Unitarier-Sekte (Gründung durch Skull & Bones, D.R.) an, ... Taft hat nur im Auftrage des American Jewish Committee und der ihm bekannten Lenker der Weltpolitik gearbeitet und sich ebenfalls die Anerkennung des B'nai B'rith erworben, der ihm im Frühjahr 1912 die neu gestiftete, alljährlich zu verteilende Toleranzmedaille, die ‚demjenigen zufallen solle, der, ob Christ oder Jude, im abgelaufenen Jahre am werktätigsten für die Sache des Judentums eingetreten sei', verliehen hatte [197]." Das soll hier reichen, obwohl man über diesen interessanten Präsidenten seitenweise berichten könnte. Er gehörte zweifellos zu den Initiatoren der sogenannten >sozialistischen Experimente< in Rußland, die dann zu den bekannten Ergebnissen führten.

"Truman, Harry S., geb. 1884, amerikanischer Staatsmann (Demokrat); 1934-44 Senator für Missouri, 1944 Vizepräsident der USA, nach Roosevelts Tod 1945-1953 Präsident; verfolgte eine gegen die Ausbreitung des Kommunismus gerichtete Politik (genau wie Roosevelt, D.R.) (Duden-Lexikon, S.2263)."

"Im Senat finden wir den Demokraten und Hochgradmaurer (Masonic Craftsman, Boston, September 1938 und Mai 1939) Harry S. Truman, der 1939 für die Aufhebung der Embargo-Akte, 1941 für die Englandhilfegesetze und Amerikas weitere Verschuldung um 7 Milliarden Dollar gestimmt hat ...

Senator Clark wie auch Senator Truman haben sich beide in die Palästina-Liste zum Aufbau eines Judenstaates eingetragen (Aufbau, New York, 25. April 1941) [198]." Diese Tatsache bedeutet ganz klar ein Bündnis mit der zionistischen Bewegung.

Das Schicksalskonto dieses *ehrenwerten* Hochgrad-Freimaurerbruders sollte sich jeder Deutsche genau ansehen:

1. Schuldig des ersten atomaren Massenmordes der menschlichen Geschichte an japanischen Zivilisten (mehrere hunderttausend Tote).

2. Schuldig der aktiven Verschwörung gegen das deutsche Volk durch Landraub, Raub und Vernichtung deutschen Kulturgutes (insbesondere geisteswissenschaftlicher Literatur), Raub von Industriepatenten im Wert von ca. 50 Milliarden Dollar,

3. Schuldig der Verschleppung deutscher Techniker und Ingenieure zwecks Zwangsarbeit.

4. Schuldig der Ermordung deutscher Soldaten in amerikanischen Kriegsgefangenenlagern.

5. Hauptschuldiger für die Vertreibung von ca. 15 Millionen Deutschen, und die damit verbundene Ermordung und den Tod von ca. drei Millionen deutschen Vertriebenen.

6. Schuldig der Erpressung der Nichtkernwaffenstaaten durch den Atomwaffensperrvertrag.

7. Hauptschuldiger der ungesetzlichen Rache-Gerichtsbarkeit anläßlich der Nürnberger Kriegsverbrecherprozesse.

8. Schuldig der Kollaboration mit deutschen Kriegsverbrechern.

9. Schuldig der Verschwörung gegen Mitteleuropa durch Einkerkerung folgender souveräner Völker in das Konzentrationslager der kommunistisch-sowjetischen Diktatur: Tschechoslowakei, Ungarn, Rumänien, Bulgarien, Jugoslawien, Polen, Estland, Lettland, Litauen.

Diese Liste ließe sich wahrscheinlich verdoppeln und verdreifachen, aber mit ein paar Sätzen von Merle Miller will ich hier abschließen: "Man denke nur an den Abwurf der A-Bombe, die Bildung der Vereinten Nationen, die Entscheidung über Korea, den Fall Alger Hiss, die Entlassung MacArthurs, die Geburt Israels, Die NATO, den Marshall-Plan, an die MacCarthy-Phase, das Punkt-Vier-Programm und so fort und endlos so fort. Und in all dem, durch fast acht Jahre hindurch, war Harry Truman da, nicht im windstillen Zentrum des Sturms, er war das Sturmzentrum. ... Dean Acheson schrieb, Truman sei ganz und gar ohne das, was er 'das zehrendste aller Gefühle, die Reue' nannte [199]. ...

Herr Präsident, soviel ich weiß, hat Ihnen die Tatsache, daß Sie Freimaurer sind, in jenem November beim Wahlsieg über Ihren republikanischen Gegner geholfen.

'Ja, ich war Freimaurer ... Ich war gerade Großmeister für den ganzen Staat Missouri geworden, und der republikanische Kandidat für den Senat [Manvelle Davis] beschimpfte mich jedesmal, wenn er seinen Mund aufmachte. Er sagte, ich sei aller Verbrechen, wie sie nur im Buche stehen, schuldig, und dann war eines Tages bei einer Versammlung unten in Wellsville ein Freund von mir anwesend, und zugleich auch der Mann, der auf der gleichen republikanischen Wahlliste für das

Amt als Gouverneur kandidierte. Sein Name war Forrest Donnell, und der war wie ich Freimaurer.

Mein Freund sagte also zu Donnell, wenn ich so schlecht sei, wie Davis behaupte, wie sei es dann möglich, daß ich Großmeister bei den Freimaurern sei? Donnell antwortete: 'Das könnte er nicht sein.'Nun, der Ausspruch machte im Staat die Runde und schadete mir an den Urnen durchaus nicht [200]." So geht das. Weil Freimaurer nach den Idealen des Ordens ausschließlich ehrenwerte Menschen sind, werden dadurch sogar die größten Massenmörder und Verbrecher geadelt.

„**Tschiangkaischeck,** chinesischer General und Staatsmann, * 1887, siegreicher Generalissimus des Kuomintang gegen die Nordarmee, 1928 bis 1931 Haupt der Nanking-Regierung, Gefolgsmann von Sunjatsen, ist Mitglied der Pagoda Lodge, Großloge von Massachusetts (IFL.,Sp.1600)."

„**Waite, Arthur Edward,** († 1940) amerikanischer freimaurerischer und okkultistischer Schriftsteller, Past-Großaufseher (ehrenhalber) der Großloge von Iowa, USA. (IFL., Sp.1666)." „Er war seit 1891 zusätzlich Mitglied des innersten Kreises im Orden *Golden Dawn* und gewann dort einen aus hermetischer Sicht bemerkenswerten Einfluß: Er reorganisierte den Golden Dawn durch Umschreibung seiner Rituale in einer mehr christlichen Form. Das Ergebnis war, daß der Orden viel von seiner Anziehungskraft verlor, und er das Ordensleben im Jahre 1914 beendete (14/S.XVIII)."

„**Wales, Edward Albert, Prinz v., Herzog von Cornwall,** ältester Sohn des Königs Georg von England, aufgenommen in der >Household Brigade Lodge< 1919, ist Provinzial-Großmeister der Provinzial-Großloge von Surrey (IFL.,Sp.1667)." Die Schiene von und zum englischen Königshaus.

„**Weishaupt, Adam,** Stifter des Illuminatenordens, Professor des Natur- und kanonischen Rechts an der Bayerischen Landesuniversität in Ingolstadt, * 1748, † 1830. ... Er wollte begeisterungsfähige junge Menschen versammeln und diese die wissenschaftliche Wahrheit lehren. Politische Dinge lagen dem Stifter damals vollkommen ferne. Er träumte von einer **geheimen Weisheitsschule**, in der die besten jungen Akademiker der damaligen Zeit ungehindert von den traditionellen Fesseln das lernen sollten, was die Priester von den Lehrstühlen verbannt hatten.

So entstand 1776 der Orden der Illuminaten, in dem Weishaupt Ordensgeneral war und den Ordensnamen **Spartacus** führte. Weishaupt hatte im Anfang neben Statuten nur recht nebelhafte Vorstellungen, aber weder einen konkreten Ordensinhalt noch ein wirkliches ritualistisches Gebrauchstum. Erst Anleihen bei den Mysterienkulten und den Jesuiten gestatteten eine Art von Ausbau. Am wichtigsten erschien Weishaupt zunächst die Errichtung einer großartigen wissenschaftlichen Bibliothek, der auch ein Naturalienkabinett und eine historische Sammlung angegliedert sein sollte (IFL.,Sp.1678)." Vergleichen Sie auch unter >Illuminatenorden<.

„Weizmann, Chaim: * 1874, † 1951, israelischer Staatsmann und Hochschullehrer; erwirkte 1917 die Balfour-Deklaration; Präsident der Welt-Zionisten-Organisation und der Jewish Agency, 1948/1949 provisor. Staatsoberhaupt, 1949-51 Staatspräsident von Israel (Duden-Lexikon, Mannheim 1969, Bd. 3, Sp. 2407)." **Also, bereits 1917 hatte die zionistische Bewegung unter Weizmann so viel Einfluß auf die englische Regierung, daß sie eine offizielle Erklärung zugunsten der zionistischen Ziele erwirken konnte.** Dies ist eine Tatsache, deren Gewicht für die Beurteilung der politischen Ereignisse nach diesem Jahr gar nicht hoch genug eingeschätzt werden kann.

„Auf diesen >Vorwurf< antwortete Chaim Weizmann, nachdem er über die ‚Koinzidenz der jüdischen Interessen mit derjenigen Macht, die heute als Mandatarmacht (England, D.R.) dasteht' gesprochen hatte: ‚Es ist aber eine andere Koinzidenz von Interessen: Gerade die, auf welche **Kaplansky** aufmerksam gemacht hat, aber gedacht hat, daß wir diese Koinzidenz übersehen haben. Das ist, was man englisch *good will* nennt, der *gute Wille* des jüdischen Volkes. England mit seinem weltumspannenden Blick hat vielleicht aus Gründen, die ich andeuten möchte, mehr und eher als irgendeine andere Nation verstanden, daß die Judenfrage wie ein Schatten über der Welt herumspaziert und zu einer ungeheuren Kraft des Aufbaus und zu einer ungeheuren Kraft der Destruktion werden kann' [201].«

White, Harry Dexter: siehe Morgenthau, Henry jun.

Wilson, Thomas Woodrow: * 1856, † 1924, Amerikanischer Präsident von 1913 - 1921. Während seiner Regierungszeit wurde das >Federal Reserve System< eingeführt.

„Und nun noch ein Wort über Woodrow **Wilson**, den Mann, der der Welt die >**vierzehn Punkte**< **der politischen Erlösung versprach** und im Einverständnis mit den Brrn ∴ Clémenceau, Lloyd George, Th. Roosevelt und Taft **keinen davon einlöste** [202].«

Schuldig der Verschwörung gegen Deutschland und Mitteleuropa durch Anerkennung des erpreßten >Friedensvertrages< von Versailles.

„Präsident **Wilson** hatte nichts Eiligeres zu tun, als dieses Telegramm der Geheimregierung Amerikas — wie sie wohl in diesem Fall nicht treffender bezeichnet werden könnte — sofort an seinen Finanzminister **McAdoo**, Freimaurer des 32. Grades (Schwiegersohn Wilsons, dessen Tochter Eleanor Randolph er am 7. Mai 1914 geheiratet hatte, Episkopalier), zu senden, ...

Kehren wir von diesen notwendigen Abschweifungen zurück zu Wilson und dessen famosem Finanzminister William Gibbs **McAdoo**. Dieser hatte ,am Aufbau des Federal-Reserve-Systems hervorragenden Anteil gehabt und für die Kriegsführung der Entente 18 Millionen Dollar Anleihen aufgebracht'. Er ist Mitglied der Chancellor-Walworth-Loge in New York und im 32. Grad der nördlichen Jurisdiktion. ...

Auch **Oskar S. Straus**, Mitglied des American Jewish Committee, sei genannt, ... **Straus** war es auch, der seinen Freund Roosevelt — gemeint ist **Theodore Roosevelt** — veranlaßte, den Ruf Amerikas laut werden zu lassen, wenn die Pogromstimmung in Rußland drohende Formen annahm. In allen großen Menschheitsfragen (!!!) zog ihn die Regierung zu Rate. Nicht genug damit: ‚Bei der Pariser Friedenskonferenz (**Versailles**, D.R.) wirkte er als **Ratgeber Wilsons'** [203].“

‚**Yarker, John**, * 1833, † 1913, englischer freimaurerischer Schriftsteller, Theosoph, Rosenkreuzer, spielte eine Zeitlang im A. u. A. Schottischen Ritus eine Rolle, war nach seinem Ausscheiden Begründer sogenannter freimaurerischer Systeme auf mystischer Grundlage und Großmeister usw. mehrerer nicht anerkannter Riten. Die irregulären Gründungen von Theodor **Reuß** in Deutschland zu Beginn des Jahrhunderts stützten sich teilweise auf von Yarker ausgestellte Konstitutionsurkunden (IFL.,Sp.1729).“

Das folgende Dokument habe ich nur teilweise übersetzt, weil sich die verschiedenen Logennamen oft nur schlecht wiedergeben lassen. Trotzdem halte ich diese Aufstellung für wichtig, um zu demonstrieren, wie wichtig in den Geheimgesellschaften persönliche Verbindungen sind, und wie unwichtig offiziell dokumentierte Kontakte sind. Ob die paar Zeilen, welche das IFL diesem Mann widmete, seiner Bedeutung gerecht wird, ist angesichts der folgenden Aufstellung zu bezweifeln.

‚>IN MEMORIAM — JOHN YARKER<
Royal Grand Commander of the Rose Croix and Kadosch, 1868 to 1874. — Scottish Rite of 33° (and received certificate dating from 1811), January 27th, 1871. — Admitted 33° of Cerneau Rite and Honorary Member in New York, August 21st, 1871. — Installed Grand Master, 96° of Ancient and Primitive Rite at Freemasons Hall, London, October 8th, 1872. — Absolute Sovereign Grand Master, Rite of Mizraim, 90°, from 1871 down to the present time. — Received over twelve patents of 33° of the Supreme council in various parts of the world. — Past Senios Grand Warden of Greece by Patent, July 1st, 1874. — Hon. Member of Lodge 227, Dublin, 1872, and of various foreign bodies 1881-3. Among these he received the >Crown of Kether<, admitting to the 5° of the Grand Lamaistique

Order of Light. — In 1882-3 he acted as General Giuseppe Garibaldi's Grand Chancellor of the Conferated Rites, which he arranged throughout the word. — Hon. Grand Master of the Sovereign Grand Council of Iberico, October 5, 1889. — Rite of Swedenborg: In 1876 he was appointed Supreme Grand Master for the United Kingdom under the Charter of T.G. Harrinton, P.G. Master of Craft Grand Lodge of Canada; Colonel W. Bury M'Leod Moore, Grand Master of Templars, 33°, and Geo. C. Longley, 33°. — Elected Imperial Grand Hierophant, 97°, in Ancient and Primitive Rite, November 11, 1902. — Grand Representative of the Grand Lodge of Germany, 1902-6. — Hon. Grand Master of the Grand Lodge of Cuba (by patent, January 5, 1907. — Hon. Grand Master *ad vitam* of the United Sup. Grand Council of Italy at Firence, and of the Society Alchemica, etc., etc., 1910-12.

He also was interested in many of the concordant orders, and held office in several. He was appointed President of Sat Bhai of Prag, and was co-sponsor from 1871 to 1912. — Head of the Rite of Ishamel in England in succession to Dr. Makkenzie and Major F.G. Irwin. — Chief of the Red Branch of Eri in succession to Major F.G. Irwin. — High Priest of the 7th degree of Knight Templar priests, Manchester, revived from 1868 to 1875.

Weiterhin finden wir durch die Korrespondenz von Theodor Reuss, daß John Yarker auch ein Delegierter des *Obersten Konzils der Martinisten in Frankreich* war. ...

Wiederum finden wir, daß derselbe obenerwähnte Theodor Reuss in den Augen von Wm. Wynn Westcott und John Yarker geeignet zu sein schien, der Gründer der sechs Swedenborg Logen in Deutschland zu sein, hauptsächlich deshalb, weil er ein englischer Maurer war!

Gegenwärtig finden wir, daß Theodor Reuss, ein englischer Maurer, Delegierter des Alten und Ursprünglichen Ritus von Memphis von Spanien und Bulgarien nach Deutschland, und von Deutschland nach England ist. Später finden wir ihn in enger Beziehung mit Papus, dem Oberhaupt des Martinistenordens in Frankreich. ...

Wenden wir uns der Fotokopie des Patentes zu, das wir wiedergeben, so finden wir ein Dokument (des AASR, D.R.), welches für sich selbst spricht. Es ist unterzeichnet Theodor Reuss 33° 90° 96°. John Yarker 33° 90° 96°. Franz Hartmann 33° 90° 95° und Henry Klein 33° 95°. ...

All dies gehört in das Reich der Geschichte und der Untersuchung. Wenigstens, lassen Sie uns die Zukunft auf das Wissen der Vergangenheit, und nicht den Tempel Salomons auf die Ruinen des britischen Empire bauen [204]." Lady Queensborough ahnte sicher nicht, wie nahe das britische Empire bereits seinem Ende war, als sie diese Sätze niederschrieb. Die Internationalisten haben nämlich offensichtlich überhaupt keinen Sinn mehr für irgendwelche nationalen Weltherrschaftspläne. Offensichtlich sind die >Ratgeber< der britischen Regierungen nicht viel besser gewesen als die der deutschen Regierungen.

„**Young, Owen D.**, nordamerikanischer Wirtschaftsführer, * 1874, ist Freimaurer. Als Vorsitzender des von der Reparationskommission eingesetzten Sachverständigenausschusses für den endgültigen Zahlungsplan für die Reparationsleistungen hatte er hervorragenden Anteil an dem nach ihm benannten, 1929 im Haag zustande gekommenen **Young-Plan**. Young gehört seit 1920 der Evergreen Lodge, Nr. 363, in Springfield Center, N.Y., an (IFL.,Sp.1732)."

Die von Freimaurer Young eingefädelten Reparationsverhandlungen standen natürlich unter dem Schutz freimaurerischer *Brüderlichkeit*, deshalb entging anschließend der deutsche Teilnehmer und Hochgradbruder Hjalmar Schacht nur knapp einer Anklage wegen Volksverrat. Bei diesen Verhandlungen saßen nämlich nicht die Vertreter verschiedener Länder zusammen, sondern ein paar internationale Hochgradfreimaurer berieten darüber, wie man Deutschland am besten in die Pfanne hauen könne, ohne daß die deutschen Dummköpfe davon etwas merken.

* * *

Vielleicht fragen sich die Leser am Ende dieses Kapitels, wie es möglich ist, daß manche Hochgradfreimaurer ohne Gewissensbisse Millionen Menschen ihres eigenen und anderer Völker in Chaos und Verderben stürzen. Ein Schlüssel zum Verständnis dieses Phänomens ist sicherlich die völlige geistige Versklavung, die in den politischen Abteilungen der Freimaurerorden getrieben wird. Während ein deutscher Staatsbeamter nur ein Mal einen Eid leisten muß, ist in bestimmten Freimaurer-Orden jeder Grad mit einem besonderen Eid verbunden. Wenn also einer zum 33. Grad aufgestiegen ist, hat er, vorausgesetzt, daß jeder Grad bearbeitet wurde, 33 Eide geleistet. Wenn dann zu diesen Eiden eine materialistisch-atheistische Weltanschauung kommt und die Ideale der positiven Freimaurerei vergessen werden, dann fühlen sich die Herren frei von jeglicher Verantwortung vor Gott und den Menschen. Nach ihrem Dogma von der vollkommenen Gewissensfreiheit, eben frei von Gewissen und Reue. Sehr wahrscheinlich hoffen sie, daß ein Gericht nach ihrem Tode nicht mehr stattfinden kann. Ein fataler Irrtum, wie sie nach ihrem Tode am geistig-seelischen Leib erfahren werden. Der *Allmächtige Baumeister aller Welten* ist nicht so ein alter Narr, wie viele Freimaurer zu glauben scheinen, sondern kann in seinem Kosmos vorzüglich für Ordnung sorgen, und sei es mit dem eisernen Besen.

Nach dem Gesetz der universalen Polarität stehen den höchsten menschlichen Idealen die größten menschlichen Perversitäten gegenüber. Demnach entspricht beispielsweise das Ideal der reinsten Liebe auf der einen Seite dem Lustmord auf der gegenüberliegenden Seite.

Wenn somit eine Gesellschaft mit hohen Idealen in die Dekadenz gerät, aus welchen Gründen immer, dann besteht die Gefahr, daß die Ideale von ihrem Gegenteil überwältigt werden. Dieser Prozeß beginnt im Denken, wie ich bereits im Kapitel über die Weltanschauung gezeigt habe. Wenn außerdem in einer Gesellschaft mit Magie gearbeitet wird, so entscheiden die Anführer darüber, ob die Magie für positive oder negative Ziele verwendet wird. Es kann sich demnach eine weiße oder idealistische Freimaurerloge im Laufe einer gewissen Zeit in eine schwarze oder materialistische verwandeln, was eben je nach den Charakteren der Anführer auch laufend geschieht. Daß dann die Politik aus solchen schwarzen Logen besonders verheerend in der Welt wirkt, dafür gibt es gerade in diesem Jahrhundert viele Beweise, von denen ich Ihnen ja einige prägnante vorgeführt habe.

Ausblick

Der Verlauf der Weltpolitik in den letzten drei Jahren hat leider bewiesen, daß meine Prophezeiungen aus dem 1. Band der *Geheimpolitik* sich voll erfüllen werden, denn es gibt keine Änderung der Tendenzen, oder irgendwelche Opposition gegen die Weltherrschaftspläne und Anarchiepläne gewisser Gruppen, was auch heute schon in der Presse offen ausgesprochen wird.

So manche Leser, schockiert durch den Inhalt meiner *Geheimpolitik-1*, fragen mich am Telefon, was man denn machen könne, um die gegenwärtigen Zustände zu verbessern und drohendes Unheil abzuwenden. Die Antwort ist im Grunde einfach:

Man muß die Wahrheit studieren und dann aktiv unterstützen! Man muß aufhören, die Lügner, Heuchler und Großverbrecher durch Geldspenden und Wahlstimmen zu unterstützen! Aus eigener Erfahrung kann ich heute sagen, es gibt praktisch keine Unterstützung für diejenigen, die sich für die Verbreitung der Wahrheit einsetzen. Wo aber die Wahrheit nicht ist, da herrschen automatisch Irrtum und Lüge und rufen alle diejenigen Zustände hervor, die den Menschen das Leben zur Hölle machen.

Seit längerem weiß ich, daß in Presse und Justiz mit den Verbreitern der Wahrheit schlecht umgegangen wird, aber was ich im Laufe der letzten Jahre lernen mußte, ist einer Demokratie völlig unwürdig. Ziviler Mut ist praktisch kaum noch vorhanden, und die Feigheit scheint mir eine der hervorstechendsten Eigenschaften der Menschen dieser Zeit geworden zu sein. Ohne Mut zur Wahrheit wird es aber nicht positiv weitergehen.

Man muß sich doch einmal vor Augen halten, daß Millionen von Deutschen freiwillig ca. fünfzehn Milliarden Mark an die beiden deutschen Kirchen zahlen. Die Kirchen wiederum benutzen diese Kirchensteuern, um die Steuerzahler permanent zu belügen und zu betrügen und ihre Machtpositionen auszubauen. Solange es also nicht so weit kommt, daß mindestens ein Prozent des Einkommens für die Wahrheit gespendet wird, dann wird man eben Chaos und Vernichtung nicht aufhalten können, das ist nach den Universalgesetzen ganz selbstverständlich. Wenn somit die Menschen nicht freiwillig wach werden, und antisozialen Bewegungen frühzeitig Einhalt gebieten, dann wird das Chaos zur Notwendigkeit.

Schließen möchte ich mit ein paar Sätzen von Rudolf Steiner, durch dessen Schriften ich sozusagen meine politische Lehre absolvierte, der im Jahre 1919 folgendes prophezeite: „Lassen Sie drei Jahrzehnte noch so gelehrt werden, wie in unseren Hochschulen gelehrt wird, lassen Sie noch durch dreißig Jahre so über soziale Angelegenheiten gedacht werden, wie heute gedacht wird, dann haben Sie nach diesen dreißig Jahren ein verwüstetes Europa. Sie können noch so viele Ideale auf diesem oder jenem Gebiete aufstellen, Sie können sich die Münder wund reden über Einzelforderungen, die aus dieser oder jener Menschengruppe hervorgehen, Sie können in dem Glauben reden, daß mit noch so eindringlichen Forderungen etwas getan werde für die Menschenzukunft — alles wird umsonst sein, wenn die Umwandlung nicht geschieht aus dem Fundament der Menschenseelen heraus: aus dem Denken der Beziehung dieser Welt zur geistigen Welt. Wenn nicht da umgelernt wird, wenn nicht da umgedacht wird, dann kommt die moralische Sintflut über Europa [205]!" Die falschen Lehren von damals werden bis heute gelehrt, deshalb geht Mitteleuropa inzwischen wieder seiner Verwüstung entgegen. Nach dem Studium dessen, was heute in dieser Welt vorgeht, wird er wohl auch mit den folgenden Worten recht behalten:

„Äußerlich geht heute die Menschheit schweren Kämpfen entgegen. ... Aus dem, was von alten Zeiten kommt, stammen die Fermente, welche zunächst Europa an den Anfang des Abgrundes gestellt haben, welche Asien und Amerika gegeneinander bringen werden, welche vorbereiten werden einen Kampf über die ganze Erde hin. ...

Die anglo-amerikanische Welt mag die Weltherrschaft erringen: Ohne die Dreigliederung wird sie durch diese Weltherrschaft über die Welt den Kulturtod und die Kulturkrankheit ergießen, ...[206]."

Mitteleuropa hat nach 1945, zum zweiten Mal nach 1919, die Chance gehabt, die *Dreigliederung des sozialen Organismus* als Versuch der Neugestaltung zu ergreifen und in die Praxis umzusetzen. Wenn Europa in Kürze wieder in Trümmern liegt, dann wird die dritte Chance kommen, und ich bin gespannt, ob sich die Überlebenden an die Fehler der Vergangenheit erinnern werden.

Es steht ja inzwischen vollständig fest, daß die Deutschen nicht nur Weltmeister im Biersaufen sind, sondern auch Weltmeister in politischer Interessenlosigkeit. Eine sozial-medizinische Untersuchung würde sicher ergeben, daß der Alkoholkonsum eines Volkes im umgekehrten Verhältnis zu seiner politischen Intelligenz und Interessenlosigkeit steht. Ein moderner Krieg schädigt nämlich viel mehr Menschen an Gesundheit und Eigentum, als es die schlimmsten Seuchen oder Naturkatastrophen der Vergangenheit jemals getan haben! Aus diesem Grunde ist es mir so rätselhaft, daß sich nur sehr wenige Bürger für eine aktive Opposition gegen antisoziale und zerstörerische Politik zusammenschließen. Die Überlebenden der kommenden apokalyptischen Ereignisse werden sich da hoffentlich etwas einfallen lassen.

★ Ende ★

Quellen-Literatur:

1. Adler, Manfred: Die Freimaurer und der Vatikan. (Durach 1992)
2. Arendt, Hannah: Eichmann in Jerusalem (München 1964/1986, 4. Auflage.)
3. Bardon: Der Weg zum wahren Adepten. (Freiburg, 10. Aufl. 1989)
4. Bardon: Die Praxis der magischen Evokation. (Freiburg, 8. Aufl. 1992)
5. Bardon: Der Schlüssel zur wahren Quabbalah. (Wuppertal,4. Aufl. 1987)
6. Blavatsky: Isis entschleiert. (Den Haag, o.J.)
7. Flensburger Hefte: Anthroposophen und Nationalsozialismus.
   (Flensburg 1991)
8. Freund, Walter: B'nai-B'rith-Judentum und Weltpolitik (Die großen Unbekannten der amerikanischen Weltpolitik). Essen 1942, Struckum 1990.
9. Hasselbacher, Friedrich: Entlarvte Freimaurerei. Band I. (Paul Hochmuth
   Verlag 1941, Viöl 1992)
10. Hasselbacher, Friedrich: Entlarvte Freimaurerei. Band II. (P. Hochmuth
    Verlag 1938, Viöl 1993)
11. Hasselbacher, Friedrich: Entlarvte Freimaurerei. Band III. (1941 Vlg. v. P.
    Hochmuth, Viöl 1992)
12. Heise: Entente-Freimaurerei und Weltkrieg. (Zürich 1920, Wobbenbüll
    1982)
13. Holtdorf, Jürgen: Die verschwiegene Bruderschaft. (München 1984)
14. Howe, Ellic: The Magicians of the Golden Dawn. (London 1972)
15. Kaltenbrunner: Geheimgesellschaften. (München 1987)
16. Kardel, H.: Hitlers Verrat am Nationalsozialismus. (Genf 1981)
17. Keller, Werner: Ost minus West = Null (München 1960)
18. Lennhoff/Posner: Internationales Freimaurerlexikon. (Wien 1932)
19. Lenz, Friedrich: Zauber um Dr. Schacht. (Selbstverlag 1954)
20. Mellor: Logen - Rituale - Hochgrade. (1985)
21. Miers: Lexikon des Geheimwissens. (München 1976)
22. Nicosia, Francis R.: Hitler und der Zionismus. (Leoni 1989)
23. Pike, Albert: Morals and Dogma of the Ancient and Accepted Scottisch
    Rite of Freemasonry (Washington, D.C. 1960)
24. De Poncins, Vicomte Léon: Freemasonry and the Vatican (CPA Books,
    Clackamas, OR, USA, o.J.)
25. Reed, Douglas: The Controversy of Zion. (Torrance 1985)
26. Rossberg: Freimaurerei und Politik. (Nordland Verlag, 1942)
27. Roth, Jürgen * Ender, Berndt: Geschäfte und Verbrechen der Politmafia.
    (Berlin 1988)
28. Schmalbrock, Gerd: Ihr Programm Nr. 197 - >Wir Freimaurer sind eine
    Elite<. (IKC Presse, Gladbeck 1986)
29. Scott: Hidden Government. (USA 1954)

30. Schick: Das ältere Rosenkreuzertum. (Nordland Verlag 1942, Struckum ca. 1985)
31. Steiner, Rudolf: Die Sendung Michaels. GA 194 (Dornach 1962)
32. Steiner: Innere Entwicklungsimpulse der Menschheit. (Dornach 1964)
33. Steiner: Mitteleuropa zwischen Ost und West. (Dornach 1971)
34. Steiner: Die geistigen Hintergründe des Ersten Weltkrieges. (Dornach 1974)
35. Steinhauser, Karl: Who is who ohne Maske. (Wien ca. 1991)
36: Steinhauser, Karl: Die legale Mafia. (Wien 1990)
37. Teufel, Walter: Der Alte u. Angenommene Schottische Ritus u. seine Vorläufer. (Hamburg o.J.)
38. Die Vernichtung der Unwahrheiten über die Freimaurerei. (Hg. Verein deutscher Freimaurer, Leipzig 1928)
39. Weldler, Norbert: Sieg des zionistischen Gedankens (Zürich, 1945)

* * * *

40. Ball Martinez, Mary: Die Unterminierung der katholischen Kirche. (Durach 1992)
41. Hitler, Adolf: Mein Kampf. (Faks. München 1943)
42. Steiner, Rudolf: Die okkulte Bewegung im 19. Jahrhundert. (Dornach 1969)
43. Ludendorff, Erich: Vernichtung der Freimaurerei durch Enthüllung ihrer Geheimnisse (1. Auflage München 1927, benutzte Auflage Pähl 1957)
44. Runge, Herbert: Satansspiel Politik - Riesengeschäft Krieg (Hamburg, 1956)
45. Ebneter: Der Jesuitenorden. (Zürich, Einsiedeln, Köln 1984)
46. Clark, Ramsey: Wüstensturm. (Göttingen 1993)
47. Roth, Jürgen: Die Mitternachtsregierung. (Hamburg 1990)
48. Cohn, Norman: Die Protokolle der Weisen von Zion. (Köln - Berlin 1969)
49. Rosenberg, Alfred: Die Protokolle der Weisen von Zion und die jüdische Weltpolitik. (München 1923)
50. Deiters, Heinz-Günter: Die Freimaurer. (München 1963)
51. Armstrong, Geo. W.: The Zionists. (USA 1950)
52. Lady Queensborough (Edith Starr Miller): Occult Theocrasy (First published 1933, The Christian Book Club of America, USA 1980)
53. Lerich, Dr. Konrad: Der Tempel der Freimaurer. (Bern 1937)
54. Miller, Merle: Harry S. Truman erhählt sein Leben. (Stuttgart 1975)
55. Quigley, Carroll: The Anglo-American Establishment. (New York, 1981)

* * *

Textverweise

Anmerkungen mit **IFl** = Internationales Freimaurerlexikon und **Pike** = Albert Pike >Morals and Dogma< wurden nicht mit Verweiszahlen versehen.

1-22/S. 329*
2-25/S. 209-214,216,244,296,299, 353*
3-52/S. 408 - 419*
4-29/S. 9,10*
5-8/S. 199-207,210-213*
6-49/S. 5,8-15,18,25,26,31,32,44,-50,55,56,57,58,61,62,68,69,78,94*
7-49/S. 97,116*
8-49/S. 126, 127*
9-49/S. 130-133*
10-48/S. 247,248*
11-48/S. 13,19,28,33,34,36,51, 52,61,83,84,87,129,136,146-149, 155,156,157,173,182,193,194,195, 203,204,206,207,208,216,236,246, 251,256,259,266,293,294,321,322*
12-39/S. 3*
13-20/S. 71,72*
14-30/S. 280*
15-26/S. 19*
16-30/S. 289,291,294*
17-20/S. 129,286,287*
18-12/S. 370,380*
19-21/S. 52*
20-12/S. 214*
21-53/S. 16*
22-3/S. 11*
23-20/S. 48,306*
24-20/S. 312,322,323,355*
25-4/S. 99,100*
26-5/S. 19*
27-32/S. 352-353*
28-34/S. 149*
29-33/S. 230,231*
30-26/S. 20*

31-35/S. 27*
32-26/S. 15*
33-6/S. 388*
34-30/S. 278*
35-26/S. 20*
36-30/S. 284,285-287*
37-26/S. 22,23,26*
38-32/S. 98-99*
39-33/S. 79,89,110*
40-12/S. 165*
41-8/S. 384*
42-53/S. 15,16*
43-1/S. 55,57,59,60,61,62*
44-52/S. 486*
45-7/S. 68*
46-7/S. 121,129,130*
47-1/S. 103*
48-20/S. 496-497*
49-11/S. 169*
50-8/S. 315*
51-53/S. 51*
52-44/S. 61)*
53-9/S. 37*
54-50/S. 118*
55-20/S. 494*
56-20/S. 79*
57-11/S. 278-279*
58-11/S. 285*
59-8/S. 184,186*
60-12/S. 173-174*
61-20/S. 108-109,473,477*
62-11/S. 198-200*
63-12/S. 216-219*
64-53/S. 13,17*
65-15/S. 161*
66-11/S. 227*
67-9/S. 91*
68-20/S. 380-381*
69-1/S. 61*
70-53/S. 43*
71-53/S. 29*
72-20/S. 332*
73-20/S. 439*
74-32/S. 59,60*

75-32/S. 344,345*
76-9/S. 133*
77-12/S. 279*
78-20/S. 88*
79-20/S. 94*
80-8/S. 14-15*
81-8/S. 20-23,51,65-66*
82-8/S. 86*
83-8/S. 122,144-145,181,184,186,
264*
84-53/S. 18,19*
85-44/S. 22,106,116*
86-15/S. 135*
87-52/S. 639,640*
88-53/S. 39*
89-52/S. 658*
90-52/S. 336*
91-53/S. 22,23*
92-50/S. 185*
93-21/S. 149*
94-21/S. 1*
95-21/S. 111*
96-20/S. 211*
97-21/S. 176*
98-21/S. 177*
99-20/S. 233,258,259,260,263,279,
286,340,341,393,482*
100-26/S. 28,29,30*
101-53/S. 36,37*
102-20/S. 404*
103-20/S. 404-406*
104-11/S. 24*
105-53/S. 41,42*
106-20/S. 415*
107-53/S. 40*
108-21/S. 319,320*
109-37/S. 26,27,32,35,36*
110-9/S. 84*
111-8/S. 106*
112-8/S. 424-425*
113-52/S. 466*
114-25/S. 243,340,341,344*
115-10/S. 221,222*
116-14/S. 8,54,55,56*

117-26/S. 32,39,43,45,47,49,54,74,
75,76,84,85,87,88,89,98,105,133*
118-12/S. 6*
119-55/S. 5*
120-8/S. 488*
121-52/S. 503*
122-53/S. 47,48*
123-20/S. 425,427,441,517,518*
124-24/S. 50,51,57*
125-24/S. 65,66,67,68,164*
126-26/S. 161,195,199,208,230,
231,234*
127-12/S. 9,17,27,12,20,32,33,34,
36,39,40,42,49,65,66,70,88,89,94,
105,112,120,121,124-126,126,127,
168,224,225,229,248,249,252,253,
279,287,319,333,392*
128-10/S. 39,40,42,43,149,161,164,
292,304,305,311,312,322*
129-9/S. 244,249*
130-10/S. 260*
131-10/S. 299*
132-12/S. 146*
133-35/S. 42,115,158,163,316*
134-36/S. 311*
135-42/S. 144*
136-53/S. 24,25,28,30*
137-8/S. 236f,299,300*
138-49/S. 92*
139-10/S. 141,159*
140-53/S. 38*
141-44/S. 28,39,77,78*
142-25/S. 474,475,476*
143-44/S. 62*
144-13/S. 170*
145 11/S. 184*
146-24/S. 64,187*
147-12/S. 367*
148-52/S. 524,525,531*
149-10/S. 222*
150-46/S. 97,100,101*
151-46/S. 21,72,78,82,88,103,105,
116,117,130,131,136,142,170,180,
185,193,195,204,210,218,231,235,
262,266,267*

313

* * *

Namens- und Sachregister

★ ★ ★

Berichtigung

Leider wurden bei den Textverweisen ein paar Fehler festgestellt.
Die berichtigten Daten lauten:
Nr. 58-11/S. 286.
Nr. 59-12/S. 173-174. (In diesem Zitat wurde die Erdoberfläche
mit 5,5 Millionen qkm angegeben. Tatsächlich umfaßt die Erd-
oberfläche jedoch 510,1 Millionen qkm, davon 149,3 Mill. qkm
= 29,3% Land und 360,8 Mill. qkm = 70,7% Meer.)
Nr. 60-8/S. 184,186.
Die Fehler bitte ich zu entschuldigen.
Wuppertal, 27. Februar 1997
Dieter Rüggeberg

Im gleichen Verlag sind erschienen:

Franz Bardon
Der Schlüssel zur wahren Quabbalah

Das Geheimnis der 3. Tarotkarte - die Magie des Wortes. Die
kosmische Sprache in Theorie und Praxis. Der Quabbalist als
vollkommener Herrscher im Mikro- und Makrokosmos.
Theorie: Der Mensch als Quabbalist. Die Analogiegesetze. Das
magisch-quabbalistische Wort. Die Mantras. Die Tantras. Die
Zauberformeln. Quabbalistische Magie.
Praxis: Buchstabenmystik. Die zehn quabbalistischen Schlüssel.
Tetragrammaton: Jod-He-Vau-He. Das quabbalistische Alphabet.
Der Zweier-Schlüssel. Der Gebrauch des Dreier-und Vierer-
Schlüssels. Die Formeln der Elemente. Der quabbalistische Ge-
brauch göttlicher Namen und Wesen. Weltweit das einzige Lehr-
buch der praktischen Quabbalah.
ISBN 3-921338-21-2 * 5. Auflage, 272 Seiten, 2 Abb.

Franz Bardon
Frabato
Autobiographischer Roman

Der Roman schildert wichtige Lebensabschnitte von Franz Bardon, die sich auf seine besondere Mission für die Entwicklung der Menschheit beziehen. Zwischen weißen und schwarzen Magiern kommt es im Laufe der Handlung zu unerbittlichem Kampf. Es werden die intimsten Praktiken schwarzmagischer Logen beschrieben. ISBN 3-921338-22-0 * 196 Seiten

Dr. Lumir Bardon
Dr. M. K.
Erinnerungen an Franz Bardon
Der Sohn von Franz Bardon und ein persönlicher Schüler erzählen über ihre Erlebnisse mit dem Meister. Mit "Anmerkungen zur Hermetik" von Dr. M.K. ISBN 3-921338-18-2 * 111 Seiten

Karl Brandler-Pracht
Lehrbuch zur Entwicklung der okkulten Kräfte
ISBN 3-921338-23-9, 309 Seiten

Dr. Georg Lomer
Lehrbriefe zur geistigen Selbstschulung
ISBN 3-921338-20-4 * 197 Seiten

I. M. Maiski
Wer half Hitler?
Iwan M. Maiski war Botschafter der Sowjetunion in London von 1932 bis 1943. Als Zeitzeuge und Beteiligter schildert er hier eindrucksvoll, daß vor 1939 nicht Deutschland, sondern vor allen anderen Staaten England und Frankreich auf einen 2. Weltkrieg hinarbeiteten. **Im Anhang**: Verrat im Führerhauptquartier. War A. Hitler ein Agent der Alliierten?
ISBN 3-921338-17-4 * 255 Seiten

Dieter Rüggeberg
Theosophie und Anthroposophie
im Licht der Hermetik
Eine vergleichende Studie zu den Lehren von Helena P. Blavatsky, Rudolf Steiner und Franz Bardon.

ISBN 3-921338-10-7 * 131 Seiten

Dieter Rüggeberg
Christentum und Atheismus
im Vergleich zu Okkultismus und Magie
Eine vergleichende Studie zu den weltanschaulichen, wissenschaftlichen und machtpolitischen Grundlagen.

ISBN 3-921338-12-3 * 197 Seiten

Dieter Rüggeberg
Geheimpolitik
Der Fahrplan zur Weltherrschaft
Die *Protokolle* als Grundlage internationaler Machtausübung. Kirchen, Logen und Orden im Kampf um die Weltherrschaft. Deutschland im Fadenkreuz. Wall-Street und die Finanzierung des Nationalsozialismus. Ursachen des "Eisernen Vorhanges" zwischen Ost und West. Die Kriegspläne gegen Mitteleuropa hinter dem Versailler Vertrag, dem Morgenthau-Plan, dem Deutschlandvertrag und dem Zwei-plus-Vier-Vertrag. Ursachen und Hintergründe für den Zusammenbruch der Sowjetunion und die Planung des 3. Weltkrieges.

ISBN 3-921338-15-8 * 4. Auflage, 244 Seiten

* * *